TURING
图灵教育

站在巨人的肩上
Standing on the Shoulders of Giants

肖璟 ○ 著

如何快速
了解
一个行业

人民邮电出版社

北京

图书在版编目（CIP）数据

如何快速了解一个行业 / 肖璟著. -- 北京 : 人民
邮电出版社, 2025. -- ISBN 978-7-115-67493-7

Ⅰ. F203

中国国家版本馆 CIP 数据核字第 20255AK002 号

内 容 提 要

本书旨在帮助读者迅速掌握行业分析方法论，书中详细介绍了行业研究的基本框架和实战技巧。内容涵盖了行业分析的全过程，包括行业生命周期、商业模式、市场规模、竞争格局等关键维度，旨在提升读者的行业研究能力。书中还探讨了如何运用PEST分析法等工具，从不同角度剖析行业外部驱动力，以及如何通过景气度指标预判行业业绩增速。此外，本书还提供了丰富的实战案例和研究方法，适合投资者、金融行业从业者、创业者、咨询顾问以及问题解决爱好者阅读，帮助他们在投资和职业发展中做出更明智的决策。

◆ 著　　　　　肖　璟
　责任编辑　王振杰
　责任印制　胡　南

◆ 人民邮电出版社出版发行　　北京市丰台区成寿寺路11号
　邮编　100164　电子邮件　315@ptpress.com.cn
　网址　https://www.ptpress.com.cn
　雅迪云印（天津）科技有限公司印刷

◆ 开本：720×960　1/16
　印张：26.5　　　　　　　　　2025 年 8 月第 1 版
　字数：336 千字　　　　　　　2025 年 11 月天津第 4 次印刷

定价：129.80元

读者服务热线：(010)84084456-6009　印装质量热线：(010)81055316
反盗版热线：(010)81055315

献给我的妻子简七

赞誉

好奇心驱动的人总希望可以更深入地探索未知的世界，本书提供了一个很好的底层分析框架。肖璟的作品一向很有特点——易懂的图表、系统化的分析。这些特点在书中展现得淋漓尽致。

——李一诺　一土学校创始人、"奴隶社会"公众号创始人

肖璟是我在麦肯锡 12 年生涯中印象最深刻的研究分析师，他常能在很短的时间内针对一个领域给出全面而精准的信息和洞见，包括市场趋势、玩家画像、成功要素，等等。这本书是他研习多年的心法总结，实操性强，值得推荐。

——邱天　麦肯锡前专家副董事、畅销书作家

实用性很强的一本书，既有行业研究的系统方法，也有对生成式 AI 最新趋势的思考，读完收获颇多。

——徐冰　商汤科技联合创始人

在一级市场的搏杀中，深度的行业洞察是成功的基石。这本书系统、全面，带你从行业的初探到深层次研究，帮助你建立坚实的投资基础。

——黄海　消费投资人、泽盛创投合伙人

作为科幻作家，我常描绘未来的无限可能，而这本书则用科学的方法解析行业的未来趋势。它帮助你像探索外星文明一样，透析行业的每个细节。

——陈楸帆 科幻作家、《AI 未来进行式》作者

本书带领读者探索行业研究的全景，从框架到实操，层层递进。作为创业者与投资人，我深知方法论的价值，它可助你洞察行业脉络。

——徐军 360 金融（现奇富科技）联合创始人

行业研究是我们的日常工作，这本书不仅提供了系统化的框架，还包含200 多张图表，帮助我们更直观地掌握底层研究方法。

——廖红英 麦肯锡前资深知识专家

肖璟是我十多年前非常欣赏的一位学生，如今能有机会推荐他的新书，我感到十分骄傲。我一直强调理论与实践相结合的重要性，而这本书正是一个出色的范例。书中不仅提供了清晰且系统化的行业研究框架，还辅以丰富的案例与图表，让读者能够深入理解，并有效地应用于实际工作中。

——苏丽文 香港中文大学（深圳）经管学院副教授

肖璟老师是带我踏上理财博主这条路的引路人，无论是写作、作图、研究，还是在接受新技术方面，我都自愧不如。吃博主这碗饭经常要求我们快速了解某件事——从微观层面的公司、标的、事件，到中观层面的行业洞察，再到宏观层面的经济政策和经济规律，不一而足。这本书不仅融入了麦肯锡式的训练精髓，而且凝结了作者多年积累的博主经验，能够帮我们显著地提高效率。

——老钱 播客《面基》主播

前言

为什么分析师们无所不知

可能是因为行业分析类的文章发得多，我经常被问到一个问题——如何快速了解一个行业？（这也是本书书名的由来。）

这个问题很有意思：一方面说明，"了解行业"这个事情是刚需；另一方面说明，大家追求的是"快速"。这也体现了大家大多是临时抱佛脚。

而"快速了解一个行业"，恰恰是很多分析师所擅长的。比如我以前所在的麦肯锡管理咨询公司（简称"麦肯锡"），采取的是项目制的工作形式。很多时候我们会被指派到全新的领域为客户服务。一般来说，我们在新项目上工作的第一周，会进行大量的研究，试图快速摸透项目所针对的行业或领域。过了第一周，我们一般就可以跟行业内的专家流畅地对话，甚至可以说出资深人士才懂的见解。

除了咨询领域，投资领域的分析师也有快速了解行业的需求，特别是过去几年，市场对"硬核"科技领域比较重视，在A股板块快速轮动的行情下，很多券商分析师被要求快速地深入了解某个技术领域，快速写出相关主题的报告。

所以很多人会惊叹：为什么分析师们无所不知？

念大学的时候，"分析师"这个称呼对我来说是遥不可及的，因为很多优秀的师兄师姐，毕业后大多会进入咨询公司、投资银行等机构。他们领着高薪，对外挂着"分析师"的头衔。

分析师所做的，是从纷繁复杂的世界中，整理出有用的事实与数据，并基于它们给出合理的假设，再进一步搜集信息验证或证伪这些假设——这跟科研人员所做的并无二致，只是他们分析的对象换成了宏观经济、行业或企业。所以，分析师的工作也被称为"研究"。

从大学时期进入金融机构实习到毕业后加入管理咨询公司，关于"研究分析"这件事，我经历了一个"祛魅"的过程——我认识到，在能力层面，它并不是一个门槛特别高的工作。或者说，**只要掌握正确、系统的方法论，大多数人可以得出准确率很高的分析结果。**也正是因为这样，大部分业内的分析师致力于追求一个"正确、系统的方法论"。

随着项目经验的增加，我也开始沉迷于对不同行业、不同研究主题进行框架性总结。一方面，当年在咨询公司内部，我梳理了不少框架性文档；另一方面，我加入了公司的知识分享委员会，会定期邀请相关专家，在公司内部就某个行业或主题的框架性分析进行分享。

这个过程持续了一段时间后，我发现两个问题：一是，行业或相关主题的数量实在是太多了，作为个体很难掌握所有框架；二是，同一个行业或同一个主题的不同专家，可能拥有截然不同的框架，有时候甚至出现流派上的冲突甚至对立。

当然，第二个问题可能并不是"真问题"。我从中学到大学接受的教育，以及从谷歌到麦肯锡的工作经历，都在强调"be inclusive"（包容不同的观点）。所以，我也未曾想过解决第二个问题，它充其量只是一个"现象"。

而针对第一个问题，我一直在思考是否有一个"全能框架"可以覆盖对所有行业的研究。对于这个问题，在离开麦肯锡多年后，我终于有了自己的答案——也就是你正在阅读的这本书。

不过，我还是习惯性地做个风险提示：本书所呈现的框架仍然没办法解决前面提到的第二个问题，所以它不一定是适合你的完美答案。

如何使用本书

阅读对象：哪些人适合阅读本书

本书适合以下人士阅读。

- **基金股票投资者**：想要把握行业基本面与估值的分析方法、有独立思考能力的投资者。
- **金融行业从业者**：目前就职于券商、投资银行、咨询公司，或资产管理、VC（风险投资基金）、PE（私募股权基金）、企业战略投资与商业分析等部门的人，或者以行业研究（简称"行研"）为本职工作的分析师或研究员。
- **计划从业人士**：打算进入或转行到金融机构从事分析工作，但此前并无行业研究基础的人。
- **问题解决爱好者**：本书涉及大量研究方法论和工具，对于热衷于解决问题的读者而言，应用它们能提升工作效率，事半功倍。

研究动机：为什么要系统学习行业研究

"为什么想掌握行业研究框架？"

　　这是我学习每个新知识之前，都会先问自己的问题。毕竟只有搞清楚自己的学习动机，知道自己到底是为了什么而学，才能更好地提高学习效率——在学习的过程中，会更加有的放矢，而不会在一些不重要的事情上钻牛角尖。

　　所以，你可以先问问自己："是什么促使我翻开了这本书呢？"

　　我不晓得大家翻开本书的底层理由是什么，不过我学习行业研究的动机特别单纯——就是为了**赚钱**。其他跟赚钱扯不上关系的点，也不是本书的重点。

　　一般来说，赚钱主要有两种方式：要么通过被动收入，也就是主要通过**投资**来赚钱；要么通过主动收入，也就是通过**工作**来赚钱。

　　而一旦我们建立了自己的行业研究框架，它在这两种方式上都可以帮到我们。所以我一直觉得掌握行业研究这个技能特别划算。

　　从**投资**角度来说，行业研究是研究流程中必不可少的一环——不少证券公司的研究部门就是基于"宏观研究 - 行业研究 - 公司研究"这样自上而下的方式设置的。

　　另外，行业研究也为行业配置的指导性创造了极大的价值。

　　要知道，过去这些年，结构性行情已经成为常态——2021 年全年上证指数上涨 4.8%，新能源指数（SH:000941）上涨 54.75%；2022 年全年上证指数下跌 15.12%，煤炭指数（SH:000820）上涨 23.55%；2023 年全年上证指数下跌 3.7%，AIGC（人工智能生成内容）板块却逆市暴涨 63.41%（数据来源：财联社）。哪个（些）行业会带来收益不言自明。

　　或许你过去已经从某个行业赚到过大钱，但 A 股（人民币普通股票）的一般规律是"事不过三"——一个行业很难连续 3 年上涨。所以我们要用动态的眼光来进行行业研究，持续地去挖掘更赚钱的行业。

　　另外要强调的是，在如今的 A 股生态中，机构对股价的影响力越来越大。而行业研究可以说是机构惯用的分析手段。知彼知己，才能百战不殆。普通投资者面对机构，只有用系统化的投资研究（简称"投研"）理论武装自己，才能预判机构的动向，才有希望凭借资金的灵活性战胜机构，而不是被"割韭菜"。

所以，从**投资**角度，一整套**逻辑自洽、推演严密、结果可观测、体系可修正的研究框架**，正是本书所要交付的核心内容。

而从**工作**角度来说，行业研究可以帮助我们找到前景光明的路径，它本身也是部分行业从业人员和创业者的必备技能。

从**择业**的层面来看，**选择比努力更重要**——选对行业所带来的收益远远高于从"疯狂内卷"中多赚的加班费。比如我的一位大学校友，本科学的是电子工程，毕业后继续留校读研。他选中了高速发展的人工智能赛道，跟着教授一起创业。后来公司成功上市了。相反，如果他不幸选中了正处于衰退期、日薄西山的行业，那很可能由于业务规模收缩而面临随时被裁掉的风险。

如果没有受过行业研究的训练，其实是不太容易准确判断行业发展前景的。

我之前在麦肯锡从事管理咨询工作时，曾经访问过大量行业专家。我发现很多资深从业者对自己所在行业的了解，仅仅局限于自己待过的公司。甚至有些专家仅了解自己所在部门的工作。而行业研究要做的，就是帮助我们了解产业链上的每个环节，预判行业的潜在成长空间和未来的竞争格局，把握推动行业发展的底层驱动力，从而更好地判断未来的发展趋势。

此外，对很多**分析类岗位**来说，行业研究是不可或缺的技能。

比如我以前在麦肯锡做战略咨询工作时，每次我服务一个新行业，都会被要求在一两周内快速了解这个行业，至少要了解到可以跟业内专家对话的程度，不然也没有什么资格去给客户提意见。

"大厂"的战略分析部门，在帮企业找方向的时候，同样需要对行业有深刻的洞见。

至于金融领域更不用说了，无论是一级市场的 PE 和 VC，还是二级市场的券商研究所、投资银行、基金公司，对它们来说行业研究都是必修课。

创业同样离不开扎实的行业研究。

创业者需要掌握三大技能：**找方向、找资金、找人才**。

如果没有通过行业研究分析商业模式，那么你找到的方向可能会很不靠谱，就算有钱、有人也只是浪费时间；反过来，如果你选择了风口，就算是"猪"也会飞。

如果没有通过行业研究分析潜在的市场规模，那么你选中的细分市场可能连上市的机会都给不了你，自然很难从 PE 和 VC 那边拿到钱。反过来，如果掌握了 PE/VC 的分析思路，你就能讲出一个投资人更爱听的故事。

如果没有通过行业研究找到你的护城河，稳固市场竞争格局，你也很难留住关键人才；反过来，如果你通过分析构建了资源垄断或具有网络效应的护城河，人才就会源源不断地往你的公司投简历。

总而言之，无论是获得被动收入还是创造主动收入，建立自己的行业研究框架都是极其重要的。

本书结构：你最急需知道的是哪些部分

本书并不会把各行各业的分析框架都精讲一遍，因为你这辈子可能不会有机会去接触某些行业，就算你都学会了，也不见得对你有用。

比如我以前在麦肯锡时，曾邀请房地产专家与同事分享行业知识。但是我发现，如果你没有身处房地产项目中，或没有在筹备买房，那么过一两个月，你很快就会把学到的知识给忘了。

所以我在撰写本书的时候，更多的还是在尝试提炼所有行业的共性，**搭建一个普适的、系统的行业研究框架，帮助读者快速了解每一个行业**。

相信你之前翻阅了本书目录，本书包括 4 个部分。

- **行研框架篇**：第1章～第8章。本部分将主要介绍行业研究的基础框架。如果你急于了解前面提到的通用且系统的行业分析框架，你可以优先阅读这一部分。
- **行研实战篇**：第9章。本部分将演示如何使用前8章介绍的框架深入分析特定行业。第9章选取了近些年比较火热的新能源汽车行业作为实战分析案例。理论学习很必要，实操也很重要。
- **研究方法篇**：第10章和第11章。本部分将探讨研究的本质，并深度介绍麦肯锡的分析师惯用的问题分析方法，包括如何输入、处理与输出资讯等。**如果你的研究基础并不牢固，强烈建议你先从本部分开始阅读。**
- **研究工具篇**：第12章和第13章。本部分将分享大量的实操技巧，介绍行业研究的主要资讯来源。同时，也将介绍如何借助生成式人工智能（简称"生成式AI"）进行研究。如果你不知道从哪些地方找数据，或者搜索引擎和生成式AI运用得不够熟练，建议你深度阅读本部分。

如果以徒步旅行作为类比，行研框架篇相当于某座山的地图，行研实战篇相当于我作为领队带着你爬了一次山，研究方法篇相当于我把爬山的一些小技巧毫无保留地分享给你，而研究工具篇则是与你分享我的全套工具。

如果你已经是"爬山老手"，后面两个部分自然用处少了些，因为你已经有了自己的技巧、使用习惯和熟悉的工具。而如果你还处于萌新状态，那么先阅读后面两个部分可以帮你事半功倍地完成前两个部分的学习。

使用方法：本书的多种用法

我把本书定位为"工具书"，所以后面的行文将尽可能简洁易懂。如果遇到我写得不是特别详细的部分，可以在微信公众号"1日闻"留言提问。

作为工具书，本书有以下几种基础用法。

用法 1：作为模板

当开始研究一个新行业时，你可以直接参考本书提供的行研框架，了解都有哪些可以分析的维度来套用模板。这样做，不至于东奔西撞，不知从何下手。

用法 2：作为地图

除了行研框架，本书也提供了不少研究常用的资讯源。当你需要某些事实或数据来论证你的观点时，可以先读读本书，看看哪些地方可以找到你所需要的资讯。

这时，本书相当于一张地图，为研究者指明道路。跟着它按图索骥，找到需要的资讯，你自然可以很快地把握所分析行业的关键信息。

用法 3：作为培训材料

本书既适合无甚研究基础的新人，也适合有经验人士系统地梳理自己的分析框架，因此它非常适合作为机构内部的培训材料。

用法 4：作为案例集

本书包含不少有意思的分析案例。当你后续需要论证某些观点时，这些案例可以成为很好的论据。

此外，本书有配套的**名词卡牌**（见图 0-1），包括投资人必懂的 50 个行业研究概念。这套卡牌可以成为你高效学习行业研究的"道具"，你可以把它当作字典来用。你还可以在微信公众号"1 日闻"的对话框中输入"**卡牌**"二字，领取卡牌的电子版。

图 0-1　本书配套的名词卡牌

目录

第二部分　行研实战篇　　　227

第三部分　研究方法篇　　　257

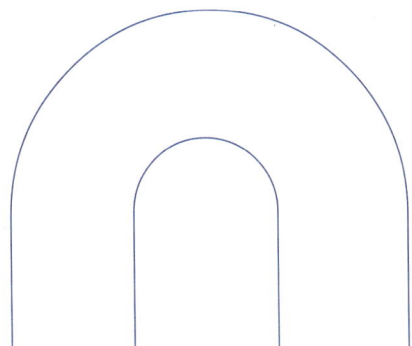

第一部分
行研框架篇

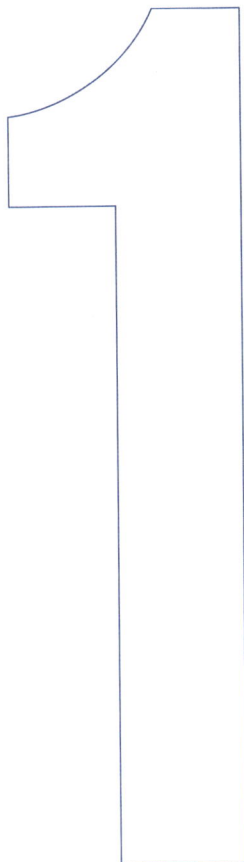

回到本书前言中提到的问题——"如何快速了解一个行业？"，这个问题最直接的答案，就是掌握一个系统的方法论。只有这样，我们对行业的研究才能事半功倍。而行业研究的方法论也不是什么稀奇玩意儿。

首先，大学里的商学院都会教。课本上呈现的 PEST 分析法、波特五力模型，等等，一抓一大把。

其次，网上也有大量的在线课程——免费的慕课（MOOC），或者不少券商给自己的客户提供的付费课程。这些课程，有的是教你套用模板撰写研究报告的，有的则是把商学院的东西又重复了一遍。你按照这些框架，完全可以梳理出一个行业的商业模式、产业链、市场规模、竞争格局，等等，但是大多数人还是不知道怎么使用这些结论。比如，假设你分析了某个新兴行业，知道它的市场规模是 300 亿元，增速是 20%。然后呢？这代表什么意思呢？把基础资讯拼凑成一份报告，用它来应付不太懂的老板可能可以，但是遇到像我这么头脑清楚的老板，这种报告百分之百会被打回去。这主要是因为这些框架存在两个问题。

第一个问题是，**理论和实际还是有很大的区别的**。

商学院课本上的知识跟产业界的实际应用之间，其实是存在一条鸿沟的。过往，我们研究所有一些背景很好的优秀实习生（985/211 高校毕业生或者具有美国常春藤盟校背景，并在不少券商的研究部门实习过），他们在分析行业时，却还是会眉毛胡子一把抓，生搬硬套学过的模型，不得要领。

第二个问题是，课本或在线课程提供的大多数框架，你学到的**并不是一个整体，而是零散的几个概念模型**。不同的模型之间并没有建立起联系。换句话说，知识点之间是"**割裂**"的。

这两个问题正是本部分想要帮助大家解决的问题——我会跟大家分享一个贴近实际、系统的行研分析框架。

第1章 主框架:

行业不同发展阶段的分析重点

本章将介绍行业研究的对象并引入"行研框架篇"的主框架。要是有个别细节读起来有些吃力,你不必太纠结——等你通读完本书后面对应的内容,我相信你也就理解了。

第1节 研究对象:行业研究到底研究的是什么

在正式介绍行业研究框架之前,有必要先来讨论一下**行业研究到底研究的是什么**。乍一看,这个问题似乎有点儿蠢——行业研究,研究的不就是行业吗?那么问题就来了——**行业又是什么?**

给"行业"下定义并不是一件简单的事情。根据《国民经济行业分类》中的定义,"行业"是指"从事相同性质的经济活动的所有单位的集合"。

然而,"相同性质"其实并不好界定。举个例子,《南方周末》和"今日头条"算有"相同性质"吗?一个是纸媒;另一个是新兴平台,由推荐算法驱动,似乎两者不太一样。但是,这两个都可以归入传媒行业。

是不是有点儿意思？如果进一步思考这个例子就会发现，**行业的边界似乎并不是固定的**。具体来说，我们可以从横向和纵向两个维度来看"行业"这个概念。

"横向"一般体现的是同一个大类行业中，各个平行细分行业之间的关系；而"纵向"一般体现的是同一个大类行业中具有产业链联系的上下游关系。

比如，横向来看（图 1-1），汽水薯片、狗粮猫粮、洗护用品的经济活动不尽相同，既可以划分成**食品饮料行业**、**宠物行业**、**日用化学产品制造行业**，也可以笼统地算作**快速消费品行业**。前面提到的传媒行业也是一个很好的例子。

图 1-1　横向看行业

纵向来看（图 1-2），如果我们把半导体产业链简化成"设计→制造→封测"这 3 个环节，且将每个环节对应一个细分行业，那么**半导体设计行业**有 AMD、高通等，**半导体制造行业**有台积电等，**半导体封测行业**有长电科技等。它们的经济活动性质实际上有着不小的差别，其生产设备、核心竞争力等各不相同，但产业链的最终产出是半导体产品，因此我们可以说这几个细分行业都属于**半导体行业**。

图 1-2　纵向看行业

所以我们在谈论"行业"的时候，一定要考虑"颗粒度"的问题，这样才能很好地界定自己要研究的对象。否则，我们在做研究的时候，很容易出现口径不一致的问题。

比如，假设我预测某个行业的市场规模高达万亿元级别。然而，如果你和我对该行业到底涉及哪些产业链环节、哪些细分行业存在不同的理解或分歧，那么即使我们采用同样的底层假设和分析思路，得到的结论也可能大相径庭。

好在现在已经有成熟的解决方案可供参考——我们只要找来现成的行业分类标准，根据需要选择合适的口径就可以了。

常见的行业分类标准包括作为国家标准的《国民经济行业分类》、中国证监会制定的《上市公司行业分类指引》，以及市场常用的《申万行业分类标准》等（图 1-3）。

图 1-3　常见的行业分类标准

《国民经济行业分类》是国家标准（图 1-4），由中华人民共和国国家质量监督检验检疫总局和中国国家标准化管理委员会共同发布，国家统计局的数据就是用这套标准进行界定的。

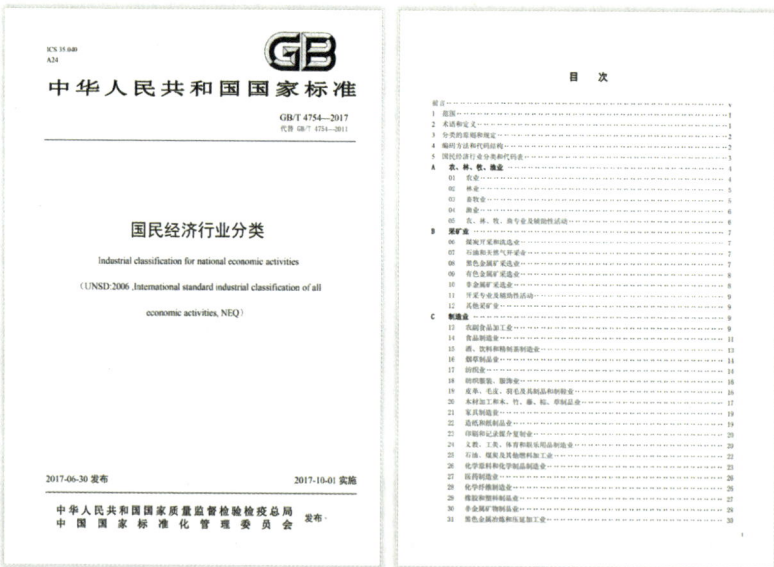

图 1-4　《国民经济行业分类》部分内容截图

　　国家标准大体上是按照第一产业、第二产业、第三产业进行划分的。第一产业是指农、林、牧、渔业，第二产业包括采矿业、制造业、建筑业等，其他都属于第三产业（图 1-5）。

第一产业	· 农、林、牧、渔业	
第二产业	· 工业：采矿业；制造业；电力、热力、燃气及水生产和供应业 · 建筑业	
第三产业	· 批发和零售业 · 交通运输、仓储和邮政业 · 住宿和餐饮业 · 信息传输、软件和信息技术服务业 · 金融业 · 房地产业 · 租赁和商务服务业 · 科学研究和技术服务业	· 水利、环境和公共设施管理业 · 居民服务、修理和其他服务业 · 教育 · 卫生和社会工作 · 文化、体育和娱乐业 · 公共管理、社会保障和社会组织 · 国际组织

图 1-5　三大产业分类

▶ 资料来源：《国民经济行业分类》

　　此处说明一下，本书中的"产业"和"行业"具有相同的意思，可相互替代。在具体语境中，我们会根据约定俗成的语言习惯来选用。

　　除了国家标准，行业分类的文件还有《上市公司行业分类指引》，它是由中国证监会出台的。它的内容跟国家标准重叠度很高，不过国家标准还包括公司活动以外的经济活动，因此分类更丰富。

　　市场常用的《申万行业分类标准》是由申万宏源研究[①]颁布的分类标准。它把行业按照颗粒度大小分成了三级，级数越高覆盖面越窄。

　　举个例子，根据《申万行业分类标准》（图 1-6），一级行业"传媒"可以分为电视广播Ⅱ、游戏Ⅱ、广告营销、影视院线、数字媒体、社交Ⅱ、出版这

---

① 指上海申银万国证券研究所有限公司，简称"申万宏源研究"。——编者注

几个二级分类。二级分类可以进一步细分为三级分类。

传媒		720000
电视广播Ⅱ		721000
	电视广播Ⅲ	721001
游戏Ⅱ		720400
	游戏Ⅲ	720401
广告营销		720500
	营销代理	720501
	广告媒体	720502
影视院线		720600
	影视动漫制作	720601
	院线	720602
数字媒体		720700
	视频媒体	720701
	音频媒体	720702
	图片媒体	720703
	门户网站	720704
	文字媒体	720705
	其他数字媒体	720706
社交Ⅱ		720800
	社交Ⅲ	720801
出版		720900
	教育出版	720901
	大众出版	720902
	其他出版	720903

图 1-6 《申万行业分类标准》中的一级分类传媒的分类示意

▶ 资料来源：申万宏源研究

需要留意的是，部分细分行业会带着罗马数字，比如"游戏Ⅱ""游戏Ⅲ"分别代表二级分类和三级分类。这是因为不同层级的分类名称可能是一样的（因为没有进一步细分）。为了区分分类层级，所以在名称的后面加了罗马数字以示区别。

除了申万宏源研究以外，中信证券、东方财富证券等金融机构也都制定了自己的分类标准，我们也可以参考。

此外，随着社会经济的发展和变化，这些标准也会随之调整（图 1-7）。比如中国证监会的《上市公司行业分类指引》最早的版本可以追溯到 1999 年，之后在 2011 年、2012 年都修订过。《申万行业分类标准》也在 2021 年经历了一轮大调整，新增了医疗美容等新兴行业。

国家标准	中国证监会制定	申万行业分类
1984年	1999年	2003年
1994年	2011年	2008年
2002年	2012年	2011年
2011年		2014年
2017年		2021年

图 1-7　行业分类标准修订年份

当然，不光国内有行业分类标准，海外也有类似的体系。比如投资美股，市场比较常用的是**全球行业分类系统**（GICS）。它是由标准普尔[①] 和 MSCI（明晟公司）这两家机构一起制定的。

第 2 节　基本框架：如何系统全面地研究行业

解决了研究对象的问题，是时候讨论行业研究的基本思路了。

市面上大部分的行业研究课程或书籍，都会列出商业模式、产业链、市场空间、竞争格局等维度的内容，面面俱到地带你分析行业、给行业做个全面检查。这样做当然是有道理的，行业研究本就是个全面细致的活儿。只是这么多东西"砸"过来，彼此间又相互割裂，掌握起来实在不容易。此外，如果各个行业都用一个套路分析，那么分析有时候会变成蜻蜓点水，看似什么都覆盖

---

① 一家全球领先的金融分析机构，提供信用评级、指数服务、风险评估、投资研究和数据服务。

到了，却不得要领、抓不住重点。比如，如果分析煤炭行业和新能源汽车赛道都套用一个模板，恐怕很难得出有用的结论——近年来，煤炭行业发展的核心逻辑是供给收缩，而新能源汽车行业发展的关键是产销持续超预期。

　　为了解决这样的痛点，本书将引入一个**以产业生命周期为核心的行业研究框架**。

　　在正式介绍这个行研框架之前，我们先来讲讲传统的（教科书中的）**产业生命周期**。金融学、工商管理等商科专业的读者应该对这个概念并不陌生，很多教科书会给出这么一条描述行业发展不同阶段的 S 形曲线（图 1-8）。

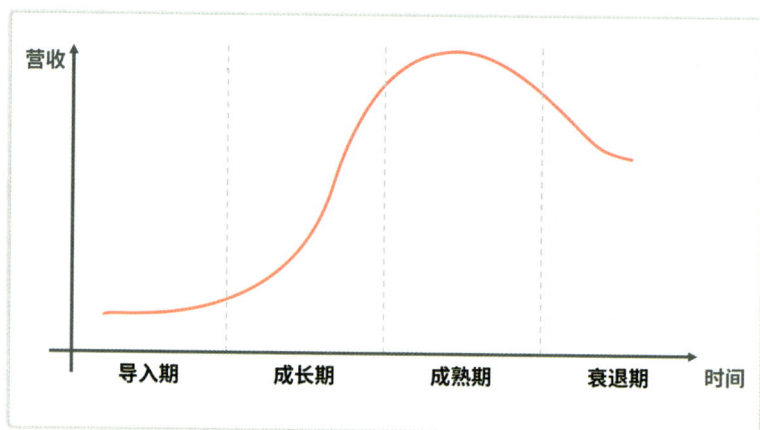

图 1-8　传统的产业生命周期曲线

▶ 资料来源：William Davidson W. R. 等

传统的产业生命周期理论

　　按照传统的产业生命周期理论，一个产业根据营收情况可以划分成 4 个阶段：**导入期**、**成长期**、**成熟期**、**衰退期**。之所以会有这种跟人类成长类似的生命周期，主要是因为客户群体的变化。

这就不得不提到 E. M. 罗杰斯（E. M. Rogers）的**创新扩散理论**（图 1-9）。简单来说，该理论阐述的是不同的人接受创新的速度是不一样的。按照接受创新的先后可以划分出 5 种不同类型的用户，分别是**创新者**、**早期采用者**、**早期大众**、**后期大众**以及**落后者**。

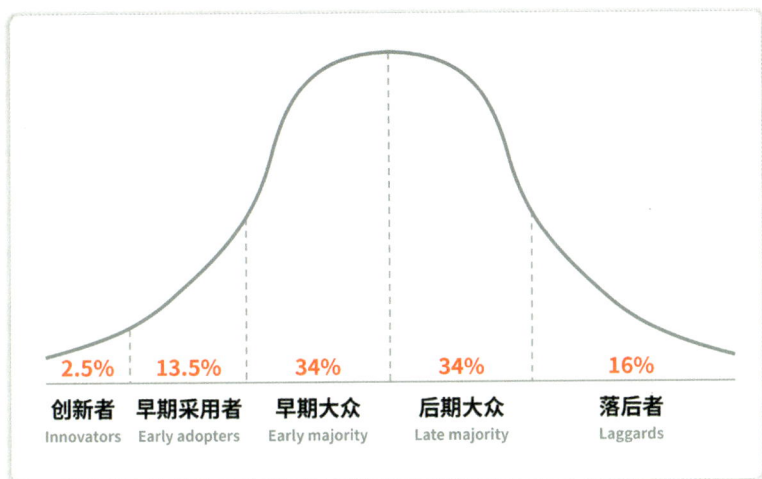

图 1-9　创新扩散理论

▶ 资料来源：《创新的扩散（原书第 5 版）》

如果拿人们对新能源汽车的接受程度作为例子，你就能很好地区分这几类用户了。

- **创新者**：愿意大胆尝试新概念的人，比如国内首批特斯拉 Model S 车主。
- **早期采用者**：往往是 KOL（Key Opinion Leader，关键意见领袖）或者 KOC（Key Opinion Customer，关键意见消费者）。他们一般在圈子里拥有一定的影响力。比如紧跟首批车主入手了特斯拉 Model S，并第一时间在朋友圈、汽车之家等平台上分享体验的人。

- **早期大众**：须经深思熟虑才接受新概念或购买创新产品，但愿意对新事物持开放心态的人。比如，在看了各种评测报告、亲自试驾，且充分了解了新能源汽车的各项性能和特点之后，从倾向购买 BBA（宝马、奔驰、奥迪）转向购买国产高端电动车的人。

- **后期大众**：一般是顾虑比较多的人。他们出于社会压力或经济压力，接受新事物的时间点比较靠后。比如，一些顾客一开始会担心充电桩密度不够、冬天电池性能下降、续航里程"缩水"等问题，不愿意承担试错成本；一直等到身边很多朋友用亲身经历证明电动车的问题不大之后，才敢买入新能源汽车。

- **落后者**：顾名思义，是指比较因循守旧、信息闭塞的人。或许只有等到燃油车在很多方面比不上新能源汽车了，这个群体才会考虑购买后者。

回到产业生命周期理论，我们来看看这 5 种类型的用户是如何帮助我们理解产业生命周期理论的。

在**导入期**，产品一般都比较新颖、惊艳，产品往往还没有定型，还处于迭代过程中。相应地，处于这个阶段时，用户也很少。大部分用户对产品还不了解，甚至都未必知道。在这一阶段，只有好奇心比较强、容错能力比较强、愿意尝鲜的一小撮客户对产品有认知，他们就是创新扩散理论中的"创新者"。

此时，市场前景很不明朗，产品可能有很大的潜在市场空间，但也可能商业模式根本行不通。

对于产品还不成熟这样的事，企业老板是清楚的，他们会想尽办法搞研发，不断提高产品质量。

在处于导入期的行业中，因为创造了新兴事物，所以往往会有大量的相关公司拿到融资。获得融资后，它们通常会掏钱发各种公关稿造势。所以在这个阶段，我们会看到，几乎整个行业都在炒作新概念（说好听点儿，就是在做行业公关）。

有意思的是，这时候往往也伴随着两个现象：一个是，可能会有些别有用心的骗子开始蹭概念、设骗局；另一个是，有些上市公司为了做市值管理，会宣布自己也开展相关业务，或者收购相关领域的早期项目。像人形机器人行业就处于导入期。

随着产品快速迭代，优质产品不断"破圈"，早期采用者和早期大众开始成为用户，行业进入快速发展的**成长期**。

在用户群壮大之后，相应的需求激增，不过此时产能可能还没来得及跟上。所以，这个时候行业一般会处于供不应求的状态。只要产品做得不是太差，都不愁卖，所以通常业内公司的毛利率都不错。当然，这也会吸引很多外部的竞争者进入行业，行业开始"卷"起来了。

新能源汽车行业就是处于成长期的典型行业——一众造车新势力坐拥增量市场，但它们依然为了抢占市场份额竞相打起了价格战，市场争夺战愈演愈烈。

快速增长到一定阶段，行业会逐步迈入**成熟期**。等后期大众也入场后，新客户的数量会逐渐减少。最终，客户数量增长放缓，此时行业营收主要靠老客户的复购来维持。

成熟期的产品更加标准化，其相关技术和产品质量的改进放缓，价格波动下降，业内公司的毛利率也随之下滑。

行业的潜在成长空间基本见顶了，所以对市场来说，很难再想象出什么远大前景。这时候，那些追求成长性，也因此对估值容忍度较高的投资者会离场。随之而来的，是行业整体的估值水平会下一个台阶。

增长的红利期已经过了，因此对于企业来说，成熟期的重点是拿下更大的市场份额。行业会变得越来越卷，直到把一部分竞争力较弱的企业淘汰，竞争格局才得以逐渐稳定下来。比如，白色家电行业就显然已经迈入成熟期，在行业巨头的笼罩之下，虽不能说是寸草不生，但最多也就剩下仨瓜俩枣了。

世上未有不落之荣光，行业最后的阶段是**衰退期**。这时基本上没有什么增量用户了。市场上开始出现一些替代品，部分用户转向别处；同时，产品也不是什么新鲜事物了，用户对性价比的要求提高。再加上这个阶段的产能往往也过剩了，产品的价格和毛利自然会被压得比较低。

成本控制是这个阶段的关键。只有生产规模比较大、能享受到规模经济带来的好处，或具备其他成本优势的企业，才能保持还不错的竞争力。

就像实体唱片行业，即使在 2021 年出现了 20 多年以来的首次增长，但在流媒体的冲击下也难逃衰微的命运。

以上是传统产业生命周期理论的主要内容，如图 1-10 所示。应该说，这一理论还是有不少洞见的，只是有点儿**缺乏实操性**。

截至2024年	导入期	成长期	成熟期	衰退期
新增用户	·创新者	·早期采用者 ·早期大众	·后期大众	·落后者
产品	·不成熟	·迭代中	·成熟 ·更加标准化	·高度标准化
供求关系	·产能很小 ·需求很小	·供不应求	·供求基本平衡	·供过于求
毛利率	·较高 ·可能打价格战	·较高	·下降	·很低
示例行业	·人形机器人	·新能源汽车	·白色家电	·实体唱片

图 1-10　产业生命周期的不同阶段的特征

比如有这样一个问题：我们到底该用什么来划分产业生命周期的不同阶段呢？如果简单地**用时间来划分**，那么到底是用一个月就能从导入期过渡到成长期呢，还是需要一年甚至是十年呢？

对这个问题，市面上并没有什么靠谱的答案——这也难怪，因为不同行业的同一个阶段，所经历的时间可能相差很大。

还有一种常见的思路，用产业生命周期理论中**曲线斜率**作为不同阶段的划分标准（图 1-11）。当斜率从小到大变得越发陡峭的时候，营收增速越来越快、市场规模快速扩大，这说明行业从导入期进入了成长期；当斜率从大到小，逐渐放缓的时候，营收增速越来越慢、市场容量趋于饱和，这说明行业从成长期进入了成熟期。

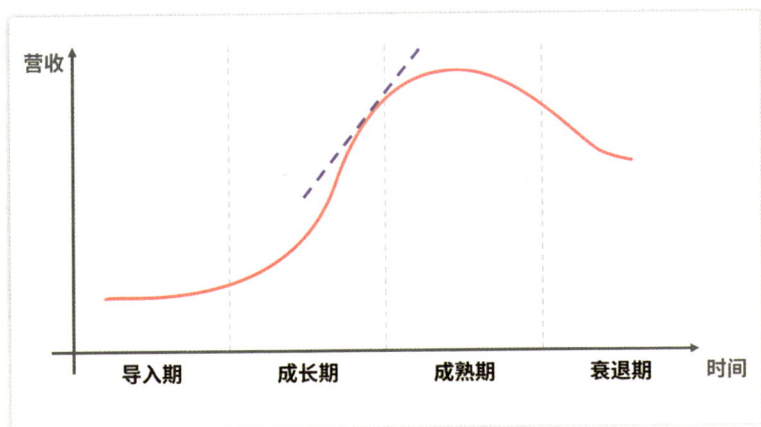

图 1-11　利用曲线斜率判断产业生命周期的不同阶段

但是这种思路也很难行得通，因为在现实世界中，行业的发展很少跟传统的产业生命周期曲线完全贴合。不少行业的营收增速起伏大，变化也快。某个行业的增速今年高达 100%，营收直接翻倍，但是转眼第二年增速就下降到了 10%。但这并不意味着这个行业已经进入衰退期了，因为它下一年的营收增速可能又提升了。

所以，实际上的产业生命周期曲线可能会像图 1-12 所呈现的那样。虽然整体形状仍然接近 S 形曲线，但在整体过程中，由于营收变化跌宕起伏，产业生命周期曲线不是一条光滑的 S 形曲线。

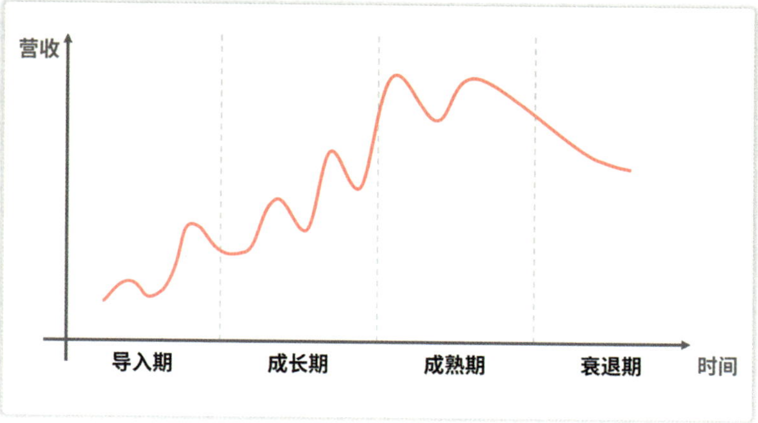

图 1-12 实际上的产业生命周期曲线

所以，我们很难根据曲线斜率去判断增速的变动只是反映了短期节奏还是体现了长期趋势。或者说，我们无法确定，增速的变动是由于一时的供需错配而出现的波动，还是表明行业已进入产业生命周期的新阶段。

纯粹的线性外推是很容易产生误判的。比如口罩等医疗用品行业，在有流行病时可能市场需求激增，营收增速自然飙升，但这并不代表行业就进入了成长期。因此，我们需要找到一个可靠指标来区分行业发展的不同阶段。

真实的产业生命周期

一个比较好的解决方案，是用**渗透率**作为划分产业生命周期不同阶段的依据。渗透率描述的是行业已经触达了多大比例的潜在用户，用公式表示就是**渗透率 = 存量用户 ÷ 潜在客户群**。

本质上，渗透率反映的是用户的接受程度，这和产业生命周期理论背后的底层逻辑相契合。产业生命周期所体现的演化过程本来就是产品不断"破圈"，逐步吸引创新者、早期采用者、早期大众、后期大众以及落后者的过程。

从历史经验来看，一般来说，一旦行业的渗透率达到15%～20%，行业就会进入快速提升的阶段，此时对应的是行业的成长期。但是渗透率提升至35%～40%以后，行业发展的脚步往往就开始放慢了，此时对应的是行业的成熟期（图1-13）。

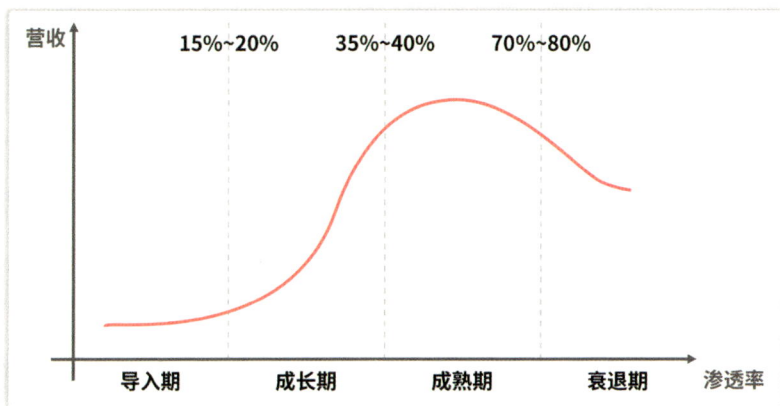

图 1-13　用渗透率划分产业生命周期的不同阶段

▶ 资料来源：广发证券、《估值逻辑——投资思维的边界》

智能手机行业就是典型代表。

2007 年 6 月，初代 iPhone 发布，虽然其"电容式触摸屏 + 多点触控"给用户带来了完全不同于功能机的全新体验，但其尚未"破圈"，只能引起小圈子的狂欢。

2008 年 7 月，App Store（苹果应用商店）问世，围绕智能手机发展起来的一系列产品、服务和应用的生态系统开始快速发展。

2010 年 6 月，iPhone 4 横空出世，这一巅峰之作迅速风靡全球，发布仅 3 天销量就达到了 17 万台。在当时的社交圈里，iPhone 是妥妥的社交货币。当年 iPhone 全年出货量达到了大约 4748.7 万台，智能手机渗透率一举突破 20%。

从 2011 年到 2012 年，智能手机一路高歌猛进，渗透率从 22% 飙升到 40%。有媒体评价说，强势崛起的智能手机把传统的功能机打得找不着北，昔日"王者"诺基亚沦为"时代的眼泪"。

2014 年，智能手机的渗透率已经超过 65%，行业发展进入了成熟期。在这一阶段，即使是作为智能手机标杆的 iPhone，也经常被吐槽"没有创新""挤牙膏"。实际上，这不全是苹果公司 CEO（首席执行官）库克的问题，不是他不想像乔布斯一样，说一句"one more thing"（还有一件事），然后拿出来让大家惊掉下巴的新玩意儿，而是由于整个行业已经发展成熟，确实很难实现让人眼前一亮的颠覆性创新。

此外，在现实世界里，行业的发展也不像传统的产业生命周期呈现的那样，有着统一的 S 形曲线，而是**在每一个阶段都有着不同的可能性**。

比如，一个行业未必能从导入期进入成长期，发展壮大，它有很大概率在商业模式上根本就跑不通，最后只能在无人问津中消亡。O2O（online-to-offline，线上到线下）浪潮中的上门洗车服务、共享经济风口的共享篮球、炒作智能可穿戴设备时的智能戒指……这些曾经拿到过不少融资的行业早已没落，直接**创业失败**。

行业进入成长期之后，虽然可能呈现了快速增长状态，但是高速增长能持续多久？增长的天花板到底有多高？市场规模是 500 亿元还是 5000 亿元？上述问题的答案其实都是不确定的。增长空间发展到最后，有可能会出现**规模不及预期**的情况。

行业发展到成熟期，也不见得会在可预见的时间内走向衰亡、**被替代**。

有很多行业可以稳定发展相当长的时间。比如，人们普遍认为最早的股份制银行是 1397 年在意大利佛罗伦萨成立的美第奇银行，那时候明朝才刚刚建立不久。这么算起来，银行业已经有 600 多年的历史了。酿酒业就更不必说了，白酒和葡萄酒的历史都有几千年了。一方面，在行业的成熟期，可能因为没有出现具有实质性威胁的替代品，所以需求慢慢"见顶"之后，行业会保持相对稳定，并不会马上走向衰退。另一方面，需求会随着宏观经济起起落落，而供给会随着库存周期、产能周期、金融周期等呈现出周期化的波动，因此行业虽然整体稳定，但也会出现**稳定市场周期化**的特征。银行业、白酒行业都是如此。

还有些行业更加生猛——它们或是开发出新品类、迭代出新技术，又或是开拓出新市场，从而成功开辟了**第二增长曲线**。比如，家电行业推出了扫地机器人、洗地机、集成灶等大受年轻人追捧的新品类；通信行业经历了从4G 到 5G 的演进，并持续探索畅想中的 6G，其技术迭代永不止步；社交媒体TikTok 出海，其发展根本没有受到国内移动互联网增量停滞的影响。

种种丰富的可能，才是真实的产业生命周期（图 1-14）。

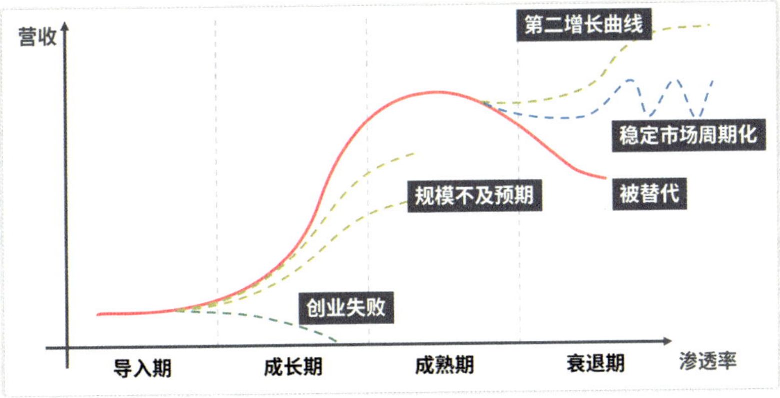

图 1-14　真实的产业生命周期曲线

在全面推行注册制后，A 股上市公司会分布在导入期、成长期、成熟期、衰退期各个阶段。研究产业生命周期不同阶段的特征，构建差异化的投资框架和估值逻辑是很有必要的。

不同阶段的研究重点

在产业生命周期的不同阶段，行业有着不同的鲜明特征，研究的重点自然也应有所区别。

对于导入期的行业，我们最担心的是行业会走到创业失败的境地。因此，**商业模式**能够成立是最重要的。在这个阶段，除了预估潜在的市场空间，研究重点应放在对商业模式**可行性**的评估上。

首先，判断需求是否真实存在；其次，判定盈利是否具有可持续性、商业模式能否大规模复制。如果商业模式不可行，背后只是个伪需求，那么也没什么投资的必要了。

一级市场的投资者，也就是投资还没上市的公司的机构，比如 VC 和 PE 会更重视上述内容。

对于处于成长期的行业来说，**市场规模**更值得关注。我们不仅需要估计行业发展到平稳阶段后的潜在市场空间，看看是不是具备**规模性**，还要预测未来 3 ~ 5 年的市场规模。前者是为了确认行业有足够的成长空间，讲究"模糊的正确"。我们主要通过对比成熟市场上的可比行业经验以及参考政策设定的目标等方式进行评估。后者是为了判断未来 3 ~ 5 年可能实现的业绩增速。我们主要通过参考历史经验、上市公司指引以及业内意见等方式来预测。

本书后面将结合案例来讲解上述内容。

针对处在成熟期的行业，我们需要重点评估行业的**护城河**是不是足够宽、是不是具备足够的**防守性**。这是因为，一旦出现了被替代的可能，行业的投资逻辑也会发生变化。

对护城河的分析，除了用在行业分析上，我们也可以将其迁移到微观层面的公司分析上——股神巴菲特等人就十分重视对护城河的分析。此外，我们可以用第 4 章的知识点构建自己企业的护城河，甚至个人的护城河。

接下来，我们需要分情况进行讨论和分析。

如果行业具备国际竞争力或有拓展新业务、新市场的可能性，换句话说，行业具备走出**第二增长曲线**的潜力，那么我们也可以将它看作新行业，并从导入期开始，重新分析。本质上，这与导入期的分析无异。

除了 VC 和 PE，有不少二级市场投资者（专门投资上市公司的投资者）也开始重视对商业模式可行性的分析，因为这些年，有不少上市公司的增长遇到了瓶颈，也开始探索第二增长曲线。

如果行业已经进入"稳定市场周期化"阶段，那么此时我们应该更多地关注行业的供给是否受限、供需情况如何随着产能周期变动等问题。我们会着重分析行业的**竞争格局**，看看产业链内部是如何分配价值的，从而找到产业链上最具**盈利性**的环节。

至于已经进入衰退期的行业，我们应当把研究重心转移到**替代品**上，没必要在一棵树上吊死。

图 1-15 对各个阶段的研究重点做了简要总结。

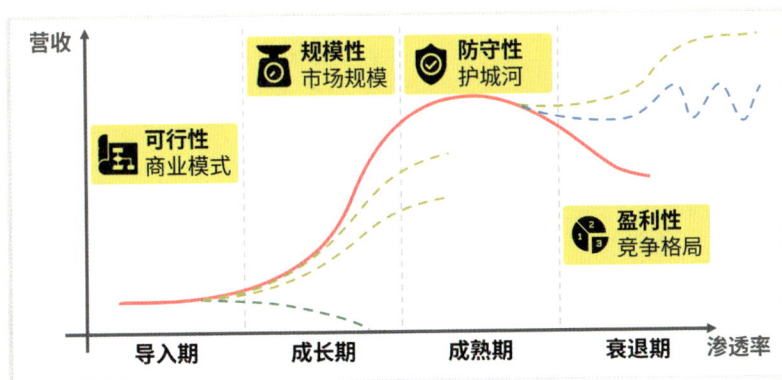

图 1-15　产业生命周期不同阶段的研究重点

值得注意的是，虽然产业生命周期的每个阶段都有其关注重点，但是**这并不意味着在特定阶段就不需要考虑其他方面**，我们只是在不同阶段赋予各种维度或因素的权重不同而已。比如在导入期，除了商业模式的可行性评估，我们也需要考虑行业后续的规模性和防守性的问题。部分行业甚至在导入期就会开始打价格战，比如当年的共享单车行业。此时，对竞争格局的分析也很重要。

不同阶段的估值方法

老股民都知道这么一个公式：

公司市值 = 净利润（基本面）× 估值倍数

你可以将"公司市值"理解为，按目前的市场价，要花多少钱才可以买下一家公司。至于"基本面"，我们一般用公司的**净利润**去反映它。

如果结合上述公式反推，**估值倍数**就是"公司市值 ÷ 净利润"。在投资学里，这个估值倍数被称为**市盈率**（price-to-earnings ratio，P/E ratio），它是重要的股票估值指标。

我们看一个简单的例子：如果一家包子店每年的净利润是 100 万元，它的老板告诉你，你只要掏 500 万元就可以买下这家包子店。那么这家包子店的市盈率就是 5 倍（500 万元 ÷ 100 万元 =5）。

所以，你也可以将市盈率理解为"在净利润保持不变的情况下的**回本周期**"。在包子店这个例子中，假设净利润不变，那么 5 年就可以回本了。

有的公司估值倍数可能高达几十甚至几百，这是因为它的成长潜力很大：它可能今年赚 100 万元（净利润），但是按照目前的增速发展下去，明年可以赚 1000 万元，后年可以挣 1 亿元。对于投资者来说，他们可能愿意花 1 亿元来买下这个公司，那么这个公司的市盈率就是 100 倍。

所以，一般来说，业绩增速越快的公司，估值倍数也会越高。

我们前面考虑的分析维度，比如可行性、规模性、防守性、盈利性等，主要是围绕着基本面展开的。但如果涉及投资决策，我们还是需要考虑估值倍数这一因素的。

如果从产业生命周期的角度来看，你会发现行业在不同阶段在估值方面呈现出的特点很不一样。

在导入期，一般会用 VC 的评估方式来估值；在成长期，则倾向于应用成长股的估值逻辑；在成熟期，如果已经进入周期轮动阶段，则使用周期股的评估风格；至于那些被确定为已经进入衰退期的行业，此时它们的估值一般会很低，但是这并不意味着它们"因为估值低而值得买入"——本书第 6 章将详细阐述估值。

对行业进行动态追踪

在前面的讨论中，对行业的研究和分析还只是从一种相对静态的角度进行的。然而，在真实世界的市场中，行业是在不断发生变化的。

行业的变化不仅受到内部因素的影响，而且行业的外部因素也会持续变化。**外部因素**会推动或阻碍行业演化，其影响也不容忽视。

讲到外部因素时，我们将借鉴经典的 PEST 分析法，从政治、经济、社会文化以及技术等方面，结合实例进行分析。"水可载舟，亦可覆舟"，那些曾经推动行业发展的驱动力也可能会成为限制性因素。比如，部分行业在发展初期都有税收优惠政策，一旦优惠政策到期，对当期税后利润的增速自然会产生负面影响。

此外，为了实时把握行业的发展情况并验证我们的判断，还需要对行业的**景气度**进行高频跟踪。

对行业景气度的判断不仅依赖于对主导因素的跟踪，还离不开对该行业的深刻理解，否则很容易被数据表象误导。关于这一点，本书有关景气度跟踪的部分将做出详细阐述。

写到这里，本书的行研框架篇的主要内容框架就梳理出来了（图 1-16）。

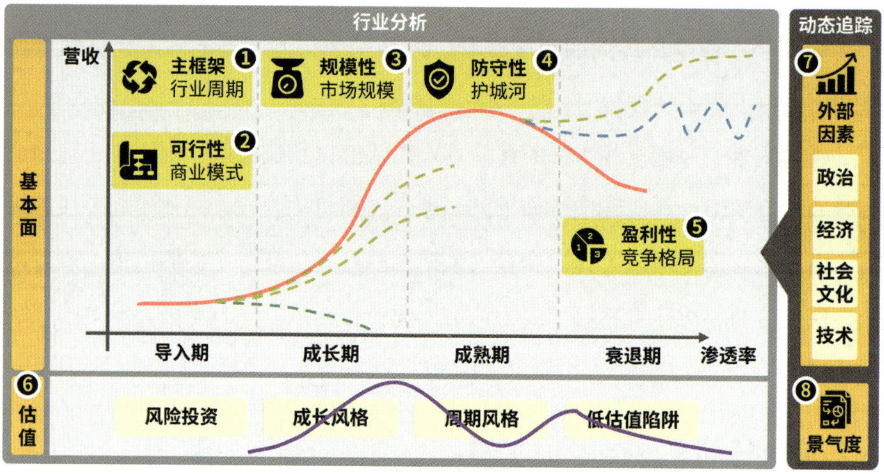

图 1-16　行研框架篇的主要内容框架

行研框架篇的内容将基于图 1-16 展开，它也是我们进行行业研究的底层框架。

本章小结

本章的内容要点如下。

- 准确定义行业并不容易，我们可以参考常见的行业分类标准。
  - 国家标准：《国民经济行业分类》；
  - 中国证监会：《上市公司行业分类指引》；
  - 市场常用：《申万行业分类标准》。

- 传统的产业生命周期理论缺乏实操性，本书在其基础上进行了改进。

  ➢ **应当以渗透率作为划分产业生命周期不同阶段的标准**：15% ～ 20% 和 35% ～ 40% 分别是区分导入期与成长期、成长期与成熟期的经验指标。

  ➢ **产业生命周期的不同阶段有不同的分析重点**：导入期的研究重点是商业模式的可行性，成长期的研究重点是市场规模（规模性），成熟期的研究重点是护城河（防守性）和竞争格局（盈利性），衰退期需要关注来自替代品的威胁。

- 除了基本面，我们还需要考虑产业生命周期不同阶段的**估值倍数**特点。

- 由于**外部因素**会持续变化，所以我们要用发展的眼光看待行业，持续对行业的**景气度**进行高频跟踪，以验证我们的分析成果。

第2章 可行性：

既然知道会输，那为何要"下注"

本章将重点讨论商业模式的可行性（图 2-1），了解如何分析一个行业或企业的商业模式是否具备可行性。换句话说，本章关注的是如何判断一个行业或企业的商业模式是不是具备从导入期过渡到成长期的可能性。

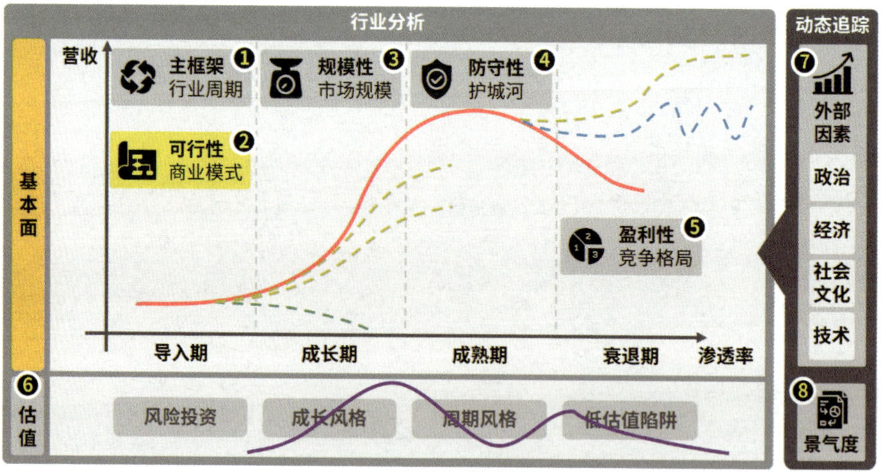

图 2-1 行业研究分析框架：可行性

一般来说，**一级市场投资者（比如 PE 和 VC）和创业者会更重视**商业模式的可行性分析。

不过，这也不代表专注二级市场的股票投资者就没必要关注商业模式——就像第 1 章提到的，一旦创业团队从 PE 和 VC 那边拿到钱了，它们就会砸钱去做行业公关。当声量提高了、概念炒起来了，上市公司也会盯上这样的公司。所以，就算是进行上市企业的股票投资，我们也要审视行业商业模式的可行性，判断其在新赛道上是否可以持续存活。

如果我们可以提前判断这个行业会"死"，那我们连"下注"的必要都没有。

在判断一个行业的商业模式是否可行之前，我们先来回答一个问题——**什么是商业模式？**

第 1 节　商业模式：从巴菲特学到的最重要的东西

商业模式一词的英文是"business model"。

正如前面提到的，投资圈很重视商业模式的分析，比如段永平（"小霸王"和"步步高"的创始人）就提到过："在巴菲特这里我学到的最重要的东西就是生意模式（有一些论述将 business model 翻译成'生意模式'）。以前虽然也知道生意模式重要，但往往是和其他很多重要的东西混在一起看的。当年老巴特别提醒我，应该首先看生意模式，这几年下来慢慢觉得确实应该如此。"

不过巴菲特也好，巴菲特的合伙人查理·芒格也罢，他们虽然在各种场合提到过"商业模式"，但都没有系统地定义过。

事实上，无论是学术界还是业界，**针对"什么是商业模式"这个问题，并没有形成一个共识**（图 2-2）。

图 2-2　商业模式不同定义的侧重点

有的定义侧重于**盈利模式**，关注的是提供什么样的产品、满足什么样的需求、是怎么赚钱的；有的定义侧重于**交易结构**，关注的是商品、资金、信息如何在研究对象及其供应商、客户、合作方之间流动，即关注的是产业链关系；有的定义侧重于**经营战略**，关注的是采取低成本模式还是差异化模式。

其实，上述定义都只是商业模式的一个**截面**。如果高度抽象地用经济学语言来描述商业模式，它其实就是**对经济活动中的生产力要素和生产关系要素的各种排列组合**。

马克思和恩格斯告诉我们，组成生产力系统的基本要素包括劳动者、劳动资料、劳动对象，而生产关系主要包括生产资料所有制形式、人们在生产中的地位及其相互关系和产品分配方式。而商业模式，其实体现的就是上述 6 个要素的排列组合。

我们来看看图 2-3 中的几个例子。

先看看**生产力**。比如苹果公司，它的劳动者包括 CEO 库克等人。当然，它的员工构成可能每天会有变化——招到新人，解雇不靠谱的人。公司的劳动资料包括一些非实物的，比如专利技术、品牌等；公司的劳动对象则是我们平时工作的对象，比如产品、原料，等等。

截至2024年		Apple	HUAWEI	SINOPEC
生产力	劳动者	库克等	任正非等	马永生等
	劳动资料	苹果品牌、专利技术等	华为品牌、专利技术等	开采设备等
	劳动对象	苹果计算机、苹果手机等	华为手机、鸿蒙系统等	油田、加油站等
生产关系	生产资料所有制形式	私有制	私有制	公有制→混合所有制
	人们在生产中的地位及其相互关系	封闭系统生态、管理供应商……	品牌力巨大……	有较大话语权
	产品分配方式	高管高薪	全员持股→虚拟持股	上交部分利润

图 2-3　商业模式示例

再来看看**生产关系**。

除了我们熟悉的公有制和私有制，所有制形式还包括混合所有制在内的多种所有制形式。

人们在生产中的地位及其相互关系则是在生产过程中形成的，相互关系包括上下游之间的关系、同行之间的关系、与监管方的关系，等等。比如苹果公司，因为其品牌价值巨大，所以它对供应商很强势——很多产品或技术虽然是供应商创造或发明的，但其所有权可能归苹果公司所有。苹果公司对手机应用的开发者也很强势，比如苹果应用商店的开发者每卖出 1 元的服务，就要上交 3 角钱的手续费给苹果公司。业界把这笔钱直接称为“苹果税”。

至于产品分配方式，一般是指生产成果在劳动力和资本等要素之间的分配。

不过，上述框架过于“理论化”了，实操性不强。从实操的角度，我们可以参考一些现成的商业模式分析框架。

商业模式分析框架

市场上有不少现成的商业模式分析框架，可以让我们在框架中直接填东西。比如前几年流行的**“商业模式画布”**（图 2-4），对一些商业模式的常见维度进行了总结和归纳。

结构名称		含义
价值主张	价值主张 Value Proposition	用于解决客户问题、满足客户需求
	客户细分 Customer Segments	企业所服务的一个或多个客户分类群体
	客户关系 Customer Relationships	在每一个客户细分市场建立并维护客户关系
运营模式	关键业务 Key Activities	通过执行一些关键的业务活动，运转商业模式
	核心资源 Key Resources	提供交付所必备的重要资产
界面模式	渠道通路 Channels	通过沟通、分销和销售渠道向客户传递价值主张
	重要合作 Key Partnerships	有些业务要外包，有些资源需要从企业外部获得
盈利模式	成本结构 Cost Structure	商业模式中所有环节所引发的成本构成
	收入来源 Revenue Streams	收入来源产生于成功地为客户提供了价值主张

图 2-4 商业模式画布

▶ 资料来源：《商业模式新生代》

当然，除了商业模式画布上的维度，如果有其他你觉得重要的维度，比如产品特性、自由现金流等，你也可以添加。在研究商业模式时，我们不见得要把先前提到的所有要素都研究到，但多覆盖几个维度通常不是坏事，便于对行业有更加全面的了解，为后面的深入研究做好铺垫。

实操时，我的习惯是，**先找来几份行业研究报告，对照商业模式画布按图索骥**。我会从行业研究报告中找到各个维度的关键信息，然后将商业模式画布填满。在这个过程中，我对一个行业的理解会从无到有。了解商业模式是行业研究的基础，只有抓住商业模式的本质，才能更好地把握行业的市场规模、护城河、竞争格局等情况。

不过，如何填写这个画布并不是本章的重点。本章更重视的是，**如何判断一个商业模式是否可行**。本章第 2 节和第 3 节将回答这个问题。

商业模式的百花齐放

对于具体的行业而言，商业模式并不存在所谓"标准答案"（图 2-5）。换句话说，不只不同行业的商业模式有所差异，**同一行业内部也可能会有多个可行的商业模式**。比如在社交软件行业，微信和 Soul 的目标客户就不一样。前者瞄准大众市场，而 Soul 专注于 Z 世代（1995 年至 2009 年出生的一代人）。

图 2-5 商业模式没有"标准答案"

在手机行业，小米公司和苹果公司的价值主张也很不一样。小米公司的产品是为发烧友而生，比较注重性价比，而苹果公司则强调设计与用户体验，强调与众不同。Think Different（"不同凡想"）是苹果公司的广告语。

在互联网平台经济中，阿里巴巴和京东的盈利方式也大相径庭。阿里巴巴主要赚的是商户的钱——它为商家提供用户池和交易平台，并向商家收取佣金和广告费；而京东在早期主要赚的是用户的钱——京东自己当商家，为用户提供丰富的商品和便捷的物流服务，靠低买高卖挣差价。到后期，京东才慢慢转型做平台，大量接入第三方卖家。

甚至**同一家公司也可能会有多种商业模式**。比如宝洁公司旗下有多个品牌，不同品牌的目标客户不尽相同——OLAY 主要面向大众市场，SK-II 则主要面向中高端客户；财新传媒有卖会员和卖广告两种商业模式；茅台既通过自家的 App 直销，也通过经销商卖货。

虽然商业模式不尽相同，但上面提到的业务目前都"活"得挺好，也都从导入期撑到了成长期乃至成熟期。这也说明，它们各自的商业模式对于它们所处的行业而言，都是可行的。

市场经济发展到今天，**商业模式的类型已经非常多样**。虽然商业模式只要"可行"便可以存活，不过这也只是达到"及格线"罢了。还有一些商业模式更受投资者的青睐。比如在美国，SaaS（软件即服务）行业就长期保持高估值。这不是没有道理的。在这种模式下，软件和相关数据被托管在云端，用户可以通过互联网访问，无须将软件安装在本地计算机上。SaaS 行业有着很强的规模效应和网络效应，客户转换成本高。笔者在讲到护城河的内容时会提到，这些是强大的护城河。而且 SaaS 行业一般采用的是订阅模式，业内企业的现金流状况良好。

不过要留意一点：**外部因素的差异对商业模式也会有很大的影响和冲击**。比如 SaaS 商业模式，在中国就有点儿水土不服。国内的企业资源计划龙头企业也想向 SaaS 商业模式转型，但国内的企业主更习惯于传统的买断模式。

既然对于特定行业，商业模式不具备所谓"标准答案"，甚至部分可行的商业模式在外部因素发生变化的情况下，会由"可行"变为"不可行"，那么问题就来了——**我们如何验证一个商业模式是否可行呢？**

第 2 节 验证方法：如何找到那条跑得通的路径

前文提到，商业模式是生产力和生产关系的各个要素的排列组合。理论上，我们可以通过**穷举**的方式，把商业模式的各个要素排列组合，得出 N 种选项。在这些选项中，总有一些商业模式是可行的，也有一些是不可行的，这需要我们去验证。

如果一一验证后，我们发现每一条路径都跑不通，那么我们自然可以得出一个结论：这个行业随时会消失，没有一条靠谱的路径，因此没有什么投资的必要。

但是，一旦我们找到可行的路径，这一行业就有可能具备投资价值。所以第一步是，我们先穷举所有可能的选项。举个例子，比如我现在有一批梳子，我要在寺庙里把它卖出去。寺庙里有两类潜在的**目标客户**，一类是和尚，另一类是访客。同时，我会考虑我的**价值主张**，也就是梳子可以满足什么样的需求。梳子可以满足的，要么就是梳头需求，要么就是自己用不上，转赠或转售的需求。至于**盈利模式**，我可以从批发商那边进货，然后加点儿差价卖出去；我也可以自己去采购原料，做自己的牌子。在**价值链**方面，在上游我可以去找供货商 A，也可以找供货商 B……

我可以列出更多的商业模式的维度，然后为每个维度列举更多的选项（图 2-6）。

目标客户	价值主张	盈利模式	价值链	……
和尚	梳头	低买高卖	供货商A	……
和尚	转赠/转售	低买高卖	供货商A	……
和尚	梳头	自己制作	供货商A	……
访客	梳头	低买高卖	供货商B	……

图 2-6　"在寺庙卖梳子"的商业模式

通过排列组合，可以得出很多不同的商业模式。比如，我可以尝试满足和尚的梳头需求，通过从供应商 A 进货，然后以高价卖出的方式赚钱。不过这个选项明显不靠谱——和尚并没有梳头的需求。

我也可以尝试满足和尚的"赠礼"需求，同样通过供应商 A 进货，然后高价卖出。这个稍微靠谱点儿，和尚可以把梳子开个光，然后转赠或转售给有缘人。不过，如果选择从供应商 A 进货的方式，我需要考虑梳子的价格、账期、质量等要素，这样才能评估商业模式到底靠不靠谱。

分析到这里，你会发现一个问题——通过穷举的方式，就算限制了每个维度的选项，得到的路径也可能有 N 条。**如果去逐一验证，会很耗时耗力。**而更关键的是，完成验证的难度可不一般——只是坐在计算机前看数据，其实是很难完成对商业模式可行性的判断的。这主要是因为数据可得性问题——没有什么现成的数据可以告诉你某个商业模式靠不靠谱。特别是对于一个全新的行业来说，市场的反馈数据往往非常稀缺。

于是在现实世界中，不少资本会采取两种耗时耗力的验证方式——**调研法**和**试错法**。

先看看**调研法**，这是很多有资本优势的快消品企业采取的做法。快消品企业会做大量的市场调研，测试市场的反应。本质上，这是在穷举各种商业模式的组合，并用小样本进行测试。

在实操中，快消品企业一般会使用**问卷调查**的方式（估计不少商学院出身的同学在大学都做过问卷调查），看看有哪些客户群体（简称"客群"）、不同客群的具体需求是什么、更喜欢什么渠道、更喜欢什么品牌定位，等等。

此外，快消品企业也可能会**追踪和观察**某些特定的客群。它们会在征得目标用户同意的前提下，24 小时不间断地观察目标用户的生活，找到目标用户对各种产品或服务的需求和存在的痛点。有些快消品企业甚至会尝试翻看目标用户的垃圾桶。

调研法的另一种方式就是**焦点访谈**。快消品企业会通过市场调研机构，邀请多个用户到特定场所进行线下讨论。会议的主持人会引导参加讨论的用户，让他们就某些产品或服务发表意见。而调研机构或快消品企业的工作人员，通常会通过监视器或在单向玻璃后进行观察。

再来看看**试错法**，它是指创业者亲自上场，靠实操去验证商业模式是不是可行。

很多专门投资早期项目的 VC 和天使投资人曾强调，对于创业者来说，最重要的其实是**执行力**。这些投资者不是靠市场调研来验证商业模式，而是把钱花在了创业者身上。他们很看重创业者的**调头能力**（调头在业内称为"pivot"，而调头能力是指在意识到自己的商业模式走不通时快速转型的能力）。如果一个行业真的是"厚雪长坡"①，即使一时没有找到合适的商业模式，但时间长了总归能摸索出来的。投资者这么做，本质上是在让创业者通过试错，去帮自己完成商业模式的验证。

与由一个团队不断迭代这一思路相对的，是**多个团队同时试错**的思路。

红杉资本创始人、"硅谷风险投资之父"唐·瓦伦丁（Don Valentine）有句名言："下注于赛道，而非赛手。"其意思是，**要投就投靠谱的行业，而不是去挑公司**。投资圈也把这种投资模式称为**"赛道投资"**。

红杉中国的创始合伙人沈南鹏也深谙其道。比如在电商行业，红杉中国就投过阿里巴巴、京东、聚美优品、麦考林、乐蜂网、美丽说、唯品会等企业，而这些企业基本上互为竞争对手。

也正因为如此，沈南鹏曾被一些创始人吐槽——投唯品会的时候，红杉中国已经投了聚美优品；投驴妈妈的时候，红杉中国已经投了途牛；投饿了么的时候，红杉中国已经投了美团。红杉中国这么做，相当于让创业者用不同的商业模式去帮自己验证到底哪个商业模式才是真正可行的。

这么做还有一个好处：如果多种商业模式都被验证成功，投资机构可以**推动这些公司合并，进而产生规模效应**，覆盖不同的产品形态、用户、渠

---

① 改编自沃伦·巴菲特说过的话。——编者注

道……比如红杉中国就曾在 2015 年推动过美团和大众点评的合并——两个商业模式都很靠谱，客户群体也差不多，干脆合并。这样一来，两家企业可以利用规模效应，为企业省下不少成本。

在二级市场，同样可以参考上述两种验证思路。比如我们可以找出已经证明了自己的快速迭代能力的企业进行投资。以光伏行业的投资者为例，他们往往对有着优秀管理层、辉煌创业史的龙头企业抱有坚定的信心。如果看好整个赛道，感觉能挣到行业整体上行的钱就够了，没必要一定选出胜出的企业，那么就可以采取这种思路投资。此外，还可以通过行业 ETF（交易所交易基金）或行业主题基金进行投资。

不过，在行业的导入期，无论是采用调研法还是试错法，都需要投入大量成本。无论是财务成本还是时间成本，都不是个人投资者可以承担的。对于资本来说，它们不可能不进行任何评估就直接下血本，因为如果一个商业模式的成功率很低，那么直接试错就会带来大量的浪费。所以一般来说，为验证商业模式而进行大量投入之前，首先要通过细致的分析进行事前评估。当这些行业的商业模式的可行性被准确评估后，即使不能保证百分之百成功，也会有比较高的胜率。

我一直都说，投资就在于胜率和赔率之间的权衡。所以，就算胜率不是100%，只要赔率合适，其实也是可以"下注"的。在行业的导入期，我们的目标是确保胜率绝对不是 0%。

那么，我们应该如何通过分析来事前评估一个行业商业模式的可行性呢？

第 3 节　可行性评估："卖出去"只是第一步，"赚到钱"才是硬道理

商业模式的可行性评估可以分为两步：**销售可行性评估和利润可行性评估**。

前者主要评估产品或服务能不能卖得出去，后者主要评估它们到底能不能赚到钱。

在导入期，不少投资机构并不会过多考虑是否能立即赚钱。比如，京东"烧"了 10 年钱才实现盈亏平衡，哔哩哔哩（简称"B 站"）甚至直到 2023 年还处于亏损状态。不过，即使我们做好了长期投资的准备，也要确保后续有赚钱的可能性。

在 A 股市场，在主题投资的后期阶段，那些有实实在在业绩支撑的细分行业往往表现得更好。

销售可行性评估

我们先来看看**销售可行性评估**，它旨在评估产品或服务所满足的需求是否真实存在。比如在寺庙卖梳子给和尚，这大概率是在满足伪需求——除非是让和尚给梳子开光，转卖给寺庙的信众。

要验证需求是否存在，照着"马斯洛需求金字塔"（马斯洛需求层次理论）进行比较是个办法（图 2-7）。

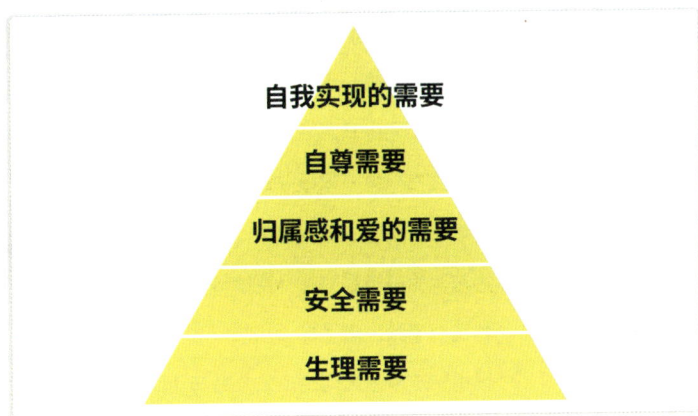

图 2-7　马斯洛需求层次理论

▶ 资料来源：《动机与人格》

但是这么做，我们很容易落入似是而非的陷阱——似乎绝大部分产品或服务经过抽象之后，都能对应上其中的某种需求，这显然与大量的商业模式被证伪的现实不符。

一个更加实操的方法是采用**对标法**。具体来讲，对标法可以分为时间对标法和空间对标法两种。

时间对标法就是往前回溯，看看有没有相关的需求存在。这背后的底层假设是，**需求是永恒的，而产品和服务一直在变**。比如"在家快速搞定一顿饭"的需求，一开始满足这个需求的是干粮，接着是方便面，后来是电话外卖。这些年又诞生了互联网外卖平台和预制菜业务。

成功的商业模式往往不是创造新的需求，而是用新的方式（新的解决方案）来满足已有的需求。

类似的例子还有很多（图2-8）。比如出行需求，最早是自己走路，后来有了轿子和马车，再后来出现了汽车；传递文字信息的需求，古代有飞鸽传书，近代发明了电报，如今又有了短信和微信；收听语音资讯的需求，以前有茶馆的说书人，后来有了广播电台，现在发展出了播客。

需求	解决方案的变迁
便捷进食	干粮→方便面→电话外卖→互联网外卖平台→预制菜
出行	走路→轿子→马车→自行车→摩托车→汽车
文字信息传递	飞鸽传书→信→电报→短信→微信
语音信息传递	对讲机→电话→语音信息
商品优选	街边叫卖→电视购物→直播带货
系统学习知识	竹简→书籍→电子书
了解图文资讯	报纸杂志→新闻网站→公众号与新闻App
收听播音资讯	说书人→广播电台→播客App

图2-8　验证商业模式的时间对标法示例

　　如果你应用一种商业模式是在尝试满足以前从没出现过的需求，那么这种商业模式很有可能是站不住脚的。这里举一个反例——共享篮球（图 2-9）。共享篮球的本质其实就是篮球租赁服务。以前的体育场地基本上没有篮球租赁服务，因为篮球本身并不贵，也不占地方，对于篮球运动爱好者来说，家中常备一个篮球并不是什么问题。而打篮球这件事情一般需要打球人换好衣服、球鞋，和小伙伴约好时间，到球场打球。找了一圈人，总不至于一个篮球也找不到吧。做一个共享篮球的 App 或小程序并不会改变这种情况，所以不出意外，想乘着共享经济东风的共享篮球项目很快就凉了。

图 2-9　当年有关共享篮球的报道

　　当然，随着外部环境不断变化，也有可能出现新的商业模式，只是用这种新商业模式创业胜率往往很低，还需要大量的试错成本。

　　另一个对标方法是**空间对标法**，也就是对标成熟市场，看看有没有类似的成功案例。这背后的底层假设是，**人类的底层需求是相通的，所以成熟市场的经验可以作为参考**。

　　曾在早期投资了阿里巴巴的著名投资人孙正义提出过一个"时光机理论"，背后正是类似的逻辑——新生事物或新趋势最早出现在美国，然后被"复制"到日本，紧接着被引入印度，等等。我们经常会听到各种论调，如今印度或东南亚国家某个行业的发展水平，相当于多少年前的中国的发展水平。如果在人均收入、消费习惯等维度进行对比，那么这种对比方法在中国的一线城市、二线城市以及三四线城市也是适用的。

　　这种理论是经受住了历史考验的。在以前相当长的时间里，国内的创投圈一直在流行"C2C"（Copy to China，复制到中国）模式（图 2-10）。腾讯最早的产品 QQ 就借鉴的是海外产品 ICQ。实际上，除了腾讯，国内很多互联网巨头也借鉴了海外企业的成功经验。比如海外有雅虎（Yahoo），张朝阳便回国推出了搜狐；海外有谷歌（Google），李彦宏便回国创办了百度；海外有易趣（eBay）和 PayPal，阿里巴巴便推出了淘宝和支付宝；海外有推特（Twitter，被马斯克收购后改名为"X"），国内各大互联网巨头纷纷推出了微博产品，只不过最后只有新浪微博活了下来……

图 2-10　Copy to China（复制到中国）模式

　　当然，现在很多人正在做的，是把中国跑通的商业模式复制到东南亚地区。比如我有一位朋友是领创集团的联合创始人。起初，公司主要在国内做消费信贷风控业务，与国内金融机构合作放贷，从中赚了很多钱。后来竞争越来越激烈，于是公司决定"出海"到东南亚发展。当时，东南亚市场还是一片蓝海，公司拿了高榕、软银和华平等投资机构的资金，迅速占领了当地市场，现在还开始帮助中国的电商企业做出海业务。

海外也有人采取类似的做法。比如一家叫 Rocket Internet（火箭互联网）的德国公司，它专门把硅谷已经成熟的创业项目复制到新兴市场中，然后将其出售，而且买家有时就是被复制的对象。Rocket Internet 已经把这套模式运用得炉火纯青。它只需要 36 个月的时间，就可以打造一家估值 10 亿美元的公司。例如 Rocket Internet 孵化的 Lazada 电商平台（图 2-11），几乎像素级复制了整个亚马逊的首页设计，最终被马云看中，投了 10 亿美元控股这家电商公司。

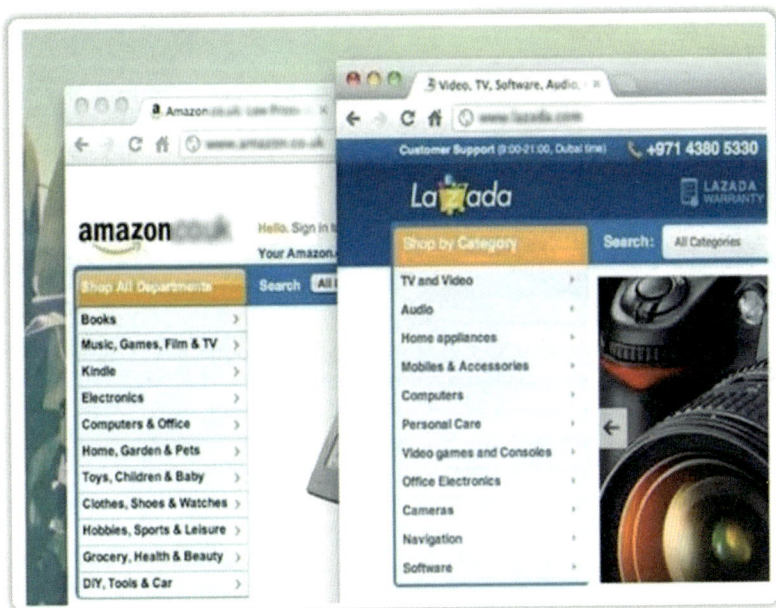

图 2-11　Lazada 电商平台首页和亚马逊网站首页

当然，这套办法并不是总能行得通。创业者需要考虑政治、经济、社会文化、技术发展水平等多方面的相似性，才能提高成功率。

此外，**如果对标的对象本身就是新生事物，那么对标方案"胎死腹中"的概率也很大。**比如 Clubhouse 在 2021 年年初风靡一时，它被马斯克带火出圈

（图 2-12 ）。这个类似语音聊天室的 App 实行邀请制，邀请码在国内的电商平台上一度被炒到了 999 元一个。当时国内大厂也纷纷跟风，36 氪推出了 Capital Coffee，阿里推出了 MeetClub，优酷土豆推出了 YouTalk……结果其兴也勃，其死也忽，没过几个月这个赛道就凉了。2021 年 2 月，Clubhouse 的下载量达到 960 万，到了 2021 年 4 月却骤降到 92.2 万，降幅高达 90%。国内的追随者也都渐渐没了声音。

图 2-12　Clubhouse 下载界面

利润可行性评估

接下来我们来看看如何进行**利润可行性评估**。

前面我们评估了需求是否真实存在，但这还远远不够，因为即使用户愿意付费，但如果收入无法覆盖成本，对于企业来说也是徒劳。为了判断是否有利可图，我们可以从定性分析和定量分析两个维度入手。

我们先来看看**定性分析**。我们知道，利润的计算公式为：利润 = 收入 − 成本。所以在评估利润时，收入和成本两边都需要评估。

先看看**收入层面**。

前面我们已经进行了销售可行性评估。只要通过了这一评估，说明产品或服务所满足的需求并不是伪需求，而是真实存在的。

然而，人们不会只有一种需求，而满足需求是需要消耗资源的——要么消耗金钱，要么消耗时间和精力。由于不同需求之间有可能存在对立关系，因此即使在前面的分析中已经确认了需求，也要对需求进行优先级排序。在排序中，位置**越靠后的需求，企业就越难靠满足它们来赚钱**。

这时，马斯洛需求层次理论就可以派上用场了。这里引用中欧国际工商学院的龚焱教授分享过的一个案例。

龚焱教授在 20 世纪 90 年代末和同学一起创立了一家太阳能公司。当时他们跑到全球最缺电的东南亚地区找新市场。当年那个地方很多人的家里没有灯，晚上一片黑暗。于是，他们打算把提供照明产品作为一个解决方案带给当地人。

不过，最后没有什么人买他们的产品。后来他们发现，当地人对电的需求其实集中在制冰上，而不是在照明上。当地的很多小店会卖冰块，因为当地的温度实在是太高了，所以再穷的家庭也需要喝冰水降温。而照明对他们来说并不是刚需，因为他们晚上一直生活在黑暗之中，眼睛对黑暗已经非常适应了。

除了马斯洛需求层次理论，我们也可以依照下面两个标准——频次和弹性——来为需求进行排序。换句话说，一个赚钱的商业模式所满足的需求大概率会符合下面两个条件之一，我们可以依此来为需求排序。

一是**频次高**。只有产品或服务被使用的频次高，销售数量才能提高。

二是**弹性小**。"弹性"是经济学中的概念，描述的是需求量对价格变动的敏感程度。弹性比较小，意味着客户对产品或服务有强烈的依赖，产生了所谓"刚性需求"。在这种情况下，产品或服务的客单价可以定高一些，从而获得更高的毛利率。

下面，我们来看看矩阵图中的案例（图 2-13）。

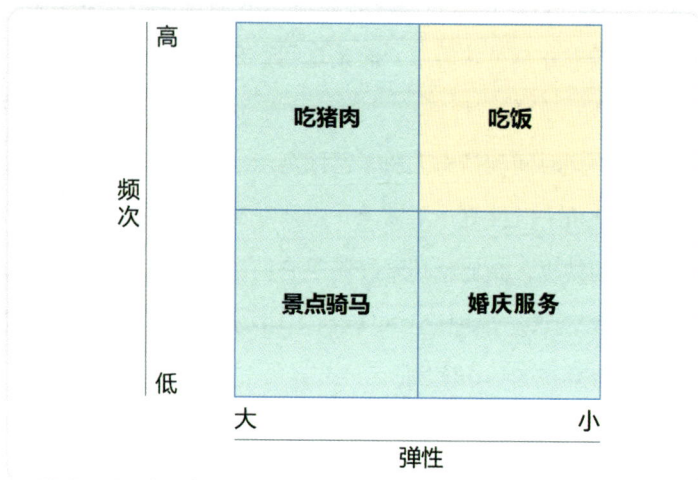

图 2-13 需求排序矩阵

矩阵右上方的格子体现的是频次高、弹性小的需求，比如吃饭就是一个很好的例子。所以在餐饮行业，毛利率往往可以达到 40% ~ 60%。

而矩阵左上方的格子体现的是频次高、弹性大的需求，比如吃猪肉。人们可以暂时不吃猪肉，而是改吃牛羊肉，所以这种需求的弹性很大。

右下方的格子体现的是频次低、弹性小的需求，比如婚庆服务。对大多数人来说，一辈子可能只使用一次婚庆服务。虽然频次低，但是弹性相对比较小，人们一般愿意花更多的钱。不过这对商家来说并不是最佳的商业模式，因为每次都需要重新获客，获客成本低不了。

左下方的格子体现的是频次低、弹性大的需求，比如景点骑马。对大多数人来说，旅游本身就是一个频次相对较低的需求，而在景点有很多其他好玩的项目，并不是非要骑马。所以，景点骑马项目可能并不是一个好生意。

当然，并不是需要兼有频次高、弹性小才能构建一个可靠的行业，但是如果是频次低、弹性大的生意，那么其投资价值相对会低很多。

简而言之，频次高、弹性小，这二者至少得取其一，才可能有不差的收入。

接下来，我们考量**成本层面**，它重点是看**标准化程度**。

我们来看看海底捞的案例。为什么海底捞选择了火锅而不是别的菜品？主要是因为火锅的切配和汤底具有足够高的标准化程度。试想一下，假设海底捞一开始选的不是火锅，而是四川炒菜，那它肯定没办法达到现在这个规模，因为只有当商业模式的标准化程度足够高时，其综合成本才可能降至更低。

不过低成本也是把双刃剑：客户对成本也有一定的感知，这种感知有时候也会反过来影响定价。

我曾经听麦肯锡的一位前上司分享过一个案例。他说他有一次跟一个做SaaS 软件的朋友聊天。对方抱怨说，团队辛辛苦苦部署一个项目，最终才赚几十万元，而麦肯锡的咨询顾问跑过去做了 3 个月的战略咨询项目，却能有上千万元的收入。

这种现象背后的原因是，SaaS 软件本身是一个标准化程度比较高的产品。尽管也要进行定制化开发，但是从底层来看，SaaS 软件仍被视为高度标准化的软件，所以很难卖出高价。相比之下，咨询顾问需要根据客户需求进行深度定制，提供高度个性化的解决方案，其标准化程度非常低，所以咨询服务自然可以卖出更高的价格。

除了定性分析，我们还可以进一步进行**定量分析**。

这里可以运用**单位经济模型**（Unit Economics Model，简称"UE 模型"）进行分析，其中"单位"是指能够体现收入和成本关系的**最小运作单位**，"经济"是指与这个单位相关的收入、成本、利润等财务情况。

"最小运作单位"听上去有点儿难理解，我们看一个例子就好理解了。比如在餐饮行业，"最小运作单位"可以是一家门店。如果搭建 UE 模型，就是在估算一家门店一年的盈利状况。我们可以找一家具有代表性的门店，梳理一下房租、食材、水电、人工等情况，估算一下运营需要多少成本，每天的客流量是多少、客单价是多少，最后得出这家门店能创造多少利润。当然，这家店应该比较有代表性，能够反映行业的总体特征，而这种模型一般叫作**"单店模型"**。

然而，不同行业的最小运作单位不太一样（图 2-14）。

图 2-14　部分 UE 模型的最小运作单位

对于网约车平台，UE 模型可以是以**一辆车**在一年内能够创造的利润来估算；在美妆行业，最小运作单位可能是**一种单品**，比如一款 100 元的护手霜。我们需要估算物料成本是多少、生产费用是多少、打广告需要多少钱、渠道分成是多少，等等；对于外卖行业，最小运作单位可能是**一个订单**，我们需要估算一个订单中骑手拿多少钱、外卖平台赚多少钱。

通过搭建 UE 模型来评估利润可行性的底层逻辑也很简单：如果一家门店、一辆车、一款护手霜、一个订单都赚不到钱，那么多家店、多辆车、多款产品、多个订单能赚到钱的可能性就小了很多。相反，一旦最小运作单位可以赚到钱，那么进行规模化复制也显得更为合理。

以华创证券整理的剧本杀实体店 UE 模型为例，我们可以从中获得启发（图 2-15）。

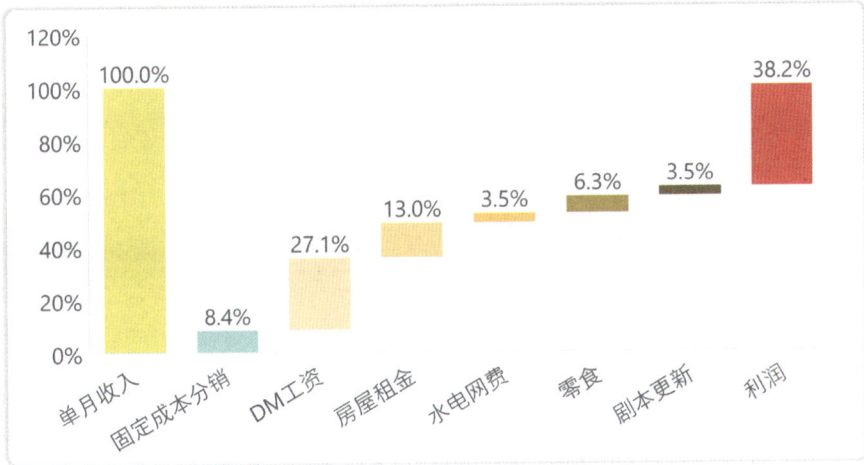

图 2-15　剧本杀实体店 UE 模型

华创证券用到的最小运作单位是一个门店，也就是前面所说的单店模型。

从图 2-15 中我们看到，门店支出的大头是在 DM（Dungeon Master，剧本杀游戏主持人）的工资上，然后是房屋租金。经过详细的成本和利润分析后，每家店可以实现 38.2% 的利润率。假设每家店都可以达到这个利润水平，那么这个生意还是可以做的，可以考虑开更多分店。

很明显，单店模型是从**供给侧**考量的。但是 UE 模型不仅可以从**供给侧**考量，也可以从**需求侧**进行分析。从哪个角度展开分析，主要取决于你的分析目的。比如通过下面这个密室逃脱实体店的案例分析（图 2-16），我们可以明白这一点。

假设我在一线城市开了一家密室逃脱实体店，店内共设 5 个主题，每个主题的体验费用是 300 元 / 人。我设计的密室逃脱游戏特别好玩儿，回头率是 100%。假设每个顾客都会把每个主题的密室逃脱游戏玩一次，那么我可以从每个人身上赚到 1500 元。

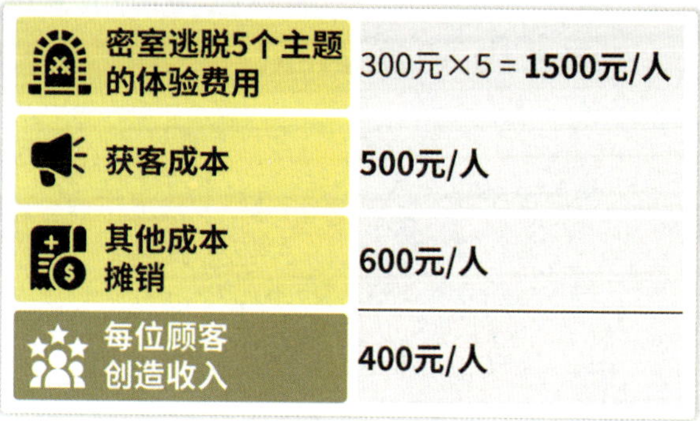

图 2-16　密室逃脱实体店收入测算

为了获得新顾客，我会在点评类应用和短视频应用中投放广告，也会给介绍新顾客的老顾客提供优惠。平均来看，预计每个新顾客的获客成本大约是 500 元，其他成本的摊销大约是 600 元。所以，从一个顾客身上，我可以赚到 400 元（1500 元－500 元－600 元＝400 元）。

假设目前密室逃脱实体店仍有很多时段没有几个顾客，几乎是闲置的，因此我正在考虑是否需要在闲置时段推出降价促销活动，比如每个主题游戏降价 20%。虽然这么做使得从每位顾客身上赚到的钱少了 300 元（1500 元 × 20%＝300 元），但是我可以有效地利用闲置时段，将其顺利地"卖出去"。假设获客成本和其他成本摊销不变，每个顾客仍能贡献 100 元的利润（400 元－300 元＝100 元），何况随着顾客数量的增加，成本摊销实际上是会减少的。

这种 UE 模型被称为**"单客模型"**，用来衡量每位顾客创造的利润。与"单店模型"主要关注是否要开新店不同，"单客模型"主要用于计算合理的获客成本，从而优化营销投入、增强盈利能力。

总的来说，选择"最小运作单位"的核心策略就是以点带面、以小见大。这可以让我们搞清楚，一种商业模式在现实中是怎么运作的、成本结构是怎样的、利润情况如何。因为整个业务其实就是多个 UE 模型叠加起来的结果，所以研究和理解 UE 模型，往往就能搞清楚整体的商业模式。

而且，相比于标准化的财务报表，UE 模型更能直击核心业务，反映核心业务的运行状态，有效排除很多不必要的干扰项，并反映行业独有的特征。它可以让我们更好地认识商业模式的本质。

实际上，在观察餐饮行业的年报时，我们就会发现，报告除了提供标准的财务数据外，还会单独列出同店销售增速（往往选取开业一年以上且仍在正常经营的成熟门店作为样本，计算其在报告期内的同比增速）等指标，以便投资者更好地掌握经营情况。

下面来看一个实际案例——长江证券基于海底捞 2019 年经营情况搭建的单店模型。

海底捞是火锅行业的标杆企业，其经营数据具有行业代表性。2019 年的经营数据在一定程度上能够反映当时火锅行业的情况（图 2-17）。

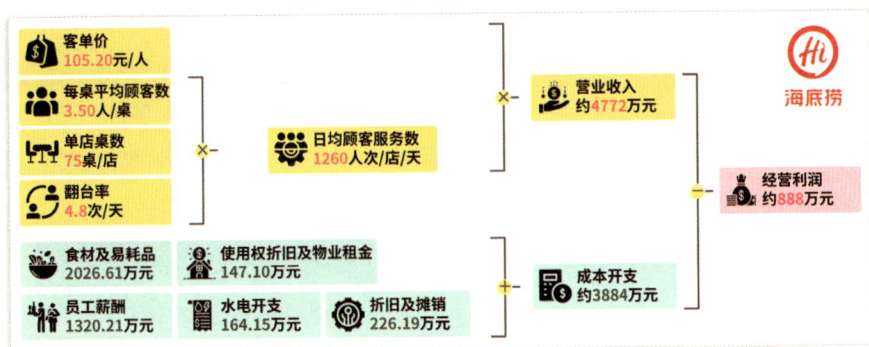

图 2-17 海底捞的单店模型（2019 年）

▶ 资料来源：长江证券

我们首先看看**营业收入**（简称"营收"）。营收可以分解成客单价和日均顾客服务数，其中日均顾客服务数可以进一步分解成每桌平均顾客数、单店桌数和翻台率，其中翻台率是指，在一定时间内一张桌子可以供几批顾客用餐。

海底捞的标准店型是一家店有 75 张桌子，每桌平均顾客数是 3.50 人 / 桌，翻台率是 4.8 次 / 天。将这 3 个因素相乘，可以得到日均顾客服务数为 1260 人次 / 店 / 天；将此数乘以客单价 105.20 元，一天的营业额接近 13.2552 万元。假设一年该店开张 360 天，营收大约是 4772 万元。

再来看看**成本开支**。成本开支可以分解成食材及易耗品、员工薪酬、使用权折旧及物业租金、水电开支，等等。员工薪酬等又可以进一步细分，这里不再展开叙述。

最后可以得出海底捞一家店的一年经营利润（毛利）大约是 888 万元。

从上面的例子中可以看到，UE 模型涉及很多不同的变量。我们需要找到其中的**关键指标**进行重点分析，才不至于被淹没在数字的汪洋大海之中。找准了关键指标可以让我们更加精准地评估市场空间，把握行业内部的核心竞争力。

至于判断到底哪个（些）是关键指标，很多时候还是依赖于深厚的行业经验。所以，作为外部投资者的我们，往往需要寻求业内专家的意见。如果我们有大量高质量的原始数据（比如样本量大、时间周期长的数据），也可以通过数据分析找出对营收和利润影响最大的指标。而在确定关键指标的基准值时，我们既可以参考业内专家的意见，也可以参考行业龙头企业的情况。

对于餐饮行业，比如对海底捞而言，这个关键指标就是**翻台率**。

那么海底捞 2019 年的翻台率到底算不算好呢？海底捞在 2020 年启动了"啄木鸟计划"，提出平均翻台率在没达到一天 4 次之前，原则上不会规模化开设新的分店。所以我们可以合理推测，一天 4 次的翻台率是海底捞公司管理层可以接受的。基于此，2019 年一天 4.8 次的翻台率显然是一个不错的成绩。

当然，这种评估仅代表某个静态时间点的情况，实际上关键指标是在动态变化的。比如翻台率可能会随着店面数量的增加而有所下降。还拿海底捞来说，如果一个城市只开一家海底捞，那么可能东西南北的人都会跑到这家店吃火锅，搞不好会导致顾客排长队等候，翻台率自然会较高。但如果开 10 家店，它们分布在不同区域，那么客流就被分散了，翻台率也可能随之降低。事实上，近几年海底捞的翻台率确实是在不断下降的。2021 年和 2022 年的翻台率直接跌至 3。除了这两年消费者减少了在外就餐频次，这也与前面所说的开店密度提高、客流分散有关。

总而言之，UE 模型可以帮助我们判断企业是否具备大规模扩张的条件，评估利润可行性，进而验证商业模式的可行性。

在绝大多数具备规模效应（规模越大，长期平均成本越低）的行业，如果把一个单位单拎出来看是可以盈利的，那么这个商业模式基本上就是可行的。

此外，即使 UE 模型当前算出来是**亏损**的，这在行业发展的早期阶段也并非不可接受，重点在于将来有没有改善的可能。如果随着规模扩张，固定成本得以更好地被分摊，从而显著改善盈利情况，那么这种商业模式同样具备复制、扩张的基础和潜力。换句话说，我们要用**"终局视角"**去预测行业未来的**UE 模型**。当前的商业模式不挣钱，并不代表它以后一直不挣钱。

以外卖行业为例，早期几乎每个订单都是严重亏损的。但是随着外卖服务渗透率的提高，点外卖的人越来越多，订单密度也越来越高。过去一栋写字楼可能只有一两个人点外卖，慢慢地变成一两百个人点外卖。这使得每个配送员跑腿一次能完成的订单数量大幅增加，效率显著提升，每单的配送成本也因此降低。而且随着业务规模的扩大，外卖平台的渠道影响力与日俱增。不光入驻的商家增加了，而且商家对外卖平台的重视度也提高了，更舍得投入了。

根据东吴证券的测算，2021 年美团的每单配送成本相比 2020 年降低了 0.2 元，加上佣金等收入的提高，每单的毛利润增长了 0.19 元，经营情况进而大为改观。

再比如，前几年共享单车的 UE 模型还处于亏损状态，根本不赚钱。但随着材料和工艺技术的进步，后续共享单车的折旧率大幅降低。根据美团的年报，目前已经实现报废车辆 100% 回收了。长期来看，其 UE 模型扭亏转盈一点儿都不奇怪。

总之，UE 模型反映的是特定时间点的静态结果，模型中的数据则会随着时间的推移和行业的发展而不断变化。在实践中，很多创投机构会建立 3 个 UE 模型：一个是**反映当前情况的**，一个是**反映盈亏平衡状态的**，还有一个是**基于终局视角的**（从长远来看企业最终会发展成什么样子）。如果当前的 UE 模型处于亏损状态，且没有办法向盈亏平衡或更理想的状态演进，那么商业模式大概率是不可行的。

前面所说的利润可行性评估主要适用于卖产品或卖服务的传统商业模式。然而，还有一类特别的商业模式，它很难向用户收费。

无法收费的商业模式

很难向用户收费的最典型的例子就是微信。微信提供的是频次高、弹性小的通信服务。按照常规分析，此类服务的销售应该不成问题。然而实际上，微信是免费的——它很难通过收取月费或年费来赚钱，也不能实现高客单价。这是为什么呢？

针对这个问题，马化腾先生曾试错过。在早期发展阶段，QQ 没有盈利模式，于是腾讯曾一度尝试每注册一个 QQ 账号收取 1 元钱。结果这一举措引发了用户反弹，竞品开始出现、抢市场，比如网易泡泡、朗玛 UC 等。腾讯见势不对，于是又恢复了免费服务。

其实从用户的角度来看，虽然我们使用微信是不花钱的，但是也不是没有代价的。比如，我们看了朋友圈中的广告，使用了微信小程序的入口，进行微信支付，等等。虽然对于普通用户来说，这些服务都是不花钱的，但是有其他业务方帮我们付了钱。

本质上，微信跟**媒体产品**相似，普通用户还是承担了成本的，比如用户在广告上付出的注意力转化成了微信的收入，只是支付方是其他业务线、广告主或商家罢了。支付方付了钱，自然会想办法从普通用户身上赚回去。所以底层逻辑是一样的，用户还是承担了成本。

在这种模式下，我们需要考量的收入部分是广告主和商家可以从每个用户身上赚到多少钱，以及他们愿意将多大比例的收入作为购买流量的成本。这便是微信的每个用户能带来的隐性收入，即很多互联网从业者熟知的 ARPU（average revenue per user，每用户平均收入）。

值得注意的是，这种类型的商业模式在导入期甚至成长期都难以被准确量化。这很容易导致一个问题，即在市场特别不缺钱的阶段，某些企业的估值会被大幅拉高，因为大家在做假设的时候都会特别乐观。比如 2015 年美联储加息导致资本寒冬出现之前，市场出现的互联网泡沫就是这种情况。当年很多 App 没有商业模式，只是一味地追求用户流量，但最后发现估值都高得离谱。

当然，目前微信也不是完全无法向用户收费，毕竟它已经过了早期发展阶段，竞争对手想要复刻并免费提供类似服务并没那么容易。此外，微信上也沉淀了用户大量的个人数据。所以，即使微信开始收费了，只要费用不过分，大多数用户仍然会选择继续使用。

一个相关的典型例子是，马斯克收购了推特公司后，除了将其改名为"X"，另一个重大改变就是开始向拥有实名认证标签的用户收取月费。在那之后，Meta 推出了被视为"推特杀手"的社交应用 Thread，试图抢夺推特的市场份额。在短短 5 天内，Thread 的用户数量就超过了 1 亿。然而，根据 Sensor Tower 的数据，不到 1 个月的时间，Thread 的每日活跃用户数量就下降了 82%，仅剩下 800 万左右。反观推特，虽然它经历了用户流失，但其基本盘并没有动摇。

因此，微信目前仍然保持不收费的策略，在某种程度上是出于企业社会责任的考虑，因为微信已经发展成类似电信服务这样全民都在使用的基础设施类应用了。无论是收费，还是其他任何小变化，都会对全民造成影响，因此每一个决策都需要极为谨慎的评估。

创新的不同层级

从理论上来说，如果一个商业模式通过了销售可行性评估和利润可行性评估，那么它可以被认为是具备一定可行性的。但是光有可行性，并不能保证企业必然成功、大放异彩。如果一种商业模式所依赖的前置创新技术还没有成熟，那么这个商业模式可能会生不逢时，长期停滞在导入期。比如 2015 年以前的新能源汽车行业就体现了典型的应用层创新。当时材料学层面的创新尚未到来——电池能量密度低、续航里程短，所以做出来的新能源汽车产品没有什么竞争力，不得不高度依赖补贴。

大体上说，**不同类型的创新是有先后顺序的**（图 2-18）。

商业模式			阶段1	阶段2	阶段3
应用层	生态参与者		门户网站	骑手	？？
	应用程序		IE浏览器	饿了么	？？
中间层	操作系统		Windows macOS	iOS 安卓	鸿蒙OS？
	硬件		个人计算机	智能手机	车？VR眼镜？
信息技术	基础层	基础设施	PC 互联网	移动 互联网	5G/6G

图 2-18　创新层级金字塔

比如与 PC 互联网和移动互联网相关的创新都是先发生在**基础设施层面**，然后发展到**硬件层面**，再到**操作系统层面**、**应用程序层面**。最后，顶流应用程序又催生出新的**生态参与者**。

具体来说，先有了 PC 互联网这一基础设施，硬件层面的个人计算机才得以普及。在此基础上，Windows 操作系统得以风靡全球，IE 浏览器这类应用程序成了流量入口，而围绕着浏览器这一流量入口，门户网站这种重要的生态参与者诞生了。移动互联网时代的情况也与此相似。

事实上，大部分创新可以划分成**基础层创新**、**中间层创新**、**应用层创新**。通常情况下，先有基础层创新，再有中间层创新，最后才轮到应用层创新。比如，先出现了高性能显卡和大模型的迭代，才涌现出了层出不穷的 AI 应用。

现在国外可借鉴的案例越来越少，部分原因是应用层面的创新能借鉴的都已经借鉴完了，基础层面和中间层面的创新光靠借鉴是很难借鉴来的，更多地要靠自主研发。实际上，这也是近年来投资圈越来越聚焦硬核科技赛道的底层原因。

本章小结

本章的内容要点如下。

- 商业模式体现的是生产力三要素（劳动者、劳动资料、劳动对象）和生产关系三要素（生产资料所有制形式、人们在生产中的地位及其相互关系、产品分配方式）的排列组合。
- 商业模式没有"标准答案"，同一行业中的同一公司可能有多种可行的商业模式。
- 要验证商业模式，（理论上）可以通过穷举的方式列出所有选项，再通过快消品企业常用的**调研法**，或风险投资机构常用的**试错法**进行验证。
- 对于处在导入期的行业，判断其商业模式是否可行是行业研究的重点。

可以从销售可行性评估和利润可行性评估两个角度入手。

> **销售可行性评估**：通过时间对标法对标过去，看看有没有类似的需求存在；通过空间对标法对标成熟市场，看看有没有类似的成功案例。

> **利润可行性评估**：通过定性分析，从频次和弹性两个维度来评估收入，用标准化程度来评估成本；通过定量分析搭建 UE 模型，并进行动态追踪。

- 大部分创新可以划分成**基础层创新**、**中间层创新**、**应用层创新**。先有基础层创新，再有中间层创新，最后才轮到应用层创新。

图 2-19 呈现了本章的内容框架。

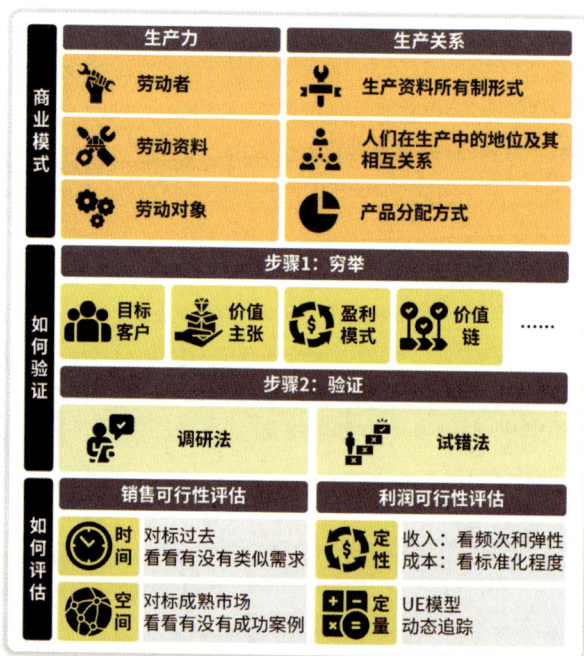

图 2-19　本章内容框架：可行性

第3章 规模性：

为什么有些公司上不了市

第 2 章主要讲的是，如何评估商业模式的可行性。如果说可行性是判断企业能不能从 0 到 1，那么本章将要讲的规模性就是用来判断企业能不能从 1 到 100。

本章我们将重点讨论市场规模（图 3-1）。

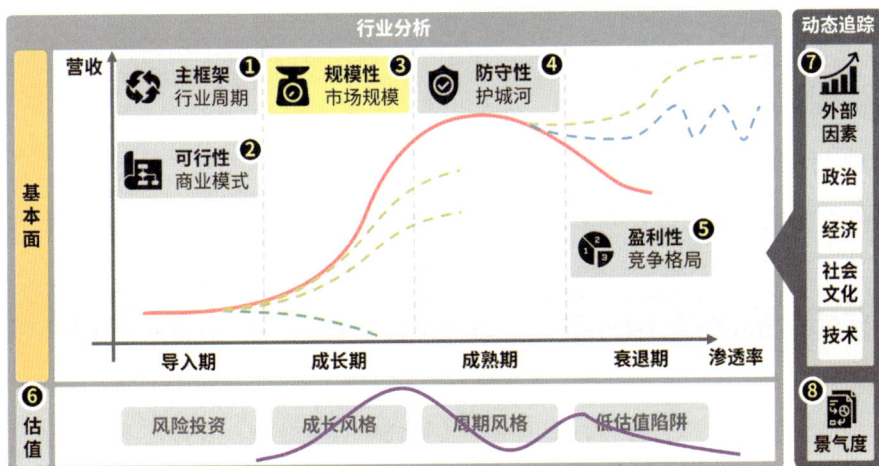

图 3-1　行业研究分析框架：规模性

"市场规模"指的是什么呢？在学术上，"市场规模"没有特别严谨的定义。它的字面意思就是这个市场有多大，而在业界，当提到"市场规模"时，我们大多数时候会用**销售额**来衡量，也就是这个行业在这个市场可以卖出多少钱的产品或服务。

市场规模的重要性无论怎么强调都不为过，因为只有一个行业有足够的市场规模，才能孕育出体量大到足以上市的公司。有些创投机构明确表示，不会投那些稳态规模（发展到成熟期后的规模）不到百亿元的行业。这也很容易理解，毕竟创投机构的终极目标是被投企业能够上市。同时，市场规模在很大程度上决定了市值空间，身处不到百亿元市场规模的行业中，你很难想象该行业能出现市值达到千亿元的企业。也正是因为如此，从投资机构到咨询公司，大家都很重视市场规模。

本章我们就来重点讨论市场规模的 3 种分类，以及如何测算市场规模。

第 1 节　应用场景：你很难找到这些行业的市场规模数据

十几年前，即将大学毕业时，我到当时排名靠前的 3 家咨询公司（麦肯锡咨询公司、波士顿咨询公司、贝恩公司）面试。面试的时候，几乎每家公司都会问有关市场规模测算的问题，比如让我估算麦肯锡楼下的星巴克一年的销售额，或者估算北京一年能卖出多少平方米的地毯，等等。我在面试谷歌和腾讯等互联网公司的时候，面试官也会问我类似的问题。

面试官之所以安排这类问题，不光是为了考察逻辑和分析能力，也是因为在商业社会里经常会用到市场规模测算能力。

看到这里，你或许会有疑问——市场规模这种数据，直接搜不就好了？为什么要自己测算呢？

确实，像生猪养殖行业，可以去找商务部和农业农村部的数据，汽车行

业可以去找乘联分会（中国汽车流通协会乘用车市场信息联席分会）和中汽协
（中国汽车工业协会）的数据，房地产行业可以去找克而瑞^①、中国指数研究院
的数据……需要市场规模数据的时候，直接到这些政府部门、行业协会或者研
究机构找他们统计的数据，不就可以了吗？

　　然而，并不是所有行业的市场规模数据都能那么容易找到。有的行业既
没有官方统计，也不见得有相关的行业报告，比如下面这 3 种情形。

情形 1：来不及

　　有的行业才刚刚诞生，之前根本没有这种业态，自然没有市场规模的统计。

　　比如共享单车在起步阶段发展可谓迅猛。当年财大气粗的行业龙头"小
黄车"ofo，在一些大城市每天投放数千辆单车。就算真的有机构愿意去统计，
变化也快得统计不过来。我们也拿不到企业或者 VC 内部的测算数据，这时候
就需要我们自己测算市场规模。

情形 2：没动力

　　有的行业规模太小、从业者不多，或者行业集中度太低，投资者暂时无法
在市场上找到值得投资的大公司。

　　这时候，就算市场规模的数据统计出来了，也没多少人会用。即使有研究
机构辛辛苦苦地统计了数据，统计结果也卖不出去，所以研究机构通常没什么
动力去统计。

　　比如一些地方小吃的市场规模就非常小。我只在潮汕地区和香港见过我爱
吃的糖葱薄饼。之所以香港有，也是因为在香港来自潮汕地区的人比较多。而且
这种小吃的制作工艺门槛比较高，会做的人很少。我在京东上搜了下销量最好的
单品，其累计评价也只有 200 多个。这种小规模的市场自然没什么人去统计。

---

① 一家不动产垂直领域数字化服务平台，提供房地产销售数据等。

规模很小的行业还有很多，照片修复是另一个例子。我的舅舅曾把我外公年轻时的军装照片拿去做了照片修复，花了几百元钱，老人家看到照片后非常开心。但是，如果商家把价格提得太高的话，恐怕愿意修复的人不会多（正如第 2 章提到的需求"弹性大"这一情况）。目前市场上有很多商家提供老照片修复服务，甚至有一些 AI 修复工具。因为竞争激烈，人工修复的费用是每小时几十元，而用 AI 修复工具修复照片一年的费用仅为 98 元，终身的服务费用还不到 200 元。照片修复本身就是低频次的需求，且价格还低，仅做这种生意很难做出一家值得投资的上市公司来，所以市场规模也没有人统计。

情形 3：做不到

还有些行业很不透明或保密，研究机构想要获得相关数据几乎是不可能的任务。

这就要求我们需要自己学会做市场规模的测算。至少在看到别人的测算结果时，能判断出对方算得是否可靠，如果不可靠该如何修正。

图 3-2 对上述 3 种情形做了总结。

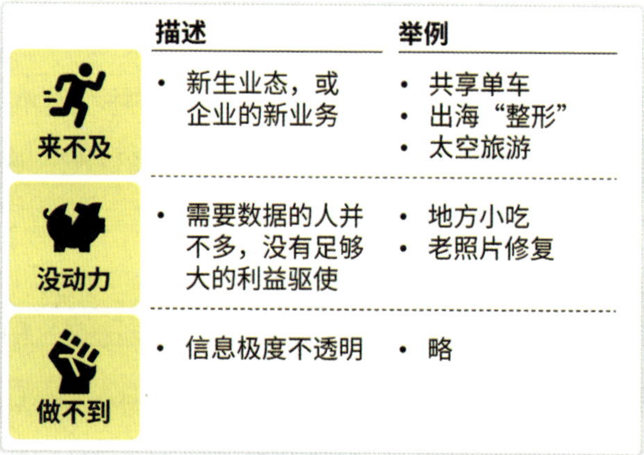

	描述	举例
来不及	• 新生业态，或企业的新业务	• 共享单车 • 出海"整形" • 太空旅游
没动力	• 需要数据的人并不多，没有足够大的利益驱使	• 地方小吃 • 老照片修复
做不到	• 信息极度不透明	• 略

图 3-2 需要手动测算市场规模的情形

总之，当遇到以上 3 种情形时，我们有可能从任何渠道都无法搜索到合适的数据源，此时就需要手动测算市场规模了。

不过在开始测算前，我们要先搞清楚一个问题——要测算的究竟是哪个市场规模？

第 2 节 不同口径：要测算的究竟是哪个市场规模

美国斯坦福大学的兼职教授史蒂夫·布兰克（Steve Blank）在他的《创业者手册》一书中，梳理了市场规模的 3 种口径（图 3-3），即 3 种市场规模类型。

第一种口径是"潜在市场"（Total Addressable Market，TAM），也就是某个市场的潜在需求有多大。

第二种口径是"可服务市场"（Served Available Market，SAM），也就是现在有多少需求已经被满足了。

第三种口径是"可获得市场"（Served Obtained Market，SOM），也就是某家公司现在拿下了多少市场。

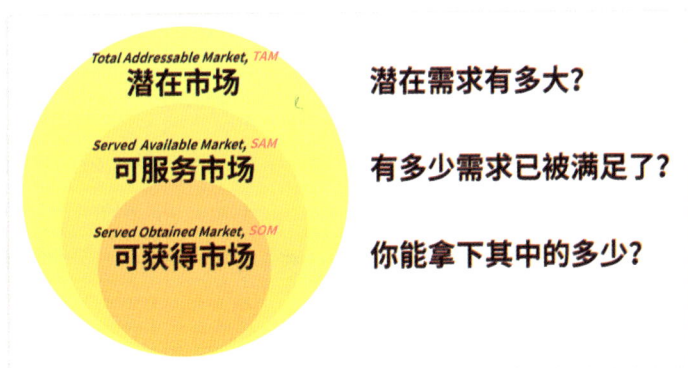

图 3-3　3 种市场规模类型

SAM 除以 TAM 后所得到的数值可以被理解为我们之前一直在说的渗透率；SOM 除以 SAM 后所得到的结果，则是这家公司的市场份额。

上述这套市场规模类型麦肯锡也在用。

我们也可以做个类比，如图 3-4 所示。

图 3-4　类比解释：3 种市场规模类型

TAM 相当于用来装蛋糕的盒子。这个盒子有多大，未来就能放得下多大的蛋糕。

SAM 是指现在的蛋糕有多大。

SOM 则指，作为市场的参与者，你能分到多少蛋糕。

这里以白酒行业为例（图 3-5）做一下进一步解释。

TAM 就是潜在的白酒市场年销售额——这里需要假设市场已经完全饱和，也就是所有有可能喝白酒的人都已经开始喝白酒了，且消费量也达到了最高峰。在这种假设下，整个白酒行业每年的销售额就是 TAM。

SAM 就是目前的白酒年销售额，也就是把目前所有白酒品牌每年的销售额加起来的结果。

SOM 指的是某个市场参与者能分到的蛋糕有多大。以茅台为例，SOM 指的是茅台每年的终端销售额。

图 3-5　白酒行业的 3 种市场规模类型

在行业发展的不同阶段，我们需要关注的市场规模类型不太一样。

当被投行业仍处于导入期时，我们要特别关注 TAM。

如果投资一级市场，也就是投资那些尚未上市的企业，我们必须预先想好怎么"退出"，也就是寻找后续轮次的潜在投资者。虽然被大公司并购也算是不吃亏的选择，但最理想的退出方式还是上市。所以要投资一级市场，一般机构会优先投资有上市可能性的公司。而公司要上市，需要达到一定的规模。

以 A 股的科创板为例，如果我们考虑非红筹、非同股不同权的情况，上市条件并不简单（图 3-6）。

	情况1	情况2	情况3	情况4	情况5	情况6
预期市值	>10亿元	>10亿元	>15亿元	>20亿元	>30亿元	>40亿元
营业收入		>1亿元	>2亿元	>3亿元	>3亿元	
净利润	近两年都>0且累计>5000万元	>0				
其他条件			近3年研发占近3年营收>15%	近3年经营现金流累计>1亿元		业务经批准；市场大；阶段性成果

图 3-6　A 股科创板的部分上市条件（非红筹 / 非同股不同权）

有些上市条件对营业收入是有要求的，往往门槛也比较高，比如图 3-6 中的情况 4 和情况 5 都要求营业收入不低于 3 亿元。有的上市条件对营业收入的要求会低一些，但在净利润或其他方面会设定额外的门槛。

所以，要判断一家公司能不能上市，首先要测算 TAM。然后，可以进一步假设该公司未来可达到的市场份额，再将 TAM 乘以未来的市场份额。这个计算结果就是未来市场饱和状态下的 SOM。我们需要看看未来的 SOM 能不能达到上市的最低要求。假设你分析的行业市场份额较为分散，其中某个公司未来会有 1% 的市场份额，那么至少要有 300 亿元的 TAM，这样 1% 的市场份额才可能有 3 亿元以上的营业收入。

我们也可以参考一些投资人的经验。比如我的大学师兄、老鹰基金的创始人刘小鹰，他很早就创业成功了，其公司在港股上市。后来他开始做一级市场投资，投过的项目中也有不少成功上市了，比如孚能科技、怪兽充电等。他有关投资的十大原则中有这么一条："细分市场容量看不到 500 亿元的基本不投。"

看不到 500 亿元或上千亿元的市场规模，你再怎么努力也做不了独角兽（一般是指成立不到 10 年，估值超过 10 亿美金的公司），自然也拿不到超常的回报或收益。这很现实，很多时候就是"选择比努力更重要"。如果我们选择了一条很窄的路，就别妄想它能越走越宽。

当行业进入成长期后，我们要特别关注 TAM 和 SAM。

这主要是为了判断行业的发展是不是即将遇到发展瓶颈。如前所述，用 SAM 除以 TAM 得出的结果反映的是类似渗透率的概念（只不过计算渗透率使用的是用户数量，而这里使用的是销售额）。如果得出的数值已经相当高了，这意味着留给成长期的时间不多了，高增速不见得可以维持很久。

当行业进入成熟期后，我们主要关注的是 SAM 和 SOM。

如前所述，SOM 除以 SAM 得到的结果就是市场份额。而在成熟期，一个核心的投资逻辑是行业集中度的提升——行业龙头可以通过各种整合手段拿下更多的市场份额。本书将在后续关于竞争格局的内容中详细阐述这一点。

图 3-7 对不同行业的发展阶段所看重的市场规模类型做了总结。

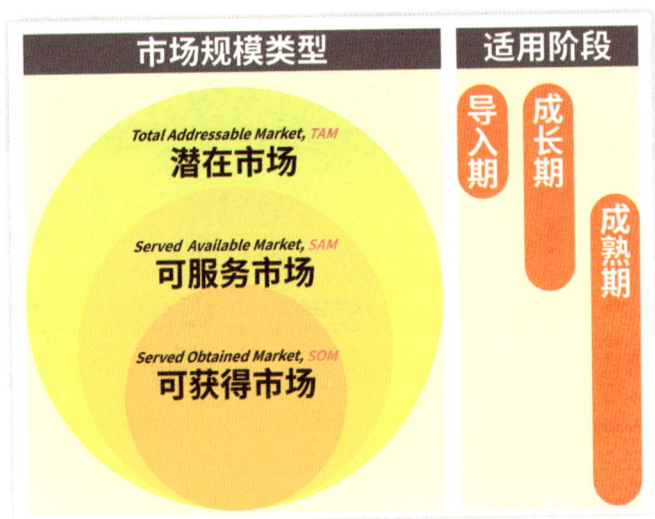

图 3-7　不同行业的发展阶段所关注的市场规模类型

▶ 资料来源：《创业者手册》

第 3 节　测算方法：手把手教会你如何估算市场规模

前述 3 种市场规模类型有不同的市场规模测算方法。

在介绍具体的市场规模测算方法之前，我们先明确一个大原则——**我们可以把数据很难获得的变量，拆分成多个数据容易获得的变量。**

如果你在工作或学习过程中曾经搭建过金融模型，你对这个方法会很熟悉。如果你没有金融背景，也不必一听到搭建模型就觉得很难。其实金融建模背后涉及的数学知识大多数属于中小学应用题的水平。只要懂得加、减、乘、除、乘方、开方就可以搭建模型，其关键还是在于你是否对行业有基本的了解。

具体来说，有 3 类测算方法，分别适用不同的市场供需情况。它们分别是需求导向、供给导向和供需匹配。

方法 1：需求导向

这个方法主要从用户需求的角度出发，来考量市场规模的大小。它比较适用于估算 TAM。

这里我先介绍一个普遍适用的公式（图 3-8）。

图 3-8　需求导向公式

下面用一个例子来活用这个公式。

案例 1

假设我们正在考虑投资一家生猪养殖企业。在做出投资决策之前，我们必须搞清楚一个问题——中国一年总共会消费多少吨猪肉？

实际上，有关猪肉消费量的数据，农业农村部和国家统计局都有现成的统计数据。这里我们假设这一数据不可得，需要我们自己估算。

我们可以直接套用图 3-8 中的公式来估算。

①目标客户数

吃猪肉的目标客户数大约是 13.87 亿（此处不包括回族、维吾尔族等少数民族同胞，数据来自第七次人口普查）。

②渗透率

考虑中国的素食者大概占 3%，所以渗透率大概为 97%（100%-3%）。

③客均订单量

在本案例中，客均订单量可以理解为人均年猪肉消费量，它可以进一步拆解为：

客均订单量 = 每天消费的肉量 × 猪肉在肉类消费中的占比 ×

365 天（一年购买次数）

每天消费的肉量可以用常识来估算——西餐厅中的一块牛扒的重量一般是 200~250 克，而中餐有主食，肉类和果蔬通常作为配菜，所以每餐中肉的分量大概只有西餐牛扒的一半，即大约 100 克。一天三餐中，早餐通常吃肉较少，可忽略不计，所以每人每天通过两餐消耗肉类大约共计 200 克。

此外，除了猪肉，我们也会吃牛肉、羊肉。不过猪肉仍是许多中国人最常食用的肉类。我们可以保守地估计猪肉占所有肉类消费的 50%。

④客单价

在本案例中，客单价是指猪肉的单位重量价格。在过去的几年中，猪肉的价格波动较大，价格高的时候每千克三四十元，价格低的时候每千克十几元或二十几元。因为我们要衡量一个行业的"天花板"，所以保守起见可以使用比较低的价格——12 元 / 千克。

通过上面这一连串的假设，我们不难得出，如果猪肉价格保持 12 元 / 千克的低位，一年的市场规模可以达到 5900 亿元左右（图 3-9）。

图 3-9 市场规模测算：以猪肉的市场规模为例

猪肉的市场规模算是比较好测算的，因为每天对其的需求比较刚性，猪肉是比较恒定的持续消耗品。还有一些单品的消费频次没有那么高，它可能是耐用品，几年才会更换一次。对于这类产品，每年的购买频次可能小于 1 或等于 1。

下面以家用地毯为例，我们来看看如何测算这类市场规模。

案例 2

假设我们计划在北京销售家用地毯。在开始做这个生意之前，我们必须搞清楚一个问题——北京家用地毯的市场规模是多少？

我们还是采取与上一个案例类似的思路来分析。

①目标客户数

每个人都可能买地毯，北京大约有 2000 万的常住人口，假设他们都是我们的目标客户。

②渗透率

这个数据可能不容易获取，可能需要问问身边的朋友或进行初步市场调研来估计。我们假设地毯渗透率达到了 50%，且渗透率暂时不会提高。

在实操上，我们需要进行更详细的市场调研，以获得实际的渗透率。这部分的相关内容会在后面进一步讲解。

③客均订单量

我们假设，客户平均每 4 年更换一次地毯，且这种更换是线性的——每年大概有 1/4 的客户会更换地毯，每次更换一张，那么客均订单量就是每年 0.25 张。

④客单价

假设一张地毯的价格为 200 元。

综合上述因素进行计算，北京家用地毯的市场规模是 5 亿元（图 3-10）。

图 3-10 市场规模测算：以北京家用地毯的市场规模为例

在这个基础上，我们将问题的复杂度提高一些。

在案例 2 中，我们计算的是 TAM，它假设渗透率是稳定的。然而，如果渗透率还没有饱和、稳定，即行业仍处于成长期、未进入成熟期，那么我们需要将 1 年的购买频次进一步拆分——分为**新增购买部分**和**替换购买部分**。

我们来看下面的案例。

案例 3

假设我们计划在北京销售家用地毯，需要估算北京家用地毯的市场规模。

已知目前的渗透率还未饱和：去年的渗透率为 40%，今年提升至 50%。

如前所述，购买频次分为**新增购买部分**和**替换购买部分**。

新增购买部分主要来自**渗透率的提高**。已知去年的渗透率是 40%，今年为 50%，这相当于去年有 800 万个客户（2000 万 × 40%），而今年又新增了 200 万个（2000 万 × 10%）。

替换购买部分来自**原有的 800 万个老客户**，我们可以直接用存量乘以折旧的比例得出有多少老客户会换地毯。还是假设地毯每 4 年换一次，且替换是线性的，即存量部分会有 1/4 的地毯被替换掉。这意味着今年有 200 万个老客户会换地毯。

新客户是 200 万、老客户也是 200 万，两部分的客户加起来一共是 400 万个客户。假设他们都买一张地毯。每张地毯 200 元，那么今年的市场规模是 8 亿元（图 3-11）。

图 3-11 市场规模测算：以北京家用地毯的市场规模为例

案例 3 比案例 2 复杂一点儿，主要区别在于渗透率本身并不稳定。

还有一个需要注意的点是，在案例 2 和案例 3 中，我们可以进一步优化假设。

之前我们假设的是人均一张地毯，但很多时候，地毯是按每家每户来算的。一个人住，家里可能铺一张地毯；3 个人住，家里可能也铺一张地毯。所以我们可以用家庭数量或者户数来替代人口。

根据第七次全国人口普查数据，北京市的家庭户平均户规模是 2.31 人，那么在案例 3 中，在北京一年可以卖出大约 3.46 亿元（8÷2.31≈3.46）的地毯。

简而言之，有的需求是个人需求，而有的需求是家庭需求，比如计算房子、马桶、冰箱等需求时是以家庭为单位的。面对家庭需求时，我们需要将人口转化为家庭数量或户数。

方法 2：供给导向

方法 2 比较适用来估算 SOM，比如测算某家公司或某家店铺能挣多少钱。

我当年去麦肯锡面试时，面试官曾问过我这么一道题：香港工银大厦楼下的星巴克一年的销售额是多少？

这类问题就是从"供给导向"出发的典型问题。如果要评估某家企业或某家店铺的供给能力，我们首先要找到其**供给能力的瓶颈**。

我们以蜜雪冰城为例。

案例 4

假设我们正在考虑加盟蜜雪冰城，现在需要估算一家典型的蜜雪冰城店铺一年的销售额。

如前所述，我们需要先找到供给能力的瓶颈，那么蜜雪冰城的瓶颈是什么呢？要准确判断这一点，我们需要先梳理它的生产流程（图 3-12）。按照饮品的生产顺序，交易流程主要包括 3 个步骤，分别是**点单**、**收银**、**制作**。

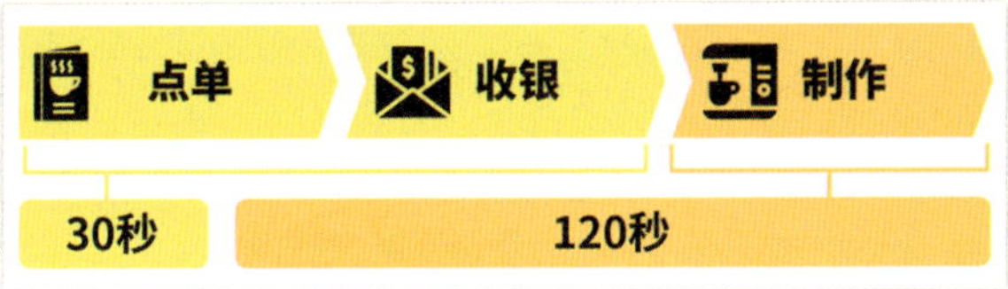

图 3-12　市场规模测算：以蜜雪冰城为例

假设从点单到收银一共要花半分钟（30 秒），而每名员工制作一杯饮品要花两分钟（120 秒）。假设店内只有一个人负责点单、收银工作，另一个人负责制作饮品，那么瓶颈显然会出现在制作环节上——无论点单、收银的员工操作有多快，顾客点完单后还是需要等待两分钟（120 秒）才能拿到自己的饮品。

在这种情况下，门店可以考虑额外招聘两名员工：这样一来就可以有 3 个人负责制作、一个人负责点单、收银（图 3-13）。那么在满负荷运转的情况下，平均每杯饮品的制作时间只需要 40 秒（120÷3＝40）。虽然这还是比点单、收银所需的半分钟多了 10 秒，但是考虑到一天中不是时时刻刻都是满负荷状态，这样的出杯速度是可以接受的。

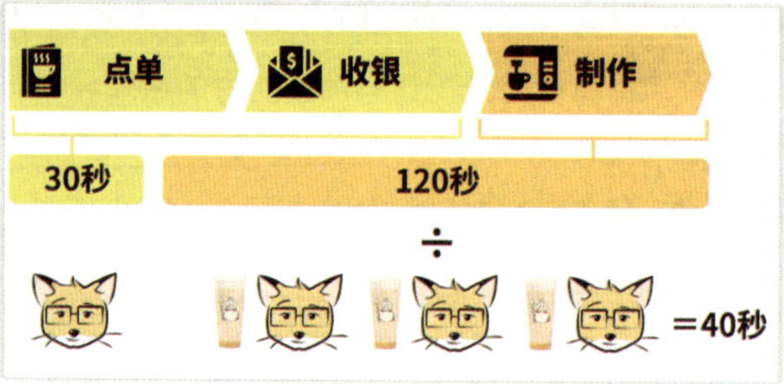

图 3-13　市场规模测算：优化蜜雪冰城的工作流程后

　　假设这家蜜雪冰城的营业时间是从早上 10 点到晚上 10 点，共 12 小时。在这期间，门店不可能总是拥挤的。在做这类估算时，我们通常会将这 12 小时划分为"忙时"和"闲时"。我们假设从中午 12 点到下午 2 点、从下午 5 点到晚上 8 点，这 5 小时为忙时，其他 7 小时为闲时。

　　假设忙时，这家门店能够达到满负荷状态，每 40 秒完成一杯饮品的制作，那么每分钟能做 1.5 杯。而闲时的销售量只有忙时的一半，也就是每分钟只能卖 0.75 杯。

　　那么一天内，忙时的销售量是 1.5 杯 ×60 分钟 ×5 小时 =450 杯，闲时的销售量是 0.75 杯 ×60 分钟 ×7 小时 =315 杯。两者相加得出，一天可售出 765 杯。假设每杯售价为 6 元，那么平均每个月的销售额接近 14 万元（6 元 ×765 杯 ×30 天）。

　　需要注意的是，上面这些数据都是我拍脑袋假设的，而这些假设都是基于商业直觉的。一般来说，拥有更好的商业直觉的人可以做出更可靠、更合理的假设。

　　当然，我们还有其他办法进行更精确的估算，比如我们可以蹲在某个蜜雪冰城门店门口数人头（统计客流量），这样算出来的数据会更精确。这也是不少投资机构常用的方法，比如做空机构美国浑水调研公司（Muddy Waters Research）之前在做空瑞幸咖啡时，就雇用了 92 名全职人员和 1418 名兼职人员在全国 53 个城市的门店中进行全天候录像，录下了上万小时的影像资料。

此外，我们还可以用第一种测算方法，即"需求导向"的方法来测算案例 4 中的市场规模。我们可以考察附近有多少个学校和办公楼、每个学校大概有多少个学生、每个办公楼大概有多少人属于"上班族"，然后估算他们喜欢喝奶茶、蜜雪冰城饮品的比例，从而从需求的角度测算出大致的市场规模。

方法 3：供需匹配

方法 3 是将供需两端结合起来一起看。这种方法的背后基于一个强假设：**供给和需求之间存在稳定的比例关系。**

同样，在我多年前去麦肯锡面试时，面试官问过我下面这样的一个问题。

案例 5

香港有多少台自动取款机（ATM）？

当时我用的是**"以小见大"**的方式解答的。以下是一些已知信息：我就读的香港中文大学大约有 1 万名师生，而校园内有 5 台 ATM。

在测算时，我用到了前面提到的强假设——供给和需求之间存在稳定的比例关系。换句话说，我假设每台 ATM 大致可以满足 2000 人（10 000÷5=2000）的需求（图 3-14），而香港当时的人口大约是 700 万，所以香港大致有 3500 台 ATM（7 000 000÷2000=3500）。

图 3-14 市场规模测算：以香港 ATM 为例

除了采用"以小见大"的估算方式，我们还可以采用"以大见小"的方式。我有个读者朋友就曾遇到过下面这样一个案例。

案例 6

我想了解某个县级市的金融行业从业者数量，但是在官方数据库、政府统计部门以及当地统计年鉴中都没有找到这个数据，那么我该如何测算当地的金融行业从业者数量？

同样，我们可以假设**每个金融行业从业者能服务的人口有一个固定比例**。

接着，我们找到全国金融行业从业者的总数量，即 1831.6 万（数据来源：第四次全国经济普查公报，2018）。根据第七次全国人口普查结果，全国（不包括香港特别行政区、澳门特别行政区及台湾地区）人口为 141 178 万。这意味着，平均每个金融行业从业者可以服务约 77 人（141 178 万 ÷1831.6 万≈77）。

这时，我们只需用该县级市的人口除以 77，就可以得到该县级市大致的金融行业从业者数量（图 3-15）。

不过这里有一点需要格外注意：**在做市场规模测算时，我们要牢记做这个测算的目的。**

图 3-15 市场规模测算：以某县级市金融行业从业者数量为例

如果一开始我想了解这个县级市金融行业从业者的数量，是为了证明这个县级市的金融发展落后于平均水平，那显然不能用前述方式进行测算，因为这样算出来的每个从业者服务人数将是全国平均水平。

"供需匹配"的测算方式只适用于**供需比较平衡的市场**，这通常对应着两种情况。

第一种情况是，终端产品满足 TAM ≈ SAM 这一条件，也就是行业处于**渗透率高、市场比较饱和的成熟期**。

处于成熟期的行业，其供需关系通常具有相对稳定的中枢。以金融行业为例，无论是 ATM 数量还是从业者数量，都属于供需关系比较稳定的范畴。

当然，**随着外部环境的变化，这个比例可能会发生改变**。

比如，随着电子支付的普及，取款需求减少，ATM 的数量可能会逐渐减少。或者因为金融科技的进步，金融机构内部也做了不少流程化和自动化改造，再加上金融降薪潮，金融行业对从业人员的需求也可能减少。

此外，即使当前行业仍未进入市场比较饱和的成熟期，我们也可以**通过产业政策目标来反推**稳定阶段的供需关系。

新能源汽车和充电桩就是很好的例子：产业政策会制定车桩比的目标，也就是车子数量与充电桩数量的比例。因此，我们可以根据车桩比的政策目标以及新能源汽车的销量数据，来反推充电桩的需求空间。

第二种情况是，**行业的产品是中间品或互补品**，与另一个行业的产品保持着稳定的匹配关系。

咖啡就是很典型的例子。星巴克卖的咖啡实际上都是通过向意式浓缩咖啡（Espresso）加水、牛奶和奶泡调制出来的。一杯中杯咖啡的基底就是一杯意式浓缩咖啡，而一杯意式浓缩咖啡对应的用料是 15 克咖啡豆。生产这么多咖啡豆则需要 90 克的咖啡浆果。所以，假设要估算咖啡浆果的市场规模，我们完全可以通过估算每年咖啡的销量反推出来。

如何更上一层楼

当然，前面的结果只是很粗略的估算，其中涉及的很多假设并没有考虑特殊情况。比如在测算猪肉的市场规模的案例中，在假设猪肉消费占比时，我们没有考虑我国西北地区大多数人只吃牛羊肉等情况。

如果只是判断大致的量级，那么算得粗略点儿无妨，但如果希望提高估算的精度，那么可以采用两个解决方案：一是采用**更细的颗粒度**，二是建立**更可靠的假设**。

先来看**更细的颗粒度**。

还是以猪肉市场为例，我们可以划分不同的区域，比如沿海省份的海鲜消费占比可能更高，西北地区的牛羊肉消费占比可能更高。得出每个地区实际的猪肉消费占比后，我们可以用先前的公式估算每个地区的猪肉消费量，再将这些结果汇总起来。

我们还可以将其他因素纳入考量范畴，甚至还可以划分不同的年龄层，比如，因为婴儿和老年人的咀嚼能力较弱，吃不动肉，所以其肉类消费量可能更低。

蜜雪冰城的案例也是如此。如果研究范围是全国，我们可以观察不同门店的数据，然后取其均值。

在更细的颗粒度方面，除了对需求（不同市场需求）进行细分，我们也可以对供给进行细分。比如，在估算香港有多少台 ATM 的时候，可以将香港的银行分为 3 个层级，即大型银行、中型银行、小型银行，然后看看每个层级的银行平均拥有多少台 ATM。用不同层级银行 ATM 平均拥有数量分别乘以不同层级的银行数量后加总，便得出香港 ATM 的总计数量。

案例 7

尝试估算中国住宅电梯的保有量。

虽然我们可以直接从市场监管局获取总体的电梯保有量，也就是所有类型的电梯加起来的数量，但是无法找到其中的住宅电梯的保有量数据，这就需要自己测算了。

这个案例乍一看很简单：只需要知道总体的电梯保有量和住宅电梯的占比就能算出来。不过，在不同层级的城市里，这个比例恐怕并不一样。比如在北、上、广、深这样的一线城市里，商业更发达，因此商业楼宇电梯的占比也更高。相应地，住宅电梯的占比更低。而在铁岭这样的四线城市，情况显然相反，住宅电梯的占比更高。

所以，与笼统地按全国住宅电梯的占比来算相比，**按照城市层级分别计算再加总**是更合理的做法。

城市层级可以按照第一财经·新一线城市研究所发布的《2022 城市商业魅力排行榜》中的榜单进行划分。

我们先来看看**一线城市**的情况。

根据上海市电梯行业协会发布的《2015 年上海市电梯行业分析报告》，上海住宅电梯在整个电梯保有量中的占比为 50%~60%。根据北京市质量技术监督局的数据，2016 年 6 月北京住宅电梯在整个电梯保有量中的占比约为 49%，到 2018 年 12 月这一数字降到了 48%。不过下降幅度并不大，占比仍维持在 50% 左右，接近上海住宅电梯占比区间的下限。

综合北京和上海的情况，我们可以假设北、上、广、深 4 座一线城市的住宅电梯占比都在 50% 左右。根据四地市场监管局的数据，我们可以通过加总得到一线城市电梯保有量约为 89.5 万部。再加上有关住宅电梯占比的假设（约 50%），我们可以推算出一线城市住宅电梯保有量约为 44.8 万部。

接下来，我们看看**新一线城市**的情况。

我们可以找到除宁波、佛山以外，其他 13 座新一线城市的电梯保有量。因为宁波、佛山没有相关数据，所以只能自己推算了。

影响电梯保有量最重要的两个因素可能是**经济发展水平和人口**。从整体来看，新一线城市的经济发展水平大致在一个档次，所以关键在于人口。

我们不妨假设宁波和佛山的常住人口与电梯保有量之比大致是其余新一线城市的平均水平，即 99 人 / 电梯（均值）。这样就可以用常住人口数据推算电梯保有量了。通过计算，电梯保有量大约为 202.9 万部。

至于其中住宅电梯的占比，确实没有精准的数据。不过，从逻辑上讲，新一线城市的商业活动是不及一线城市活跃的。这意味着，商业楼宇电梯的占比应当相对偏低，而住宅电梯的占比应当相对偏高，比如可以假设为 55% 左右。有了电梯总量和住宅电梯的占比，我们可以进一步推算出新一线城市住宅电梯的保有量约为 111.6 万部。

至于**二线、三线以及三线以下城市**的电梯保有量数据就不大好找了，很多城市根本就不公开电梯保有量的数据。

这时，我们可以像前面测算宁波和佛山的电梯保有量那样，利用常住人口来推算电梯保有量。至于常住人口与电梯保有量之比，以及住宅电梯的占比，可以参考新一线城市的情况进行适当调整。

二线城市的经济发展水平接近新一线城市，住宅电梯的占比也可以假设为 55% 左右；而三线及三线以下城市与新一线城市相比有较大差距，商业活动相对较少，因此可以相应地调整对住宅电梯占比的假设，例如占比定为 60% 左右。

这样一来，我们就可以用已知的人口数据，一步步推算出未知的住宅电梯保有量了。

其实上述方法正是规模测算的核心策略或心法——**把需要推测的未知量拆解成各种可以找到的数值或合理假设的已知量**。

最后，我们将各线城市的测算结果加起来，就可以得出全国的住宅电梯保有量了。

当然，二线、三线以及三线以下城市的相关测算中，假设的部分多，有实际数据作为支撑的部分少，且测算方法比较"简单粗暴"，测算结果难免会出现出入或偏差。这也是在数据可得性限制下的权宜之计。如果条件允许，还是尽可能像测算一线城市的情况那样，在扎实的实际数据基础上进行测算。

另一个提高估算精度的方法，是做出**更可靠的假设**，而不是纯粹靠拍脑袋。我们前面列出的很多假设是靠拍脑袋、基于直觉做出的，更多依赖于我们自己的商业直觉或者经验。如果遇到自己不熟悉的领域，这种假设可能会导致显著的误差。如果使用这些不够可靠的假设进行估算，那么最终结果很可能只在数量级上符合实际。

要做出更可靠的假设，有两种方法。一种方法是参考成熟市场的情况，也就是采用**对标法**。我们来看一个案例。

案例 8

尝试估算中国 2050 年的生活用纸量。

这个问题的答案可以简单地拆解为一个公式：**生活用纸量 = 人均生活用纸量 × 预期人口**。

在预期人口方面，我们可以直接采用联合国对中国 2050 年人口的预测结果，即 13.5 亿。而在人均生活用纸量方面，我们可以采用对标法。

2019 年，中国人均生活用纸量为 6.9 千克左右，其中大部分地区的人均生活用纸量低于 5 千克，而发达国家的人均生活用纸量几乎是我国的 3 倍甚至更多（图 3-16）。2019 年，日本人均生活用纸量为 15~16 千克，韩国人均生活用纸量为 20 千克，美国人均生活用纸量为 22 千克，瑞典人均生活用纸量为 24 千克。

我们可以大胆假设：未来中国的人均生活用纸量可以达到每年 20 千克。据此计算，2050 年中国的生活用纸量将达到 20 千克 × 13.5 亿 = 270 亿千克（2700 万吨）。

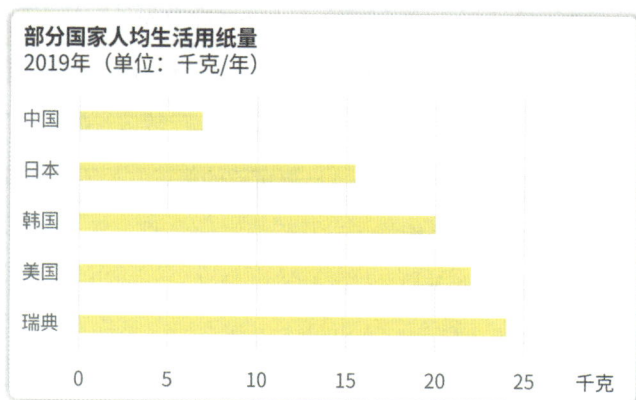

图 3-16 市场规模测算：以生活用纸为例

▶ 资料来源：生活用纸专业委员会

这并不是毫无根据的臆测。事实上，北京、上海等一线城市的人均生活用纸量已在逐渐接近世界发达国家的水平。尽管一些偏远地区的生活用纸量远远低于世界平均水平，但未来随着这部分地区人均 GDP 的增长，以及零售系统的完善和消费习惯的转变，人均生活用纸量是有可能提高到每年 20 千克这一量级的。

另一种更高阶的方法是**调研法**，不过这种方法比较耗时耗力。具体调研方式包括**问卷调查**。比如在测算猪肉消费量的时候，除了像我一样依据常识推算，还可以在菜市场、商超以及社区团购的社群里，通过问卷调查来了解消费者一天的肉类消费量、猪肉在肉类消费量中的比例，并取平均值，进而得出更精确的数据。

除了问卷调查，**专家访谈**也是个不错的方式。在设定关键假设时，就算是拍脑袋，让熟悉行业的专家来拍脑袋总好过你自己来拍脑袋。因为行业专家在其熟悉领域的商业直觉会更敏锐，所以他们提出的假设往往更合理。

在本章最后，我们通过一个案例来应用前面所讲的方法。

案例 9

测算 2030 年中国现制茶饮（奶茶）的市场规模。

测算的思路很简单，依然采用这个公式：**市场规模 = 目标客户数 ×渗透率 ×客均订单量 × 客单价**。很多分析师在预估市场规模时往往过于乐观，而我们自己在测算时，不妨保守一点儿。

①**目标客户数**

城镇青年是现制茶饮的主要消费群体，所以我们首先需要估算 2030 年中国城镇青年人口规模。

根据《中国青年研究》刊载的《中国青年人口规模与结构变化——基于历次人口普查数据的分析》，到 2030 年中国 14~35 岁的青年人口将降至 3.57亿人；而根据《国家人口发展规划（2016—2030 年）》，到 2030 年中国常住人口城镇化率将达到 70%。即使不考虑城镇中青年所占比例相对于农村更高的因素（这意味着青年人口的城镇化率很可能超过 70%），2030 年中国城镇青年人口规模至少可以达到约 2.5 亿（3.57 亿 ×70%）人。

②**渗透率**

根据 2021 年国盛证券的调研结果，74% 的受访者在一年内消费过现制茶饮。该调研样本主要集中在一线城市，但也覆盖了新一线、二线、三线及以下各线城市。

随着现制茶饮向低线城市的普及，比如蜜雪冰城已经遍布大江南北的大多数小镇，我们可以保守估计，到 2030 年，现制茶饮在城镇青年群体中的渗透率将达到 80% 以上。

③**年人均消费杯数（相当于公式中的客均订单量）**

现制茶饮因其原材料的丰富性和创新搭配，如搭配乳制品、果汁和小料等，有着巨大的创新空间，可以不断推陈出新，保持新鲜感。此外，糖和咖啡因的组合本身就有很强的吸引力，核心消费群体的复购率有保障。事实上，超过53%的奶茶消费者每周消费奶茶2杯及以上，对这部分人来说，现制茶饮已经是生活方式的一部分。

再加上人均收入水平的提升、"悦己型"消费之风兴起，以及现制茶饮向低线城市的渗透，原先的非核心消费群体"小镇青年"的消费频次有望逐步向一二线城市的核心消费群体看齐，从而推动年人均消费杯数的增加。

我们可以参考中国台湾奶茶市场的情况。事实上，中国大陆销售的奶茶以台式奶茶为主，港式奶茶的消费者占比相对偏低。如果到2030年，中国大陆消费者在奶茶的消费习惯上进一步趋近于中国台湾消费者，且大陆城镇青年的人均每周消费杯数能够达到台湾当前的人均水平，那么奶茶消费频次有望从现在的0.2杯/周提高到0.85杯/周，即每年消费44.2杯。只要消费者的收入水平不是过低，并不耽误他们每周买两杯奶茶。

④杯单价（相当于公式中的客单价）

假设现制茶饮2020年的平均杯单价为14元，未来按照年均3%的增速逐年提高，那么到2030年，现制茶饮的杯单价有望达到18.8元。

做完以上这些假设后，我们就可以进行测算了。2030年的现制茶饮市场规模将达到1661.92亿元，即2.5亿（2030年中国城镇青年人口规模）×80%（渗透率）×44.2杯/年×18.8元/杯=1661.92亿元。

当然，这个测算结果相比卖方的测算结果显得更加保守。比如《2020新式茶饮白皮书》显示，2020年现制茶饮的消费者规模已经突破3.4亿。如果据此计算，即使不考虑消费者规模的逐年扩大，市场规模的测算结果也将提高到2260.21亿元。

由此可见，关键假设的不同会导致测算结果出现显著的差异。一般来说，在搭建测算模型时，我们会对关键假设设定乐观、中性、悲观3种情形，以使分析更加全面。比如在乐观情形下，我们可以把现制茶饮目标受众的年龄范围放宽到 14~50 岁。

　　在实际的投研场景中，我们遇到的问题可能会更有挑战性。比如，我们往往要进一步拆分现制茶饮市场，把现制茶饮市场分为高端（如喜茶、奈雪等）、中端（如 CoCo、1 点点等）和低端（如蜜雪冰城等）3 个细分市场，并通过调研分别做出预测，最后通过加总得到现制茶饮整体的市场规模。因为细分市场后原本不同的样本不再混在一起，而是被分别归入对应的市场，这使得调研样本更具代表性，从而提高结论的置信度。比如在一线城市的高档写字楼进行调研，其结果显然更能反映消费者对高端现制茶饮的需求。如果用此数据反映整体的市场情况，可能就会出现偏差。虽然这种拆分方法比较复杂，但是底层的方法仍是本章前面讲到的那些，万变不离其宗。

本章小结

　　本章的内容要点如下。

- 企业上市有营业收入等条件。如果行业规模过小，则存在着无法孕育出满足条件的企业的可能性。因此，在企业的成长期，我们需要格外关注市场规模。
- 新兴行业、规模太小的行业，往往缺乏现成的市场测算数据，这时就需要我们自行测算。此外，只有掌握市场测算的方法，才能更好地判断别人的测算是否靠谱。
- 市场规模主要有 3 种口径，分别是：
  - ➢ 潜在市场（TAM），即这个市场的潜在需求有多大；
  - ➢ 可服务市场（SAM），即现在有多少需求已经被满足了；
  - ➢ 可获得市场（SOM），即某家公司现在拿下了多少市场。

- 不同的市场规模测算方法适用于不同情形：

  ➤ 需求导向的测算方法主要基于渗透率和替代率，更适合测算 TAM；

  ➤ 供给导向的测算方法主要基于对供给侧瓶颈环节的分析，更适合测算 SOM；

  ➤ 供需匹配的测算方法主要有"以小见大"和"以大见小"两种方式，更适合市场已经比较饱和、处于成熟期的行业，以及供给和需求之间存在稳定比例关系的行业。

图 3-17 呈现了本章的内容框架。

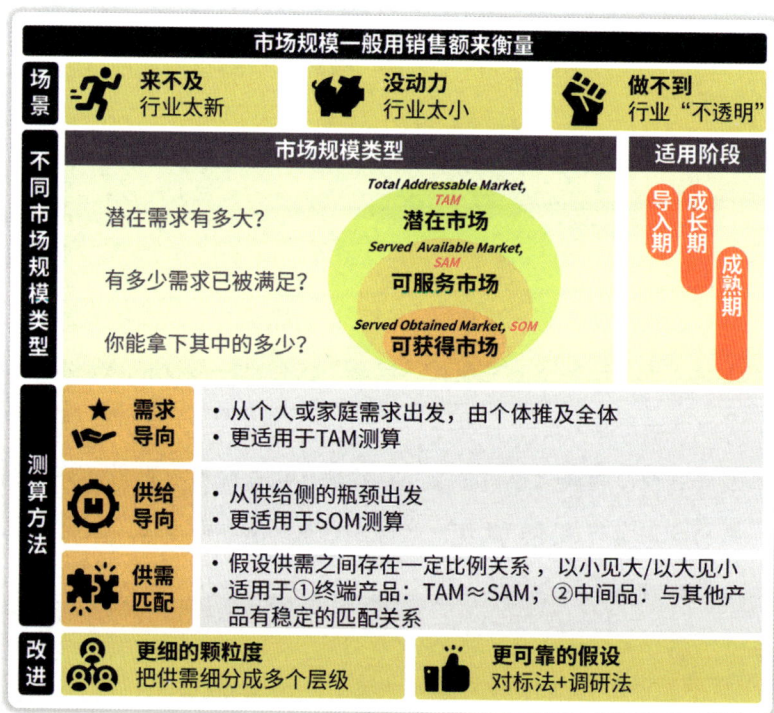

图 3-17　本章内容框架：规模性

第4章 防守性：

这个行业会被替代吗

前面内容提到，在导入期我们会着重分析商业模式的可行性，而在成长期我们需要重点分析规模性，确认所投资行业里的企业是否有上市的可能性。

而当一个行业正处于成熟期时，特别是已经在成熟期"躺"了很久的行业，等待它的往往会有 3 种可能。

第一种是被替代品给"革了命"，从此进入衰退期。

第二种是找到了第二增长曲线，相当于从导入期开始，从头再来。

第三种则是成功阻挡了替代品的"侵入"，防守成功，市场从此进入"稳定市场周期化"的状态——行业会变成周期性行业。因为市场渗透率已经难以持续提高了（市场已经饱和），所以这时候市场的供需情况会跟着宏观情况起起伏伏，出现周期性特征。

而一个行业要避免进入衰退期，需要拥有足够宽广的护城河。这是本章重点讨论的话题（图 4-1）。

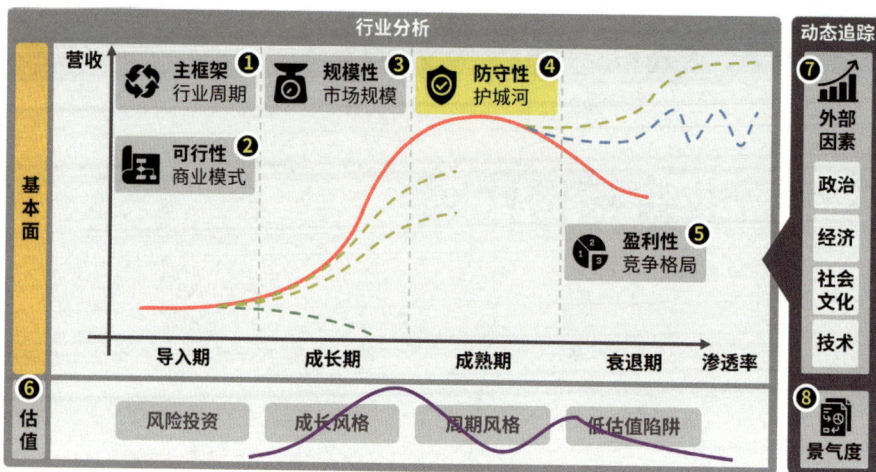

图 4-1 行业研究分析框架：防守性

那么问题来了——什么是护城河？

第 1 节 构建方式：构建护城河的两种手段

什么样的公司最值得投资？

股神巴菲特在不少年份的《致股东的一封信》中给出了一个相同的答案：一家真正伟大的公司，必须有一条坚固持久的**"护城河"**。信中的部分相关内容如下。

1995 年《致股东的一封信》

"奇妙的，由很深、很危险的护城河环绕的城堡。城堡的主人是一个诚实而高雅的人。城堡最主要的力量源泉是主人天才的大脑；护城河永久地充当着那些试图袭击城堡的敌人的障碍；城堡内的主人制造黄金，但并不都据为己有。简单地说，**我们喜欢的就是这样具有控制地位的大公司，这些公司的特许权很难被复制，具有极大或者永久的持续运作能力。**"

2000 年《致股东的一封信》

"我们根据护城河、它加宽的能力以及不可攻击性作为判断一家伟大企业的主要标准。而且我们告诉企业的管理层，我们希望企业的护城河每年都能不断加宽。这并不是非要企业的利润要一年比一年多，因为有时做不到。然而，**如果企业的护城河每年不断地加宽，这家企业会经营得很好。**"

2007 年《致股东的一封信》

"一家真正伟大的公司必须有一条坚固持久的护城河来保护它的高投资回报。资本动力学决定了竞争对手会不断进攻那些高回报的商业'城堡'。因此，坚固的防御，比如**成为低成本制造商（如汽车保险公司 GEICO、开市客仓储超市 Costco），或持有一个强大的世界性品牌（如可口可乐、吉列、美国运通），才是企业获得持续成功的根本。**"

但是，巴菲特并没有完整、系统地定义过到底什么是护城河。根据巴菲特的说法，特许权、低成本优势、品牌优势都可以被视为护城河。那么护城河到底包括哪些要素呢？单从巴菲特的描述来看，还挺难总结出实操性强的分析方法，毕竟我们更关心的问题并不是"护城河是什么"，而是"如何判断一个行业或企业有没有护城河"。

过去也有不少人尝试定义"护城河"，比如巴菲特的拥趸、晨星公司研究部的前主管帕特·多尔西（Pat Dorsey）就曾写过一本书，名为《巴菲特的护城河》。在书中，他总结了护城河的 4 个要素（图 4-2）。

但是，图 4-2 呈现的护城河定义存在两个比较明显的问题：一是，它漏掉了一些很重要的护城河；二是，有些护城河互为因果，比如成本优势，其实它是网络效应带来的结果之一。

那么，我们该如何判断某个行业或企业是否拥有护城河呢？

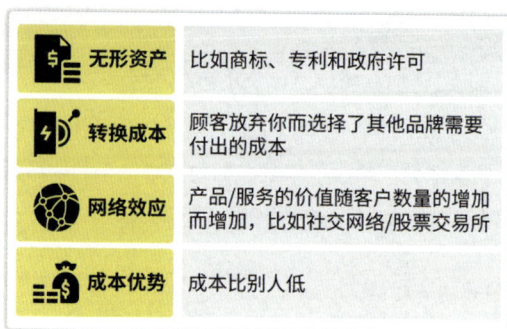

图 4-2　帕特·多尔西定义的护城河

▶ 资料来源：《巴菲特的护城河》

具体来说，行业或企业可以通过图 4-3 呈现的两种方式来构建护城河。

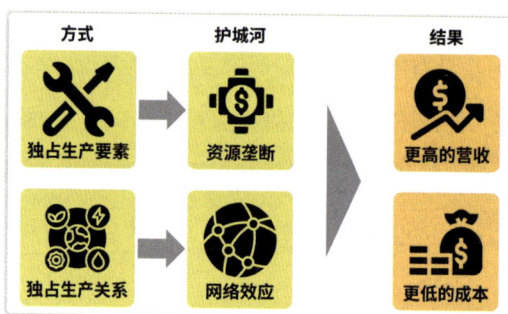

图 4-3　护城河的构建方式

第一种方式是，通过**独占生产要素**，进而形成**资源垄断**护城河。第二种方式是，通过**独占生产关系**，进而形成**网络效应**护城河。或者更简单地说，我们可以通过**积累资源**和**建立关系**这两种手段来构建护城河。

"资源垄断"和"网络效应"这两个护城河可以帮助企业实现更高的营收、更低的成本。前面提到的"成本优势"，其实只是护城河带来的结果而已。

接下来，我们将通过一系列的案例来看看行业或企业是如何通过上述方式构建自己的护城河的。

第 2 节 生产要素：如何通过积累资源形成"资源垄断"护城河

要形成"资源垄断"护城河需要独占生产要素。

生产要素是个经济学概念，指的是进行生产经营活动时所需的各种资源。目前，我国把生产要素分为 5 类（图 4-4），分别是劳动力、土地、资本、技术和数据。

图 4-4　5 类生产要素

▶ 资料来源：《关于构建更加完善的要素市场化配置体制机制的意见》

劳动力

一般来说，在劳动力这个生产要素上，企业很难构建护城河。每个人都是自由的，所以在现代社会中跳槽是司空见惯的现象。

此外，对于大部分行业中的大部分岗位来说，**劳动力大多是可替代的**，特别是对于机制健全的大公司来说，很少有那种由于某人离开了公司就会倒闭的情况。比如苹果公司因乔布斯而伟大，但即便乔布斯去世了，苹果公司的市值仍然屡创新高。

不过凡事都有例外。有少数行业因为特定岗位的人才稀缺，所以也可以通过劳动力构建护城河。比如**娱乐行业**，明星这种劳动力就是极度稀缺的。经纪公司往往会跟明星签署长期合同，如果在合同期间明星想要换到其他经纪公司或是"单飞"，则需要支付高额的违约金。

例如，某艺人与其经纪公司签订了一份为期 8 年的合同，合同规定合同期内的前 3 年，艺人所得佣金的 70% 归公司所有；从第 4 年到第 6 年，佣金的 60% 都归公司所有；从第 7 年至合同到期这一比例为 50%。在合同期间，如果艺人单方面提出解约要求，那么每提前一年，就需要支付每年 300 万元的违约金。随后，经纪公司又让艺人签订了一份《补充合同》，将合同原先规定的每年 300 万元的违约金提高到了每年 3000 万元。

然而，这种护城河其实很脆弱，**只要违约金给够了，或是等到合约期满，护城河就失效了。**

我的麦肯锡前同事陈昱川先生运营着一支专门投资娱乐文化行业的风险投资基金。我曾经问过他经纪公司是如何绑定明星的，他的说法很有意思。

他说，其实在法律上没有什么办法去绑定艺人，特别是当他们红了之后，肯定会想过河拆桥的，合同到期后更是留不住他们。所以，这类经纪公司规避"单飞"风险的手段很有限，很难长期绑定艺人。

此外，作品的发行方式也对这一行业产生了影响：越来越多的音乐人通过互联网音乐平台、短视频平台自己发行作品，所以目前的经纪公司很难再像以前那样签订长达 8 年的合同。大多数时候，合同期限达到 3 年已经算比较长了。

除了艺人经纪公司，类似的机构还有以下几种。

- **MCN 机构**：MCN 机构是指多频道网络（Multi-Channel Networks）机构，我们可以将它理解为网红和 KOL（Key Opinion Leader，关键意见领袖）的经纪公司。它们会帮助网红和 KOL 做孵化（提供内容创作指导、技术支持，以及形象打造、品牌建设等服务，以帮助网红和 KOL 吸引和积累粉丝）、接广告。因为网红和 KOL 本身会有很多关注者，所以他们与明星或艺人的性质很相似。

- **教育培训机构：** 很多明星老师也会自带粉丝。比如以前不少在新东方任教的名师会在合约期满后，出来开设自己的培训机构。
- **艺术家经纪公司 / 画廊：** 这类机构会代理艺术家的作品，帮助艺术家做展览、销售作品，以及开发与授权艺术衍生品，等等。艺术家同样拥有自己的粉丝，所以他们也是很难被替代的劳动力。

除了自带流量、类似明星的劳动力，还有一类劳动力也具备稀缺属性，那就是**企业家**。有的理论模型甚至会把企业家单独列为一种生产要素，这凸显了企业家对公司的重要性。

一般来说，企业会通过股权（未上市公司）/ 股票（已上市公司）来绑定优秀的企业家，即直接赋予企业家公司的部分所有权。当公司的业绩快速增长时，企业家持有的股权 / 股票价值、每年能拿到的分红或股息都会水涨船高。换句话说，企业家的利益与公司其他股东的利益是绑定的。

但是，这种护城河同样靠不住。对企业家来说，面对极具吸引力的高薪邀约，跳槽的情况也常见。

土地

从农耕时代开始，土地便是不可或缺的生产要素：人类可以在土地上种植，也可以在土地上兴建厂房和住宅。

当然，光拥有一两块土地并不能立马构建起护城河。在房地产进入下行周期后，不少公司手中的土地甚至都脱不了手。

那么，靠着土地这个生产要素，行业或企业可以如何构建护城河呢？

需要注意一点，土地其实不仅仅指一块地皮，还包括其附带的**资源禀赋**和拥有的**位置优势**。

就**资源禀赋**而言，采矿业就是非常典型的例子，其中，矿产资源是绝大部分行业的上游原材料，其带来的优势不言而喻。

比如在**有色金属行业**，手握高品位富矿（元素含量高）的企业，其利润水平天然就"高人一等"。蕴含的矿产资源越稀缺，这种资源禀赋所带来的优势就越显著。

此外，有些行业会出现"纵向一体化"的趋势，也就是不少中下游企业开始向产业链的上游拓展业务。比如，在锂行业高歌猛进、锂价格飙升的阶段，如果中游冶炼锂金属的企业有自己的锂矿，那么其利润就不用分给上游企业，利润率就会比同行高。在这种趋势下，掌握自然资源所带来的优势就不会局限于上游原材料企业。

还有一个典型例子是**钻石生产**企业戴比尔斯（De Beers）。戴比尔斯是相对高端的品牌，把大量资金花在了品牌营销上。戴比尔斯的经典广告语"钻石恒久远，一颗永流传"（A diamond is forever）可以说在我小时候就已家喻户晓。

它的发家故事同样很精彩。100多年前，全球的钻石产量并不大，每年产量不过几千克，因为当年只能在印度的几条河和巴西丛林中找到。然而，1870年，在南非的橙河发现了一个超级大的钻石矿，其钻石产量可以用吨来计算。因为供给大幅增加，加上钻石本身并不具备很强的使用价值，其价格跌下来是迟早的事情。于是，南非钻石矿背后的英国金融巨头联合起来，成立了戴比尔斯这家公司。它们通过控制钻石产量来操控钻石价格。

到了1900年前后，戴比尔斯控制了世界钻石产量的90%。时至今日，它依然持有全球30%以上的钻石矿产资源。这就是有着土地附带的资源禀赋，进而构建了资源垄断护城河的一个典型案例。

除了"家里有矿"，"富得流油"也是典型代表。比如沙特阿美，它坐拥顶级油气资源，其生产成本远低于同行，曾是全球市值最高的公司。

此外，自然资源并不局限于矿产等传统能源，气候资源也是土地这一生产要素所拥有的资源禀赋之一。一个典型的例子是**茅台**。茅台酒所采用的原料是当地特产红缨子高粱，这种高粱所含淀粉高，高粱皮中的单宁含量也较高。人们通过特殊的发酵工艺，使其在发酵过程中能够形成茅台酒香味的前体物质，比如茶酸、香草醛等。贵州当地的气温、湿度、微生物情况特别适合酱香型酒的生产，可以说是老天爷给饭吃的典型。所以，新进酱酒企业很多要从贵州采购基酒，或者干脆在茅台镇建立生产基地。

同样，风电、水电、光伏等**新能源行业**对所在地的地形、海拔、气候等也有特定的要求。

除了资源禀赋，另一个由土地构建护城河的方式就是土地本身的**位置优势**。

我们都知道，房子的位置很重要，因为它时刻影响房价。类似地，土地的位置也很重要，因为土地的位置会影响土地上附属商业的**交易成本**，比如获取上游材料的运输成本和触达下游客户的交付成本。

如果你的供应商就在工厂隔壁，那么运输成本马上就省下来了，这也是很多产业园区会搞**产业集群**的原因——产业链上各个环节的企业都集中在一个区域里。这也解释了为什么我那些在硬件领域创业的朋友基本上都在深圳定居了——深圳有**华强北**，什么零部件都可以很快买到。

而在交付成本方面，做过**零售行业**的人都知道，好地段对于做生意来说太重要了。比如**奶茶店**，如果开在人流密集的商圈，那么可以直接面对面交付给客户。但如果开在没什么人流的冷门铺位，那就只能以外卖生意为主，占销售额 20% 左右的外卖平台费用便是额外的交付成本。

面向企业的生意也一样。比如新加坡位于马六甲海峡的出海口，是连接太平洋和印度洋的海上通道、全球海运的十字路口。占据这样的位置，当地的**船舶修理企业**想不成功都难。

资本

对于房地产、金融、汽车等重资产行业，以及获客成本和教育成本很高的部分互联网行业，资金门槛很高，只有拥有雄厚资本的企业才能笑到最后。以新能源汽车为例，2018 年 52 家造车新势力群雄逐鹿，而短短两年后，只剩下 9 家。

此外，我们要注意资本的**马太效应**。马太效应是指，任何个体、群体或地区如果在某一个方面获得成功和进步，就会产生一种积累优势，有更多的机会取得更大的成功和进步。

资本这一要素就拥有很强的马太效应：有钱人可以用来抵押和借贷的资产可能更多，而且往往信用更好。在银行等金融机构看来，他们的偿还概率更大，所以有钱人获得融资容易得多。

某 VC 合伙人曾私下跟我讲过一个故事。他认识的一个"富二代"大学毕业后，先在某外资投资银行工作了一年，后来他觉得有点儿无聊，于是辞职，自己创立了一个对冲基金。成立基金后，第一件事自然是募资。于是他在自己居住的别墅区挨家挨户敲门，花了一个晚上就成功募集了 8000 万美元。最后，我这个技术出身的投资人朋友感慨说："果然金融还是只能有钱人才能做。"

正是由于资本的马太效应，监管才会不断强调要"防止资本无序扩张"。

实际上，**很多护城河都可以通过"砸钱"来绕开**，比如我们前面提到的企业家等稀缺人才可以被出价高的企业挖走，那些有资源禀赋、位置优势的土地也可以用钱买。

技术

在广义上，技术不仅包含专利，还包括版权、秘方等多种形式。专利对于科技行业和医药行业，就像版权对于内容行业、秘方对于中医行业，是不容忽视的护城河。

专利带来的竞争优势显而易见。比如在**芯片设计环节**，EDA（Electronic Design Automation，电子设计自动化）软件不可或缺，其背后正是国际巨头建立起的知识产权壁垒。

　　截至 2020 年，新思科技（Synopsys）公司已经积累了 4463 项相关专利，占据 EDA 领域专利总数的 31%；楷登电子（Cadence）公司也积累了 3119 项专利，占据 EDA 领域专利总数的 21.6%。这些专利就像堵在路上的一道道障碍，让后来者很难绕开，而一旦撞上这些专利，很可能要面对卷入侵权诉讼的风险。

　　对公司来说，专利也是一种有力的武器，很多高科技公司都会做专利储备。比如一家公司有很多专利，其他公司进行技术开发时总会不可避免地触及这些专利。同样，这家公司也会用到其他公司已经注册了的专利，所以它不会主动告其他公司。因为一旦告其他公司，其他公司就会以牙还牙，告回去，结果往往是双方都陷入耗时耗力、两败俱伤的争斗之中。

　　记得我在纽约的 IBM 的研究中心参观时，曾看到一面墙，上面全是专利的名称，如图 4-5 所示。这还只是 1997 年 IBM 在一年内注册的专利。每年，美国的专利服务机构 IFI Claims 都会发布美国专利授权量 50 强榜单。根据该榜单，IBM 曾连续 29 年位居榜首（不过 2022 年被三星电子超越，位居第二）。

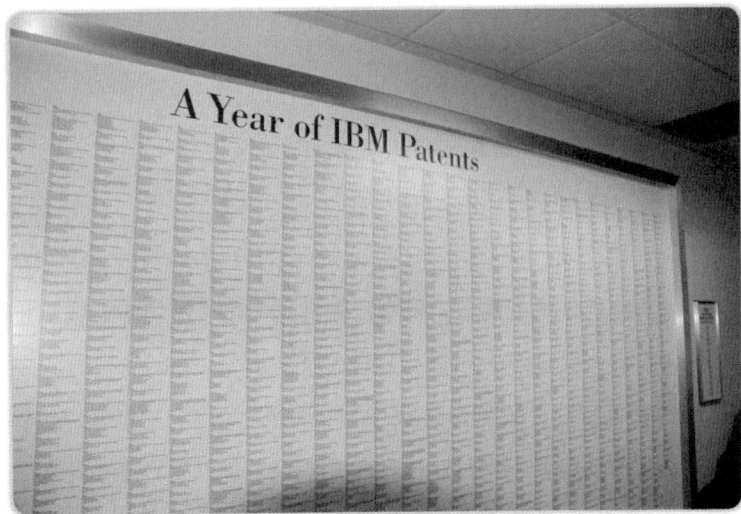

图 4-5　IBM 专利墙

当然，如今我国的企业也不遑多让：2022 年，台积电在榜单上排名第三，华为排名第四，京东方、OPPO 等中国企业也纷纷入围榜单。

要注意的是，高技术可能只意味着生产难度变大，但不一定代表相关产品更被人所需要、更受市场欢迎。毕竟，消费者想要的往往只是一个带孔的墙，而不是一个电钻。如果市场上出现了另一条技术路线，比如激光枪，或能钻墙的吸管，同样可以达到一样效果，且更方便、更便宜，那么这种新技术自然会得到消费者的认可，并能绕过电钻所需要的技术门槛。

不过，在技术更新换代周期比较短的行业，专利所构建的护城河并非永远那么可靠。比如当 5G 时代来临后，那些仅适用于 4G 技术的专利的价值就大打折扣了。

相比之下，**版权**的"保质期"显得更为长久。中国的版权保护期限是 50 年，而在美国，米老鼠这个国民 IP（Intellectual Property，知识产权）就是版权常青树的代表。最初版本的米老鼠是在 1928 年创作的，原本 1984 年版权就会到期——当时美国的版权保护期限是 56 年。可迪士尼公司怎么能甘心让这棵每年都能带来数十亿美元收入的摇钱树脱离控制呢？于是在 20 世纪 70 年代，迪士尼公司在米老鼠版权即将到期之前，游说国会将版权最长期限从 56 年延长至 75 年。1998 年迪士尼故技重施，再次成功促成了新法案，将版权期限延长到了 95 年。这个名为《桑尼·波诺版权期限延长法案》的新法案，也因此被戏称为"米老鼠条款"。

据 Wiki&Mili 统计，米老鼠和它的朋友们在全球最赚钱的 50 个 IP 中名列第四，总收入高达 803 亿美元。任何未经允许就动这块蛋糕的尝试，都得面临迪士尼公司麾下"地表最强法务部"的迎头痛击。

除了专利和版权这种公开且受法律保护的技术形式，还有各种**隐秘保护的技术**，其中一类是很多企业在生产经营过程中逐渐积累的技术诀窍，也就是投资领域所说的"know-how"。

例如，在锂电池负极的生产领域中，**原材料的选择和配比**就是非常重要的技术诀窍。这可是一个技术活儿，它不仅需要深刻了解国内外多产地的原材料性能特点，还需要结合产品的性能目标和自家的生产工艺特点，其背后是大量的材料实验数据和不断积累的电池性能测试结果。新能源电池领域的行业龙头璞泰来甚至将其列为公司四大核心技术之一。

除了工艺领域，战略方向和经营管理同样有技术诀窍。当年恒大集团风光无限的时候，曾花重金力捧恒大冰泉，在 20 天内"砸了"13 亿元的广告费，设定了一年 100 亿元销售额的目标，结果却是 3 年巨亏 40 亿元。而农夫山泉的创始人钟睒睒在评价恒大冰泉时指出，包装饮用水行业的各企业之间拼的是**"（对）水的研究"**。如果没有知识的积累，光砸钱是没有用的。

片仔癀、云南白药、可口可乐等知名企业的独家**秘方**同样价值连城。

20 世纪 80 年代，全球仅有两个人知道可口可乐的秘方。为了避免意外，两人都不能同时乘坐一架飞机，以免秘方失传……目前可口可乐的秘方已经不止两个人知道了，秘方写在了一张纸上，存在美国的一个保险柜里。

不过，可口可乐的护城河不仅仅靠独占秘方，它在其他维度的经营策略也构建了自己的护城河，对此我会在后面进一步阐述。

数据

2023 年中国数字经济的市场规模高达 56.1 万亿元，占 GDP 的 44% 左右。数据这个生产要素可以说是数字经济的基础。那么数据是怎么帮助行业或企业构建护城河的呢？

人工智能或许是最容易看到数据作用的一个行业。

人工智能的基础是机器学习，而机器学习依赖于人给程序"投喂"大量的数据。以人脸识别性别为例，算法在训练时需要使用标注后的照片样本，而训练人员会事先按性别标注好照片——哪些照片中的人物是男生，哪些照片中的人物是女生。经过样本数据的训练，人工智能能够逐步归纳和总结出分辨男女的规律。训练过程会沉淀大量的样本数据，并形成一套算法，而这些样本数据和算法就构建了行业重要的护城河。

　　我自己的亲身经历也可以印证数据的巨大价值。2014 年，我跟几个同学一起做了一个互联网教育项目，开发了一个名为 GradChef（毕老师）的工具（图 4-6）。这个工具旨在帮助国内的大学生申请海外高校。用户只需在 GradChef 网站上输入自己的 GPA、GRE 和 TOEFL（托福）等考试成绩，并选择自己所在的学校和专业，系统的算法就能根据收集到的大数据，给出一个推荐申请的学校列表。列表会列出哪些学校是可以冲刺的目标，哪些学校是在正常申请范围内，哪些学校是保底选择。这个项目做了一年后，我们选择将这个项目出售给一家教育集团，实现了商业价值。

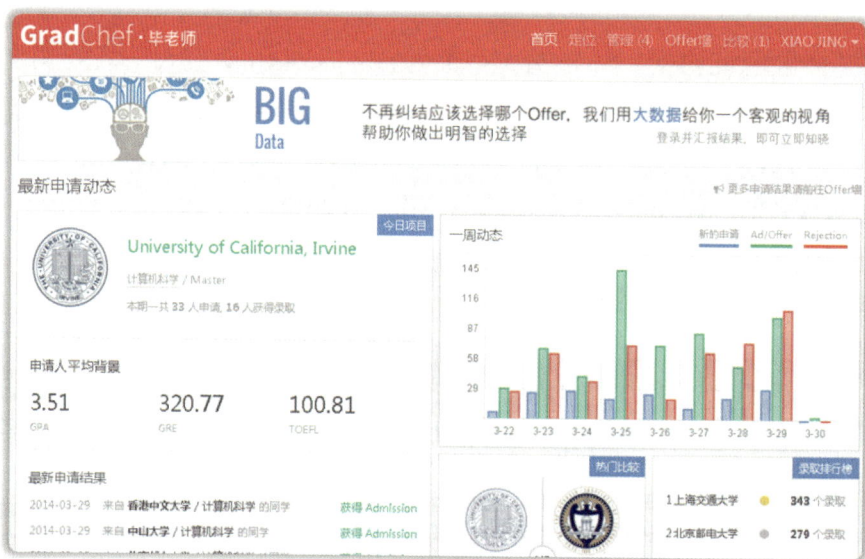

图 4-6　被收购的 GradChef 项目

▶ 资料来源：GradChef

我们之所以没有继续做下去，是因为我们发现，要想有准确的申请推荐，需要依赖大量的数据。尽管我们使出浑身解数，但只收集到几万条数据。这个数量远远不够，毕竟中国的本科院校就有上千所，不少学校有上百个专业，而在我们的数据库里，某些冷门专业的样本点可能只有一两个。而长期从事留学咨询业务的教育集团，每年服务的学生就有几万名。多年的积累使其早已拥有了海量的数据，能够更好地运用算法。

这些积累下来的数据，便是那家收购我们项目的教育集团的护城河。也正是因为这样一道护城河，我们被这个行业拒之门外，难以找到立足之地。

前面罗列了 5 种主要的生产要素。很多行业可以通过独占这些生产要素，形成资源垄断的护城河（图 4-7）。

图 4-7　独占生产要素可形成资源垄断的护城河

一旦垄断了资源，别的市场参与者就没法用这些资源，自然就无法成功替代市场上的那些老玩家。

第 3 节　生产关系：如何通过建立关系形成"网络效应"护城河

在生产经营中，企业一般需要跟政府机构、同行、供应商以及客户这四方打交道，建立起各种各样的关系。对这些生产关系的开发和独占，可以形成网络效应的护城河（图4-8）。

图4-8 开发和独占生产关系可形成"网络效应"护城河

与政府机构的关系

不少行业需要得到政府机构的认证或许可，才能合法经营。对于已经拿到牌照的公司来说，获得的特许权便是极其牢固的护城河。

有的行业之所以面临政府机构的严格监管，是因为它们关乎**国计民生**。比如对个人财富和经济秩序都有很大影响的**金融**行业就需要各种各样的牌照，其中一些金融机构的牌照获取难度很大。这类行业中的企业要想拿到相应的牌照，一般需要满足两个条件：第一，要达到资本金的门槛要求，至少保证如果出了问题能赔得起；第二，通常需要有相应经验的高管挂职，以保证企业具备足够的管理风险的能力。

在**通信**、**电热燃水**等公共事业行业，情况也是类似的。这类行业本身具备自然垄断属性，它们天然就具备规模化优势。比如，一个地方只需要架设一张电网、一套自来水管道，如果有多家公司重复建设这些设施，就会造成浪费。假设这类公共事业行业由民营企业垄断，它们想涨价就涨价，那么民生就很难得到保障。比如美国得克萨斯州在2020年将电费市场化后，电价上涨了70%以上。

与同行的关系

同行如果足够团结，也可以形成合力，让行业的护城河变得更宽。比如，同行可以一起制定行业标准，建立起一个"外人勿扰"的小圈子。

行业中的大玩家可以联合起来，形成**价格联盟**。不少行业的寡头会通过这种方式提高利润。**石油行业**就是一个典型例子：以沙特为首的石油输出国组织（OPEC）联合俄罗斯等产油国组成了"OPEC+"。它们联合起来控制原油产量，通过控制供给来影响原油价格。试想一下，未来新能源的供给提高后，新能源企业正准备向传统能源企业大举进攻时，石油企业可能会团结起来增加供给，从而让新能源企业不得不跟着降价，进而降低新能源企业的利润率。当然，虽然历史的进程可能会因为价格战而放缓，但价格战终究无法阻碍技术迭代的进程。

此外，当行业发展到一定阶段，相关技术越发成熟、产品需要量产之时，针对影响范围比较广的技术制定**行业标准**就变得很有必要了。比如 Type-C 接口的普及可以让我用苹果品牌的笔记本电脑的充电线给联想笔记本电脑充电。

这种护城河还算容易绕过，一旦搞清楚标准，其他企业跟着做就可以。但是有些技术标准的制定本身就是为了**巩固先发者优势**的，这种护城河就比较难绕过了。香槟酒行业就是一个例子。法国香槟酒行业委员会向我国质检总局[1]申请注册地理标志产品保护，并在 2013 年获得了批准。这样一来，香槟酒在中国境内就享受地理标志产品保护。只要不是在法国香槟地区生产的，即使使用完全一致的葡萄品种和发酵工艺，酿造出来的成品从香气风味到成分酒体都跟香槟酒一样，这种酒也不能叫香槟酒。如果企业用"小香槟""粉红香槟"之类的表述打擦边球，轻则收到律师函，重则其产品被没收并支付罚金。

---

[1]　全称为"国家质量监督检验检疫总局"。2018 年 3 月，该机构改名为"国家市场监督管理总局"。

　　　　　　　　　　　　　　　　　　　　　　　　　　　　——编者注

行业里的领先企业通过设立行业标准可以巩固先发优势。你会发现很多产业还没有发展起来，仍处于导入期，可能就开始匆忙地设立标准了。比如，尽管元宇宙目前还在"炒概念"阶段（导入期），但是早在 2022 年 6 月，多家厂商已经牵头成立了元宇宙国际标准联盟，即"元宇宙标准论坛"，其成员包括 Meta、微软、英伟达等美国公司，还包括华为、阿里巴巴等中国创始成员。

与供应商的关系

与拥有稀缺资源的供应商签订**独家供货协议**可以达到间接控制这种稀缺资源的效果。比如在 2023 年高纯石英砂因严重短缺、供不应求成为**光伏行业**的稀缺资源。这种材料用于坩埚的内层，其纯度直接影响产品质量和坩埚的使用寿命。它的供应主要依赖海外。凭借与全球最大高纯天然石英砂供应商尤尼明的战略合作伙伴关系，中环股份及其供应商欧晶科技获得了巨大优势。

类似地，从 2020 年开始，**汽车行业**面临严重的"缺芯潮"。市场最缺的MCU（微控制单元）芯片主要用于刹车、空调、仪表、安全、门锁等，直接关系到整车安全。率先跟 Tier 1（一级供应商）以及芯片供应商一起解决芯片供应问题的车企，无疑能够趁机抢下更大的市场份额。

除了保供能力，企业与供应商的议价能力同样重要。在这方面拼的主要就是**规模**了。比较典型的例子是沃尔玛，因为采购的数量极大，所以可以向供应商压价。当年苏宁和国美还是主要的电器销售渠道时，它们在面对供应商时也曾非常强势。

对于主打低价的品类来说，规模这个护城河让"外部进攻者"难以跨越。规模效应也是供应商答应签排他协议的理由之一。

与客户的关系

与客户之间有着良好而稳固的关系同样是重要的护城河。

我们可以回想一下，自己平时买东西都有哪些环节。普通消费者的购买流程通常分为以下 3 步：**决策→购买→使用**。

在这 3 个环节中，每一个环节都可以是企业维护客户关系的发力点。

- **决策**：企业可以想方设法**降低客户的决策成本**。
- **购买**：企业可以竭尽所能**降低客户的购买成本**。
- **使用**：企业可以努力**让客户的转换成本高于价值差**。

"使用"环节提到的"价值差"是指，产品所能提供的价值与竞争对手的产品所能提供的价值之差。如果产品不如竞争对手的好，客户的转换成本又低，那么客户恐怕就会很快转向竞争对手的产品了。

具体来说，企业可以通过打造品牌、稳固渠道以及提高转换成本，来长久地留住客户，从而构建自己的护城河（图 4-9）。

图 4-9　不同环节留住客户的手段

1. 打造品牌

品牌本质上就是品牌方给消费者留下的整体印象。比如，提到可口可乐人们就会想到快乐，提到香奈儿人们就会想到典雅，提到沃尔沃人们就会想到安全。

品牌构建的护城河可以带来实打实的利益。品牌力强的企业可以享受比同行高的利润率。比如 2019 年，爱马仕的毛利率高达 69%，净利率达到了 22%。茅台更不用说，近年来毛利率超过 90%，净利率一直在 50% 以上。品牌力强的企业还可以享受到比同行更高的自然流量和复购率。比如雅诗兰黛的小棕瓶精华液复购率高达 40%~60%。

这背后的主要逻辑在于品牌可以大幅**降低用户的决策成本**。消费者一旦建立起对品牌的基础认知，他们只需认准品牌就能买到对应质量的商品，而不用再花心思判断产品质量，这可以大大节省时间和精力。比如，看到优衣库，人们就知道衣服质量应该说得过去；看到海底捞，人们就知道餐厅的服务质量不会太差；看到薇诺娜，人们就知道产品大概率是致敏性低的。

此外，大多数人会有这样一个认知：某个品牌出现质量问题将会毁掉自己的品牌积淀，这对品牌方来说自我伤害会很大。因此，大品牌通常会格外注重质量管控，消费者也可以通过选择大品牌而降低风险。

一般来说，**快消品比较依赖品牌**。因为快消品的购买频次频繁，所以消费者不太愿意在购买决策上花太多时间。他们一般认准一个品牌，就会一直使用这个品牌的产品，直到被另一个品牌改变想法。

品牌的形成是多种因素长时间影响的结果。品牌的标识、用料、设计、理念、销售渠道、营销广告、粉丝互动等能够被消费者感知的因素，都会对消费者的心智产生影响，给消费者留下或好或坏的印象。比如可口可乐，其品牌价值并非仅仅来自秘方，持续的广告投放所形成的品牌价值才是它最宽的护城河。要知道，可口可乐每年砸在广告上的钱就高达数十亿美元。

当然，尽管打造品牌比较难，但这个护城河并非一定要长时间的积淀才能形成——**企业也可以用资本换时间**，即可以通过收购直接买下有长期积淀的品牌。比如快消品巨头宝洁公司就收购了包括吉列、博朗、欧乐 B 等在内的一系列品牌。

除了收购，企业也可以通过短时间内的大量广告投放绕过品牌这一护城河。比如铂爵旅拍的"想去哪拍，就去哪拍"，Boss 直聘的"找工作跟老板谈"，妙可蓝多的"奶酪就选妙可蓝多"，这些品牌在短时间内借助在电梯间的大量广告投放，迅速建立了消费者的品牌认知。

然而，短时间铺天盖地的宣传和铺货或许能打响知名度，却未必能获得消费者的认可和忠诚度。要想建立品牌，除了砸钱投入，更需要真正的品牌建设能力。

在一些面向企业的 B 端业务中，品牌同样是不容忽视的护城河。比如以我以前所在的**管理咨询行业**为例，麦肯锡等咨询公司会持续发布行业白皮书、季刊等出版物，展示其对特定议题的独到观点。这些行为本质上就是在持续地塑造自己的品牌。当一些企业有相关议题的咨询需求时，它们更容易选择那些发表过自己所认可的观点的咨询公司。

2. 稳固渠道

渠道是企业触达消费者的通路。找不到合适的渠道，产品或服务可能就会"卡在最后一公里"，没办法交付给客户。

想想看，当你看综艺节目时，看到艺人正开心地吃着节目冠名品牌的雪糕，你也想来一支尝尝。结果你发现无论是外卖 App 上还是楼下的便利店里都没有这款雪糕，只有 10 千米外的某家大型超市才卖，估计此时你的选择会是"下次一定"[①]。

在上面这个例子中，即使这个雪糕品牌营销很成功，但是由于渠道方面跟不上，导致潜在客户的购买成本过高，最终的销售结果可能还是不尽如人意。反过来，当你的产品铺满适合的各大渠道，甚至把竞争对手的位置给挤掉时，你就拥有了稳固的护城河。

---

① 网络流行语，通常是指随意给出的承诺，其实下次也不一定这么做。——编者注

很多人都会强调渠道的层级。他们告诉你要看有多少层级、每一层级有几家经销商等，并用"渠道的长度""渠道的宽度"之类不明所以的概念来描述。其实这些根本不是重点。渠道问题的关键在于企业覆盖了多少面向目标客群的渠道，或者够不够得到自己的用户。

一个显而易见的道理是，**不同品类的产品适合不同的渠道**。比如注重体验感和即时性的品类更适合线下渠道；而标准化、重复消费的品类可以采用线上渠道。事实上，直到 2020 年，像软饮、生鲜等对即时性要求较高的品类，以及奢侈品这种注重购物体验的品类，线上的渗透率都还不到 10%；而家用电器、消费电子产品、宠物用品这些标准化和重复消费的品类，线上渗透率已经达到 50% 左右。

类似地，大众品适合大众渠道，高端货适合高端渠道。就像大宝 SOD 蜜需要的是铺上沃尔玛、大润发的货架，而 La Mer（海蓝之谜）精华面霜需要的是进驻 SKP、K11、连卡佛等高端商场的专柜。销售一款专攻贵妇市场的护肤品完全可以只在一线城市的高端美容院上下功夫。

搭建适合自己的渠道，把触角尽可能地延伸出去是建立护城河的重要手段。

建立大规模的渠道，通常需要长期的布局。不过总有人觉得，世上无难事，只要肯"氪金"——砸重金就可以快速地把渠道建起来。比如，瑞幸咖啡砸重金，5 年多就开了上万家店。与之形成鲜明对比的是，同样是开 1 万家店，蜜雪冰城用了 20 年，正新鸡排用了 17 年。

氪金玩家[①]确实可以迅速通关，不过"催熟"总是有代价的。

2021 年，瑞幸咖啡累计关店 600 余家，关店率超过 10%，其中很大一部分有"历史遗留问题"——在激进扩张期间，有不少店铺选址不合理，在"大干快上"的目标驱使下，不管是出于完成目标的目的，还是基于个人的利益诉求，商务拓展团队总会整出各种匪夷所思的事情。比如 2018 年，瑞幸在北京

---

① 网络流行语，指的是在游戏中愿意投入大量金钱的玩家。——编者注

的目标是新开 350 家门店，负责人差不多每天要审核大约 30 家门店的选址，根本没有时间实地考察。于是，乱象丛生。商场的房租每平方米 10 元，而商务拓展团队报成每平方米 16 元。在丰台区、房山区开的店，每个店一天连 50 个订单都没有，连开发商都怕瑞幸倒闭，主动买咖啡喝。

搭好渠道还只是第一步，抢个好位置可能更重要。 比如同样是超市货架，放在最显眼的位置跟放在犄角旮旯不一样。能不能让自家的货摆在黄金位置，比如放在与消费者视线平齐的高度，就看自己的本事了。这其实就引出了渠道这条护城河的另一关键点——**企业或厂商对渠道的控制力**。能不能把控住渠道，一看**自身的体量**，二看采取的**策略**。

自身的体量越大，市场占有率越高，对渠道的议价权也越强。比如蒙牛、伊利在商超负责人眼中的分量，显然不是一个不知名的初创牛奶品牌可以比的。所以，通过渠道建立护城河本身也是个"马太效应"极其明显的事情。

渠道战略同样会影响对渠道的控制力。比如，某些白酒厂商热衷于让经销商提前打款，其实部分目的是占用经销商的资金，使其没有太多资源再去经营其他品牌的产品，从而在一定程度上强化对渠道的控制。有些酒企甚至直接派经理和销售人员入驻经销商的店铺，或者设立分公司、办事处等负责营销推广、开拓市场，而经销商只是打个下手，负责打款与配送，这种掌控力想不强都难。还有些公司更是直接把经销商绑上自己的战车。比如格力电器就与经销商共同建立了区域销售公司，由格力电器控股，区域内的多家一级经销商参股。同时，这些销售公司又共同持有格力电器的股份，从而实现牢固的利益绑定。在这种制度设计下，格力电器才得以实现对自己的经销商渠道如臂使指般控制。

以白酒行业为例，五粮液采取"大商制"模式，对经销商的掌控就比较弱；茅台则采用"小商制"模式，对经销商的控制力更强。

3. 提高转换成本

转换成本是用户改选其他企业的产品或服务时需要付出的成本。这种成本有时不仅是金钱，可能还包括时间的代价、遇到的困难或承担的风险等。即使竞争者能够提供更低的价格或性能更好的产品或服务，但如果用户面临着高昂的转换成本，那么他们也未必愿意更换现有的产品或服务。

比如一家企业想换一家数据库产品，它不仅需要掏钱买新产品，还需要进行数据迁移，之后还要培训员工使用新产品。这些都是麻烦事儿。万一出现数据丢失，可能还会对生产经营产生不利影响。所以，对于更换数据库产品，企业通常会慎之又慎。

当然，并不是所有产品或服务都有较高的转换成本。比如，选择加油站这件事的转换成本就相对较低，除非手里有一堆加油卡，否则换一个加油站加油也没什么问题，因为燃油产品高度同质化，且加油站通常相隔不太远。

从整体来看，转换成本主要来源于以下几个方面。

- **社交关系**：如手机号、社交平台等；
- **用户习惯**：如操作系统等；
- **学习成本**：如生产力工具等；
- **数据沉淀**：如云服务、笔记软件、音乐软件等；
- **会员体系**：如高端会员制商店、信用卡、酒店、航空公司等；
- **长期合同**：如 SaaS、电煤供应等；

......

一般来说，资产专用化程度越高、培训需求越大、转换适应时间越长、转换行为对用户的影响越大，用户的转换成本就越高。在转换成本较高的品类中，产品的先发优势尤为重要。比如，你现在想颠覆微信的江湖地位，简直难如登天。

值得注意的是，转换成本并不是一成不变的。比如以前用户想换个通信运营商会非常麻烦，因为手机号也得跟着换。这意味着需要更换所有和网站或 App 绑定的手机号，向亲朋好友、客户和同事发消息说号码换新的了。这么高的转换成本足以让不少人望而却步。不过现在可以携号转网了，转换成本瞬间降低了一大半。

运用适当的策略也可以在一定程度上绕开转换成本。比如，多年积累下来的歌单原本是用户坚守一款音乐软件的重要理由，但是一键导入外部歌单功能的出现，用户的转换成本就被大大降低了。

类似地，微信刚刚开始推广时，会引导用户导入手机通信录、给对方发送邀请，并提供通过手机号码直接搜索微信号的功能。这些做法都有效地降低了用户的转化成本。再比如一些酒店集团会推出会籍匹配活动，为其他酒店集团的高等级会员提供快速升级通道，其升级条件远比普通客户宽松。希尔顿集团 2022 年给出的政策是，如果客户有万豪、IHG、凯悦等任意一家酒店集团的高等级会籍，且 90 天内入住 12 晚就可以拿下希尔顿钻石会籍。想通过常规途径获取希尔顿钻石会籍的客户则需要 90 天内入住 60 晚才行。

我们再来看看当年金山软件有限公司（简称"金山"）的 WPS 与微软的 Office 的争斗。1996 年，几乎垄断中文文本处理领域的金山答应了微软希望格式互相兼容的请求，随后微软 Word 用户可以直接打开 WPS 格式文档。这本质上也是在降低用户的转换成本。但是随即微软抢走了大量的 WPS 用户，导致 WPS 由盛转衰。2008 年，金山的高管痛定思痛，提出重写一个深度兼容微软 Office（包括文件格式与操作界面）的 WPS，这才让 WPS"起死回生"。

前面罗列了各种生产关系，通过控制这些生产关系，行业或企业之间可以形成一个巨大的生产关系网，产生所谓"**网络效应**"。在这样的生产关系网中，各方的利益会相互绑定，形成一个生态圈。生产关系网各个链条上的每一方的转换成本都很高，使得后来者很难加入或打破现有格局，而这正是网络效应的威力。

　　现在我们可以思考这样一个问题：**为什么当年 Windows Phone 没有做起来？**

　　Windows Phone 的界面设计得很好看，用户体验也还不错，但是一直没什么人用。这主要是因为，大多数 App 的开发者将主要精力都集中在适合 iOS 系统和安卓系统的 App 开发上了。特意为 Windows Phone 多开发一个 App 版本需要额外的成本。在 Windows Phone 刚推出时，它的用户数量较少，所以大多数没有闲钱的开发者不愿意承担这一额外成本。因此，缺乏足够 App 的 Windows Phone 自然吸引不了大量用户。这也是为什么华为推出自家的鸿蒙系统时也必须兼容基于安卓系统的 App——这可以降低开发者的转换成本。

　　从底层逻辑来看，这就是网络效应的一种体现。

　　思考一下，如果我们是"进攻者"，我们该如何攻克具有"网络效应"的护城河呢？以京东为例，在京东刚创立的时候，就面临着**先有鸡还是先有蛋的问题**。淘宝作为电商平台有先发优势，而京东作为后来者想建立一个新平台难度极大——作为新平台，京东没有足够大的流量，买家太少，卖家自然不愿意过来开店，而因为卖家太少、品类太少，买家也不愿意过来购物。

　　这就是先有鸡还是先有蛋的问题，卖家和买家都没法同时做大。为解决这一问题，京东先集中精力，把买家这一端做大。京东采取了自营模式，自己做商家、进货、带货。它先把自己的商城逐渐做大，提供足够多的品类，这样买家就会越来越多。等到流量足够大了，卖家也就愿意进驻了。

　　我早年创业的时候，通过不断摸索得出了一个结论：如果没有足够多的资金，一开始就做平台是不可能的。创业者一定要在某一端做到极致，才有可能变成平台。

　　最后，**随着外部因素的变化，护城河的宽度会变窄**，特别是技术的迭代，往往会给某些行业带来降维打击（图 4-10）。比如外卖 App 的兴起减少了方便面的销量；手机内置的手电筒功能使得手电筒几乎不被需要；而数码相机的出现则逐步取代了胶片相机……

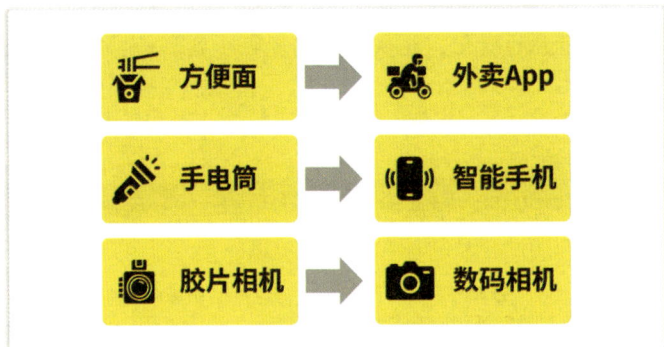

图4-10 技术迭代给某些行业带来降维打击

以前身处"传统行业"中的企业，要么紧跟时代的步伐，迭代自己的产品，要么就只能被替代和淘汰。像奈飞（Netflix）公司最早是做 VCD 租赁业务的，但随着互联网技术的发展，它及时转型去做流媒体，还创作自制剧。如果不及时做出调整，它很难存活到现在。

关于外部因素，本书第 7 章还将进一步探讨。

本章小结

本章的内容要点如下。

- 行业或企业应构建自己的护城河，构建护城河通常有两种方式。
  - 一种是通过**独占生产要素**，形成**"资源垄断"**护城河。生产要素主要包括劳动力、土地、资本、技术和数据。
  - 另一种是通过**独占生产关系**，形成**"网络效应"**护城河。生产关系主要包括与政府机构、与同行、与供应商、与客户的关系。

- 通过资源垄断和网络效应两个护城河，行业或企业可以实现**更高的营收、更低的成本**。
- 随着外部因素的变化，护城河的宽度会受到影响，所以我们也要动态分析。

图 4-11 呈现了本章的内容框架。

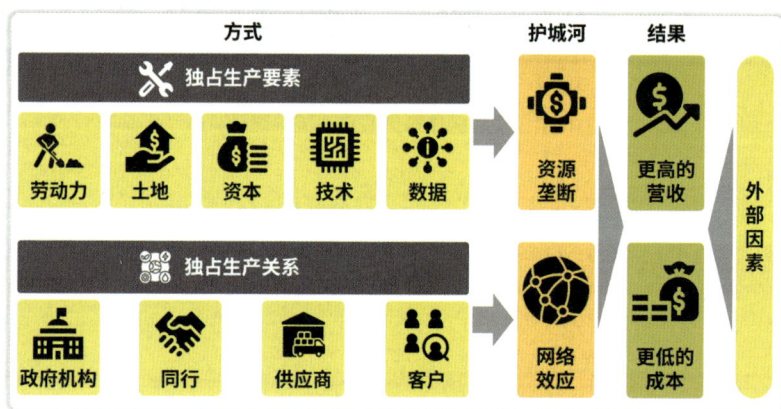

图 4-11　本章内容框架：防守性

第5章　盈利性：

行业的头部公司能分到多少钱

如果一个行业进入了成熟期，但没有"跑"出第二增长曲线，通常会面临两种结果：一种是进入**衰退期**，被替代掉，从而失去投资价值；另一种结果是，因为行业有比较宽的护城河，所以行业能在成熟期稳定运行相当长的时间。第二种结果意味着，行业出现了**"稳定市场周期化"**的情况，变成了一个具备较强周期性的行业。

在这种情况下，市场渗透率已难以持续提高了，换句话说，市场已经基本饱和了。这时，整个市场的供需情况会随着宏观政策、产能调整、库存状况等各种周期因素的影响起起伏伏。市场规模会有一个相对稳定的中枢。行业收入会围绕这个中枢上下波动——如果周期处于上行阶段，经济比较好，行业里的公司就会更赚钱；而当周期处于下行阶段时，行业里赚钱的公司就会减少。

我们可以这样类比：这时候的蛋糕没法做大了，只会随着周围的温度热胀冷缩。所以在这种情况下，投资者更关注的是行业里的公司能分到的蛋糕有多大。在这个阶段，投资者已经不能像在成长期那样去做赛道投资、什么公司都投资一波了，而是要在赛道里精挑细选，找到最赚钱的产业链环节、最赚钱的龙头企业。所以投资者更关注的是，所投资的企业能不能赚得到钱，也就是企业的**盈利性**。

那么问题来了——**是什么决定了企业赚不赚钱呢?**我想大家心中一定有各种答案——比如护城河、需求强度,等等。这些都没错。不过本章主要是从供给侧的角度出发,看看行业自身的因素——**竞争格局**——是如何决定企业是否赚钱的(图 5-1)。

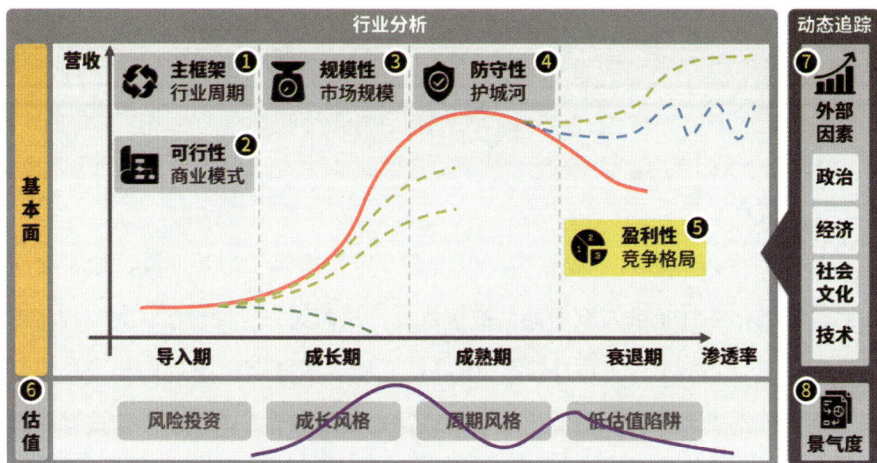

图 5-1　行业研究分析框架:盈利性

具体来说,整个行业的竞争格局可以从横向和纵向分开看(图 5-2)。横向格局研究的是,同行间是怎么分蛋糕的;纵向格局研究的是,上下游是怎么分蛋糕的。

只有整个行业的竞争格局比较理想时,也就是横向竞争没有那么激烈、纵向关系中企业拥有一定的议价权时,整个行业中的企业才能比较好地赚钱。

本章的两个部分都将从 Know-what(知道是什么)、Know-why(知道为什么)以及 Know-how(知道怎么做)3 个层面展开来介绍分析框架。这 3 个层面也是我们了解事物的经典框架,后续的方法篇中也将进一步探讨如何将这个分析框架应用在数据分析上。

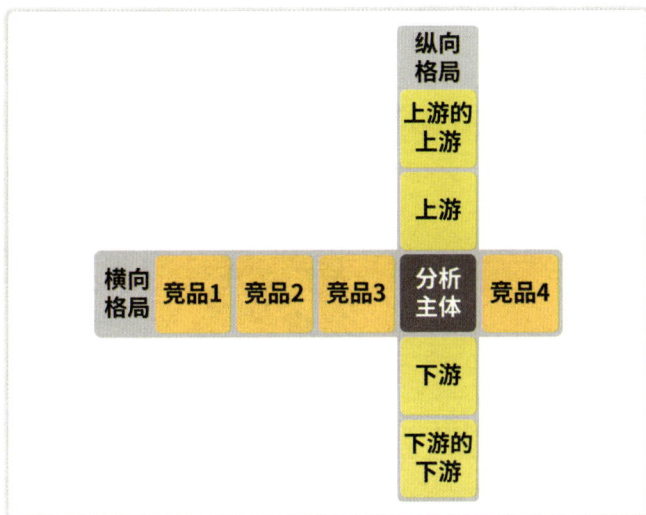

图 5-2　横向格局和纵向格局

第 1 节　横向格局：行业集中度的变化规律

一个行业的内部竞争格局，或者它的内部是如何分蛋糕的，会影响身处该行业企业的销售规模，进而影响它们的投资价值。

在剖析横向格局时，最重要的是 Know-what，即了解**关键指标是什么**——我们需要找到用来描述竞争格局的方法。

Know-what：关键指标

当考虑一个企业在市场中的位置时，我们第一个想到的关键指标通常是**市场占有率**，也被简称为"市占率"。

一般情况下，分析师习惯使用的市占率口径是，用每个公司的**销售额**除以整个行业的销售额。比如图 5-3 显示了由欧睿国际（Euromonitor）统计的

2020 年我国调味品行业各品牌的市占率。

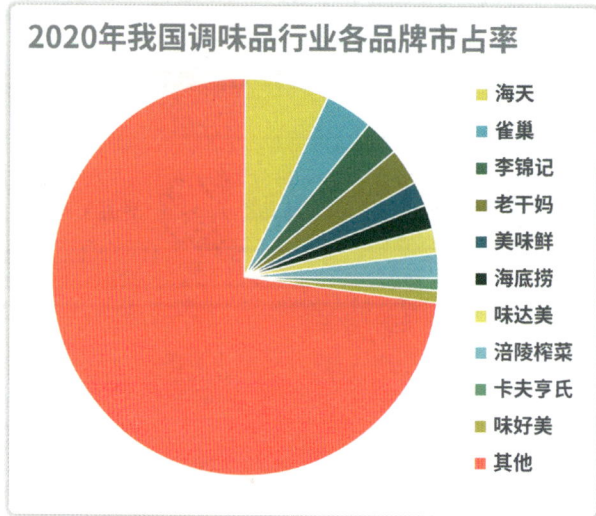

图 5-3 2020 年我国调味品行业各品牌市占率

大公司的管理层一般都会时时刻刻盯着市占率。尽管市占率只涉及企业的销售额，不能反映不同企业在成本控制方面的差异，但是它已经足以体现企业对上下游的议价能力：市占率高，意味着终端需求旺盛，下游渠道不愁卖，而且只要销售额足够高，企业就可以利用规模效应向上游供应商压价。换句话说，市占率足够高的企业，无论是在上游还是在下游，其议价能力都会很强。

不过市占率更多反映的是单个企业的位置。从行业角度来看，我们更应该关注的是**行业集中度**（concentration ratio）这个关键指标。行业集中度是指一个行业中市场份额排在前 n 名的企业的市占率之和，写作"CRn"。例如 CR3 是用市占率排在前 3 名的企业的总体销售额除以整个行业的销售额，也就是市占率排在前 3 名的企业的市占率加总。CRn 中的 n 到底取几并没有硬性规定，常见的有 CR3、CR4、CR5 和 CR8。

一个常见的市场结构划分标准是按照 CR8 的高低将行业分为 4 类。

- **分散竞争型**：0% < CR8 < 20%
- **低集中竞争型**：20% ≤ CR8 < 40%
- **低集中寡占型**：40% ≤ CR8 < 70%
- **极高寡占型**：70% ≤ CR8 ≤ 100%

前两类合称为"竞争型"，后两类合称为"寡占型"。

行业集中度之所以是关键指标，是因为它与行业的整体业绩息息相关。从理论上说，随着行业集中度的提高，龙头企业的议价权随之增强，相应地，行业整体的盈利能力也会提升。这一点已被历史经验验证了：从上游的有色金属行业到下游的家用电器行业，营业利润率都随着行业集中度（CR8）的变化而变化（图 5-4）。

资本市场对处于不同市场结构的行业持截然不同的态度。

- **竞争型行业**（0% < CR8 < 40%）：企业规模和盈利能力较为接近，市场往往给予其中成长空间较大的企业更高的估值。
- **低集中寡占型行业**（40% ≤ CR8 < 70%）：龙头企业各有所长，市场通常更看重企业竞争优势的强化，有望实现份额扩张的企业能够享受估值溢价。
- **极高寡占型行业**（70% ≤ CR8 ≤ 100%）：行业进入的壁垒较高，各寡头的市场份额相对稳定，其经营决策又会相互影响，寡头的市盈率估值倍数差异一般不会太大。

有色金属行业集中度与营业利润率变化

─ 营业利润率（左轴）   ─ 行业集中度（右轴）

家用电器行业集中度与营业利润率变化

─ 行业集中度（左轴）   ─ 营业利润率（右轴）

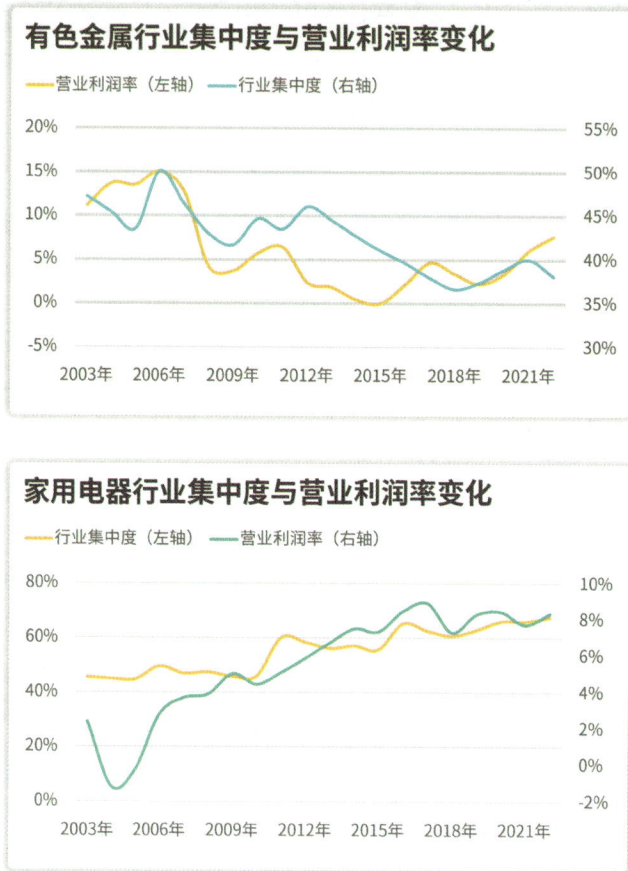

图 5-4   行业集中度与营业利润率变化

▶ 资料来源：Choice

　　此外，在分析时，我们要注意行业集中度数据本身的**局限性**。比如在万得、Choice 等数据终端里统计的 CR4、CR8 等行业集中度指标，只考虑了上市公司的公开数据，**并没有统计行业内的所有公司**。比如某行业的 CR4，数据终端会找到被归类于该行业的所有上市公司，把它们的营收作为分母，同时把排名前 4 的上市企业的营收加总作为分子。这么做有个弊端——如果这个行业只有 4 家或少于 4 家的上市公司，那么该行业的 CR4 就已经达到 100% 了。

这就像餐饮住宿行业，你或许听过它是个"大行业小公司"的说法。这里的"大行业"是指行业的市场规模大，这在前面的内容中已经详细讲过；"小公司"则是指市场较为分散，公司占据的份额小，这其实就是对竞争格局的定性描述。餐饮住宿行业就是典型的例子，它的市场规模算出来都是万亿元级别，但是真正能做大的企业屈指可数，因此餐饮住宿行业的上市公司非常少。这导致大部分未上市餐饮公司的数据并没有被计入行业集中度指标的统计中，所以餐饮住宿行业 2023 年的 CR8 竟然高达 90.85%（数据来源：Choice）。

这样的数据显然是不具备参考价值的。更合理的做法是，把这些上市公司的销售额加总得到总计数，再用它除以测算出来的全行业市场规模。

Know-why：变化主因

判断行业集中度的走向有助于我们把握行业利润的走向，抓住市场关注的重点。然而预判行业集中度的趋势并不是一件容易的事情——站在任意时间点，行业集中度可能提升，也可能下降。以运动服饰和美妆这两类与我们息息相关的消费品为例，2011 年两个行业的 CR3 都是 36%，但到了 9 年之后的 2020 年，运动服饰行业的 CR3 上升到了 58%，而美妆行业的 CR3 则下降到了 20%。

好在行业集中度的变化并非毫无规律可循。

从逻辑角度出发，行业集中度会受到**行业对潜在进入者的吸引力**、**进入壁垒**、**产业政策**、**现有企业的经营决策**等多种因素的影响。行业的吸引力越弱（成长空间小或潜在风险大）、进入壁垒越高、产业政策越倾向于限制供给，且现有企业总是疯狂打价格战或发起兼并重组，那么该行业的集中度就会越高。

这里选取白酒、空调、挖掘机、智能手机分别作为必选消费、可选消费、周期行业和科技行业的 A 股代表性行业。通过研究这些行业的行业集中度的变化，我们可以进一步总结出一些通用规律（图 5-5）。

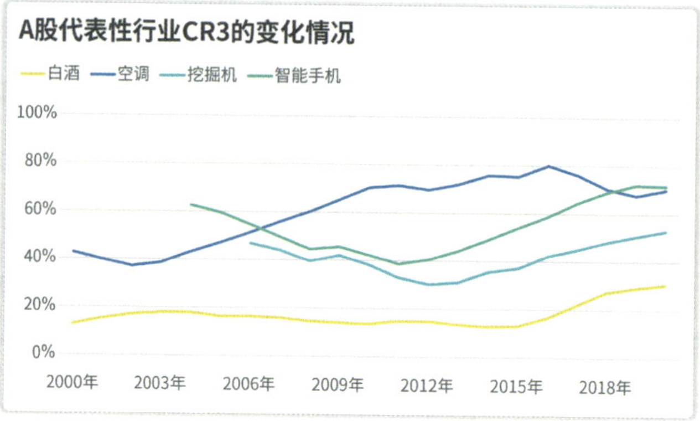

A股代表性行业CR3的变化情况

图 5-5　A 股代表性行业 CR3 的变化情况

▶ 资料来源：华泰证券

首先，行业集中度会受到**外部因素**的影响，比如经济、政策等因素。

行业集中度与宏观经济呈反向变动关系。

在宏观经济下行期，全行业的集中度通常都会提升。这是因为龙头企业在自身现金流、获取外部融资等方面更有优势，抗风险能力更强。与此同时，大量中小企业难以抵御经济下行的冲击，被迫关张或倒闭，让出市场份额。

反之，在宏观经济上行期，中小企业的生存环境会大幅改善，能够斩获更大的市场份额，从而使行业集中度有所下降。

行业集中度也会受到特定政策的影响。

刺激需求和限制供给的政策都会对行业集中度产生影响。

刺激需求的政策可能会使得原本不具备市场竞争力的厂商得以存活甚至扩张，从而引发行业集中度下降。

限制供给的政策则往往会加速落后产能的出清，从而推动行业集中度上升。无论是供给侧改革，还是近年来"双碳"目标对煤炭、钢铁、电解铝等行业中长期产能的限制，都使得对应行业的集中度上升。

有关外部因素的影响，第 7 章将进一步展开论述。

除了外部因素，行业的**自身属性**也会影响行业集中度的情况。

一般来说，**行业集中度随产业生命周期的演变先降后升。**

随着产业生命周期的演变，行业集中度也会相应变化。

在**导入期**，行业的发展前景存在很大的不确定性，其吸引力有限，只有少数厂商开风气之先，而大部分厂商处于观望状态，此时行业集中度相对较高。

进入**成长期**后，商业模式已经得到验证，不确定性大大降低，市场潜力快速释放，大量厂商闻风而至，此时行业集中度随之下降。

等到**成熟期**之后，新增厂商数量减少，部分厂商因竞争力较弱而走向破产，或被其他厂商兼并，此时行业集中度得以提升。

一旦到了**衰退期**，市场萎缩，产品面临替代品的威胁，行业吸引力大大下降，只有少数厂商继续经营。

需要留意的是，**不同行业的集中度天花板不尽相同。**

同样是进入成熟期的行业，空调和智能手机的 CR3 高达 70%，而白酒的 CR3 仅在 10% ~ 20% 震荡。这说明从终局视角来看，进入稳态的行业，竞争格局并不相同。有些行业的竞争格局偏向垄断，有些行业的竞争格局则偏向分散。

要判断行业集中度的天花板，我们可以参考成熟市场的经验。这与第 2 章提到的 "空间对标法" 是一样的思路。这个思路很好理解，可以直接根据欧、美、日、韩这些地区或国家行业发展到成熟期后所达到的集中度来推断。因为集中度天花板在相当程度上是由进入壁垒的行业自身的特性所决定的，所以跨国或跨地区进行比较有一定的合理性。这也是投研中比较常见的思路。表 5-1 呈现了国内外一些行业集中度的对比情况。

表 5-1 国内外一些行业集中度的对比情况

一级行业	二级子行业	全球可比市场	海外CR4	国内CR4
有色金属	锂行业	南美		40%~70%
军工	连接器	美国		40%~70%
电力设备	锂电池	日本、韩国		>70%
电力设备	风电	欧洲、美国		40%~70%
传媒	视频网站	美国		>70%
公用事业	燃气	美国		20%~40%
石化	油服	北美		40%~70%
家电	白色家电	美国、欧洲		>70%
医药	零售药店	美国		10%~20%
社会服务	旅行社	欧洲		<10%
交通运输	航空	美国	>70%	>70%
交通运输	快递	美国		40%~70%
计算机	ERP软件	美国		40%~70%
建材	防水材料	美国		<10%
传媒	影视内容	美国		20%~40%
交通运输	集运	欧洲、日本		>70%
钢铁	普钢	美国		10%~20%
机械	工程机械	美国		>70%
军工	无人机	美国		10%~20%
有色金属	电解铝	美国		20%~40%
军工	碳纤维	美国		10%~20%
建材	涂料	美国		10%~20%

▶ 资料来源：国泰君安（2019）

　　当行业发展到成熟期、出现了"稳定市场周期化"的情况时，行业集中度会像行业整体的盈利情况一样，也会出现一个相对稳定的中枢，并随着中枢上下波动。

　　此时，促使行业集中度发生改变的主要是**产能周期**。

　　要研究产能周期，首先要搞清楚**产能**是什么。

　　顾名思义，产能就是生产的能力，是指在一定的技术条件下，资本和劳动力被充分利用后能达到的最高产出。简而言之，产能就是在现有的条件下，厂商能够实现的最大产量。

不过大多数时候，厂商不会一直满负荷生产，除非订单量激增。于是，就出现了**产能利用率**这一指标。产能利用率被用来反映有多少产能得到了实际利用，它的计算公式为：产能利用率 = 实际产量 ÷ 最大产能。

下面举个例子来解释。

小明是个美食爱好者，擅长厨艺，他开发了很多私家食谱。他虽然在各种米其林三星级餐厅吃过，但最打动他的，还是冬日里一碗热气腾腾的牛肉面。然而市面上好像还没有什么能摆上台面的高级牛肉面面馆，他觉得自己可以试试，或许可以在这个细分赛道里开辟自己的一片天地。于是，小明投了一大笔钱，在自己的城市开了第一家高级私房牛肉面面馆。面馆雇用了 8 个师傅，配备了 4 口锅和 4 台燃气灶，这些构成了面馆的初始人员和设备。

靠着这些人员和设备，小明的面馆一天最多能做 256 碗面。256 碗就是他的面馆一天的产能。

如果面馆最多可以做 256 碗面，但是实际上每天只做了 128 碗面，那么产能利用率就只有 50%（128 ÷ 256）。

一般来说，企业会让产能富余一些，不会让产能利用率一直保持在 100%。

如果市场需求提高了，企业会先提高产能利用率，尽可能满负荷生产，而不会随随便便地提升产能（也就是投更多的钱去开设新厂房、招聘更多人）。这是因为企业家需要先判断提升的市场需求是短期的临时需求，还是长期需求。只有确认是后者，企业才会扩产能，毕竟产能的投入需要真金白银。如果投入后发现，这个需求只是临时被"拉高"，很快就会回落，那么新增的产能就只能成为闲置产能。

而企业家对产能的调整会形成产能周期。

这里继续以面馆为例，来解释什么是产能周期。

1. 阶段 1：供不应求

在产能周期的第 1 个阶段，市场通常是供不应求的。

在这个阶段，小明的面馆生意特别好，顾客大排长龙。每天后厨的燃气灶几乎没有关过，锅具甚至都不够用，厨师累得总在抱怨。用专业的话来说，产能利用率很高，产能不足以满足需求了。

小明一开始只是添置了几口新锅，使面馆每天可以提供更多的面了。但过段时间，面馆上了大众点评的推荐榜单，还推出了外卖服务，成了当地热门餐厅之一。顾客数量越来越多，供应又跟不上了。

此时，小明觉得面馆经营状况很不错，刚好攒了不少钱，是时候扩张了。于是他决定开设几家分店。

2. 阶段 2：产能激增

随后进入产能周期的第 2 个阶段：产能开始激增，供给随之扩大。

行业蒸蒸日上，并非只有小明一个人可以看到。开茶餐厅的小 A、搞食材配送的小 B，他们也看到了。刚好他们手上都有点儿钱，于是也开起了面馆。甚至连原本家里有钱捣鼓网吧的小 C 都来跟风了。小 C 一口气开了 50 家面馆。结果，这个城市每个核心商圈都有好几家面馆，市场一下子转变成供大于求的状态。

我们都知道，供大于求往往意味着价格下跌。小明的面馆也不例外——原本他的面馆做的高端牛肉面卖 150 元一碗，但是因为开了很多新面馆，形成了竞争，所以小明的面馆不得不和它们打价格战———碗面的价格降到了 75 元。

小明面馆里的厨师也不再那么忙碌了，有一半的燃气灶能用上已算好的了。换句话说，目前的产能利用率大大下降了。

在这种情况下，小明面馆的利润自然好不了。

3. 阶段 3：产能出清

下面，进入产能周期的第 3 个阶段：部分厂商无法维持经营，被淘汰出局，不得不进行产能出清。

眼看着这个行业利润率这么低，大家陷入了悲观的情绪中，开始怀疑这个行业是不是没有前途了。特别是冒进的小 C，他的摊子铺得太大了，经营得又差，家里也不愿意再给补贴了，于是他只能选择关门大吉。这样一来，城市里的面馆又开始变少了。

而故事中的主角小明依旧很坚定。他减少了各种不必要的开支，甚至把房子抵押给了银行，获得了一笔贷款，同时还关闭了一些效益不好的门店。他决心熬过行业的寒冬。

4. 阶段 4：格局改善

终于，小明扛到了产能周期的第 4 个阶段：格局改善。

坚持和付出是有回报的。随着很多竞争对手离开这个行业（供给收缩），小明的生意再次迎来了春天。后厨重新忙碌起来，厨师又开始加班加点地做面了，产能利用率又上去了。

随着行业利润的普遍好转，大家对行业的信心也逐渐恢复。

展望未来，行业估计又会回到最初的繁荣状态。

图 5-6 可以让你更直观地理解产能周期的 4 个阶段。

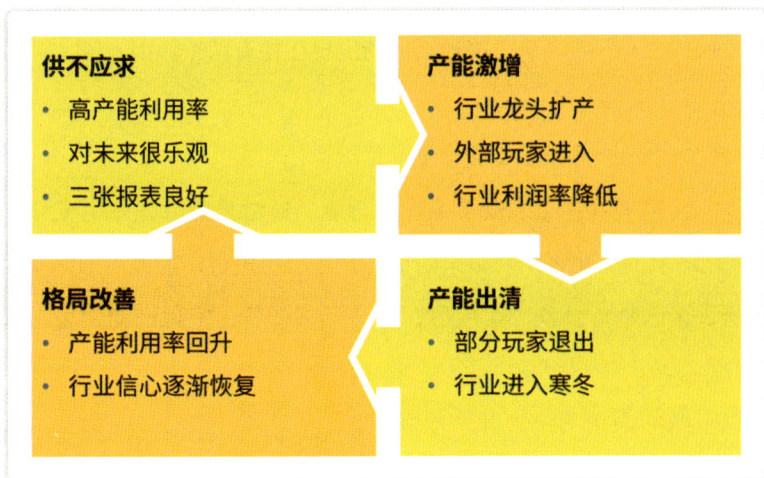

供不应求
- 高产能利用率
- 对未来很乐观
- 三张报表良好

产能激增
- 行业龙头扩产
- 外部玩家进入
- 行业利润率降低

格局改善
- 产能利用率回升
- 行业信心逐渐恢复

产能出清
- 部分玩家退出
- 行业进入寒冬

图 5-6　产能周期的 4 个阶段

这个简单的例子说明了一个行业的产能从供不应求到供大于求，最后又重新回归供不应求的整个周期——这就是产能周期。

我们也可以用两条曲线来看产能周期的形成（图 5-7）。

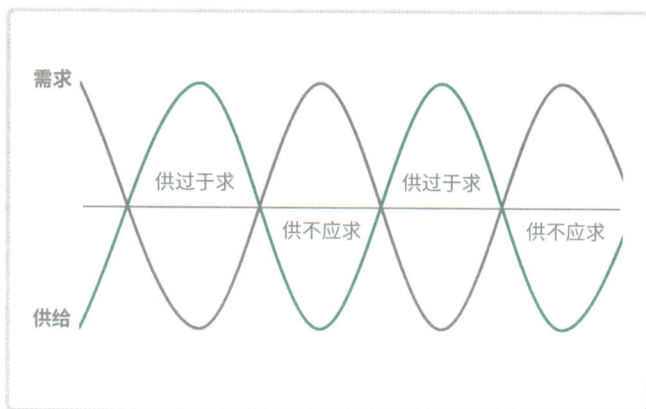

图 5-7 供需变化形成产能周期

当需求在波峰时，供给可能在波谷，这时候供不应求，物价便会涨；反过来，供过于求，物价就会跌。供给波动与需求波动之间的不匹配产生了供需缺口，进而引发了产能周期。这种缺口的出现往往有两个原因。

原因 1：反应速度

第一个原因是企业家的反应速度滞后。

从现实情况来看，除了政策主导的行业，通常是需求先发生变化，然后企业家根据需求的变化去预判未来的情况，之后再进行产能方面的调整。

但是，无论是买设备、盖厂房，还是调试设备、实现产能爬坡，都是需要时间的。

再以小明的面馆为例，开一家新面馆需要选址、装修、招聘、买设备、试营业，等等。从小明看好高端牛肉面面馆的发展、准备大搞扩张，到他实际把新店开出来并让它们走上正轨，可能大半年都过去了。所以，产能释放的节奏在很多时候是跟不上需求节奏的，而此时就会形成一个供需缺口，从而产生产能周期。

原因 2：企业家心态

除了反应速度，造成供需缺口的还有另一种可能的因素——企业家的预期差，或者企业家的心态问题。

人们是根据预期来决定要不要扩产能的，而预期跟现实之间总是有差距的，且人的理性也是有限的。

当企业家发现市场空白时，往往会高估自己所能"吃下"的市场份额。于是，他们会大规模地投入，希望尽可能地占领市场空间。

共享单车早期的大量投放就是一个典型案例。当时，所有市场参与者都在大量投资，结果导致产能过剩、单车过度投放，同时导致上游的通胀上升，比如单车造价、运输人力的成本都上涨了。

总而言之，企业家的反应速度和心态会导致供给落后于需求，进而造成供需缺口，形成产能周期。

而产能周期是行业出现"稳定市场周期化"情况后，对行业集中度产生影响的关键因素。

那么，**我们该如何判断目前企业处于产能周期的哪个阶段呢？**

Know-how：分析方法

要判断目前企业处于产能周期的哪个阶段，我们可以使用定性分析和定量分析两种分析方法进行。

1. 定性分析

一般来说，从供不应求到产能激增的过程可以细分为 3 个阶段。

还是以面馆为例，我们可以看到，一开始面对旺盛的人气，小明只是加了几口锅，此时的产能扩张更多的只是为了应付当时的需要。这是行业产能扩张的第 1 阶段，即**龙头被动扩产能**。

后面随着需求逐渐增长，小明觉得行业的未来前景大好，加上手里的现金流比较充裕，便开始开新店。这标志着行业产能扩张进入了第 2 阶段，即**龙头主动扩产能**。这时候的企业家往往会过度自信，觉得自己发现了商机，而别人都看不到这个商机，于是开始大规模扩张。

龙头扩完产能后，行业看似一片欣欣向荣。结果很多原本没在餐饮行业干过的人，比如网吧的老板小 C，看到开面馆能赚钱，便纷纷投身开面馆的浪潮中。这意味着进入了行业产能扩张的第 3 阶段，也是最疯狂、最危险的阶段——**外来者无序扩产能**。

作为餐饮行业门外汉的小 C，其实很难搞清楚真实的市场需求。他从表面上看到生意能赚钱就盲目往里冲，结果成了行业转向供大于求的最终推动者之一。等到了"友商遍地走"的时候，他的店可能刚开业就面临着行业供大于求的尴尬局面。

在现实中，我们也经常能看到**"龙头被动扩产能－龙头主动扩产能－外来者无序扩产能"**的演进过程（图 5-8）。

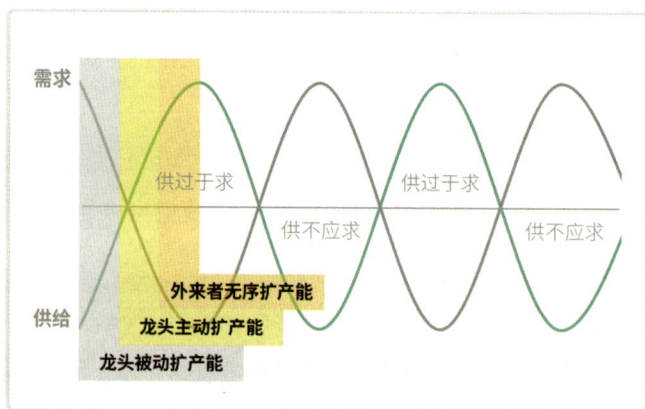

图 5-8　产能扩张三阶段

▶ 资料来源：海通金属

当产能扩张到最疯狂的时候，离产能过剩和行业寒冬也就不远了。而在行业寒冬中，相当多的产能会被市场淘汰，市场将重新回到供需相对平衡的状态，行业将慢慢开启新一轮周期。

这就为我们提供了一种定性分析的思路——当外来者跑进来扩产能的时候，行业通常离波峰（高位）不远了；而当龙头主动减产能的时候，行业已处于相对底部。当然，这种定性分析太过粗糙，现实中也并不都是遵循"龙头被动扩产能 - 龙头主动扩产能 - 外来者无序扩产能"的规律，所以我们还需要进一步做定量分析。

2. 定量分析

要明确目前处于哪个产能周期阶段，需要进行定量分析，搞清楚**供给**和**需求**的具体数量。

不少行业分析师会搭建有着相似分析思路的**供需平衡表**，我们可以参考这些表来理解他们的分析逻辑。

在供给方面，**跟踪新增产能的释放节奏**可以帮助我们搞清楚未来可能会有多少供给。

除了直接调研上市公司、跑到工厂里查看开了多少条新生产线、有没有新建厂房，我们也可以通过案头研究来追踪产能扩张的情况。

很多时候，券商等研究机构会整理上市公司公布的新增产能情况，我们可以直接看它们的报告。如果没有现成报告，我们也可以翻看上市公司的公告。一般来说，上市公司计划进行产能扩张时，都会发布相关公告。此外，我们还可以去投资者互动平台向公司询问产能扩张的情况，比较负责任的董事会秘书通常会直接在平台上回答。

了解了供给之后，就该看**需求**了。

如果我们能相对精准地预测未来几年的需求情况，那自然是极好的。这样我们就可以在行业需求扩张、产能有序释放的阶段进行布局，坐等利润节节高。

对于需求稳定增长或具有明确指引的行业，预判需求不算难事。比如高端白酒行业，每年的营收增速都很稳定。又比如 CXO 行业（医药外包行业）的在手订单可以反映后续的需求情况。充足的在手订单可以保证公司维持较高的产能利用率，而在产能利用率维持在高位的情况下，扩张产能就能带来业绩的增长。

然而，对于不少成长性行业和周期性行业来说，要准确预判行业未来几年的需求并不容易，想做到"模糊的正确"已经有点儿强人所难了——出现偏差甚至"精准的错误"很常见，并不稀奇。

尽管如此，我们也不必灰心。我们还可以跟预测的最终情况进行对比，看看终局兑现的节奏如何。

比如，假设你的估计相对保守，认为全球锂电需求量的上限是 2000 GWh。宁德时代曾透露，其 600 亿元的投资对应的是 120 GWh~200 GWh 的新增产能。如果你发现宁德时代一下子投入了 600 亿元，那么这意味着它几乎可以满足全球锂电需求的 1/10 了。这还只是一家公司的情况。假设我们原本预测要到 2040 年才能达到行业天花板，而这 600 亿元投下去，很有可能会使 2030 年的需求触顶了。换句话说，这个行业的成长持续性弱化，换来的是短期业绩的爆发性增长。至于怎么看待这种预期的变化，就看你自己的投资偏好是倾向于马拉松长跑名将还是短跑明星了（这里只是打个比方，列了个数字，千万别当真）。

除了直接测算、比较供给和需求，我们还可以根据 A 股的历史经验、通过分析**资本性支出**来把握产能周期。

理解下面的几段内容需要对会计知识有一定了解。如果阅读起来有困难，建议你找一份制造业上市企业的财务报表作为参考，对照着阅读。

从逻辑上讲，产能扩张的第一步就是资本性支出。如果想新建厂房，首先需要请设计师做规划，然后找施工队开工，这些都需要花钱。随后施工队就位开始盖房子，这在会计学中被视为**在建工程**。当房子盖好并通过验收，且设备搬进来开始生产时，在财务报表上房子就变成了**固定资产**。

在整个过程中，资本性支出是第一步（图 5-9）。换句话说，一旦发现龙头企业的资本性支出大幅增加，我们就可以推断行业可能开始进入"龙头扩产能"阶段。

图 5-9　产能扩张在财务报表中的体现

所谓"资本性支出"，就是英文会计教材里经常出现的 CAPEX（Capital Expenditure）。在某种意义上，它被视为产能扩张的前瞻性指标，也是我们需要重点关注的。

但是，财务报表里并没有直接列出资本性支出这个科目，那么我们怎么去把握到底有多少资本性支出呢？

总的来说有两种方法（图 5-10）。

第一种方法比较简单，直接看现金流量表。在现金流量表里有两个科目：**"购建固定资产、无形资产和其他长期资产支付的现金"**和**"处置固定资产、无形资产和其他长期资产收回的现金净额"**。我们直接将这两个科目相减即可。正如字面意思，两者相减得出的是企业在固定资产、无形资产和其他长期资产的净增长上实际花出去的现金。

但是，这种方法有一些缺陷：现金流量表记录的是实际的现金收支情况，有时并不能准确反映施工情况。比如企业一般是等施工队交付施工成果后，才会支付大部分尾款。所以，如果我们只看现金流量表上的数值，可能无法及时了解企业已经准备扩产能的情况。也就是说，在企业付完尾款前，我们无法从企业财报上看出实际的资本性支出。换句话说，根据现金流量表推测出的产能扩张节奏可能跟现实情况有较大出入。

第二种方法是自己计算：**将净经营长期资产增加与折旧和摊销的总和相加。**

净经营长期资产增加主要包括新建厂房、新增设备，等等。折旧和摊销则是比较常见的会计科目，用于反映设备的损耗等。通常这些折旧和摊销并不体现设备真的减少了，它体现的只是账面上的减少，所以在做分析时需要将这个科目加回来。

以小明的面馆为例，如果小明认认真真地编制了财务报表，那么从理论上讲，在他开设新店、搞产能扩张时，我们能够从财务报表中看到资本性支出、在建工程和固定资产的依次增加。

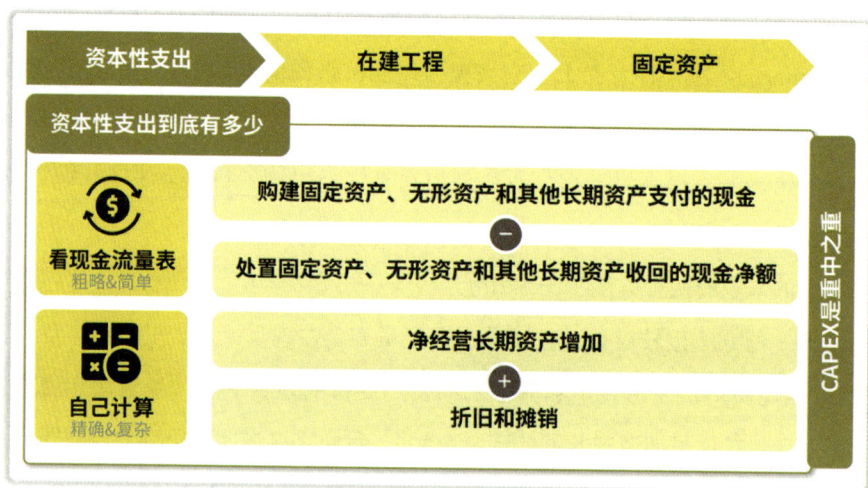

图 5-10 根据财务报表把握产能扩张情况

一般来说，**当用资本性支出除以折旧和摊销之和（资本性支出 ÷ 折旧和摊销之和）得出的比率**达到历史低位的时候，大致意味着行业正从产能出清过渡到格局改善的阶段。如果这个比率跌到 1.5 以下甚至跌破 1，那么表明这一行业可能正处于供给相对收缩、后续的供需格局有望改善的底部位置（数据来源：长江证券）。

如果分析这一现象背后的原理，我们可以粗略地认为资本性支出有两个去处：一个是替换存量的厂房和设备，对应的是折旧和摊销，不过实际上这部分往往只在账面上体现；另一个是投资新增的厂房和设备，对应的是资本性支出减去折旧和摊销之和后的剩余部分。

如果资本性支出与折旧和摊销的比率为 1.5 或在 1.5 以下，那么这说明在新增产能上花的钱，相比于在存量替换方面或保证原有产量不下滑方面的开支，多出的部分有限，还不到其一半。如果该比率跌破 1，则说明根本没有新增投资。要知道这样计算还没有考虑破产、转行等原有产能被淘汰的情况。

在这种情况下，如果企业主看到毛利率和投入回报率提升了（比如，过去增加 1% 的资本性支出只能带来 2% 的营收增长，可现在增加 1% 的资本性支出可以带来 5% 的营收增长，这就说明投入回报率提升了），那么此时很可能就到了供给很弱而需求正在慢慢提升的一个状态。这种状态特别值得关注，因为它可能预示着行业的拐点就要来了。

在定量分析中，除了直接观察产能扩张情况，还有一个指标值得我们追踪——**库存**。

库存可以简单理解为生产出来但还没有卖出去的产品，它有点儿像供给的蓄水池。在未来某个时间点，这部分供给终将被释放。

与产能周期相似，库存也有自己的周期，它可以分为 4 个阶段。

- **主动补库存**：厂商对未来需求的预期很乐观，主动加大备货力度。
- **被动补库存**：需求增速放缓，产品卖不动，出现了积压。
- **主动去库存**：需求进一步萎缩，厂商主动打折甩卖、清理库存。
- **被动去库存**：需求逐渐恢复，但产量没有跟上，存货逐渐减少。

库存状况也可以用来判断供过于求和供不应求的极端情况。当库存达到历史高位时，这给出的是一个相当危险的信号，表明供过于求；反过来，如果库存降到了历史低位，这就表明市场要么是供不应求，要么行业已经进入磨底阶段。

我们可以通过汽车行业来理解这个问题。

在汽车行业，库存状况会对盈利产生很大的影响。要知道车型是有生命周期的，即使是一些热销车型，也会因配置更新和能耗标准变化而逐渐过时。如果将汽车存放好几个月，很可能就不好卖了。为了把存货卖出去，避免砸在自己的手里，同时也为了尽快回笼资金，厂家可能会采取广告和促销活动来促进销售，但这些措施往往会降低利润。

于是，汽车行业有了一个关键指标——**汽车经销商库存系数**（期末库存量 ÷ 当期销售量）。中国汽车流通协会每月都会发布这个系数。一般来说，当该系数等于或大于 2.5 时，意味着库存水平过高，这时行业里的经销商面临的经营压力和风险都很大。产能在短期内也不会有大幅扩张的可能性。

3. 辅助指标

除了定性分析和定量分析，我们还可以结合卖方分析师（证券公司研究所的分析师）的观点来综合考量，以进一步提高判断的准确度。

一般来说，**行业底部通常出现在龙头减产、本赛道玩家不玩了、卖方分析师也不推荐的时候**。以小明的面馆为例，龙头减产可能表现为小明关闭了几家门店；竞争对手退出市场可能表现为小 C 创业失败、选择回家继承家业。这些迹象表明行业可能已经接近底部。

如果把前面的说法反过来，它们其实就成了行业顶部的判断标准。一般来说，**行业顶部往往出现在龙头扩产、行业外玩家疯狂涌入的时候**。在很多情况下，人们还能看到卖方分析师给出跳空式的评级上调，评级从"中性"一下子跳到"买入"，这是券商能给的最高评级。比如，在面馆的例子中，我们发现小明开设新店之后，小 C 这些门外汉都进入行业里了，这种情况非常值得我们警惕。

我们可以用图 5-11 对上述 3 个指标进行总结。

	底部布局	顶部撤退
定性指标	• 行业龙头减产 • 业内玩家退出	• 行业龙头扩产 • 外部玩家涌入
定量指标	• $\frac{资本性支出}{折旧和摊销} \leqslant 1.5$ • 毛利率与资本回报率开始改善	• 库存处于历史高位，比如汽车经销商库存系数 $\geqslant 2.5$
辅助指标	• 券商（卖方分析师）无人问津	• 券商（卖方分析师）评价飙升

图 5-11　通过 3 个指标判断产能周期阶段

▶ 资料来源：长江证券

当然，凡事都有例外。我们不能光靠前面所说的几个指标，就对行业是处在顶部还是底部下定论，还有两点需要注意。

第一，**要结合行业的发展阶段（产业生命周期）考虑**。

比如，行业如果还处于导入期，那么产能总体上会处于严重不足的状态，此时不用过多考虑产能周期的问题。而处于衰退期的行业缩减产能是常态，大多数情况下产能不会再扩张了。不过，产能缩减并不意味着就没有投资机会了——如果供给收缩的速度超过需求下降的速度，那么产品价格反而可能会上涨。

典型的案例是**煤炭行业**。大家都知道，煤炭属于高污染的能源，早晚要被新能源替代，所以煤炭企业都不怎么扩产能了。

但是短时间内，新能源还无法完全替代煤炭，且经济仍在不断发展，对能源的需求一直在增加，因此我们对火电的需求依然强烈。

所以在煤炭行业进入衰退期后，市场对它的需求并没有减少，供给方面却停止扩产能了，甚至淘汰了高污染的落后产能。这导致整个行业供不应求，进而引发煤炭价格上涨。不过，这种价格上涨并不会带来煤炭供应商的产能提高。这在短期内对行业的龙头企业是利好的。

类似地，我们可以回顾当年汽车替代马车的时期。当马车行业进入衰退期时，马车价格也曾一度上涨。

第二，**龙头企业也有可能不按常理出牌**，所以我们需要留意两种特殊情况。

情况 1：龙头企业逆势扩张

第一种特殊情况是，有时行业的需求明明已经在下行，而龙头企业却逆势扩张。此时，行业营收的增速一般会有所下滑，但市场还远远没有够到潜在的天花板，而且龙头企业也有提升市场份额的空间。通过扩大产能，龙头企业能够强化自己的护城河，有逆势扩张的必要性。虽然龙头企业可能在经营上没赚到多少钱，但是由于行业发展比较符合国家的战略规划，因此可能能够获得较高的银行授信额度，或者得到大量的政府融资支持。此外，凭借新兴成长属性，龙头企业还能在资本市场通过定向增发等途径筹集资金。总之，龙头企业有办法筹到很多钱，有逆势扩张的可能性，从而在行业下行期，通过大量"氪金"可以建立起更加强大的规模优势。在行业寒冬过去后，这些企业不仅可以"吃到"行业整体供需状况好转所带来的红利，还能在竞争格局中获得更有利的地位。

情况 2：龙头企业主动打价格战

第二种特殊情况是，行业需求没啥问题，但龙头企业主动发动价格战，目的是迫使中小玩家出局。这种情况很有意思。从需求角度看，行业明明处在上行期，但龙头企业主动搞内卷，挑起价格战，压低毛利率，从而淘汰行业中的中小玩家。

比如 2000 年前后的空调行业以及 2022 年年底的新能源汽车行业，它们都处于快速成长期，但是龙头企业主动发起了价格战。等价格战落幕时，行业集中度自然会进一步提高。

至此，我们介绍了对横向格局的研究，也就是分析了同行间是怎么分蛋糕的。

接下来我们看看如何分析纵向格局，也就是上下游是怎么分蛋糕的。

第 2 节　纵向格局：产业链内部的利润分配

同样地，本节的内容依然采用 Know-what、Know-why 和 Know-how 这 3 个层次来组织。

在剖析纵向格局时，最重要的是 Know-what，即要了解纵向格局的**分配主体——产业链**。

Know-what：分配主体

产业链是指各个产业部门基于技术和经济层面的内在联系，形成的链条式的上下游结构。我们可以将其简单理解成上中下游整个链条。

在研究商业模式时，我们通常只会看到与我们所研究的行业直接打交道的供应商和客户。而产业链分析就不一样了，它涵盖了**供应商的供应商，**以及**客户的客户**。从这个角度来看，在某种意义上产业链是商业模式在产业层面的映射。

只有搞清楚产业链长什么样，我们才能弄清楚所研究的行业在产业链中的地位、得出判断行业景气程度的上下游指标，等等。可以说，产业链分析是行业研究必备的基础知识。

在投资实践中，像光伏、新能源汽车这种大的成长赛道崛起时，往往刚开始时我们可以考虑全产业链布局，或者简单地购买行业 ETF（交易所交易基金，也称为交易型开放式指数基金）、行业指数基金，等等。但随着行情的发展，产业链内部的景气状况会出现分化：有的产业链环节可能发展得欣欣向荣，而有些环节可能开始掉队。一般来说，越到后期就越要深入到产业链中，寻找真正值得投资的细分环节。所以，掌握产业链的基本情况是做好投资的基本功。

以贴近生活的**美妆行业**为例，这个行业的产业链并不复杂（图 5-12）。

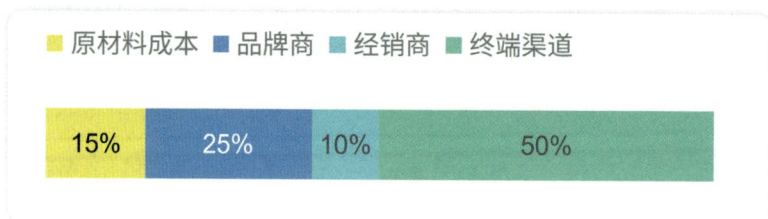

原材料成本　品牌商　经销商　终端渠道

| 15% | 25% | 10% | 50% |

图 5-12　经销模式下的某国内化妆品的产业链及各个环节收入比例

一个典型的模式是：原料商提供原材料，代工厂负责生产，品牌商负责营销，然后依靠经销商卖出去。在这个过程中，终端渠道往往分走终端收入的大头。

在经销模式下，国内化妆品牌产业链上下游的各个环节分到的钱并不相同——例如，终端渠道可以获得终端收入的一半，而品牌商其实只能获取 1/4 的终端收入。

然而，**即使某个产业链环节赚得多，处于该环节的企业却不一定赚得多。**这是因为，有些环节的增加值可能很高，而行业集中度却很分散。换句话说，虽然从纵向角度来看，某个产业链环节总体可以分到很多钱，但由于横向上有太多参与者一起分这个大蛋糕，因此摊到每个企业上，得到的蛋糕并不多。

以化妆品行业为例，其终端渠道虽然分了整个产业链差不多一半的终端收入，但是终端渠道既包括美妆店、商超、免税店等线下渠道，又有直播带货、美妆自媒体、电商平台等线上渠道。所以，最后分到单个企业上的终端收入往往很少。除了极个别的头部渠道，其他企业很难达到上市公司的量级。相比之下，品牌商虽然分到的终端收入只有 1/4，但是终端收入大多数会集中在少数几家头部集团公司。

因此，我们并不需要过度关注不同产业链环节分到的终端收入的具体比例。我们更应该关注的是该比例的变化：如果某个产业链环节分到的终端收入比例上升，而其他产业链环节分到的终端收入比例下降，那么这说明这个产业链环节的利润率正在改善。换句话说，该产业链环节可以分到更多的利润。

这就引出了一个问题——**不同产业链环节的具体利润分配机制是如何形成的呢？**

Know-why：分配机制

产业链内部各环节之间的利润分配机制主要取决于各环节的**议价意愿**和**议价能力**。

1. 议价意愿

议价意愿主要取决于两个要素：一个是**商品或服务在下游的价值占比**，另一个是**行业所处的周期阶段**。

先看看"商品或服务在下游的价值占比"。

举个例子：假设我是一家新兴汽车厂商，我知道有种关键的螺丝配件对汽车安全性有着不小影响。原本这种螺丝配件的价格是 100 元 / 颗，但现在大涨价，涨到了 200 元 / 颗。我的汽车卖 50 万元一辆，每辆车会用一颗这样的螺丝，所以涨价对企业利润率的影响有限。虽然螺丝本身很重要，但我可能不会那么在意。这就体现了"价值占比低"所带来的"下游议价意愿低"。试想一下，如果涨价的零部件占每辆汽车物料成本的大头，那么汽车厂商肯定就坐不住了。

"行业所处的周期阶段"同样会影响议价意愿。

一般来说，在行业成长期增速很快，大家都有机会获得回报，"都有肉吃"。以化妆品为例，成长期的品牌通常愿意砸很多钱做广告，用于扩渠道、抢份额，也愿意让利给渠道，给自己争取更多的曝光。一开始订单量不大时，代工厂的报价通常较高，在原料采购方面也没有规模优势，所以与供应商的价格谈判会比较艰难。

不过，一旦行业增速下降、市场饱和、进入成熟期，此时蛋糕就无法做大了，各方便开始互相博弈。随着行业进入成熟期，企业开源变难，必须面对节流。这时就算价值占比低，也难免面临砍价、压价。这时候产业链里比较强势的一方可以有更高的利润率。比如在消费品领域的成熟赛道里，**往往是品牌方拥有更高的毛利率**。

此时，我们应关注产业链，看看哪个环节赚得更多。在投资时应该精选个股，而不要想着押注整个赛道（不要直接投资行业 ETF）。假设行业进入了成熟期，变成了周期性行业，此时产业链中最赚钱的环节赚到的钱可能都是从它的上下游"抢来"的，该环节的增速可能远高于整个产业链的增速，这应当是投资时优先考虑的。

此外，就算行业已经进入成熟期，各方重新分好了蛋糕，也不代表这种分配方式就是一成不变的。随着外部因素的变化，这块蛋糕还是会被重新瓜分的。这部分内容会在第 7 章讨论外部因素时进一步探讨。

2. 议价能力

除了议价意愿，我们也需要考虑议价能力。议价能力的关键在于评估对手方有没有得选——这主要看的还是各个环节的**行业集中度**以及**供需情况**。

毫无疑问，行业集中度会影响议价能力。比如，格力和美的在采购零部件时拥有相当大的议价权，而一家小餐馆在采购调味品时说话的分量就小得多。

此外，产业链中最供不应求、技术含量高的环节最能拿走利润的大头。相应地，它通常也是最具投资价值的环节。

光伏产业链各环节的毛利率变化可以清晰地说明这一点。

2019 年，偏上游的硅料和硅片的毛利率都在 20% 以上，但是电池片的毛利率只有 5.7%，组件的情况好一点儿，毛利率大约为 10%。由此可见，当时硅料和硅片在光伏产业链中比较强势，而电池片则相对弱势。

2021 年，情况发生了变化——硅料环节的毛利率一下子飙升至将近 80%，几乎直接拿走了整个产业链的绝大部分利润，而最为弱势的电池片环节几乎无利可图，毛利率接近 0%。

这背后的核心原因是，2021 年硅料从供需紧平衡转变为极度稀缺状态，成了产业链中最紧俏且无法绕开的环节（图 5-13）。

国内光伏产业链各环节毛利率变化

■ 2019年 ■ 2021年

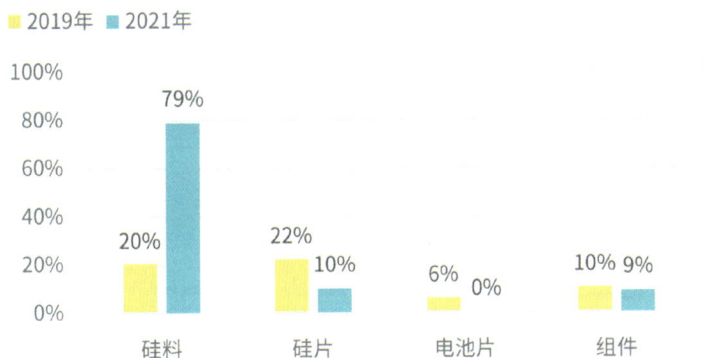

图 5-13 国内光伏产业链各环节毛利率变化

▶ 资料来源：东吴证券

Know-how：判断指标

下面介绍**判断行业在产业链中地位的两大指标**。我们可以通过两个维度进行判断。

1. 毛利率

首先，我们可以观察产业链各环节的毛利率——谁在产业链中更强势，议价能力更高，谁就能实现更高的利润率。比如在美妆行业，品牌商的毛利率可以高达 60%~80%，相比之下，经销商的毛利率就相形见绌了（图 5-14）。

国内美妆行业各环节（主体）毛利率情况

原料商	生产商	品牌商	经销商	零售终端
15%~30%	15%~30%	60%~80%	20%~40%	30%~40%

图 5-14　国内美妆行业各环节（主体）毛利率情况

▶ 资料来源：艾瑞咨询

2. 占用上下游资金的能力

其次，我们可以观察各个环节占用上下游资金的能力。

有些环节可能在与上下游的交易中处于强势地位，而有些环节只能被别人"薅羊毛"。占用上下游的资金主要涉及对上游供应商的应付账款、对下游买家的预收账款和合同负债这几个会计科目。而被上下游"薅的羊毛"也涉及 3 部分，分别是应收账款、预付账款和合同资产，这些与前面所说的 3 个科目其实是对应关系（图 5-15）。

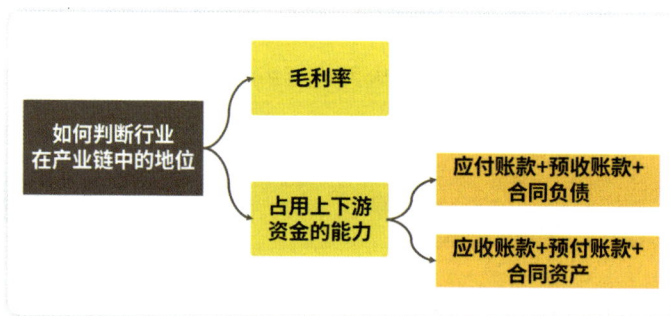

图 5-15　判断行业在产业链中地位的两大指标

在实际研究中，在行业层面仔细分析企业占用上下游资金的情况是不容易进行的，因此我们一般会在公司层面进行这类分析。而在行业研究层面，我们主要通过毛利率进行分析。

本章小结

本章的内容要点如下。

- 在行业出现"稳定市场周期化"情况后，影响其**盈利性**的是行业的**竞争格局**，竞争格局可以分别从横向格局和纵向格局分析。

  ➤ **横向格局**：研究的是同行间是怎么分蛋糕的。

  ➤ **纵向格局**：研究的是上下游是怎么分蛋糕的。

- 横向格局

  ➤ 关键指标是**行业集中度**：随着行业集中度的提高，龙头企业的议价权增强，相应的盈利能力也会提升。

  ➤ 行业集中度与**外部因素**（如经济、政策等）有关，也与**行业自身属性**（如行业所处周期、行业自身的天花板等）有关；出现"稳定市场周期化"情况后，则主要与**产能周期**有关。

    ◇ 产能是指厂商在现有的条件下能够实现的最大产量，产能利用率被用来反映有多少产能得到了实际利用，它的计算公式为产能利用率 = 实际产量 ÷ 最大产能。

    ◇ 产能周期包括"供不应求 – 产能激增 – 产能出清 – 格局改善"4 个阶段。

    ◇ 我们可以通过分析来判断是否到了行业底部或行业顶部。

    ◇ **行业底部**：通常出现在龙头减产、本赛道玩家不玩了、卖方分析师也不推荐的时候。

    ◇ **行业顶部**：往往出现在龙头扩产、行业外玩家疯狂涌入、卖方分析师给出跳空式评价上调的时候。

◇ 不过凡事总有例外：一是我们**要结合行业的发展阶段（产业生命周期）考虑，二是龙头企业可能会不按常理出牌**（比如龙头企业逆势扩张，或主动打价格战）。

- 纵向格局

  ➢ **产业链**是指各个产业部门基于技术和经济层面的内在联系，形成的链条式的上下游结构。产业链分析是行业研究的基础。

  ➢ 影响利润分配的主要因素是**议价意愿**和**议价能力**。

  ◇ 议价意愿：取决于两个要素——**商品或服务在下游的价值占比，以及行业所处的周期阶段**。

  ◇ 议价能力：主要看各个环节的**行业集中度**以及**供需情况**。

  ➢ 我们可以通过产业链各个环节的**毛利率**以及**各个环节占用上下游资金的能力**来判断行业在产业链中的地位。

图 5-16 呈现了本章的内容框架。

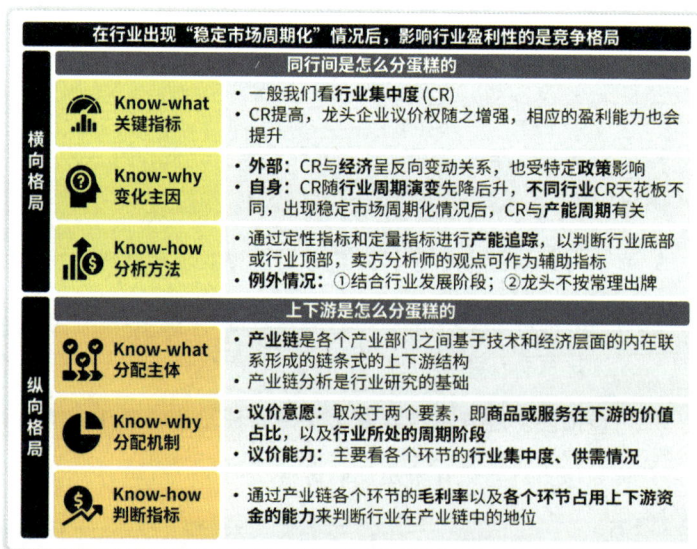

图 5-16　本章内容框架：盈利性

第6章 估值:

行业不同阶段的估值特征

第2章~第5章梳理了基本面的4个分析维度,分别是**商业模式**(是否具备可行性)、**市场规模**(是否具备规模性)、**护城河**(是否具备防守性)以及**竞争格局**(是否具备盈利性)。

我们在产业生命周期的不同阶段重点分析的维度有所不同。不过,这并不意味着在导入期就不用重视对市场规模、护城河或竞争格局的分析,而是这些分析维度的权重会相对小一些。在其他周期阶段,我们同样需要重视每一个分析维度。

除了基本面,影响资产价格的还有一个重要因素——**估值**。

有些人觉得只要看基本面就行了,估值起起伏伏很难把握,不必过于纠结。这种观点显然失之偏颇。虽然从几十年的时间尺度来看,估值对收益率的影响会逐渐收敛,但不管是个人投资者的投资期限还是机构投资者的考核周期,都很难达到这么长的时间跨度。如果我们单看一年内的收益情况,估值对投资收益产生的影响还是很大的。此外,虽然估值看似难以捉摸,但它也是有章可循的。这也是本章将要讨论的重点(图6-1)。

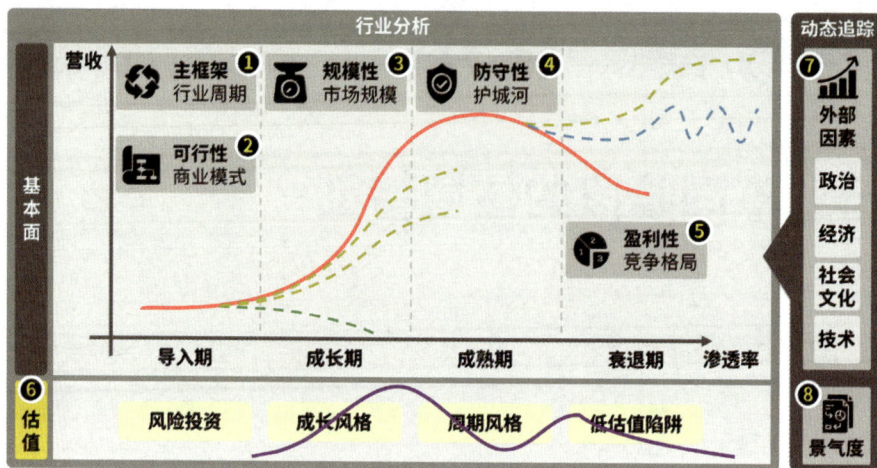

图 6-1 行业研究分析框架：估值

第 1 节 估值动机：3 种通过股票赚钱的方式

要回答为什么要学会估值，就得从股票收益的来源开始说起。

我们先来看一个问题：当我们买股票的时候，我们到底买的是什么？

买股票实际上意味着我们买的是**公司所有权的一部分**，这跟你出资开店差不多。

拥有公司所有权的一部分意味着你同时获得了两个权利：一是**投票权**——股东可以参与公司的日常管理和决策，可以对一些重大决策进行投票表决；二是**分红权**——如果公司进行分红，股东可以按比例拿到红利或股息。

因此，股票收益可以分为两部分：一部分是**股利所得**（Dividend Income），也就是公司分红时拿到的股息和红利；另一部分是**资本利得**（Capital Gain），也就是股价的变化所带来的收益。

比如，你以每股 100 元的股价买入了某只股票，等股价涨到每股 150 元时你卖出了股票，从中获得的每股 50 元的差价就是资本利得。假设在此期间，公司还给你分红了，每股派发现金红利 10 元，那么每股 10 元的分红就是股利所得。

资本利得来源于股价变化，而股价取决于公司的基本面和估值。

所谓"基本面"，指的是公司本身的财务状况，其中可以直接反映基本面的就是公司的盈利增长情况。

因此，资本利得可以拆解成两部分：一部分是**盈利增长**，另一部分是**估值变化**（图 6-2）。

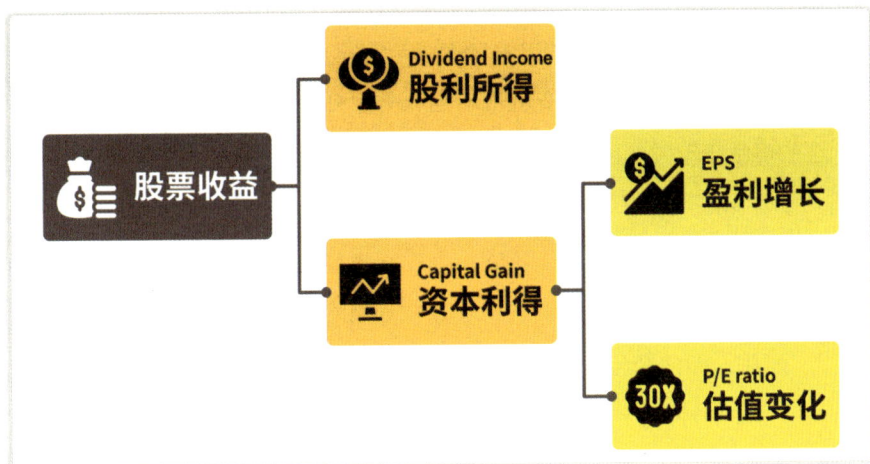

图 6-2　股票收益的来源

盈利增长可以用每股收益来衡量。每股收益还有一个更常见的名字——EPS（"earnings per share" 的简称）。每股收益是用公司的净利润除以股票数量计算得出的，比如公司赚了 10 亿元的利润，一共发行了 1 亿股，那么每股收益就是 10 元。

在估值方面，使用的主要衡量指标是第 1 章提到的"市盈率"（price-to-earnings ratio, P/E ratio）。市盈率可以用每股股价除以每股收益，或者用公司总市值除以净利润得到。假设某公司一年能赚 20 亿元，公司的市值是 100 亿元，那么市盈率就是 5 倍（100 亿 ÷ 20 亿 = 5）。

市盈率这个概念可以简单理解为"在净利润保持不变的情况下的**回本周期**"。想象一下，你开了一家面包店，每年的利润为 20 万元，你的朋友想出 100 万元（假设这是公道的市场价）把面包店买下来，那么你的面包店的市盈率（估值）就是 5 倍；而在利润不变的情况下，你的朋友可以用 5 年回本——5 倍的市盈率其实对应的就是 5 年的回本期限。

有的公司估值倍数可以高达几十甚至几百倍，这是因为它的成长潜力巨大。比如，虽然面包店今年的利润只有 20 万元，但你的朋友在买了面包店之后进行了业务扩展，包括新增烘焙培训业务、开放加盟，还找来媒体做了宣传。这些措施在短时间内迅速扩大了业务规模，使得明年的利润预计可达 200 万元。接着你的朋友找了投资银行的人或财务顾问（financial advisor，FA），请他们帮忙把这个生意精心包装成一个投资人最爱听的故事。紧接着，他跑到资本市场画了一个"大饼"，告诉大家"如果按这个增速，后年可以挣 2000 万元"。因此，即使今年面包店的利润只有 20 万元，还是会有投资者被成功打动，愿意花 2000 万元买下这个面包店。那么此时，面包店的市盈率达到了 100 倍（2000 万 ÷ 20 万 =100）。

当然，一些生意确实能够实现这么高速的增长。通常**业绩增速越快的公司，其估值倍数也会越高**。

要注意的是，单靠一个市盈率是无法解决所有问题的，还有很多其他常见的估值倍数指标（Multiples），只不过市盈率是 A 股投资者最常用的指标（表 6-1）。

表 6-1　常见的估值倍数指标

指　标	适用范围
P/E 市盈率	盈利能力稳定的非亏损企业
P/B 市净率	重资产、周期性较强的公司
P/S 市销率	营收快速增长的公司，其净利润、营业利润等均处于不稳定状态
P/FCF 市现率	自由现金流稳定或高度关注现金创造能力的公司
EV/EBITDA 企业价值倍数	受折旧和摊销费用影响较大，或者有兼并或收购历史的公司

　　根据先锋领航基金（Vanguard）创始人、"指数基金之父"约翰·博格（John Bogle）的研究，整个 20 世纪美国股票市场 10.4% 的平均年化收益率可以分解成：分红带来的 5% 的年化收益率，盈利增长带来的 4.8% 的年化收益率，以及市盈率的变化带来的 0.6% 的年化收益率（图 6-3）。

图 6-3　20 世纪美国股票市场平均年化收益率拆解

　　如果单从这个结果来看，它是否说明我们可以不用过度关注估值？其实并不是。这是因为时间尺度是 100 年，在此期间，估值的起起落落往往会相互抵消，最终趋于均值回归。然而实际上绝大部分的机构和个人投资者的投资周期都没有 100 年这么长。

事实上，如果只看美国股票市场 1981 ~ 2000 年这 20 年的情况，结果就大不一样了（图 6-4）。这 20 年间 17% 的平均年化收益率可分解成：分红带来的 4% 的年化收益率，盈利增长带来的 6% 的年化收益率，以及市盈率的变化带来的 7% 的年化收益率。可见，即使在一个远超大部分人投资周期的 20 年时间跨度内，估值变化仍然是不容忽视的收益来源。在估值低位买入、在估值高位卖出的策略确实能有效提升投资收益，让收益率上一个台阶。

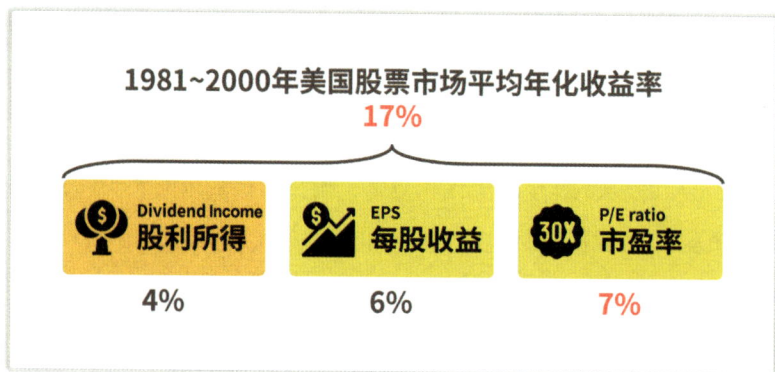

图 6-4　1981 ～ 2000 年美国股票市场平均年化收益率拆解

中国的情况也类似：2009 ～ 2022 年这 14 年间，沪深 300 全收益指数平均每年实现了 8% 的收益率。这一收益率可以分解成：分红带来的 2% 的年化收益率，盈利增长带来的 10% 的年化收益率，以及市盈率的变化带来的 −4% 的年化收益率（表 6-2）。

然而，在大部分年份中，估值变化对收益的影响远大于盈利增长带来的影响。虽然有不少年份估值变化带来的是负面影响，但如果我们只看绝对值，估值变化对涨跌幅的影响程度显然更显著。

表 6-2　2009 ～ 2022 年沪深 300 全收益涨跌幅拆解

年份	沪深 300 全收益涨跌幅	估值贡献涨跌幅	盈利贡献涨跌幅	股息率	股本变动率	残差
2009 年	99%	50%	20%	2%	2%	29%
2010 年	−12%	−37%	35%	1%	9%	−6%
2011 年	−24%	−28%	15%	2%	4%	1%
2012 年	10%	2%	3%	2%	2%	2%
2013 年	−5%	−20%	13%	2%	3%	2%
2014 年	56%	48%	6%	3%	4%	9%
2015 年	7%	3%	0%	2%	7%	6%
2016 年	−9%	−8%	0%	2%	3%	2%
2017 年	24%	10%	14%	2%	4%	4%
2018 年	−24%	−25%	6%	2%	3%	1%
2019 年	39%	17%	11%	3%	1%	3%
2020 年	30%	20%	0%	2%	2%	1%
2021 年	−4%	−14%	13%	2%	1%	1%
2022 年	−20%	−24%	10%	2%	1%	−7%
复合年化收益率	8%	−4%	10%	2%	3%	3%
绝对值求平均		22%	10%			

▶ 资料来源：Wind、国盛证券

第 2 节　影响要素：估值由投资者和资产共同决定

估值本质上是投资者对资产（比如行业主题基金或个别公司的股票）的合理价值进行评估。

供给和需求决定了价格，所以对于估值的影响要素，我们自然要从投资者（资产的需求方）和资产（供给方）两个方面进行考虑。

投资者角度

从需求端的角度，估值的高低与投资者的**能力**和**意愿**有关。这里的"能力"指的是**钱多不多（资金实力）**，而"意愿"指的是**风险偏好**。

1. 能力

钱多不多往往取决于**宏观经济情况**：如果央行采取宽松货币政策，市场流动性就会增强，或者资金总量会相对充足，这对估值是个利好信号。相反，如果央行收紧货币政策，导致市场缺钱，在银行等金融机构急着用钱的情况下，机构愿意支付较高的利率去借钱，从而推高市场利率。无风险利率也会随之提高，这对估值来说是个利空信号。

这里简单解释一下什么是"无风险利率"。无风险利率是指，通过投资那些几乎不可能亏钱的资产所获得的收益率，比如投资国债。用经济学的话术来说，无风险利率可以被视为投资者进行投资的"机会成本"。

如果无风险利率低，那么它就意味着投资的成本低，投资者对于投资回报的要求不会那么高，对估值的容忍度自然更高，即使估值高一点儿、购买价格高了一点儿也无所谓。

继续拿面包店的例子来解释。假设你的朋友原本打算用收购面包店的钱来投资国债。

当国债年化收益率是 6% 的时候，你的朋友只愿意给出 5 倍市盈率的估值——如前所述，面包店每年的利润是 20 万元，5 倍估值就是 100 万元。因此，你的朋友如果投资面包店，相当于要放弃每年 6 万元（100 万元 × 6%）的收益。但面包店的生意不是稳赚不赔的，万一附近有了一个更厉害的竞品，可能很快就会亏钱。而当国债年化收益率降到 3% 时，你的朋友可能会觉得给出 6 倍估值也可以接受（估值 120 万元），毕竟这时候转而投资国债，一年只能拿到 3 万元的收益。相比之下，面包店更具吸引力。

而无风险利率很大程度上是由央行的货币政策决定的——央行一通过降息或降准等措施"放水"，市场的无风险利率就会变低，从而推高市场的整体估值水平。我们可以将其简单理解为**市场上的钱一变多，估值就会变高**。

反过来，央行一通过加息或升准等手段"收水"，市场的整体估值水平就会下降。

从图 6-5 所展示的 A 股的实际表现来看，全 A 市盈率与 M1（狭义货币）的同比增速确实是同向波动的。

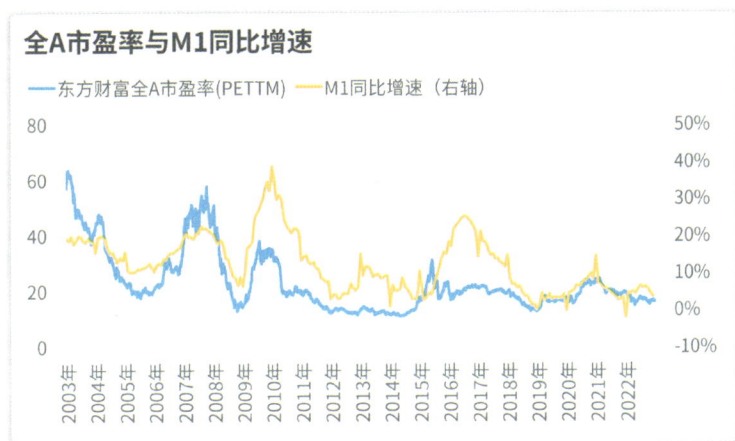

图 6-5　全 A 市盈率与 M1 同比增速

▶ 数据来源：Choice

其实不只中国股票市场是这样，成熟的美国股票市场同样如此。

比如，2020 年虽然美股从 2 月下旬开始在恐慌中一连狂跌了 1 个月，但在美联储（美国的"央行"）连续两次紧急降息，将利率直接压到零并启动无限量量化宽松政策后，美股迎来了长达两年的历史性大牛市。道琼斯指数从 2020 年 3 月 20 日的低点，到 2022 年 1 月 5 日的高点，涨幅高达 81.25%。这在整个指数圈是极为引人注目的表现。

有人甚至专门制定了一个投资策略——**美联储看跌期权**，其核心思想是，一旦美国经济崩溃、美股暴跌，如果这时候通胀并不严重（美联储有"放水"的空间），就可以买入美股，坐等美联储"放水"，刺激市场回升。

2. 意愿

这里的"意愿"指的是投资者的风险偏好，也就是投资者愿意承担的风险类型和风险程度。我们也可以将其简单理解为，投资者是乐观还是悲观、是敢于孤注一掷还是选择清仓跑路，甚至"躺平"。虽然有时候市场上不缺钱，但是如果投资者的心态崩溃了，普遍看空，也会让估值受到巨大冲击。

比如 2022 年 4 月，陆家嘴的很多投资经理对经济增长的预期就非常悲观（图 6-6），全 A 市盈率因此跌到了年内低点。

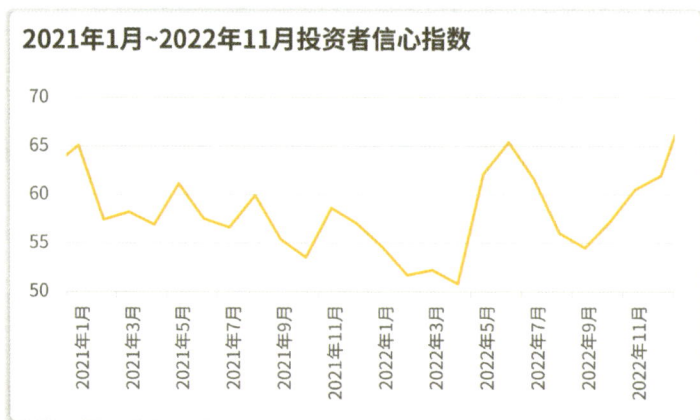

图 6-6　2021 年 1 月 ~2022 年 11 月投资者信心指数

▶ 数据来源：投保基金公司

这里要强调一点：市场总是围绕着"预期差"做交易的。换句话说，股票不会真的等到经济变差的时候才下跌，也不会等到央行真的"放水"时才上涨。而是一旦有这样的势头，市场开始形成预期时，就会开始有反应。所以不管是无风险利率，还是风险偏好，重点都在于它们的**边际变化**。

比如，当市场预期美联储即将开始"收水"时，美股就会开始下跌——即使此时美联储还什么都没有做。像 2022 年年初，美股就开始下跌，尽管美联储是直到当年 3 月才开始加息的。

我们可以通过芝加哥商业交易所的 FedWatch（美联储观察）工具，来观察市场对美联储加息的预期。这个工具根据 30 天联邦基金期货价格计算价格背后所隐含的美联储加息或降息的概率，从而反映期货市场对美联储货币政策的预期。

如图 6-7 所示，市场在 2021 年年末、2022 年年初就已经开始预期美联储将加息。因此，在美联储正式加息前，美股就已经开始下跌。

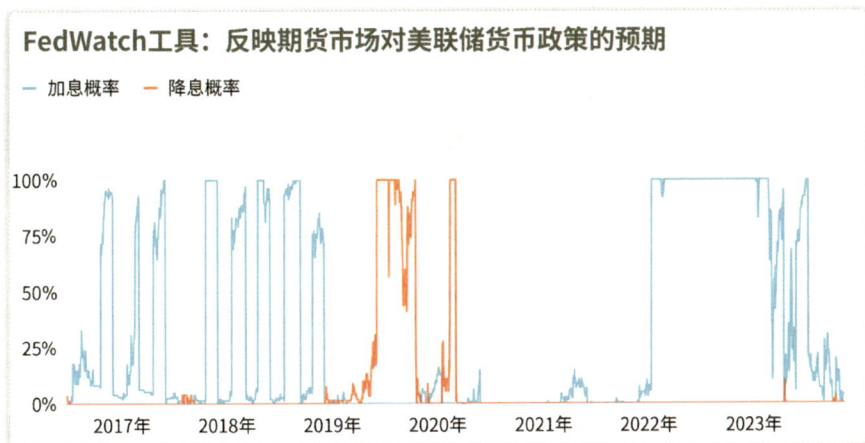

图 6-7　FedWatch 工具：反映期货市场对美联储货币政策的预期

▶ 数据来源：MacroMicro

至于风险偏好，我们可以看看投保基金和卖方策略等针对投资者预期的问卷调查结果，或上海财经大学发布的投资者信心指数等（图 6-8）。

图 6-8 证券投资者信心指数与上证综指走势对比

▶ 数据来源：Choice

值得注意的是，风险偏好很多时候是"盈满则亏"的。市场的风险偏好不可能一直无限提升。当绝大多数的乐观者已经入场、"打光了子弹"（可投资资金都已投入市场）后，一旦有风吹草动，出现不利信号，悲观者就会纷纷抛售，风险偏好将会急转直下，估值也会随之降低。

因此，我们需要留意**"交易拥挤度"**。

如果某一行业或某种风格特别受市场追捧，交易量特别大，这往往意味着看涨的投资者几乎都冲进去了，甚至那些喜欢跟风的投资者也已经冲进去了。投资者普遍过于乐观，甚至使用杠杆进行交易（借钱买入股票）。这样的过度炒作（投机）行为将导致风险增加。

实际上，在这种情形下，击鼓传花的鼓点已经快要停下，就差让鼓声戛然而止的催化剂了。一旦市场流动性突然收紧，或出现利空消息，就可能引发股票大幅震荡或下跌。这种情况在历史上并不罕见：2018 年 5 月，电子和计算机在交易拥挤度见顶后下跌；2020 年 2 月，核心资产在交易拥挤度见顶后震荡；2022 年 7 月，新能源在交易拥挤度见顶后大幅下跌。

在衡量交易拥挤度这件事上可采用两种方法。

一种方法是用**单一指标**来刻画，最常见的指标是**换手率**和**成交额占比**。将这些当前值和历史阈值进行比较，比如广发证券就给出过一个经验值：如果成交额排在 A 股前 5% 的个股的总成交额占全部 A 股的比重超过了 45%，则被视为高风险信号。

另一种方法是用**多种指标**来刻画，最后加权（通常是等权）合成一个综合性的交易拥挤度指标。比如兴证（兴业证券）策略张启尧团队就选取了 7 种指标来构建交易拥挤度指标，如图 6-9 所示。

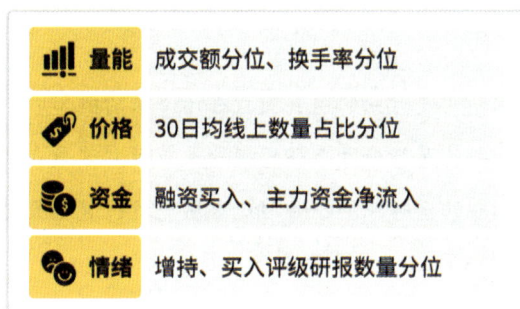

图 6-9　部分交易拥挤度判断指标

▶ 资料来源：兴业证券

资产角度

从供给端的角度来看，资产本身的质地无疑会对估值产生影响。

投资关键在于评估被投资资产的**赔率**和**概率**。所谓"赔率"，就是你下注 1 元钱，如果赢了，能拿回来多少倍的收益。比如 1 赔 5 指的是下注 1 元钱，如果赢了，除了拿回 1 元钱的本金，还可以获得 5 元钱的收益。而"概率"可以理解为获胜的可能性。赔率越高、概率越大，那么这个资产就会越吸引人，估值自然也会越高。

还是以面包店为例，对"未来每年都只能赚 20 万元"的面包店和"未来利润有可能翻 10 倍"的面包店，给出同样的估值显然是不合理的。后者既然有着更好的"钱途"（赔率更高），自然应该获得更高的估值。

假设还有一家面包店，上一年能赚 30 万元，而下一年只能赚 10 万元。这说明这家店持续稳定盈利的概率并不高。尽管它偶尔能赚 30 万元甚至 40 万元，但因为高利润的概率太低，所以其估值通常还不如那家每年固定能赚 20 万元的面包店。绝大部分投资者不喜欢那种平均利润平平无奇且波动巨大的情况。毕竟经历一年时间，利润就"腰斩"的滋味让人不好受。

实际上，赔率和概率跟我们之前讲到的行业的 4 个基本分析维度是匹配的。

- **可行性**：判断的是行业的商业模式存活下来的概率。
- **规模性**：判断的是行业的市场规模的天花板，这是在评估赔率。
- **防守性**：判断的是行业的护城河能否避免过快进入衰退期的概率。
- **盈利性**：判断的是行业的竞争格局是否向好、盈利能否有进一步改善的空间，这也是在评估赔率。

概括来说，赔率和概率是行业层面与个股层面最重要的两个估值影响因素。赔率越高、概率越高，估值往往就越高。当然，高赔率和高概率一般很难兼得，业绩年均增速一直稳定在 30% 以上的行业或公司，实在是可遇而不可求。

1. 赔率

A 股市场里的成长股，也就是那些仍处于高速增长的成长期、市场规模还远远没有够到天花板的股票，它们的估值动辄高达上百倍甚至几百倍的市盈率。

市场之所以愿意给出这么高的估值，看重的就是它们的赔率足够高。反过来，一旦它们的成长性开始减弱，赔率开始下降，估值通常也会掉一档。

我们来看一个实际案例。腾讯控股可以说是赔率下降的典型。虽然它是社交领域的王者——截至 2022 年，微信的月活用户已经达到 13 亿的量级——但正是因为它庞大的用户基数，腾讯控股已经快要触及天花板，未来几乎没有什么成长空间了。即便它有新兴业务，但是这么大的体量，且在当前"防止资本无序扩张"和"反垄断"的形势下，腾讯控股很难快速增长。因此，它的市盈率自然比不上早年间"高歌猛进"的时候了（图 6-10）。

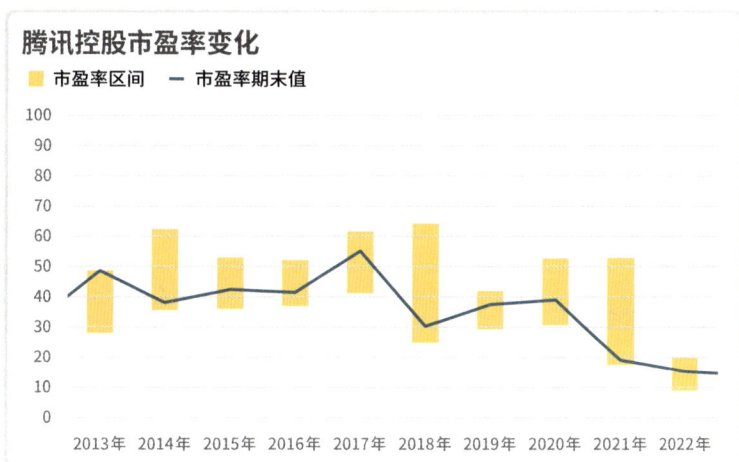

图 6-10　腾讯控股市盈率变化

▶ 数据来源：Choice

2. 概率

即使赔率不够高，但只要概率足够高，同样可以带来相对较高的估值。

贵州茅台就是这方面的代表。2011 年，贵州茅台的业绩增速达到 70%，市场给出的估值是 30~40 倍的市盈率。但在 2019~2023 年，尽管公司的业绩增速只有 10% 出头，市场依然愿意给出 30~40 倍的市盈率估值。这背后的原因就是贵州茅台无与伦比的品牌力和定价权，以及期间稳定可靠的业绩表现。

第 3 节　估值框架：在行业不同阶段该如何估值

前文提到，估值会受到宏观因素（如货币政策）和微观因素（如市场风险偏好）的影响。然而，行业层面的内容才是本书讨论的重点。为了尽可能排除宏观因素对估值的影响，并将视角聚焦于中观层面（行业层面），我们接下来将重点探讨行业的**相对估值**在产业生命周期不同阶段（不同时期）的变化。

如果直接比较行业不同时期的"绝对估值"，即直接比较行业不同时期的市盈率，那么类似央行采取措施增加货币供应量而导致大盘整体估值水平上升的情况就会成为干扰项。这会让我们无法判断估值变化是由宏观因素引起的，还是由行业处于不同时期引起的。而**相对估值**可以最大限度地排除这些因素的影响。

顾名思义，行业的"相对估值"是指行业相对于整个大盘的估值，它通常用以下公式来刻画：

行业相对估值 = 行业市盈率 ÷ 全部 A 股市盈率

当上述公式得出的比值大于 1 时，说明行业与整个大盘相比，估值更高；如果比值小于 1，则说明行业与整个大盘相比，估值更低。这等于标尺会随着大盘的变化自行调整，测量出的结果自然可以排除大部分宏观因素变化的干扰。

当然，即便如此，依然无法完全消除微观因素对行业估值的影响。比如在不同时期，市场对特定行业有着不同的偏好，这会导致相对估值因为行业以外的因素而"漂移"。不过相对估值已经能让我们排除宏观层面的影响了。

接下来，我们看看在产业生命周期的不同阶段，相对估值会有什么特征。

需要注意的是，因为在成长期的前期和后期，估值特征与财务表现会有所不同，所以我们会把成长期进一步细分为两个阶段进行分析。

导入期

在处于导入期的行业中，企业的营业利润往往不高，甚至处在净亏损、纯"烧钱"的状态，因为此时的收入规模还没多大，开发产品、开拓市场的成本却低不了。

在这种情况下，我们很难用市盈率进行估值——如果是净亏损，算出来的市盈率将是毫无意义的负值。即使市盈率为正值，意义也不大，因为行业诞生没多久，缺乏足够多的历史数据来判断业绩的变化趋势。单凭一两年的数据，没法看出盈利究竟是昙花一现，还是可持续增长。更重要的是，这个阶段的商业模式可能还没跑通，没有被完全验证，甚至最后整个行业都会"胎死腹中"。

现实情况是这样的（图 6-11）：愿意在导入期就参与投资的投资者，其实也没那么看重行业起步阶段所挣的"仨瓜俩枣"（微小盈利）。当前的盈利高一点或低一点并不是特别重要，他们看重的是潜在的市场空间。如果是千亿元级别的大赛道，需求得到了验证，商业模式也具备一定的可行性，那么市场往往愿意给出很高的估值。

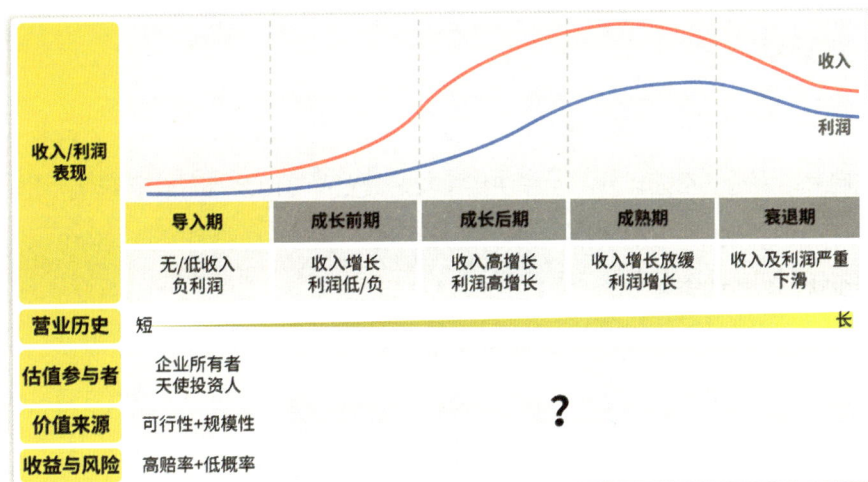

图 6-11　行业不同阶段的估值特征：导入期

在一级市场，天使投资人和风险投资机构往往会根据创业公司讲的故事，以及自身对行业的判断做出收入增长率、利润率等方面的假设，并估算大致的估值区间；同时，它们会根据创业公司中关键人物的背景推演公司的成功概率，从而调整估值。所以，有些投资机构会说，**投资早期项目就是在投资人**。比如，2015 年，我在创业时，仅凭 1 个公众号、6 个视频、3 个人的团队，在没有一分钱营收的情况下，也拿到了将近 5000 万元的估值。

而在二级市场，一些上市公司开辟的新业务也处在导入期。针对这些新业务的投资，更多的属于**主题投资**。主题投资看重的是梦想，是远期的成长空间。只要未来前景广阔，三位数的市盈率估值根本不是问题（因此有人戏称此时的市盈率是"市梦率"）。智能手机、新能源、蓝牙耳机等行业在发展的早期阶段，都曾是被追捧的主题。

当然，因为没有扎实的业绩基础，投资者虽然有信仰，但是信仰并不那么坚定。一旦行业发展的节奏大幅偏离市场预期，那么杀估值（估值下调）也会非常迅速。所以很多时候，估值上得快下得也快，这个阶段更适合踩准市场节奏的"节奏大师"。

成长前期

对投资者来说，成长期的前半段是一个比较舒服的阶段——此时行业欣欣向荣，渗透率迅速提升。一些动作比较快的企业可能已经完成了 IPO。比如在 A 股的科创板中，大多数上市企业处于这个阶段。港股和美股市场中也有不少这一阶段的企业。

进入成长期的行业，其商业模式已经跑通，产业已经形成一定规模，发展前景也变得清晰可见，业绩正在飞速增长。人们通常会基于历史信息做线性外推，分析师在预测业绩时也会参考行业过往的增长速度。不过此时，行业的市场渗透率正在加速提升，业绩往往会持续超预期。所以，投资者会不断给出更高的估值，来修正"滞后"的业绩预测。比如 2021 年下半年，新能源汽车的销量不断刷新历史纪录，企业表现一次又一次地超预期，相关板块也迎来了大幅上涨。

在这个阶段，估值往往可以冲到很高的位置（图 6-12）。如果公司有 100% 的增速，市场就敢给出上百倍的市盈率。科创板刚推出的时候，首批上市公司的平均市盈率竟然超过了 200 倍。

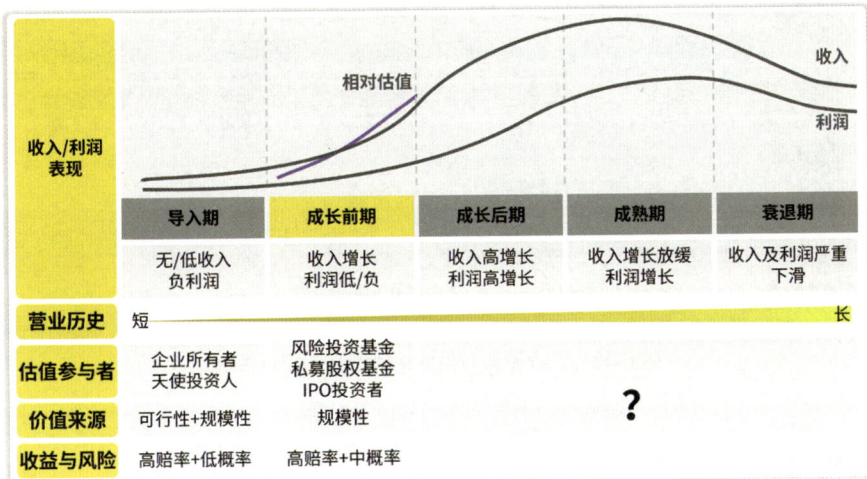

收入/利润表现	导入期	成长前期	成长后期	成熟期	衰退期
	无/低收入负利润	收入增长利润低/负	收入高增长利润高增长	收入增长放缓利润增长	收入及利润严重下滑
营业历史	短				长
估值参与者	企业所有者天使投资人	风险投资基金私募股权基金IPO投资者	**?**		
价值来源	可行性+规模性	规模性			
收益与风险	高赔率+低概率	高赔率+中概率			

图 6-12　行业不同阶段的估值特征：成长前期

不过盛极必衰。在这个阶段，要特别关注前文提到的**交易拥挤度**问题。即使基本面没问题，一旦交易结构出现严重恶化，就有可能在出现看似没那么严重的利空消息之后，陷入股价大幅回调的境地。

成长后期

在成长期的后半段，虽然行业内公司的业绩增速依然保持在比较高的水平，但其加速度已经开始回落。随着行业整体的业绩增速越来越慢，想要超

出分析师的预期变得愈加困难。在这种情况下，由高增速支撑的估值逻辑会
受到比较大的影响。很多时候，相对估值的顶部往往出现在成长期的后半段
（图 6-13）。

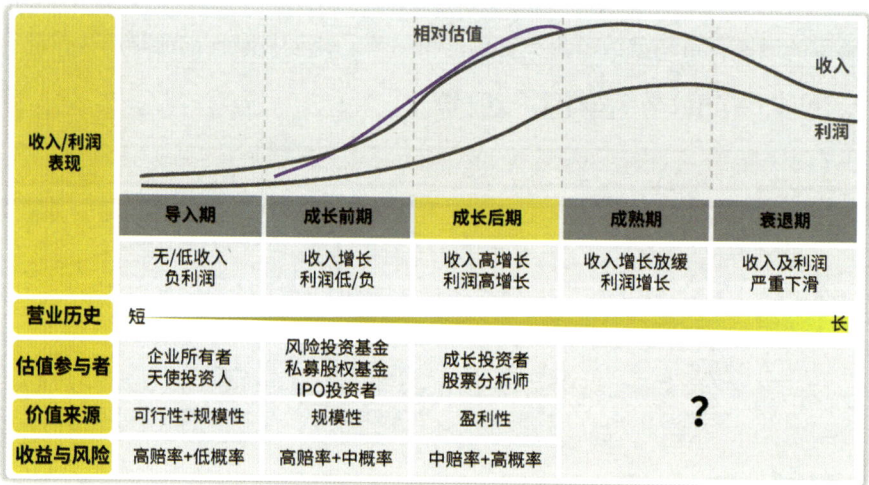

图 6-13　行业不同阶段的估值特征：成长后期

成熟期

在市场渗透率超过 50% 后，渗透率的增速往往会不断放缓。相应地，每
年的市场增量很可能会少得可怜。

在处于成熟期的行业中，大部分企业的收入增长率趋近宏观经济的名义
增长率，利润率也趋于稳定。大部分企业的业绩主要依靠现有业务支撑，未来
的增长空间已经没有多大了，从而导致估值收缩。前面提到的腾讯控股就是典
型的例子。类似的案例还有很多，比如 2011 年城镇化率超过 50% 之后，所有
与城镇化率相关的行业，如房地产、建筑、工程机械和银行等，集体遭遇了估
值下调（图 6-14）。

收入/利润表现				
导入期	**成长前期**	**成长后期**	**成熟期**	**衰退期**
无/低收入 负利润	收入增长 利润低/负	收入高增长 利润高增长	收入增长放缓 利润增长	收入及利润 严重下滑

营业历史 短 ——————————————————————————— 长

估值参与者	企业所有者 天使投资人	风险投资基金 私募股权基金 IPO投资者	成长投资者 股票分析师	价值投资者 私募股权基金	**?**
价值来源	可行性+规模性	规模性	盈利性	盈利性+防守性	
收益与风险	高赔率+低概率	高赔率+中概率	中赔率+高概率	低赔率+高概率	

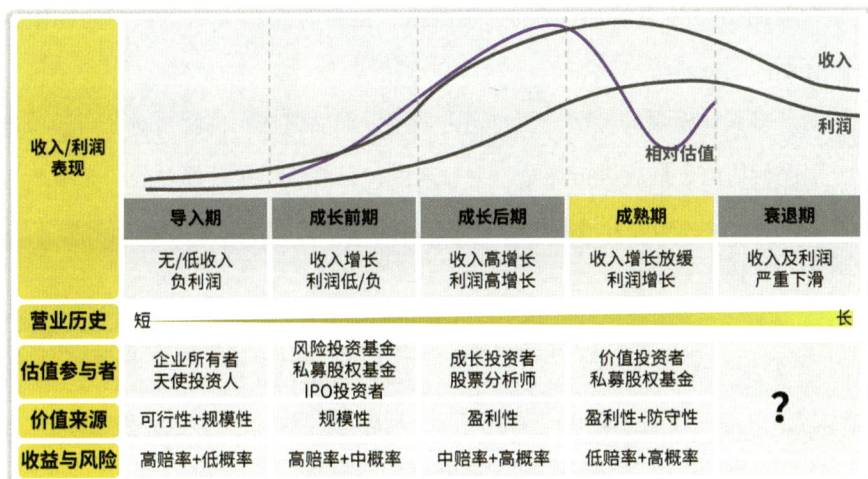

图 6-14 行业不同阶段的估值特征：成熟期

不过，仍有不少行业龙头有着强大的护城河，行业估值随着竞争格局的改善而提升，这一现象被一些分析师称为"龙头进阶"。

衰退期

英雄迟暮并非一个行业唯一的结局，正如前文提到的，进入成熟期的行业至少有 3 种可能（图 6-15）。

1. 发展出第二增长曲线

原先的行业陷入停滞甚至衰退怎么办？那就直接开辟新战场。历史上很多伟大的公司开辟了第二增长曲线。它们要么对原有的产品和服务进行迭代，要么开拓出新的增量市场。

前者最典型的例子恐怕要数通信行业了。从 4G 到 5G，再到未来的 6G，每一轮技术的迭代都带来一片新的蓝海市场。而后者有两种思路——既可以探索全新的业务，也可以寻找新的客户。比如电商行业的亚马逊和软件行业的微软，它们都积极发展云计算业务，并取得了卓越的成果，估值也因此得以回升。

电器行业的格力和美的则选择了"出海"，抢占海外新市场，它们同样做得有声有色。

对于多元化发展的上市公司，通常采用**分部估值法**，也就是对公司各项业务分别进行估值，最后进行加总。一般来说，只要各项业务都对公司业绩产生了显著影响，且公司公开披露了各项业务的业绩，就最好采用分部估值法。

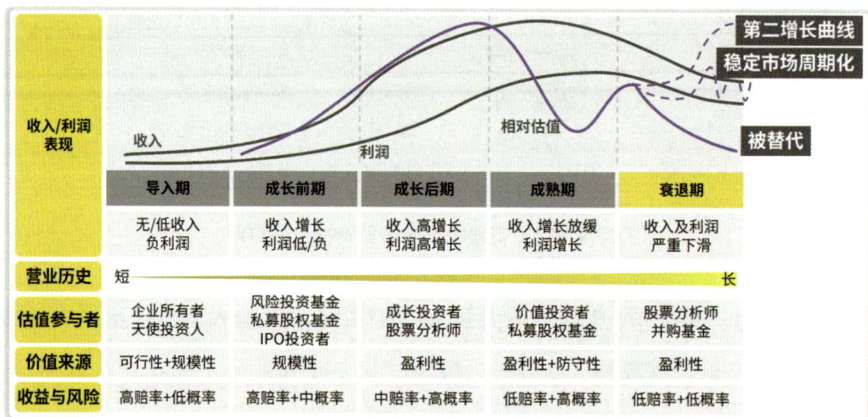

收入/利润 表现	导入期	成长前期	成长后期	成熟期	衰退期
	无/低收入 负利润	收入增长 利润低/负	收入高增长 利润高增长	收入增长放缓 利润增长	收入及利润 严重下滑
营业历史	短				长
估值参与者	企业所有者 天使投资人	风险投资基金 私募股权基金 IPO投资者	成长投资者 股票分析师	价值投资者 私募股权基金	股票分析师 并购基金
价值来源	可行性+规模性	规模性	盈利性	盈利性+防守性	盈利性
收益与风险	高赔率+低概率	高赔率+中概率	中赔率+高概率	低赔率+高概率	低赔率+低概率

图 6-15　行业不同阶段的估值特征：衰退期

2. 稳定市场周期化

有些行业变化比较慢，没那么容易衰亡。比如葡萄酒行业已经有几千年的历史，银行业也有数百年的历史，糖果行业的历史也已超过百年。事实上，必选消费、金融、公用事业等行业都有很长的"寿命"，会在相当长的时间里稳定发展，并呈现出周期性。

对于这些行业，在估值时可以参考国际市场上的估值水平，看看成熟市场给出的市盈率是多少，以做参考。

3. 被替代

总有一些行业会因技术更新换代或社会文化的变迁而进入衰退期。身处衰退期的行业，企业的收入增速通常会低于通货膨胀率，有的甚至陷入停滞；

随着替代品的出现和定价权的丧失，其营业利润率往往也会下降。在这种情况下，估值在很多时候没有最低，只有更低。

不过一些由政策调整等原因而导致供给端收缩的行业，可能会有**"回光返照"（短暂复苏）**的现象。

第 5 章提及的煤炭行业就是这方面的典型代表。尽管大家都知道煤炭高污染，早晚要被新能源替代，因此不怎么扩产能了，但是短时间内新能源还无法完全替代煤炭（因为光伏和风电都是"靠天吃饭的"，发挥很不稳定，需要火电调峰调频打配合以保障能源供应和电网安全）。再加上经济在不断发展，对能源的需求不断增加，这导致煤炭供给收缩的速度比需求收缩的速度还快，得到的结果就是煤炭价格上涨、行业估值提升。这种现象可视为行业在完全衰退前的"回光返照"。

第 4 节　案例：空调行业及智能手机零部件行业

下面将展示两个估值案例，帮助你更好地理解行业在不同阶段的估值特征。

案例 1　空调行业

经过几十年的发展，国内的空调行业已经完整走过导入期、成长期和成熟期，估值水平也随着产业生命周期的演进起起伏伏。作为典型的制造业和消费品行业，空调行业的历史经验有很强的代表性（图 6-16）。

导入期

20 世纪 90 年代初，空调对于大多数家庭来说还是奢侈品。1990 年，中国城镇每百户空调保有量还不到 1 台；直到 1994 年年底，中国城镇每百户空调保有量也不超过 5 台。如果简单地将**城镇居民每百户空调保有量**当作空调行业的渗透率（考虑到一户人家可能不止一台空调，所以理论上该值可能会超过

100%），那么在 1995 年之前，国内空调行业显然还处在导入期——当时的渗透率还不到 5%。

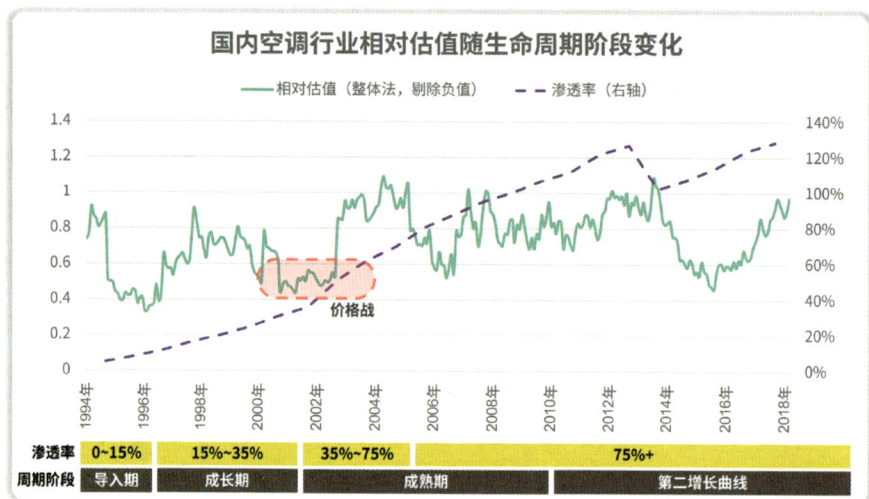

图 6-16　1994~2018 年国内空调行业相对估值

▶ 数据来源：Choice

当时的行业大佬、龙头企业春兰（集团）公司董事局主席兼首席执行官陶建幸提出，从世界范围内看，"家电行业已是一个夕阳行业"，并因此带领公司转向摩托车市场，但是从国内市场来看，那时的空调行业显然还是个新兴产业。

在这个阶段，松下、东芝等外资企业看中了中国巨大的市场潜力和吸引人的开放政策，纷纷来华。它们或是携手国内企业合资建厂，或是通过提供技术、转让生产线等方式与国内厂商展开合作。外资企业为中国空调行业带来了大量的生产设备和先进的技术理念，国内厂商在竞争与合作中逐步完成了初步的技术积累，其产能也快速提升。

以格力为例，在 1992 年的时候公司只有一条生产线，装配 5 台空调柜机需要 3 天时间。为了提高生产速度，公司甚至实行三班倒的工作制度，"人停机不停"。即便这样，当年的产量也只有 12 万台。不过在进行了大规模的技术改造之后，到 1994 年年底，格力的产能已经达到每年 100 万台。

草创时期的市场格局总是相对分散，充满了不确定性。空调行业的估值也免不了大起大落，相对估值一度从 1994 年的 0.8 倍快速回落到 1996 年的 0.4 倍。

成长期

随着居民收入水平的提高和厂商供应能力的增强，空调销量快速增长。根据国家统计局的数据，从 1997 年到 2005 年，城镇每百户空调保有量从 16 台提高到了 81 台；空调年产量从 849 万台提高到了 7469 万台，年均复合增速超过 31%。在国内空调渗透率稳步提升的同时，行业的相对估值也跟着渗透率一路上行，从 0.4 倍直接翻番到了 0.8 倍。

不过，到了 2000 年前后，空调行业发生了一些变化。虽然这时候行业还有很大的潜在市场空间没有开发，但是低门槛、高盈利吸引了大量厂商蜂拥而入。2001~2002 年，行业甚至形成了严重的库存危机。根据中国家用电器协会的统计，2001 年空调库存已经超过 600 万台，到 2002 年又增加了 500 万台，上千万台的库存让空调行业压力巨大。

各家厂商还展开了激烈的价格战。海信、科龙、长虹等公司纷纷降价，奥克斯甚至直接发布了《空调制造成本白皮书》，把空调的价格构成公之于众（图 6-17）。2001~2004 年，我国空调内销出货均价从 2835 元直接降至 1600 元，年均降幅 17.4%。不少企业只赚吆喝不赚钱，盈利情况直接"扑街"，估值中枢[①] 也跟着快速回落。

成熟期

不过，也正是在价格战中，大多数中小玩家被"卷死"了，行业得以完成产能出清，并初步形成了格力、美的、海尔三足鼎立的竞争格局。国内市场的 CR3（销量口径）从 2003 年的 37.37% 提升到了 2006 年的 54.66%。随着行

---

① 股票交易和分析中的一个重要概念，是指在一段时间内，估值倍数呈现相对稳定的区间范围。

业竞争格局的改善，相对估值又重新回到了 0.8 倍（图 6-16）。

1.5匹 冷暖型空调	=	生产 成本	+	销售 费用	+	商家 利润	+	厂家 利润
1880元	=	1378元	+	370元	+	80元	+	52元

图 6-17 奥克斯 2001 年对外发布的国内空调制造成本

▶ 数据来源：《空调制造成本白皮书》

自 2005 年起，空调行业已经度过了自己最辉煌的时期。根据产业在线的数据，2005~2013 年空调产量年均复合增速为 7%，国内销量的年均复合增速为 11%，相比 1997~2005 年的增速明显下了一个台阶。此时，城镇已经基本完成了空调的普及，增量市场得去农村等下沉市场找。

格力和美的对此看得非常清楚，它们依靠经销商体系顺利完成渠道下沉，迅速占领低线市场；而海尔却在搞扁平化渠道策略，没能抓住下沉市场的红利，逐渐掉队。2005~2013 年，格力、美的和海尔的空调收入分别从 163 亿元、148 亿元、76 亿元增长到 1055 亿元、622 亿元、180 亿元。

随着新能效标准的出台，变频空调的占比提升，技术护城河也越来越重要，中小厂商进一步被市场淘汰。市场格局已然变天，空调行业进入了格力和美的两分天下的时代，行业竞争格局比较稳定，净资产收益率（ROE）很高。再加上 2010 年以后，行业龙头开始进军海外，开辟了第二增长曲线，使估值一直相对平稳。

复盘空调行业发展至今的历史，不难发现，行业的估值明显受到产业生命周期的影响——在渗透率快速提升的早期，估值一路高歌猛进。从成长期的下半场开始，随着行业洗牌，估值在价格战中一路下跌。等行业格局改善之后，估值又重新回到先前的高点。

案例 2　智能手机零部件行业

智能手机可能是研究产业生命周期和不同阶段的估值特征绕不开的案例，其渗透率曲线是产业生命周期理论完美的注脚（图 6-18）。

图 6-18　2007~2019 年全球智能手机出货量

▶ 数据来源：Wind、Gartner

虽然在 A 股市场找不到合适的手机厂商作为分析对象，但那些深度参与智能手机普及浪潮的**零部件行业**与智能手机产业的兴衰紧密相连，可以说是一荣俱荣、一损俱损。它们不失为研究的替代方案。

导入期

现在，我们一提到智能手机，可能都会想到一块没有实体键盘的电容屏、触控操作以及丰富的应用，而这些"标准""规矩"正是由先行者苹果公司的 iPhone 定下的。2007 年，苹果公司发布了第一代 iPhone——一款带有电容触控屏的手机。它采用了全新的交互方式，与依赖实体键盘操作的诺基亚手机截然不同。

一年后，苹果推出了 iPhone 3G，与此同时，奠定 iOS 生态优势的 App Store 也来了。等到 2010 年 iPhone 4 横空出世时，苹果公司已经在教育用户使用触控屏、打造良好的软件生态上耕耘了 3 年。后面的故事众所周知——iPhone 4 成了标志性产品，甚至可以被誉为改变世界的伟大产品。当年，它的出货量接近 4800 万台。

从 2007 年登上历史舞台开始，到 2010 年渗透率达到 22%，这段风起云涌的岁月正是智能手机的导入期（图 6-19）。

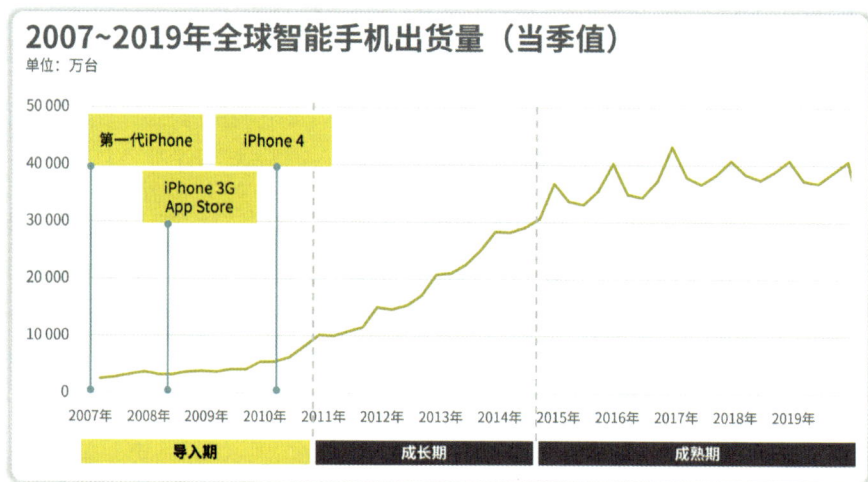

图 6-19　2007~2019 年全球智能手机出货量：导入期

▶ 资料来源：Wind、Gartner

在国内，有不少企业以零部件供应商的身份分得了市场的一杯羹。下面以**歌尔股份**、**欣旺达**以及**德赛电池**这三家"果链"上市企业作为分析对象。顾名思义，"果链"指的是苹果公司的供应链，供应链上的企业的业绩跟苹果公司息息相关。

在行业的导入期，歌尔股份和德赛电池的相对估值整体上都在快速提升（图 6-20）[①]。

---

① 当时欣旺达尚未上市，它于 2011 年 4 月在深圳证券交易所上市。

2007~2019年全球智能手机出货量（当季值）与零部件龙头相对估值（PETTM）
单位：万台、倍

图 6-20 2007~2019 年全球智能手机出货量与零部件龙头相对估值：导入期

▶ 资料来源：Wind、Gartner、Choice

需要说明的是，德赛电池在 2009 年剥离了部分长期亏损业务，导致估值跌成负值，但次年扭亏为盈，估值飙升，所以在此期间有异常值。如果忽略异常值，可以看到估值中枢显然是在上升的。

在这一阶段，技术突破尤为重要，厂商都比较舍得在研发上下功夫。

例如，2007~2010 年，苹果公司的研发支出增速一直保持在 20% 以上。国内零部件企业由于基数相对较低，增速更为显著，比如歌尔股份的研发支出增速高达 80% 左右。

高投入带来了高利润。歌尔股份在 2010 年第 4 季度的盈利增速达到了 176.8%，德赛电池同期的净利润增速更是突破了 500%。

面对潜在的"星辰大海"，市场也愿意给出比较高的估值。比如 2010 年年底，歌尔股份的市盈率在 90 倍左右。因为业绩增速很快，所以相关行业和公司往往实现了"戴维斯双击"①，即业绩（公司利润）和估值（市盈率）齐飞，

_____

① "戴维斯双击"是一种投资策略，即在股票市盈率低时买入，随着公司业绩增长，每股收益提高，推动市盈率上升。当两者同时增长时，投资者能获得更大收益，这种策略因此得名"戴维斯双击"。

一起推动股价上涨。比如歌尔股份，从 2009 年到 2010 年，其股价翻了 6 倍，其中估值贡献了 2.4 倍。

成长期

随着全球智能手机市场的井喷，2011~2014 年，国内的智能手机渗透率从 22% 迅速提升到了接近 50%。国内智能手机市场的发展势头非常强劲，出货量增速一度保持在 100% 以上。

如此诱人的赛道自然吸引了众多参与者，在 iPhone 大卖的刺激之下，国内玩家纷纷入场。小米、OPPO、vivo 等厂商竞相推出价格亲民的国产千元机，以抢占市场份额。这三家厂商都在 2011 年发布了自己的首款智能手机（图 6-21）。

2007~2019年全球智能手机出货量（当季值）
单位：万台

图 6-21　2007~2019 年全球智能手机出货量：成长期

▶ 资料来源：Wind、Gartner

虽然需求依然旺盛，但卖家多了，低价格的产品也多了，导致行业出现了"量升价跌"的局面。全球智能手机的平均售价从 2011 年的 400 多美元跌到了 2016 年的不到 300 美元。

这种变化很合理：在导入期，因为技术不成熟、供应链不完善，所以产品价格比较高；等到技术成熟、供应链慢慢健全了，厂商开始"卷"起来，产品价格自然就下降了。

不仅市场竞争加剧了，在这一阶段，技术创新和产品迭代的难度也在上升。回想当年乔布斯在发布会上说 "one more thing"（还有一件事），随后介绍 iPhone 的功能时，大家的反应都是一种情不自禁的激动和惊叹。那时苹果公司确实给我们带来了太多惊喜。但是自 2009 年库克接班之后，大家还有这种感觉吗？

其实，这也不能全怪库克，因为苹果公司在给人们带来了很多创新后，要想后期持续保持颠覆式的创新、让大家惊叹确实是太难了，几乎整不出什么新花样了。那种"用惯了诺基亚，突然来了个电容触控屏"的降维打击感和震撼感，恐怕再也回不来了。

当行业进入成长期的后半段，无论是行业整体还是行业龙头，业绩增速往往相较于成长期的前一阶段都有所下降。例如，歌尔股份在这一阶段的增速就掉到了 50% 左右。之前被拔高的估值差不多已经达到高点，并开始逐渐回落（图 6-22）。

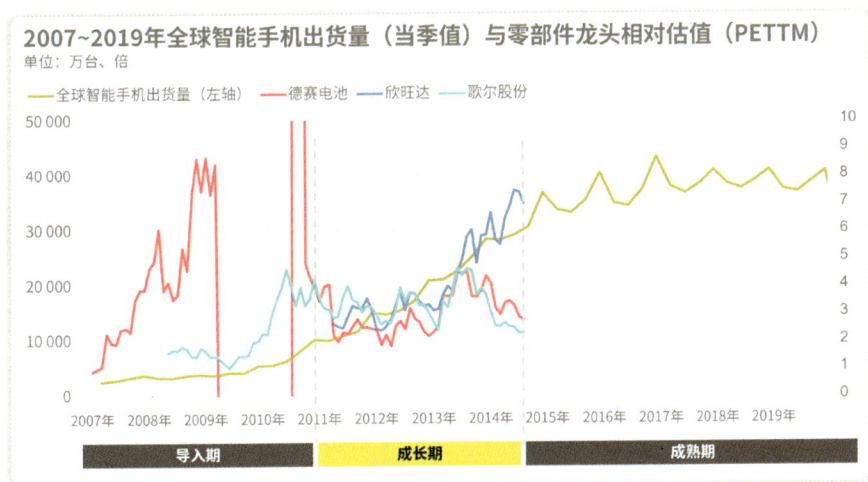

图 6-22　2007~2019 年全球智能手机出货量与零部件龙头相对估值：成长期

▶ 资料来源：Wind、Choice、Gartner

成熟期

成长期终究会过去，行业必定会进入成熟期。在 2014 年第 3 季度之后，智能手机渗透率的提升速度明显放缓，行业龙头开始出现卖不动的情况。事实上，2014 年之后，iPhone 的出货量几乎没有什么增长了。

在这一阶段，行业业绩大幅下降是常态，即使是行业龙头也面临着盈利增速下台阶的困境。从 2014 年第 2 季度开始，随着苹果手机订单减少，歌尔股份这样的公司的业绩开始不及预期。估值也回不到第一阶段的高点了，估值中枢整体下降，市场可能仅愿意给出三四十倍的估值。相对估值大概只在 1 到 2 之间。直到后续这些公司开始拓展其他业务，其估值才先后恢复。

这就是智能手机零部件行业大致的发展脉络。我们可以看到，在导入期和成长期，市场是愿意给出比较高的估值的。这一阶段的市盈率往往可以高达 80~120 倍。然而，在成长期的后半段，因为竞争激烈、市场逐渐饱和，所以业绩时常不及预期，出现了明显的估值消化过程，估值降至 40~80 倍。在进入成熟期后，想象空间变得更加有限，估值中枢进一步回落到 20~40 倍（图 6-23）。

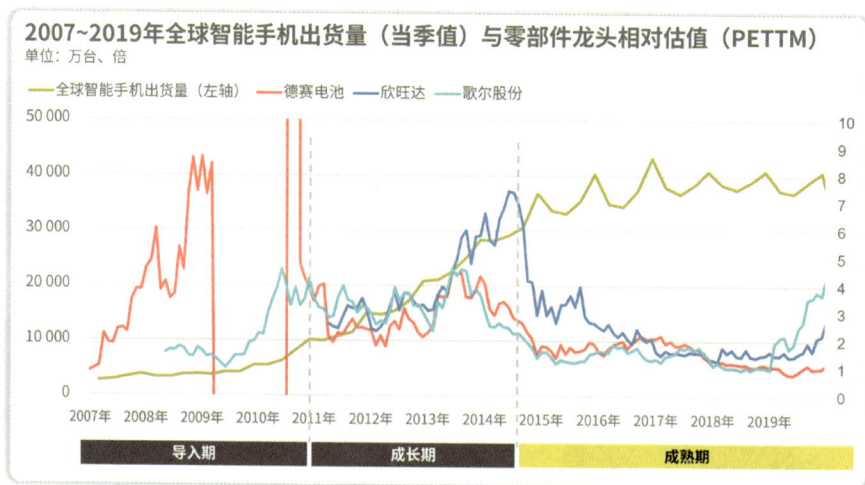

图 6-23　2007~2019 年全球智能手机出货量与零部件龙头相对估值：成熟期

▶ 资料来源：Wind、Choice、Gartner

上述两个案例非常典型，读者可以深入研究。

本章小结

本章的内容要点如下。

- 无论是从美股历史来看还是从 A 股历史来看，只要投资期限没有达到夸张的几十年之久，估值变化就会对收益率产生重大影响。
- 估值是由投资者和资产共同决定的。
  - ➢ **投资者角度**：重点关注能力（钱多不多）和意愿（风险偏好）。前者受宏观经济情况（货币政策）影响较大。
  - ➢ **资产角度**：重点关注赔率（规模性和盈利性）和概率（可行性和防守性）。
- 在产业生命周期的不同阶段有不同的估值特征。
  - ➢ **导入期**：投资者更看重行业潜在的成长空间，估值围绕着"梦想"和"故事"展开。
  - ➢ **成长前期**：业绩高速增长，持续超预期，估值随之快速提升，但存在交易拥挤的风险。
  - ➢ **成长后期**：业绩增速放缓，高估值已难以为继。
  - ➢ **成熟期**：渗透率增速不断放缓，行业面临估值收缩的局面。不过，有些行业龙头的估值会随着竞争格局的改善得以提升，这种现象被称为"龙头进阶"。

➤ **衰退期**：有些行业中的企业能够开辟第二增长曲线，这类似于企业进入一个新行业；有些行业能够实现稳定市场周期化，估值中枢可以参考成熟市场的情况；而有些行业面临替代品的挑战，利润率往往会大幅下降，估值总体呈不断下跌的趋势。但是如果供给收缩的速度比需求收缩的速度快，可能会出现拔高估值的"回光返照"。

图 6-24 呈现了本章的内容框架。

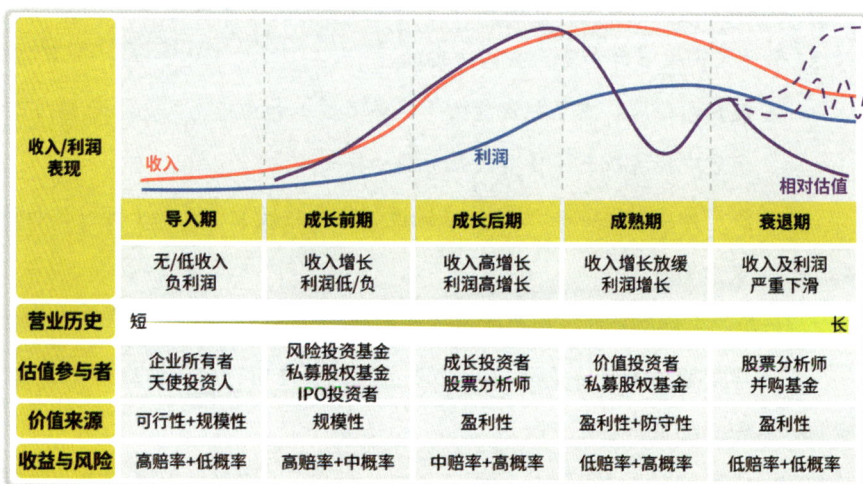

收入/利润表现	导入期	成长前期	成长后期	成熟期	衰退期
	无/低收入负利润	收入增长利润低/负	收入高增长利润高增长	收入增长放缓利润增长	收入及利润严重下滑
营业历史	短				长
估值参与者	企业所有者天使投资人	风险投资基金私募股权基金IPO投资者	成长投资者股票分析师	价值投资者私募股权基金	股票分析师并购基金
价值来源	可行性+规模性	规模性	盈利性	盈利性+防守性	盈利性
收益与风险	高赔率+低概率	高赔率+中概率	中赔率+高概率	低赔率+高概率	低赔率+低概率

图 6-24 本章内容框架：估值

第 7 章　外部因素：

引爆行业还缺哪根导火线

　　第 2 章 ~ 第 6 章详细介绍了如何判断一个行业的基本面以及如何估值。不过，这些内容大多是基于对行业现状的判断。即使有些分析是在预测未来的情况，但这些预测还是以当时的已知条件为前提的。

　　我们必须认识到，分析的各种先决条件是处于不断变化中的。虽然有些变量是行业内生的，比较容易预测，但是行业所处的外部环境同样在不断变化。这会影响分析的先决条件，进而影响之前得出的结论。

　　因此，对分析来说，还有一件事情很重要：**我们要用动态的眼光持续追踪行业的每个维度，不断迭代我们的分析结果。无论是针对基本面的分析，还是针对估值的分析，这一点都至关重要。**

　　外部因素的变化可能会让本来跑不通的**商业模式**忽然跑通了。

　　比如，我们前面提到，共享篮球目前来看不是一个靠谱的商业模式，但它真的在任何情况下都不可行吗？那也未必如此。

　　这里我开个脑洞：假设体育潮流发生了变化，未来人们忽然流行打超大号的篮球，篮球从家里带到球场非常不方便。此时，由于失去了便携性，用户自然会考虑租用篮球。

又或者，某个国家无法进口篮球的原材料，而该国本地缺少这些原材料，所以篮球生产被迫中断，篮球供给严重不足，篮球价格也因此水涨船高。那么对于用户来说，租用篮球就成了合理的选择。

还有一种可能是，政府部门做了预算，出了一笔钱用于补贴全国所有篮球场的共享篮球设施。用户可以免费租用篮球，相关费用由国家承担。既然是免费的，大部分用户可能连购买篮球的需求都没了。

此外，外部因素的变化还可能会让潜在**市场规模**忽然扩大。

比如第 3 章提到的糖葱薄饼生意，它在什么情况下规模会变大？过去几年，在各种餐饮平台、餐饮自媒体、美食家的加持下，潮汕饮食文化得到了大力推广和输出。如果当地政府为相关产业提供了大额补贴，希望把这个地方的小吃进一步推广至全国，那么此时，行业的活力被激发，其规模可能远超预期，成为一棵参天大树，远非我们一开始的判断。

而**护城河**因外部环境变化而变化的案例更是比比皆是。像前文提到的米老鼠版权案例，就体现了由于版权法律做出了一次次的更改，其护城河才得以维持。

竞争格局也是如此。以 2015 年年底提出的供给侧结构性改革政策为例，这个政策的本质是淘汰落后产能，它会让整个市场的行业集中度提高。

至于**估值**，正如第 6 章所述，虽然行业本身的发展阶段会影响估值特征，但宏观环境对估值的影响也是巨大的。

那么问题来了——都有哪些外部因素会影响到行业的基本面和估值呢？这是本章将要回答的问题（图 7-1）。

本章主要讨论影响行业发展的外部因素。这些外部因素可能是驱动力，也可能是阻碍因素。只有搞清楚这些因素，我们才能更好地预判行业的潜在发展空间和发展速度。

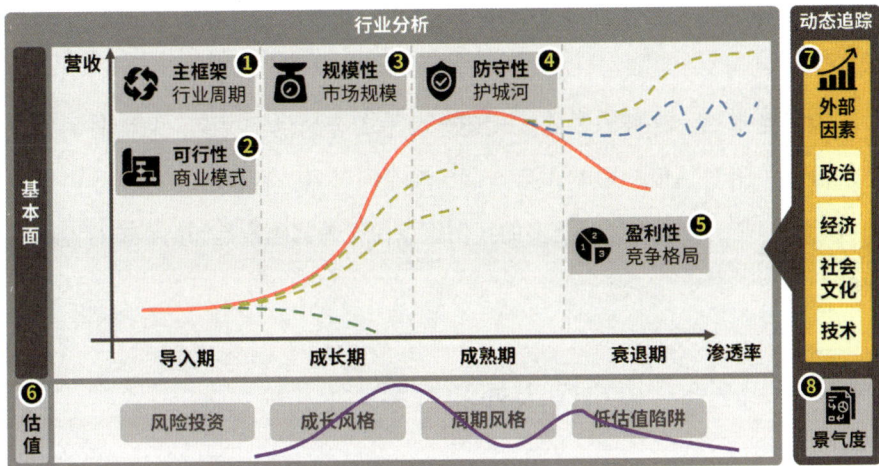

图 7-1　行业研究分析框架：外部因素

本章将采用的分析框架是经典的 PEST 分析法。"PEST"中的 4 个字母分别代表 Political（政治因素）、Economic（经济因素）、Socio-cultural（社会文化因素）、Technological（技术因素）这 4 个维度。换言之，我们将从政治、经济、社会文化和技术 4 个方面剖析影响行业发展的外部因素。

最终，我们的分析将集中于这些因素是如何影响行业基本面和估值的（图 7-2）。

图 7-2　四大外部因素对行业基本面和估值的影响

四大外部因素的变化会影响行业内部的供需关系，从而影响行业的基本面。

除了基本面，外部因素的变化还会冲击资金的供需关系，从而影响行业的估值。关于对估值的影响，第 6 章已经有所涉及，因此本章关于此内容的篇幅会少一些。本章将通过更多的案例重点探讨外部因素是如何影响行业基本面的。

第 1 节　政治：来自国内外的重拳

对于 A 股和港股的投资市场来说，政治因素确实起着重要作用。我大学时是在中国香港主修金融专业。在学习投资学时，课程所用的课本只提及了基本面分析和技术面分析。但等我回到内地工作后，我发现很多有关 A 股的书中常会有"三碗面"的分析框架——除了基本面和技术面，还多了一个"政策面"。政治因素对 A 股市场的影响可见一斑。

在政治层面，我们既要考虑来自国内政策的影响，也要考虑国外的政策变化。

国内政治因素

在行业发展涉及的国内政治因素中，**产业政策最为重要，不容忽视**。根据政策对行业发展的态度，产业政策大致分为**扶持性产业政策**和**限制性产业政策**两大类。

1. 扶持性产业政策

我们可以进一步按照支持力度，将扶持性产业政策简单地分为口头鼓励、补贴减税、直接投资和强制使用等。这些政策对行业发展或多或少都起着推动作用。

口头鼓励

有些政策在大方向上表现出鼓励态度，但并没有配套的实际支持措施。这种口头上的鼓励固然是好的，但是对行业发展的推动作用相对有限。

补贴减税

相比之下，财政补贴和税收优惠等支持措施更能吸引社会资本的关注。**风电、光伏和新能源汽车**等行业都享受过这类政策。

别看现在风电、光伏都已经实现了"平价"（跟火电、水电的价格持平），在成本上和传统火电相近，但在早期，这类公司有一家算一家，主要依靠补贴度日。如今风头正盛的新能源汽车行业，在导入期最大的驱动力也来自政策——新能源行业的发展离不开政府对新能源汽车和充电桩的一系列补贴。

直接投资

在基础设施和公用事业领域，政府（以及大型央企）会直接投资。比如**铁路、公路、电网**等关键基础设施项目的整个产业链都依赖于政府（以及大型央企）的订单。这也使得行业的产业生命周期主要受政府投资意愿、投资能力以及基础设施和公用事业投资需求的影响。

强制使用

还有一些领域，政策会强制要求使用某类产品。比如交通运输部起草的《道路运输条例》（修订草案征求意见稿）规定，12 吨以上的载货车辆应当配备具有行驶记录功能的卫星定位装置和智能视频监控装置。生态环境部等联合发布的《重型柴油车污染物排放限值及测量方法（中国第六阶段）》（简称"国六"），则要求所有的重型柴油车都要安装 OBD（车载诊断系统），并达到"国六"排放标准。这些政策都直接为相关产品提供了巨大的增长空间。

2. 限制性产业政策

限制性政策有很多种，大体上可以分为限制准入、限制供给、限制价格、限制受众四大类。这些政策通常对行业构成了限制性因素。

限制准入

对于那些对经济和社会有重大影响的行业，无论它们是能创造巨大的经济效益，还是可能导致严重的潜在社会危害，在政策层面往往都设有严格的准入限制。比如保障基本民生的**水电煤气**，塑造意识形态的**传媒**等行业。

通信、金融、免税店等行业需要经营许可，想拿牌照也不容易。

值得注意的是，除了主管部门颁发的牌照，有些时候准入门槛还包括其他相关部门的审批。比如化工项目的环评（环境影响评价）审批等。

限制供给

限制供给的政策一般针对的是产能相对过剩或自带高污染、高耗能、高排放等具有所谓环保"先天缺陷"的行业。

限制价格

限制价格的政策主要针对的是**影响国计民生和财政支出的行业**。比如因为煤炭被大量应用于火力发电，而电力又是生产和生活的基石，所以供应给电力企业的煤炭就被限制了价格。

影响**基本民生**的领域同样经常面临价格上的限制。比如执行居民电价的学校、社会福利机构、社区服务中心等公益性事业用户以及农业用户用电，均执行目录销售电价政策。

当猪肉价格过度上涨时，国家发展和改革委员会等部门同样会通过抛储等方式进行干预——相关部门一般会在猪肉价格较低时，通过华商储备商品管理中心在市场上以低价采购猪肉，然后在猪价过高时将储备猪肉投放市场，以此来调整猪肉价格。

医药行业的集采（集中采购）政策也带有限制价格的色彩。从 2018 年开始，国家医保局牵头实施了药品和高值医用耗材的带量采购，也就是跟药企达成"以量换价"的协议，通过大量采购让药厂降低报价。图 7-3 是 2007~2022 年中国城镇基本医疗保险基金历年收支情况。

2007~2022年中国城镇基本医疗保险基金历年收支情况

■ 总收入　■ 总支出（单位：亿元）

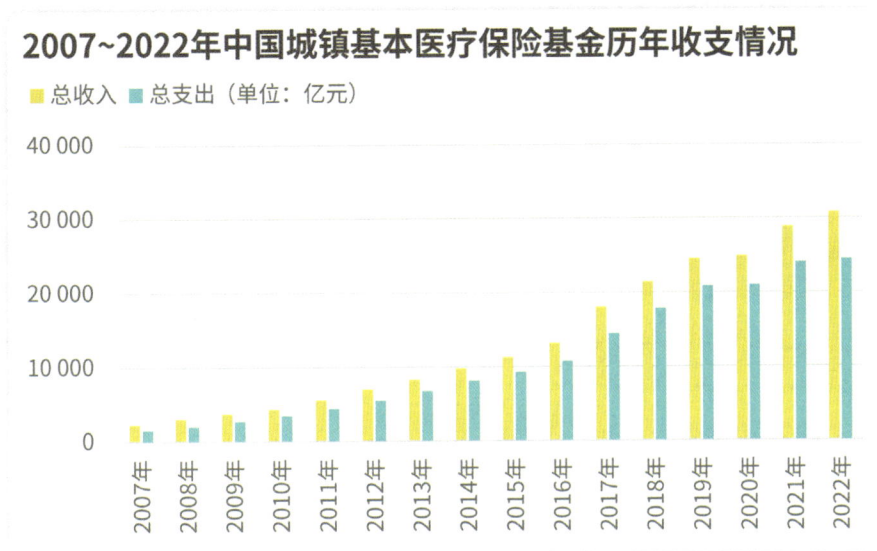

图 7-3　2007~2022 年中国城镇基本医疗保险基金历年收支情况

▶ 数据来源：Wind

限制受众

很多行业有**限制未成年人受众**的规定，例如烟酒、电子游戏、校外培训等行业。

国际政治因素

近年来，对我国市场冲击较大的是美国的货币政策和外交政策：美国的货币政策（美联储是不是保持宽松政策）、美国的外交政策，都对行业投资和产业发展产生影响。

1. 美国的货币政策

第 6 章探讨估值时曾提到，当央行保持宽松政策时，投资者手头上的钱比较多，会推动估值上升。反之，当央行开始收紧政策时，估值就会下跌。而美联储的货币政策也会对其他国家产生影响——这种影响不单单限于估值，货币政策还会对基本面有所冲击。

在**基本面**方面，存款利息高了，美国本土的企业和居民会增加储蓄；贷款利息高了，其企业和居民会减少贷款，投资和消费也会随之减少。这会影响美国市场对中国商品和服务的需求。

此外，美联储加息也会影响中国资产的**估值**。举个简单例子：假设我准备在美国的银行购买理财产品，该产品 1 年后会返我 100 美元。加息前，如果年化收益率按 10% 算，此时我要付给银行 90.91 美元 [100÷(1+10%)]。假设加息到 20%，那么此时我只要付给银行 83.33 美元 [100÷(1+20%)]，在 1 年后我同样可以获得 100 美元。美联储的加息相当于把所有美元计价的生息资产都打了个折，包括美股、美债、大宗商品（比如原油）、黄金，等等。

而一旦美股、美债跌了，为了平衡仓位（买入下跌的美股、美债，从而回到之前的持仓比例），不少资金（特别是外资）会抛售 A 股、港股和中国债券以获取现金，进而拉低中国资产的价格。当他们将这些资产套现成人民币、再把人民币兑换成美元时，相当于在抛售人民币，导致人民币贬值。这很容易造成所谓"股债汇三杀"现象。

这种效应对资本自由流动的新兴国家的影响会大一些。比如 2018 年美联储加息期间，阿根廷比索一下子贬值 40% 以上，土耳其里拉则贬值 20% 以上。

二级市场的萧条同样会"传达"到一级市场。公司在上市时拿不到很好的估值，专门投资未上市公司的风险投资基金或私募股权基金也会更加谨慎；而由于美联储的政策没有那么宽松了，投资者手中的资金就变得紧张了，这些专注一级市场的金融机构也就没那么容易募集到钱了。

2. 美国的外交政策

经济基础决定上层建筑。国际关系的变化是与经济周期相关的——通常当经济增速下行、蛋糕不够分的时候，国际关系会恶化。我们可以从美国的情况中得到一点启示（图 7-4）。

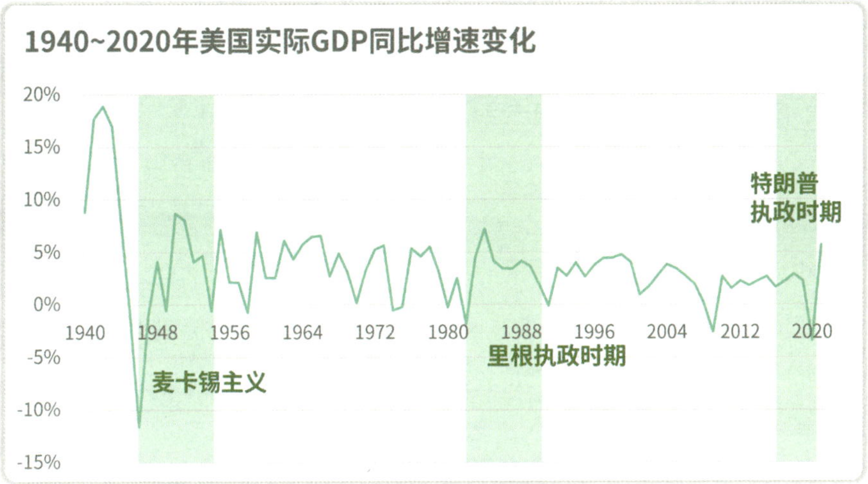

图 7-4　美国经济与政治之间的关系

▶ 资料来源：Choice

　　1945 年前后，美国实际 GDP 增速大幅下跌，导致"麦卡锡主义"盛行。20 世纪 80 年代，里根刚刚当选总统时，美国经济问题突出。2017 年上台的特朗普也面对着类似的局面。因此，贸易保护主义政策就会抬头。

近年来政策走向的两条主线

　　近年来，国内外政治因素在两条相关主线上对相关行业产生了较大的影响。

1. 国内：绿色发展和环境保护

　　要想实现绿色发展和环境保护目标，需要在能源替代、能源使用和能源回收方面多管齐下，涉及的行业众多。比如电热领域的碳排放比重超过 40%，未来必须转向清洁能源。电力行业要大力推广光伏和风电，热力行业则需要进行工业热源的电气化改造。其他行业也得跟上：交通运输领域要推动新能源汽车取代燃油车，实现公共交通电气化；钢铁、水泥、化工、有色金属等工业部门要升级工艺，进一步节能减排；建筑环保领域要普及绿色建材；环保行业则需要做好锂电回收等新能源的配套设施建设，等等。

以上这些可能都会成为政策发力的方向。

2. 国际：逆全球化中的国产替代

在当前逆全球化浪潮下，各国政府和企业越发重视供应链安全的问题，中国也不例外。

针对"卡脖子"技术所带来的挑战（图7-5），国家必然会通过政策支持来应对。比如在芯片和软件行业，国家已出台一系列扶持性产业政策、财政补贴政策，启动了专项工程。所以，这些"卡脖子"技术领域的发展既面临挑战，也充满了快速腾飞的机遇。

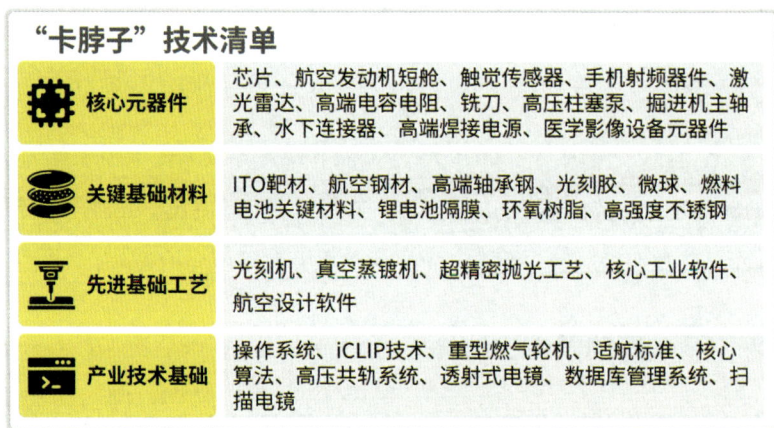

"卡脖子"技术清单

核心元器件	芯片、航空发动机短舱、触觉传感器、手机射频器件、激光雷达、高端电容电阻、铣刀、高压柱塞泵、掘进机主轴承、水下连接器、高端焊接电源、医学影像设备元器件
关键基础材料	ITO靶材、航空钢材、高端轴承钢、光刻胶、微球、燃料电池关键材料、锂电池隔膜、环氧树脂、高强度不锈钢
先进基础工艺	光刻机、真空蒸镀机、超精密抛光工艺、核心工业软件、航空设计软件
产业技术基础	操作系统、iCLIP技术、重型燃气轮机、适航标准、核心算法、高压共轨系统、透射式电镜、数据库管理系统、扫描电镜

图 7-5 "卡脖子"技术清单

▶ 资料来源：中国科学院

第2节　经济：经济发展指标与货币价格

影响行业发展的经济因素也有很多，我们可以从量（经济发展指标）和价（货币价格）两个层面进行探讨。

量主要涉及经济增速、居民收支的增速、负债率等经济发展指标，它们**反映的是当前实体经济好不好、健不健康**。当经济发展好时，居民收入水平会提高，并推动需求增长，此时行业的基本面就会好。

此外，随着经济发展水平的提高，经济结构也会随之迭代；随着居民收入的提高，一些新需求（如去健身房、打网球、徒步等运动消费）也会被催生出来。

价指的是货币价格。**货币有 3 个价格，分别是货币购买力、利率、汇率。**这三者的变化会影响行业的基本面与估值。价的变化并不反映经济水平的高低。

经济发展指标

经济增速高，各行各业的业绩自然差不了；反过来，当经济状况不好的时候，就算行业处于高增长的成长期，业务也或多或少会受到影响。

1. 经济周期

经济本身是具备周期性的。

绝大部分行业的盈利会受到**经济周期**的影响。A 股金融、周期、消费和成长板块的归属于母公司净利润的增速，都与工业企业利润增速正相关。

当然，不同行业受经济周期的影响程度各不相同。从盈利和经济周期关联度的强弱看，**金融 > 周期 > 消费 > 成长**。

以金融行业中的银行业为例，在宏观经济上行甚至过热的时候，实体经济的回报率伴随着经济"欣欣向荣"、不断提升，公司自然愿意利用更高的利率来借更多的钱，银行能赚到的贷款利息就会变多。同时，因为生意比较好做，坏账的风险大大降低，银行的资产质量就会提高。这时候，银行业的利润往往会不错。

然而，在宏观经济下行阶段，一切都会颠倒过来，银行业的利润会比较惨淡。可以说，金融板块（包括与金融高度相关的房地产）与宏观经济一荣俱荣、一损俱损。

而在周期性行业中，钢铁、有色金属和工程机械等和经济周期的关联很容易让人理解。不管是建厂房、盖大楼还是上生产线，都需要钢铁做骨架、铜来做导线，工程机械进行施工。此外，交通运输需求同样与宏观经济息息相关。经济好的时候，原材料、中间品和产品的运输需求就会旺盛，差旅需求也会增多，居民出行旅游的频次也会更高。以航空业为例，经济好的时候，许多人会选择去欧美旅游、去日韩购物、去东南亚潜水，国际航班的上座率才会够高。

消费板块的细分行业的情况各不相同。

在可选消费中，纺织服装、汽车、商贸零售等行业与经济周期是比较同步的——毕竟在钱不好赚的时候，旧衣服还可以多穿一阵子，旧车也不会那么着急换。必选消费中的休闲食品、调味品等跟经济周期也比较一致——休闲食品毕竟不是刚需，而调味品市场已经很饱和了，业绩增长主要靠涨价来赚钱，在经济不好的时候也没法涨价。

至于必选消费中的农林牧渔、乳制品、白酒、生活用纸等，与宏观经济的关联度相对较低。

而成长板块虽然也会受宏观经济的影响，但起主导作用的还是自身的产业生命周期。以新能源汽车为例，尽管产销量会受到居民收入的影响，但更多的还是看有没有优质车型，或在续航里程、充电速度、驾驶体验、销售价格等方面有没有突破，能不能"打得过"传统燃油车。即使处于经济周期下行阶段，居民对汽车的需求有所下降，但只要新能源汽车在市场中的份额持续增加，那么它也会有很漂亮的增速。换句话说，对成长板块而言，在这一阶段，行业渗透率的提升所带来的正面影响往往会大于宏观经济的负面影响。

除了国内的经济周期，海外需求占比较高的行业以及原材料高度依赖进口的行业，也会受到海外经济周期的影响。

2. 经济发展水平

经济发展水平会影响**产业结构**和**需求** —— 在经济发展的不同阶段，主导产业各不相同。

当前，中国的人均 GDP 已经突破 1 万美元。我们可以尝试分析主要发达国家在人均 GDP 达到 1 万到 3 万美元阶段的表现，这对我们可能有一定的启示。

从美国、英国、法国、意大利、加拿大、荷兰、德国、比利时、西班牙、日本和韩国这 11 个发达国家的情况来看，我们可以从 3 个方面得到一些启发。

一是**农业集约化、规模化**。农业对人均 GDP（美元）增长的贡献很小，除荷兰农业对人均 GDP（美元）增长的贡献达到 1.8% 外，其他国家的农业贡献普遍低于 1%。平均来看，农业对人均 GDP 增长的贡献仅为 0.4%。不过，未来我国的农林牧渔行业仍蕴藏着结构性机遇，因为目前我国农业整体还停留在个体种植户自主承包经营的阶段。第三次农业普查数据显示，2019 年我国 98% 以上的农业经营主体仍是小农户，规模化经营的企业相对较少。

二是**制造业产业升级与产业转移**。制造业对经济增长的贡献主要体现在支撑实际有效汇率升值和带动其他行业的收入增长上，其内部会出现产业升级和产业转移现象。

在人均 GDP 达到 1 万美元以后，主要发达国家的制造业已经比较成熟，进入平稳发展阶段，但仍有不同程度的产业升级。比如，美国的人均 GDP 在达到 1 万至 3 万美元阶段后，高技术产业的比重提高了 5.4%，英国的这个比重提高了 2.4%。荷兰、比利时和西班牙的中高技术产业的比重提高幅度最大，分别达到 4.1%、6.6% 和 8.2%。各国都有自己的优势产业，美、日、韩的制造业增长主要靠**"无线电、电视和通信设备及装置制造"**，法、德、韩主要靠**"交通运输设备制造"**，意大利和西班牙则主要靠**"金属制品业"**。从中国的实际情况来看，或许未来我国国际竞争力较强的**"新能源和电力设备行业"**会长期扮演促进制造业增速的重要角色。

此外，大部分发达国家的"纺织和服装业"和"皮革、皮具和制鞋业"的规模都出现了萎缩，呈现向外转移的趋势，它们转移到人力成本更低、政策更优惠的地区。

三是**生产环节的服务化与消费升级**。服务业成为经济增长的主要引擎，生产环节的服务化会带动生产性服务业的快速发展，而随着收入水平的提高，生活性服务业也会呈现出欣欣向荣的发展态势。

在英美等国家，交通运输仓储业、邮电和信息服务业、金融保险业、租赁和商务服务业等生产性服务业对经济增长的贡献达到 30% 左右，是国民经济中的重要部分之一，其中贡献最大的是商务服务业，包括计算机及有关服务、研发活动、法律、检验检测、会计、税务咨询、市场调研、技术咨询、广告、就业服务、安保、保洁等。这背后反映的是，不少制造业生产内部的环节逐渐独立出来，发展成了相应的服务业。比如，原先药品的研发、生产、销售等环节都由药企自己搞定，但后来出现了从事新药研发和试验的 CRO（Contract Research Organization，委托研究机构）、从事药品生产的 CMO（Contract Manufacture Organization，委托生产机构），以及从事药品销售的 CSO（Contract Sales Organization，委托销售机构）。未来，制造业生产内部的环节"单飞"，生产性服务业崛起的故事可能也会在中国上演。

国务院发展研究中心产业经济研究部提供的数据显示，生活性服务业对发达国家经济增长的贡献甚至超过了生产性服务业，平均超过 40%。批发零售、住宿餐饮、教育、卫生和社会工作、房地产业、文化体育娱乐等生活性服务业的需求主要来自居民消费。比如，在美国的生活性服务业的细分行业中，居民消费的占比超过一半。事实上，这就体现了我们经常提到的消费升级——当人均 GDP 突破 1 万美元大关后，现代服务业将成为主导，享受型消费、精神消费的占比将持续提升。

随着人均收入的提高，生活性服务业的内部也会发生变化。从发达国家市场的经验来看，人均收入在 2000 美元以下阶段，人们一般倾向于观光游；在人均收入达到 2000 至 5000 美元的阶段，人们开始逐渐接受休闲度假游；而在人均收入超过 5000 美元的阶段，人们往往热衷于休闲度假。背后的原因很简单：在收入相对低一些的阶段，人们更想去见见世面，看一看外面的世界；在收入相对高一些的阶段，很多景点人们已经去过了，人们更想抓住机会放松身心。这也是为什么很多景区纷纷在休闲度假方向上布局。

- **长白山**：开发温泉度假区项目。
- **峨眉山**：投资"只有峨眉山"演艺项目。
- **黄山**：实施花山谜窟主题园区项目。
- **桂林**：与宋城演艺联合打造桂林千古情景区项目。

上面这些项目不仅为游客提供了更加多样化的休闲选择，也促进了当地的经济发展。

货币价格

货币的供需状况会影响货币的价格，进而对各行各业的基本面和估值造成影响。

前面说过，货币有 3 种价格，分别是**货币购买力**、**利率**、**汇率**。它们分别代表了货币在不同市场中的价格。

在央行把钱印出来之后，主要会有 3 批人需要——有的人想通过卖东西拿到这些钱，有的人想通过贷款拿到这些钱，还有的人想用外币来兑换这些钱。这 3 个需求就形成了 3 个市场，即商品市场、利率市场和外汇市场。

在这 3 个市场中，虽然供给方都是同一个（央行），但 3 个市场有各自的货币需求方，于是形成了 3 种价格（图 7-6）。

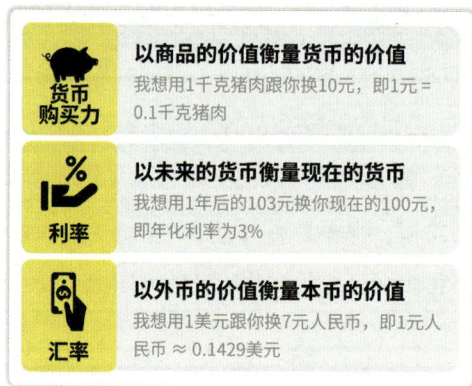

图 7-6 货币的 3 种价格

货币的第一种价格是**货币购买力**。我们平时常说的"物价",是用货币的价值来衡量商品的价值。那么反过来,我们也可以用商品的价格来衡量货币价值,这体现的是货币购买力。比如,我想用 1 千克猪肉跟你换 10 元钱,这相当于 1 元钱等于 0.1 千克猪肉的价值,或者说 1 元钱具备 0.1 千克猪肉的货币购买力。

货币的第二种价格是**利率**。利率作为价格是以未来的货币衡量现在的货币的。比如,银行想用 1 年后的 103 元人民币换你现在的 100 元人民币,这就相当于年化利率为 3%。

货币的第三种价格是**汇率**。汇率是用外币来衡量本币的价值。比如,我想用 1 美元跟你换 7 元人民币,这就相当于 1 元人民币等于 1/7 美元。

这 3 种价格的变化会对不同行业的基本面产生影响。

1. 货币购买力

货币购买力的下降体现为物价的上涨,在经济学里这被称为"通货膨胀",简称"通胀"。过度的通货膨胀,即恶性通胀,通常会导致国民财富的蒸发。这对各行各业来说是不利的。

不过,适当的通货膨胀对经济发展也有一些好处。一般来说,央行会把物价年涨幅控制在 2% 左右。这样,居民和企业就会形成货币贬值的预期。

因为拿在手中的钱不值钱，所以大家就更愿意把钱花出去，从而增加消费和投资。这种预期可以适当地刺激经济增长，同时有助于扩大就业。

物价的变化会影响行业的基本面，比如直接影响某些行业的市场规模。不少食品行业（如调味品、榨菜、农产品等）是跟整体物价水平紧密挂钩的行业。因为这些行业的市场基本已经饱和，所有人都需要，而大多数人也不会忽然变口味，消费量相对稳定，所以整个行业的增长主要与其价格挂钩。像调味品占人们的总支出的比例不大，所以人们对它们的价格变动不会太敏感，就算涨价了还会接着买。肉类虽然占人们的总支出的比例稍微高一些，但人们不会因为价格上涨就完全停止购买。因此在宏观经济不是太差的时候，适度涨价对其销售量不会有很大影响，却能提高整体的销售额。

反过来，如果降价，销售量也不见得会有很大提升，反而可能导致市场规模缩小。

2. 利率

因为货币的唯一供应方是央行，所以央行的政策一般都会影响货币的 3 种价格，其中对政策最敏感的是利率。

就宏观层面而言，一般来说，当经济下行时，央行倾向于采取宽松的货币政策。银行手头不缺钱了，就不会以较高的利率向同行借钱，利率自然会下降。利率一旦下降，消费者就会减少储蓄、增加消费，企业也会增加借贷进行投资，这些都有利于经济复苏。

而反过来，当经济过热时，央行会倾向于收紧货币政策或直接加息。

我们在第 6 章详细论述过利率的变化对估值的影响，而利率对产业的基本面也会产生影响。下面我们来看一个利率影响商业模式的案例。

美国也有自己的"支付宝"，即 PayPal。顺带一提，马斯克是 PayPal 的创始人之一。

PayPal 在 1999 年推出了类似余额宝的货币基金产品。这个货币基金由

PayPal 自己的资产管理公司通过联接基金的方式交给了巴克莱的母账户管理（后来转手给了贝莱德）。这个货币基金也有支付功能。

一开始，这个"美国版余额宝"做得不错。然而，后来利率环境发生了变化——在 2008 年金融危机后，为了刺激美国经济，美国长期实行零利率政策，这导致货币基金收益率骤减。这对"美国版余额宝"来说不是什么好事——既然存在 PayPal 账户里跟存在银行卡里的收益没差多少，那为什么要放 PayPal 账户里呢？于是这个功能变成了鸡肋，最终 PayPal 选择在 2011 年 7 月将"美国版余额宝"清盘。

3. 汇率

汇率对涉及国际定价的商品和服务的影响比较大，比如从事进出口业务的企业，或者涉及国际定价的大宗商品（比如黄金、原油等）。

人民币对美元汇率贬值意味着每一单位美元可以换到更多的人民币，这会刺激出口、抑制进口；反过来，人民币对美元汇率升值则会抑制出口、刺激进口（图 7-7）。

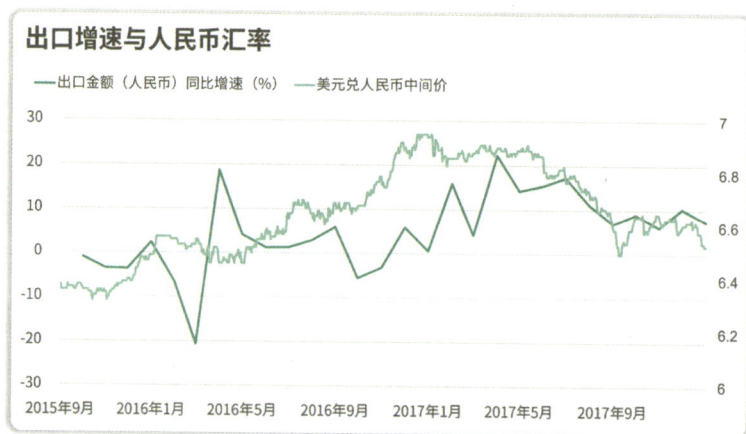

图 7-7　出口增速与人民币汇率[1]

▶ 数据来源：Choice

---

[1] 选取 2015 年 "811 汇改" 之后至 2017 年年底的数据，是为了避免汇改、中美贸易摩擦等影响。

第 3 节　文化：被重塑的市场需求

社会文化的因素包括方方面面，很难覆盖全，本节将列出部分重要因素。

一是与**人口统计学**相关的，比如人口、年龄构成、性别，等等。二是**文化变迁**，比如文化理念、受教育程度、品牌营销策略，等等。前者可视为先天因素，后者则是后天通过社会化过程或灌输形成的变化。这些因素不仅会影响经济结构，也会直接影响行业规模、塑造行业的商业模式。

人口统计学

在人口统计学方面，**人口年龄结构**的变化或许是最值得关注的。我国现在正面临人口老龄化的挑战，人口老龄化会推动与医药相关的需求，并加速自动化的进程。

根据国家卫健委的测算，预计"十四五"时期，60 岁及以上的老年人口总量将突破 3 亿，在总人口中的占比将超过 20%，社会将进入中度老龄化阶段。到 2035 年前后，60 岁及以上的老年人口将突破 4 亿，在总人口中的占比将超过 30%，社会将进入重度老龄化阶段。通常，年老意味着体衰。伴随着老龄化进程，肿瘤、心脑血管等疾病的发病率会不断攀升，与此相关的潜在医疗需求也会不断增加，这直接促进了慢性病治疗药物市场规模不断增长。

社会老龄化还意味着劳动力供给不足，我国 15~64 岁人口占比在 2010 年就达到了顶峰，劳动者数量已连续多年下降（图 7-8），且体力劳动者的数量减少尤其明显。

此外，劳动力减少也意味着劳动者的薪酬快速提升。自 2010 年以来，我国制造业城镇单位就业人员的年平均工资持续大幅增长。这一趋势会催生对自动化的需求。如今，工业自动化已从汽车、家电行业拓展到消费电子、电梯、注塑、物流等领域。以快速老龄化的韩国为例，其工业机器人的使用密度已经从 2015 年的每万人 531 台快速提升到 2021 年的每万人 1000 台，几乎翻了一番。

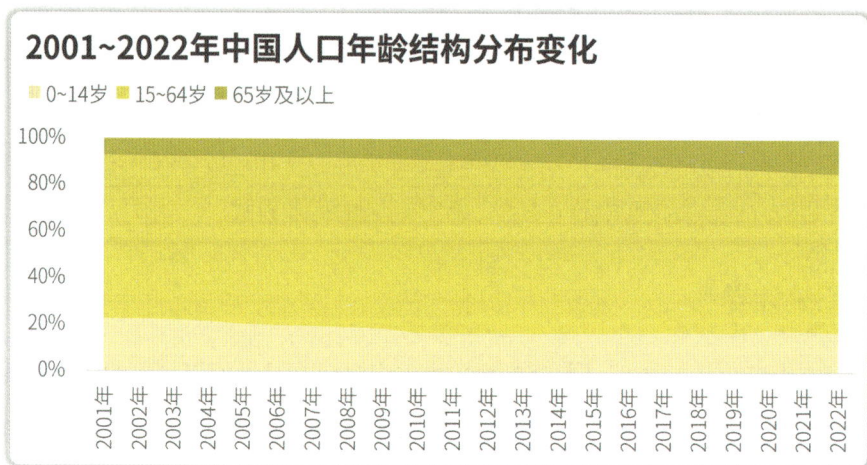

图 7-8　2001~2022 年中国人口年龄结构分布变化

▶ 数据来源：Choice

　　不过，虽然人口红利期正在成为过去时，但如今的中国还有"工程师红利"，这正是中国制造业的核心优势之一。要知道在产业升级的浪潮下，精益制造已是大势所趋，工程师已经成为极其重要的生产要素。近年来，由于大学扩招，年轻一代平均受教育程度提升，2024 年高校毕业生达 1179 万。随着老一代劳动力的逐步退出，我国的人才结构得以改善，适龄劳动力中的高学历人才占比稳步提升。因此，中国工程师人才基数大，而且每年都有源源不断的生力军补充进来。

文化变迁

　　文化理念会对行业的发展产生显著影响。比如消费者在**健康意识**方面的觉醒就深刻改变了食品饮料和餐饮行业。一个直观的例子是，主打沙拉轻食的餐厅明显越来越多了。软饮行业中各细分品类不同的销量表现也反映了消费理念的变化所带来的深远影响。软饮行业中的传统三强（碳酸饮料、果汁和茶饮料）近年来销量下滑，其市场份额逐渐被包装水、无糖饮料、纯果汁等相对健康的饮料所侵蚀。

又比如**国潮**的兴起带给很多国产消费品牌历史性的发展机遇。"00 后"等年轻一代消费者在中国强势崛起的年代长大，有着强烈的文化自信和民族身份认同感，对中国品牌和中国产品有着浓厚兴趣。在服装行业，李宁凭借其国潮系列产品成功扭转了亏损局面，从发展低谷中逆袭，短短几年内营收翻了好几番；在美妆行业，毛戈平等品牌凭借独特的中国元素迅速走红；在现制茶饮行业，茶颜悦色、霸王茶姬等品牌凭借独树一帜的中国风引来了无数的"自来水"。可以说，国潮为企业创造了高溢价率和高复购率，一度推动了业绩的快速增长。

第 4 节　技术：颠覆性的科技创新

从某种程度上来说，技术是影响最深远的驱动力。

瓦特改良的蒸汽机以机器取代人力，引领世界进入第一次工业革命的蒸汽时代。随后，发电机的发明让人类开启了第二次工业革命的电气时代。原子能、电子计算机、空间技术和生物工程的发明和应用则掀起了第三次工业革命。这一波波的技术迭代推动了大量行业的诞生和发展。

技术对行业发展的推动

技术创新对行业发展的推动作用主要体现在以下三个方面。

一是**让新兴行业的商业模式变得可行**。比如，如果没有移动互联网和智能手机的普及，网约车行业根本就是空中楼阁。

我身边也有现成的例子。我的一位大学师兄是学计算机的，大学时他对人工智能特别感兴趣。但令人无奈的是，在我们刚刚大学毕业时，人工智能相关技术还不成熟，行业也没有形成气候，想创业却很难融到资。所以他毕业后，只好老老实实地去了投资银行工作。而跟我同届的一个朋友，他毕业后选择留校读研，继续在人工智能领域深耕。过了几年，人工智能领域迎来发展风口，他追随计算机科学家汤晓鸥联合创立了商汤科技，该公司后来成功上市。人工智能技术的突破带来了大规模的产业落地，包括智慧城市、自动驾驶，等等，它们都与技术创新有关。

其实很多商业模式创新以及其他应用型创新离不开底层技术的创新。本书第2章以PC互联网和移动互联网所掀起的两次创新浪潮为例，总结了一个"创新层级金字塔"。金字塔从底层到顶层分别是基础设施、硬件、操作系统、应用程序和生态参与者，越到下面越偏技术创新，越到上面越偏商业模式创新（图7-9）。一般来说，创新都是从底层开始，向上走的。

商业模式		阶段1	阶段2	阶段3
	生态参与者	门户网站	骑手	？？
	应用程序	IE浏览器	饿了么	？？
	操作系统	Windows、macOS	iOS、安卓	鸿蒙OS？
	硬件	个人计算机	智能手机	车？VR眼镜？
信息技术	基础设施	PC互联网	移动互联网	5G/6G

图 7-9　创新层级金字塔

PC 互联网时代的创新开始于基础设施层面的互联网技术，然后转向作为硬件的计算机，随后发展至 Windows、macOS 和 Linux 等操作系统，接着延伸到各种应用程序（比如 IE 浏览器），最终触及应用程序的参与者。移动互联网时代的创新则是先从基础设施的移动互联网技术开始，然后转向作为硬件的智能手机，随后延伸到作为操作系统的 iOS 和安卓，进而发展到各种 App，最终覆盖整个 App 生态中的参与者。每个层级的颠覆式创新都是在上一个层级发生剧变后完成的。所以毫不夸张地说，技术创新是推动商业模式创新的关键力量。

技术创新的第二个作用是**实现降本增效，让新品类逐渐替代旧品类**。比如，新能源汽车正逐步取代传统燃油汽车、毫米波雷达（在一些应用场景中）逐步取代激光雷达。有些功能集成度更高的新品类甚至会成为多个旧品类的替代品。比如，智能手机不仅挤占了功能手机、MP3 播放器、卡片相机、电子词典等电子产品的生存空间，它甚至跨界影响了手电筒的需求。有时技术路线也不是唯一的，比如，动力电池中的钠离子电池和锂电池可以并行发展，风电叶片材料中的碳纤维增强复合材料和玻璃纤维增强塑料可以并行发展。

技术创新的第三个作用是**创造新的渠道，为行业的扩张提供路径**。比如，随着移动互联网的发展，电商已成长为中国零售的主流渠道，而小家电行业正是依靠电商崛起的。

技术成熟度

当然，在进行研究时，我们不能只看到技术可能带来的美好前景，同时也需要考虑技术的成熟度，即技术的产业化进程。知名研究机构 Gartner 把新兴技术按照距离成熟期的时间划分为"< 2 年""2~5 年""5~10 年"和">10 年"这 4 类，还定期发布技术成熟度曲线（图 7-10），我们可以将其作为参考。

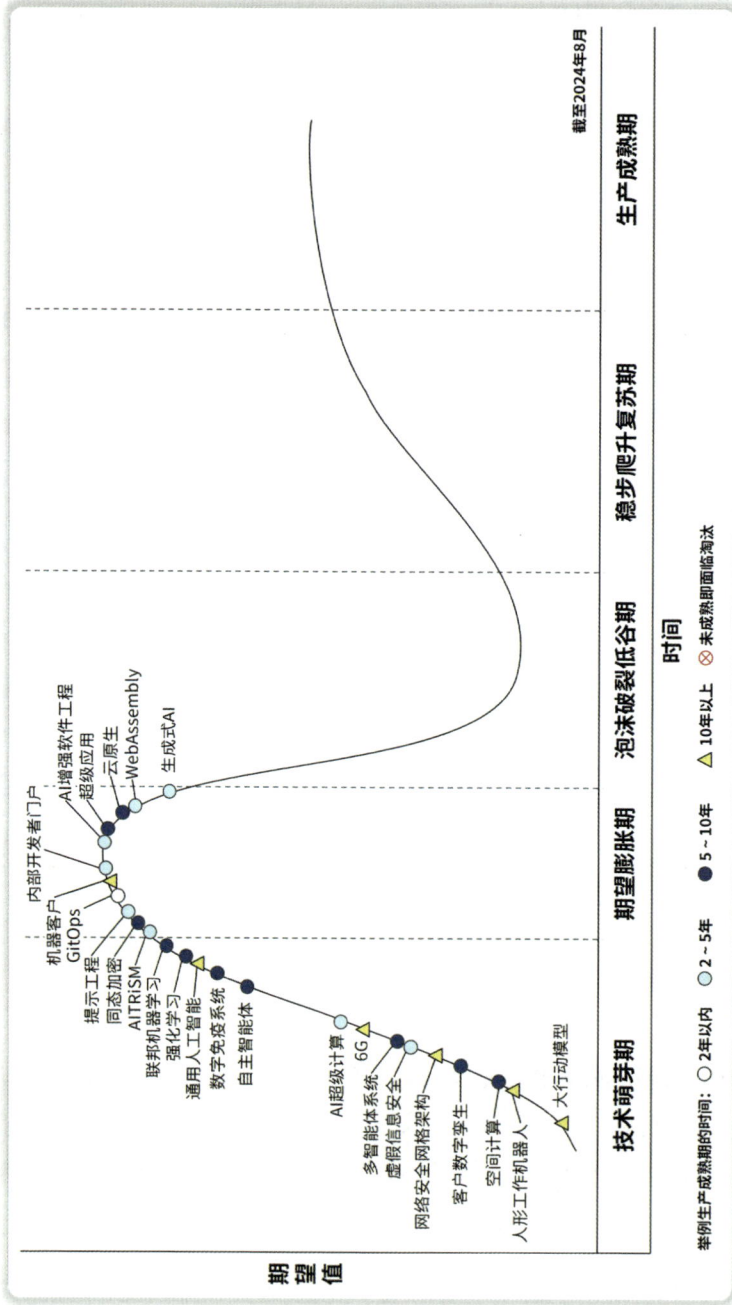

图 7-10 Gartner 发布的 2023 年新兴技术成熟度曲线

▲ 资料来源：Gartner

我们可以注意到，在技术刚开始萌芽时，大家对它的关注度一般比较低，对其实现产业化的期望值也比较低。过了一阵子，虽然产业化还无法完全落地，但在媒体的加持下，资本市场对它的期望值会急剧"膨胀"。但是，市场很快会意识到这种过度乐观的预期过于美好，于是泡沫破裂，行业估值也随之进入低谷。只有当产业逐渐落地，并在企业的利润表上体现出来时，估值才会随着期望值逐渐恢复，最后趋于稳定和成熟。

我们还可以关注全球企业龙头的资本开支和创新方向。如果多家企业龙头都在某一方向上布局，并且在资本开支上加码，那么这通常说明这方面的技术至少获得了产业界的高度认可。如果有较大规模的生产线落地，那么相关技术则已经走向产业化了。

此外，如果新技术是产业政策的支持方向，那么企业走向成熟的时间往往可以缩短。

值得注意的是，**很多时候一个行业的发展壮大是多种驱动力共同作用的结果**。以家电行业为例，技术创新带来的产品迭代、追求品质生活的消费理念和居民购买力的增强共同推动了家电产品平均售价的提升；劳动时长的延长或者闲暇时间的缩短使得人们更倾向于使用更多的机器来节省时间和精力，这也促进了家电销量的提高；此外，家电下乡、发放消费券等促消费政策也会在短期内刺激行业的销量……

有些时候，有些因素发挥着推动作用，而有些因素却起着阻碍作用，我们需要综合评估各种方向上的力量博弈后的结果。

本章小结

本章的内容要点如下。

- **政治、经济、社会文化**以及**技术**这四大外部因素的变化会影响行业的基本面和估值。

- 在**政治因素**层面，行业分析需要考虑来自国内外的监管。

  ➢ 在**国内政治**方面，最不容忽视的是产业政策。

    按照倾向性，产业政策可以分为扶持性产业政策（包括口头鼓励、补贴减税、直接投资、强制使用等）和限制性产业政策（包括限制准入、限制供给、限制价格、限制受众等）。

  ➢ 在**国际政治**方面，对我国市场冲击较大的，是美国的货币政策和美国的外交政策。

- 在**经济因素**层面，行业分析需要考虑经济发展指标和货币价格。

  ➢ 在**经济发展指标**方面，绝大部分行业的盈利都会受到**经济周期**的影响。此外，**经济发展水平**会影响**产业结构**和**需求**。

  ➢ 在**货币价格**方面，货币通过其3种价格（**货币购买力、利率、汇率**）的变化影响各行各业。

- 在**社会文化**层面，我们主要考虑的因素有**人口统计学**特征（人口、年龄构成、性别等）以及**文化变迁**（文化理念、受教育程度、品牌营销策略等）。前者可视为先天因素，后者则是后天通过社会化过程或灌输形成的。

- 在**技术**层面，技术创新对行业发展起着重要的推动作用，在分析时我们需要考虑技术成熟度。

图 7-11 呈现了本章的内容框架。

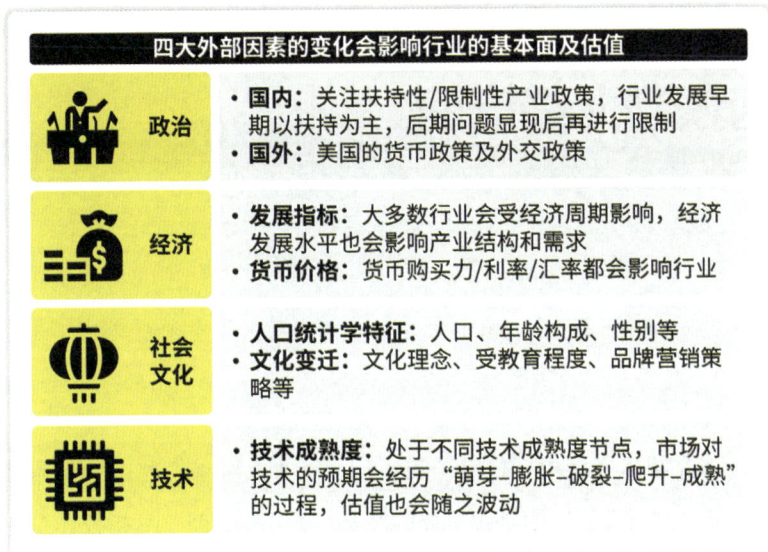

四大外部因素的变化会影响行业的基本面及估值

政治	• **国内**：关注扶持性/限制性产业政策，行业发展早期以扶持为主，后期问题显现后再进行限制 • **国外**：美国的货币政策及外交政策
经济	• **发展指标**：大多数行业会受经济周期影响，经济发展水平也会影响产业结构和需求 • **货币价格**：货币购买力/利率/汇率都会影响行业
社会文化	• **人口统计学特征**：人口、年龄构成、性别等 • **文化变迁**：文化理念、受教育程度、品牌营销策略等
技术	• **技术成熟度**：处于不同技术成熟度节点，市场对技术的预期会经历"萌芽–膨胀–破裂–爬升–成熟"的过程，估值也会随之波动

图 7-11　本章内容框架：外部因素

第8章 景气度：

如何预判业绩增速

本章将介绍**景气度**指标体系（图 8-1）。有些人对景气度这个名词可能有些陌生，但它在行业研究中是很重要的概念。近年来，景气度指标体系在投资研究领域相当流行，不少分析师的研报会提及这个词，所以掌握这个指标体系非常必要。

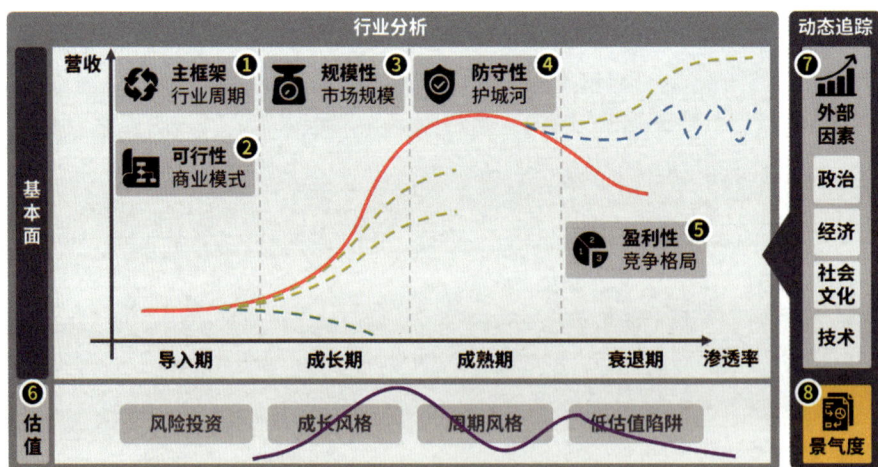

图 8-1　行业研究分析框架：景气度

顾名思义，景气度就是指**宏观经济或某一行业的繁荣程度**。一个行业的景气度高，意味着该行业的营收和利润增速快；反过来，一个行业的景气度低，则意味着行业的营收和利润增速慢。

而行业的"景气度指标"是指一系列能够高频更新、反映行业各环节经营情况的数据指标。如果这些指标的趋势不错，那么身处该行业的企业接下来公布的营收和利润数据可能会水涨船高。

在行研框架篇的 7 章内容中，我们更多的是从中长期的视角来判断行业的发展趋势，而对景气度的跟踪可以帮助我们验证自己对中长期趋势的判断，并及时调整预期。同时，在景气投资有效（市场更加看重实际业绩表现）的阶段，景气度跟踪可以让我们把握景气上行时的投资机会，并在景气下行时及时撤出。

第 1 节　价值：为什么要跟踪景气度指标

对驱动力的研究和对行业远期市场空间的测算，可以帮助我们把握行业长期的发展潜力；对产能周期和库存周期的剖析，可以帮助我们抓住行业的拐点，判断行业中期的供需格局。

但光是上述这些还不够，对行业中长期发展的判断，都只是我们基于各种合理假设和历史经验推演的结果。就算是再优秀的分析师，也很难保证自己的假设百分之百不出错，特别是外部因素的变化可能会让原本靠谱的假设被推翻。此外，历史经验也有可能失效。

因此，我们还需要紧跟市场、动态追踪，不断验证我们的观点，看看我们的观点到底对不对。这意味着我们需要持续关注行业中参与者的经营情况，使用实时的经营数据来验证我们的假设和观点。

举个例子，我们通过分析，认为某个行业的商业模式可行性很高，而且潜在的市场规模也不小。这时候，我们必须持续关注该行业内的企业的经营情况，看看是否符合我们的预期。比如，我们预判某个行业的市场规模可达20 000亿元，但实际增长到200亿元时，行业内公司的营收增速突然连续好几个季度转为负数。此时我们就需要重新审视之前的分析是不是出现了问题。问题可能出在外部因素上，或者市场规模根本就没有估算的那么高，再或者，在商业模式的可行性方面很可能存在问题，而之前对这些问题的分析过程中并没有考量到。

不过，经营数据，也就是行业的营收和利润情况，其实并不能即时获得。一般来说，需要等到上市公司的报表发布后，才能对行业的营收和利润增速数据做汇总。但是这些数据是按季度更新的，对分析师来说更新频次太低了，具有一定的滞后性。等报表出来后再做投资研究，很可能错过了最佳决策时机。

毕竟A股市场竞争激烈，大家都想"抢跑"。你要是能比同行领先一周甚至一个月准确预判某个行业的季度业绩，那无疑会取得很大优势。如果落后于人，当你发现需要减仓的时候，可能别人都已经减完了。

所以这时，景气度指标就出现了，它成为衡量宏观经济或行业的繁荣程度的重要工具。常见的反映宏观景气度的指标包括GDP增速、PMI（采购经理人指数）、工业增加值等。而针对行业层面的景气度指标就更多了。除了产销量、关键原材料价格、产成品价格、库存水平等，一些行业还有自己个性化的指标。这些指标往往更新得更及时，更新频次也更高，这可以帮助我们快人一步，更早地验证我们的投资观点。

总之，景气度指标需要满足**两个条件**。

一是它们**要能够反映行业的基本面**，帮助我们判断业绩情况；二是它们的**更新频次要足够高**，比如可以按月、周甚至日更新。在理想情况下，这些指标还应该具备一定的前瞻性，能够帮助我们预判。当然同步指标也可以接受，只要更新频次足够高。

换句话说，我们要寻找的指标有两类——一类是**前瞻性指标**，另一类是

高频同步指标。前者能让我们感知可能的发展趋势，后者能让我们及时跟踪和验证。通常，这种指标在一个行业内可能不止一个，而是有好几个。它们之间还可以互相验证，我们把这一篮子指标叫作"行业景气度指标体系"。

一般来说，确认行业景气度的方法有两种（图 8-2）。

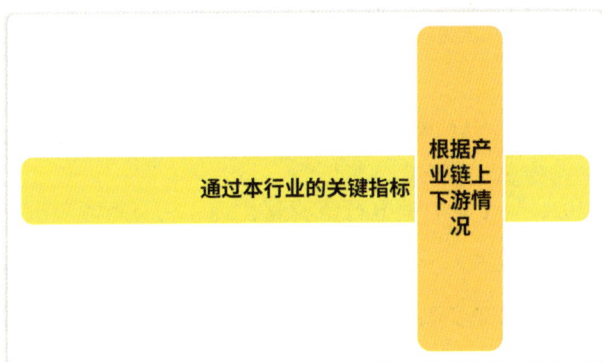

图 8-2　确认行业景气度的两种方法

第一种是，根据**产业链上下游情况**把握行业的景气度。毕竟上下游行业的业绩是相互关联的，因此，如果下游的需求不给力，上游的表现也不会太好。

第二种是，直接通过**本行业的关键指标**来把握行业的景气度。这种方法比较好理解。简单地说，就是在本行业内找到一些可以提前反映行业业绩的指标。

接下来，我们分别来看看这两种方法。

第 2 节　纵向：通过产业链上下游把握景气度

从产业链上下游这个维度去找景气度指标，关键在于找到产业链中的**核心驱动环节**。我们可以根据这个环节的情况来推断上下游的情况。

以近年来大热的新能源汽车产业链为例（图 8-3），整个链条包括最上游的锂矿、中游的锂电和下游的新能源汽车。锂电又可以细分出来正极材料、负极材料、隔膜、电解液、动力电池制造，等等。在这个产业链中，**新能源汽车**这个环节起到了引领行业的作用，它是否景气，决定了中上游的需求情况。

图 8-3　新能源汽车产业链

事实上，2021 年 A 股的锂电行情波澜壮阔，它与新能源汽车不断超预期的表现有关。从新能源汽车行业的关键指标和销量数据来看（图 8-4），2020 年国内新能源汽车销量 132 万辆。2021 年年初，市场普遍预期当年新能源汽车的销量能达到 200 万辆就已经相当出色了。但由于新能源汽车热门车型不断推出，2021 年的实际销量突破了 300 万辆。几乎每个月投资者都在上调自己的预期。而新能源汽车的大热直接带动了对锂电的需求，并最终催生了锂电板块的普涨。

图 8-4　2019~2021 年国内新能源汽车（乘用车）月度销量走势

▶ 资料来源：中国汽车工业协会

想要搞清楚产业链中的核心行业是什么，我们可以去看券商的行业研究报告，也可以自己复盘，看看哪个行业的营收变化领先于其他行业。本书挑选了一些主要的产业链，并列出了相应的核心驱动环节，供你参考（表 8-1）。

表 8-1　常见产业链核心驱动环节和景气度指标

产业链	细分产业链	核心驱动环节	引领行业	关键指标
新基建链	5G 产业链	中游	通信	产量：移动通信基站设备（累计同比）
	IDC & AI	中游	计算机	软件产业：软件业务收入
				嵌入式系统软件（累计同比）
	特高压	中游	电气设备	电网基本建设投资完成额（累计同比）
	充电桩	中游	充电桩	保有量：充电桩（总计同比）
	城轨交通	中游	城际高速铁路和城际轨道交通	固定资产投资完成额：铁路运输业（累计同比）
高端制造链	半导体链	—	半导体	费城半导体指数（月）
	工业机器人链	下游	机械设备	产量：工业机器人（当月同比）
	新能源汽车链	下游	汽车	产量：新能源汽车（当月值）
				销量：新能源汽车（当月值）
	新材料链	上游	光伏	现货价：国产多晶（一级）硅料（月）
基建链	基建链	—	基建	固定资产投资完成额：基础设施建设投资（累计同比）
房地产链	房地产链	中游	房地产	百城住宅价格指数（同比）
汽车链	汽车链	下游	汽车	销量：乘用车（当月同比）

▶ 资料来源：安信证券

因为涉及的产业链和行业很多，所以本书仅选取了最重要的关键指标。尽管精度有限，但更多的是想帮助你在自上而下做行业比较时，大致判断行业的发展方向是景气还是恶化。这些指标大多可以在各种数据终端找到，甚至很多是来自国家或各地统计局统计的数据，具有较强的数据可得性。

比如，近几年的一些政策频繁提到新基建，其中细分产业链 5G 的核心驱动环节是在中游，也就是移动通信基站设备的铺设。这一环节引领着整个通信产业。IDC（互联网数据中心）和 AI（人工智能）更关注的也是中游——软件业务收入以及嵌入式系统软件的累计同比增速指标。在高端制造方面，我们通常直接参考费城半导体指数来评估半导体行业的状况。不过，如果想再进一步，可能还要观察半导体行业的下游，比如消费电子、汽车等行业对芯片的需求变化。

在所有的产业链中，房地产的产业链可能是最重要的一个。

房地产业之所以是我国的经济支柱之一，一方面是因为它的**客单价很高**，一线城市一套房产的价格动辄几百万元甚至上千万元；另一方面是因为它的**产业链又长又宽**。如图 8-5 所示，房地产业的上游有工程机械、金属矿采选、建筑业、电力、热力、燃气、水生产供应业，甚至还包括煤炭开采洗选与石油和天然气开采；下游涉及制造业，因为购房后，消费者肯定需要添置家电、家具。此外，周边的服务业也需要有配套，比如餐饮、教育、医疗、家政，等等。所以，房地产对经济有极大的推动作用，一个行业可以拉动整个产业链的经济，影响整个产业链的繁荣与否。

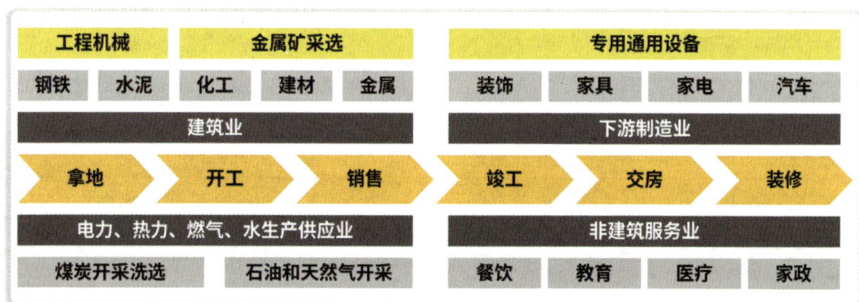

图 8-5　房地产业的产业链示意图

▶ 资料来源：华泰证券

而房地产业的产业链的核心驱动环节就在中游的房地产上。房子好卖了，对上游的工程机械和建材的需求才会增加，对下游的家具和家电的需求也会随之增加。

第 3 节　横向：通过行业关键指标把握景气度

第 2 节讲述的是从产业链的角度来分析景气度。在本节中，我们直接看行业本身。我们可以把 A 股上市公司简单分成 5 个大类别，包括**上游原材料**、**中游制造业**、**大消费**、**服务业**以及 **TMT**（Telecom, Media and Technology，电信 / 传媒 / 科技）**等新兴行业**。

上游原材料

上游原材料的周期性比较强，它更看重**价格**和**库存**。价格在很大程度上决定了行业的盈利水平，因为成本相对是比较稳定的；而库存水平则反映了供求状况和价格可能持续的时间。

以 2021 年备受追捧的硅料为例，单晶致密料的价格波动非常明显——1 月时每吨单晶致密料的价格还不到 9 万元，但到了 11 月，价格涨到了 26 万元以上。然而，到了 2023 年年末，单晶致密料的价格已经跌至 6 万元以下。从中，你可以感受到价格的弹性。事实上，成本并没有太大变化，价格上涨的部分绝大多数成了硅料行业的利润。

至于库存，它反映的是生产出来但没有卖出去的产品数量。还以硅料为例，一般一两周的库存是正常的。如果库存已经空了，那么说明硅料很紧俏，供不应求。此时价格通常不低，而且很可能会持续保持在高位。如果库存远远超过历史平均水平，除非厂家有意囤货，否则就说明硅料供大于求，后续价格很可能会从高位回落，或者延续之前的低迷态势。

表 8-2 整理了不同上游原材料的关键景气度指标。如果你平时在追踪大宗商品市场，可能对其中的一些指标比较熟悉。以下内容供你参考。

表 8-2 上游原材料的关键景气度指标

行业类别	关键指标
资源品	CRB 大宗商品综合指数
	布伦特原油（美元／桶）
	动力煤期货价格（元／吨）
	焦煤期货价格（元／吨）
原材料	螺纹钢上海库存现货（元／吨）
	螺纹钢期货（元／吨）
	铁矿石期货（元／吨）
	水泥价格指数（全国）
	LME 铜期货（美元／吨）
	LME 铝期货（美元／吨）
	电池级碳酸锂（元／吨）
	钴（元／吨）
	国内太阳能级多晶硅成交价（元／吨）
	镨钕氧化物（元／吨）
重要化工品	乙烯价格（美元／吨）
	PVC（元／吨）
	PTA（元／吨）
	甲醇（元／吨）
	尿素（元／吨）

▶ 资料来源：安信证券、申万宏源证券

中游制造业

相比之下，对于中游制造业来说，**产销量**是一个关键关注点。一般情况下，中游制造业的产品价格波动不会太大，账期比较稳定。因此，一旦知道产销量，上市公司的财务状况也基本是明牌了。此外，在中游制造业中，不少细分行业都在高频追踪产销量数据，这些数据用来反推上市公司的业绩还是非常及时的。

表 8-3 也列了一些跟中游制造业比较相关的景气度指标。从更宏观的角度看，我们可以关注制造业投资的累计同比增长、基建投资等数据。此外，发电量和除居民用电的用电量也可以反映行业的景气度情况。比如，我们可以通过用（耗）电量、铁路货运量和贷款发放量 3 个指标分析某个省的经济状况，其中耗电量是可以体现经济情况的一个关键指标。而对于基建和房地产的上游，我们重点关注的是挖掘机和重卡（重型卡车）的销量。

表 8-3　中游制造业的关键景气度指标

行业类别	关键指标
中游制造业	制造业投资累计同比
	基建投资（不含电力）累计同比
	发电量
	用（耗）电量
	用（耗）电量（除居民用电）
	挖掘机销量
	重卡（重型卡车）销量
	对外承包工程业务完成额（亿美元）

▶ 资料来源：安信证券、申万宏源证券

大消费

关于大消费，我们在分析时需要将**必选消费**和**可选消费**分开来看。

必选消费指的就是需求较为刚性的商品，其价格即便有所变化，其消费量也不会出现大幅度的变化。比如食品饮料、调味品等，都属于必选消费。

必选消费的景气度，主要看的是**通胀**，一般用 CPI（居民消费价格指数）来衡量。比如调味品，通过复盘你会发现，调味品是可以跟着 CPI 涨价的，可以说是"通胀敏感型"的产品。而涨价对它们来说，通常不会影响销量——因为它们都是刚需。所以，上涨起来的部分都是利润增长的驱动力。

　　至于**可选消费**，主要看**房地产业**的情况。这是因为可选消费大部分与家电、汽车、建材、家具这些偏改善性需求有关。它们大多跟房地产有着密切关系。前文也分析了房地产的价值链——你买房后，很可能要装修、置办新的家具和家电。如果是刚结婚买房，很多人还会再买辆车。所以这些行业也被视为是房地产后周期行业，其需求会滞后于房地产业。

　　在不少成熟赛道也会直接统计**销量**。比如前文提到的新能源汽车行业，销量尤为重要。2020 年，新能源汽车的销量不到 150 万辆，而到了 2021 年，销量翻番，显示出极强的增长弹性。相比之下，新能源汽车的价格波动就没那么大了。你很难想象一辆车的价格会从 15 万元突然飙升到 30 万元，行业均价在一年之内翻番显然不太现实。所以，分析的逻辑跟周期性行业看价格、中游制造业看产销量是类似的，其重点是关注弹性比较大的因素。

　　表 8-4 整理了大消费的关键景气度指标。

表 8-4　大消费的关键景气度指标

行业类别		关键指标
大消费	整体消费	社会消费品零售总额
	可选消费	70 个大中城市商品住宅销售价格变动情况
		商品房销售额（亿元）
		商品房销售面积（万平方米）
		克而瑞 30 个重点城市新房成交
		乘用车销量
		新能源汽车销量
		空调：内销
		空调：外销
		冰箱：内销
		冰箱：外销
		洗衣机：内销
		洗衣机：外销

（续）

行业类别		关键指标
大消费	必选消费	CPI
		生猪 / 能繁母猪存栏同比
		22 个省市：平均价：生猪
		猪料比价盈亏平衡线
		期货结算价（连续）：豆粕
		期货结算价（连续）：黄玉米
		鸡蛋 / 白条鸡 / 白羽鸡平均价
		中国寿光蔬菜价格指数：总指数
		淘宝 / 京东平台酒类 / 乳制品 / 休闲食品 / 调味品销量
		产量：白酒：当月值
		产量：啤酒：当月值
		产量：乳制品：当月值
		茅台 / 五粮液 / 国窖一批价
		五粮液 / 洋河 / 泸州老窖京东价格
		原牛乳价格

▶ 资料来源：安信证券、申万宏源证券、国泰君安证券

服务业

服务业，特别是**电力及公用事业**、**交通运输**、**金融**等领域，其整体表现通常与整个宏观经济情况有关（表 8-5）。比如房地产和金融，景气度指标大多是金融指标。至于交通运输的繁荣程度，当宏观经济表现好时，物流行业会更景气。

表 8-5 服务业的关键景气度指标

行业类别	关键指标
房地产和金融	M2 增速
	社融增速
	商业银行净息差
	商业银行不良贷款率
	保费收入
	上市证券公司净利润（季度：亿元）
	房地产新开工面积
	房屋竣工面积
	房地产开发投资完成额
	全国商品房销售面积
交通运输	BDI（波罗的海干散货指数）
	中国沿海散货货运价指数
	全国主要港口货物吞吐量
	铁路货运量
	公路货运量
	快递单价
	民航旅客周转量
	三大航（国航、南航、东航）客座率

▶ 资料来源：安信证券、申万宏源证券

新兴行业

对于 TMT 等新兴行业来说，判断其景气度更多是关注自身的产业周期。这里就不详细讨论了。

如果采用比较笼统的自上而下的分析方法，前面的内容已经涵盖了 A 股大部分重要行业。如果只需要简单地判断周期性、消费趋势、成长板块哪个占优势，前面的内容基本上已经够用了。不过，在进行行业研究的时候，我们还是应该提供更为精确和深入的分析。接下来，我们将以白酒行业为例进行详细说明。

第 4 节　案例：白酒行业的景气度指标

　　熟悉白酒板块的读者可能知道，要判断行业处在上行期还是下行期，最重要的是看**核心大单品的批发价**，比如散瓶飞天茅台的批发价（简称"批价"）。在茅台、五粮液和国窖 1573 所处的高端白酒赛道，更是如此。

　　我们先简单了解下在经销体系中白酒是怎么从厂商卖到消费者手里的（图 8-6）——酒厂按出厂价将酒卖给经销商，出厂价往往一年甚至几年才变动一次。经销商再按批价将酒卖给下游，这一环节的价格通常会随行就市，它也是市场机构跟踪的重点。

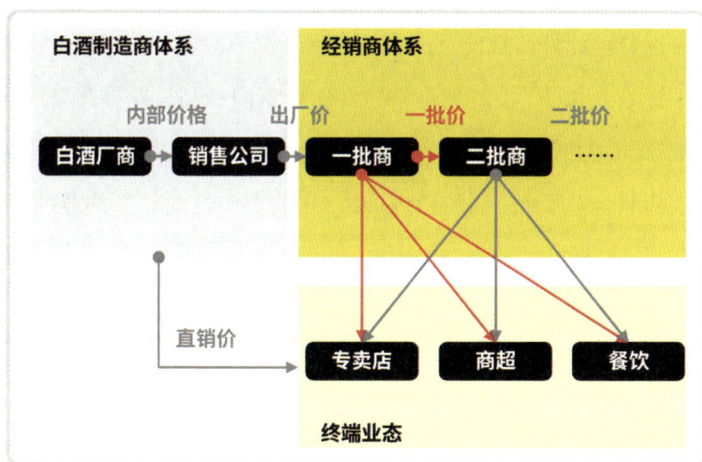

图 8-6　白酒的经销体系

▶ 资料来源：长江证券

　　批价作为景气度指标具备以下几个优势。

　　首先，**数据可得性**比较强。我们通常参考的数据来自全国最大的酒类批发市场——百荣世贸商城的交易价格，这一价格在业内简称"百荣酒价"。它如同酒水行业的风向标，不少券商机构每天都会更新这一数据，我们还可以直接在"今日酒价"微信公众号上实时查看每天的批价。相对而言，终端零售价的数据获取较为复杂。如果统计电商数据，我们可以通过"爬虫"程序，抓取电商平台的价格数据。但是，如果统计商超、餐饮业等实体渠道的数据，就太分散了，我们很难统计。至于直销价，其参考意义也不大，因为你不太可能真的抢到 1499 元的飞天茅台。相比之下，还是批价数据最容易获得。

其次，批价能够及时反映市场的供需情况，直接影响公司业绩。它既影响公司当期的业绩，也反映了品牌背后的价值。

先说说批价和业绩的关系——批价上涨可以直接推动公司业绩的提升。一般来说，如果是顺价销售，即在每个环节都没有出现亏本促销的情况下，批价决定了出厂价的上限（图 8-7）。只有批价稳步提升，出厂价才能一步一个脚印地相应提升。此外，批价上涨往往意味着供不应求。公司可以向经销商提供更多的"计划外供货"，产品价格通常比计划内的高。此外，公司还可以推出更高端的"非标品"，比如茅台生肖酒和年份酒，又或者增加直销体系的投放量，实现吨酒价（每吨白酒的销售价格）的提升。这对企业的业绩都是利好。

图 8-7 高端白酒一批价与出厂价的关系

▶ 数据来源：Wind、兴业证券、浦银国际

此外，价格也是品牌力最直接的体现。批价稳定上涨的背后是品牌知名度、美誉度、忠诚度的提高。这意味着企业的护城河越来越宽，其提价空间越

来越大，未来业绩的确定性更强，估值也自然更高。

同时，高端白酒（单价千元以上）的批价不仅反映自身的情况，还直接**决定次高端白酒**（单价 300~800 元）**的天花板**。

与经济发展水平相比，当地高端白酒的市场规模对次高端白酒的价位和市场规模有更强的解释力，毕竟一个地方茅台喝得多，很可能是因为对高价位白酒的认可度高，而次高端白酒也会跟着受益。比如，有些人可能觉得茅台价格高，但又偏爱酱香型白酒，于是就可能会选择郎酒作为替代品，因为郎酒一直自称是中国两大酱香型白酒之一。

从实际情况来看，这一推断得到了验证。虽然山东的人口和人均 GDP 均高于河南，但在高端白酒的市场规模方面略逊一筹，而次高端白酒的主流价格带和市场规模也都不如河南。简而言之，如果只能选择一个指标来判断白酒行业是否景气，选择批价一般是没有错的。批价一路上行通常意味着行业正在高歌猛进；相反，如果批价一直下跌，那么行业很可能就遇到困难了。

图 8-8 对白酒批价作为景气度核心指标的优势做了小结。

高端白酒批价作为景气度核心指标的优势

数据可得性强
- 一批价：可直接参考"百荣酒价"，获取简单
- 终端零售价：可统计电商数据；渠道分散，获取难度大
- 直销：无法买到，参考意义不大

直接影响业绩
- 一般为"顺价销售"，批价决定出厂价上限
- 批价上涨，意味着供不应求，可以卖更高价的酒，吨酒价会提升

体现品牌力
- 批价稳定上涨，代表品牌知名度、美誉度、忠诚度提高
- 品牌护城河越宽，提价空间越大，业绩确定性越强，因此估值就越高

决定次高端白酒的天花板
- 高端酒（单价千元以上）的批价直接决定次高端白酒（单价300~800元）的天花板

图 8-8　高端白酒批价作为景气度核心指标的优势

根据兴业证券的统计，2017~2021 年，茅台股价和批价之间的相关系数

高达 0.95。相关系数越接近 1，表明两者的相关性越强，0.95 是很高的相关系数，意味着批价的变动与股价走势紧密相连，也就是说批价提高了，股价往往也跟着涨。例如，2020 年年初，飞天茅台（普茅）的批价一度跌破 2000元大关，股价也下跌超 10%。而随着之后市场流动性的增加，飞天茅台（普茅）的批价年内突破 3000 元，股价也接近翻倍（图 8-9）。

2017~2021年飞天茅台批价及股价走势（元）

茅台批价（左）　　收盘价（右）

图 8-9　2017~2021 年飞天茅台批价及股价走势

如果考虑茅台具有一定的特殊性，那么我们可以看看五粮液的情况——公司股价跟批价之间的相关系数达到了 0.81。从实际情况来看，2020 年五粮液的批价一路小跑，站稳了千元价格带，其股价涨幅也超过了 120%。然而，到了 2021 年年初，公司加大供应，导致批价出现下滑。结果是，在白酒板块行情如火如荼的情况下，公司股价却表现平平，未见明显上涨。

当然，我们也要注意，有时候对于几天之内的批价波动也不必过度敏感，因为暂时的批价下跌未必意味着需求下降了。很多时候，价格的波动也与茅台公司的政策以及经销商的行为有关。

这里举个例子说明这一点。你可能知道茅台除了有单瓶卖的"散茅"，还有整箱卖的"箱茅"。因为"箱茅"有个箱子，更容易保存，送人也体面，并且箱子易于鉴别真伪，所以"箱茅"的单价一直比"散茅"高，且涨价也更快，很多经销商会囤一定数量的"箱茅"。茅台公司为了遏制囤积行为，在重大节假日前曾实施严格的"拆箱令"，要求经销商拆除箱子，将茅台酒散瓶销售，同时会检查纸箱的情况。这一规定的执行导致"箱茅"的供应量大大减少，而散茅的供应量有所增加，从而引起批价的波动。等到"拆箱令"被取消时，价格又会经历一波反向波动。至于经销商，他们本身在行业中，对行业动态比较敏感，很多时候会趋同交易，比如集体抛售或囤货。所以，批价一时之间出现几百元的波动，也不是难以理解的事情。

前文已经反复强调批价对于白酒行业的重要性，不过就像本章开始所说的，景气度不只有一两个最核心的指标，它涉及的是一篮子指标构成的体系。在白酒行业中，除了批价，经销商库存、经销商打款情况、开瓶率等，也都是值得关注的指标。全面跟踪这些指标才能更加全面、精细地把握行业的基本面。

下面，让我们逐一看看这些指标。

经销商库存

如果经销商库存远超往年，并且这种情况不是因为主动囤货，那么你就得小心是不是销售情况不太好了。

当然，还有可能是因为酒厂采取了比较激进的销售策略，它们向经销商大量压货。这也需要警惕。虽然上市公司当年或当季的报表很好看，但这是以"透支"未来空间作为代价的——大量压货但销售不畅，就会占用经销商的资金，经销商无法按正常节奏采购下一批货。

如果经销商被迫降价销售，那么不仅会损害经销商的利益，破坏酒厂和经销商之间的关系，还会影响品牌形象、扰乱现有价格体系。相反，如果经销商库存低于往年平均水平，这往往意味着销售情况不错。

经销商打款情况

通过观察经销商相比往年是提前打款还是推迟打款，打款金额是变多还是变少，我们可以了解经销商对未来销售情况的预期，这真是在用真金白银"投票"。提前向酒厂支付更多的钱通常表明经销商对未来持比较乐观的态度；而推迟支付且支付更少的钱，就值得我们警惕了。

开瓶率

开瓶率反映的是终端消费者真实消费的比例，也就是酒到底是拿去喝了，还是一直囤在家里。

如果开瓶率很低，这说明消费者基本都在囤酒，背后的心态可能是想把酒留给重大时间点用作庆祝，但更多的情况下他们可能是在坐等升值。这对于白酒的销售来说并不是什么好事，因为囤货的需求毕竟是有限的。如果囤着一直不喝，那么以后的销售就成问题了。

想要得到前面所列的 3 个指标，通常需要依赖草根调研或者专家访谈，而且这些数据往往很难量化。对于有条件的人来说，可以自己调研或参加券商的电话会，电话会会定期邀请各地区的主要经销商分享行业的情况。如果没有条件，也可以阅读卖方发布的月报和周报，获取经过卖方分析师梳理的结果。

有时这几个指标反映的情况可能是相互"打架"的——比如，批价可能呈上升趋势，经销商打款也很积极，但库存超过了历年平均水平。在这种情况下，就要仔细分析背后的原因了。如果经销商只是想囤一些货，只要数量不过分夸张，我们也不用过度焦虑，因为这种行为本身也反映了渠道对品牌的认可。

我们在研究的时候不能刻舟求剑，还是要理解指标背后的逻辑。这也是主观投资相比量化投资的优势。如果仅凭指标就能投资，那么大家都把钱交给人工智能打理就好了。

本章小结

本章的内容要点如下。

- 跟踪景气度指标可以帮助我们先于报表提前预判行业和公司业绩的走向。景气度指标需要满足两个条件。
  - ➤ 一是它们要**能够反映行业的基本面**，帮助我们判断业绩情况。
  - ➤ 二是它们的**更新频次要足够高**，可以按月、周甚至日更新。
- 确认行业景气度的方法有两种。
  - ➤ **通过产业链上下游把握景气度**：可以通过产业链中的核心驱动环节来推测整条产业链的景气度。
  - ➤ **通过行业关键指标把握景气度**：上游主要看价格和库存；中游制造业主要看产销量；在大消费中，必选消费主要看通胀，可选消费主要看房地产业；电力及公用事业、交通运输、金融等服务业主要看宏观经济；而 TMT 等新兴行业主要看自身的产业周期。
- 研究时不能刻舟求剑，还是要关注景气度指标背后的逻辑。

图 8-10 呈现了本章的内容框架。

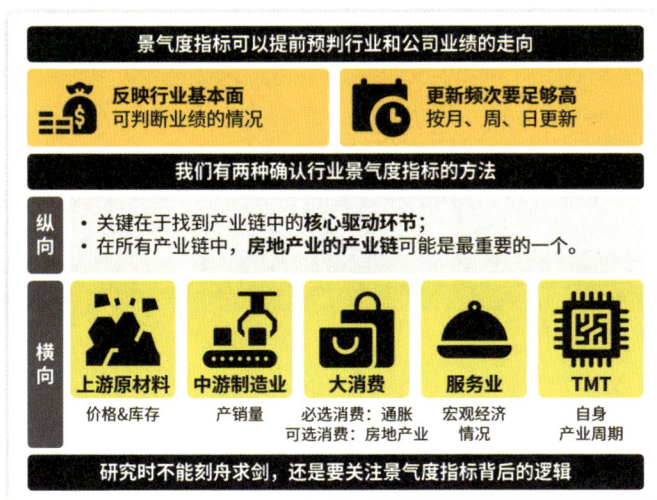

图 8-10　本章内容框架：景气度

第二部分

行研实战篇

第 9 章 案例：新能源汽车研究框架

　　看完行研框架篇的内容，我们仅仅是"眼睛学会了"，而要做到真正掌握这个框架，我们需要持续地将这个框架应用到对各个行业的分析上。

　　就像我当年毕业后在麦肯锡就职时，入职培训教会了我最经典的解决问题方法论，而真正融会贯通并在各个项目中进行应用，已经是我做了大半年的项目之后了。毕竟只有那些随时可以应用的知识，才会真正内化为你自身的一部分。

　　当然，如果你的工作暂时缺乏练习行研框架的场景，你也可以主动创造分析的机会。我有一个读者，他的本职工作跟分析师八竿子打不着。但自从学习了我分享的方法论后，在日常生活和工作中，他一找到机会就会应用它们。比如跟老板分析公司的商业模式、跟朋友聊对方从事的行业时直接分析行业的护城河，或当亲戚问自己要不要合伙开店时快速估算行业的市场规模……

　　此外，我们也可以多研究一些具体案例。比如第 9 章便精选了近几年备受瞩目的新能源汽车行业作为案例。我们一起来看看前文所述的行研框架如何在实际场景中应用。

第9章 案例：

新能源汽车研究框架

本章将聚焦新能源汽车行业。

这个行业曾经给很多成长型投资者带来丰厚回报。在最火的时候，有公募基金经理曾说："基金经理有两种，一种是踩中了新能源风口的，另一种是踏空了的。"

而且，新能源汽车的上下游涉及很多细分行业，用一条线梳理下来可以覆盖上游原材料、中游制造业和下游消费。它非常适合作为一个案例研究。

第1节 新能源汽车行业所处的产业生命周期阶段

在开始分析前，我们先定义一下行业的边界。按照国家的政策文件，新能源汽车主要包括**纯电动汽车（PEV）**、**插电式混合动力汽车（PHEV）**和**燃料电池汽车（FCEV）**这3种（图9-1），它们在政策文件中被称为"三纵"。

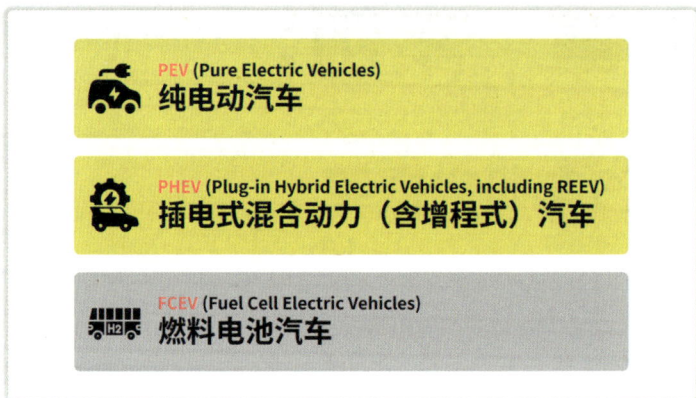

图 9-1 新能源汽车类型

顾名思义，纯电动汽车没有内燃机，只有电池，完全靠电池驱动。插电式混合动力汽车则有两套动力系统，能够仅通过电力、仅通过燃油，或者混合两套动力系统（混合动力）来驱动。还有一种是增程式混合动力汽车，它虽然也有两套动力系统，但它是由电动机驱动的，而不是内燃机驱动的。内燃机的主要功能是驱动发电机发电，给电池充电。国家把增程式混合动力汽车并在了插电式混合动力汽车中。

在燃料电池汽车中，最具代表性的是氢燃料电池汽车。燃料电池汽车的市场占比很小。根据中汽协的统计数据，2023 年，燃料电池汽车的全国销量仅为 5805 辆。与其他两种新能源汽车月销量均达数十万相比，这一销量数字几乎可以忽略不计。

此外，燃料电池汽车的产业链与其他两种新能源汽车的差异较大，因此本章的分析主要围绕纯电动汽车和插电式混合动力汽车展开。

接下来需要回答的问题是：目前（2024 年 6 月），新能源汽车行业处于哪个产业生命周期阶段？是处于导入期、成长期还是成熟期？（至少我们可以肯定它不处于衰退期……）

回顾第 1 章的内容并参考图 9-2，我们可以利用渗透率来划分行业所处的不同阶段。

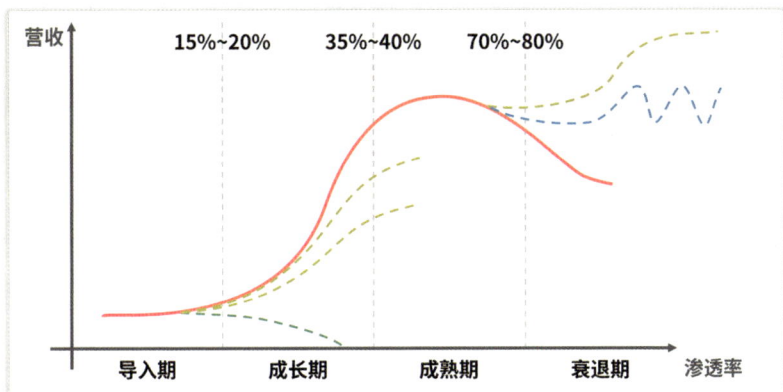

图 9-2　用渗透率划分行业周期阶段

▶ 资料来源：广发证券、《估值逻辑》

根据公安部发布的渗透率数据，如果只看存量汽车，也就是从汽车的总保有量来看，新能源汽车在 2024 年 6 月底只占 7.18%。如果用这个数据来判断，可能会得出新能源汽车仍然处于导入期的结论。如果是这样，我们的分析重点应该放在对商业模式的验证上。然而，这个结论明显跟我们的直觉和实际情况不符合，因为新能源汽车的商业模式似乎已经成立了。

这种情况看似矛盾，其背后的逻辑在于，汽车跟其他行业不太一样，它的替换周期相当长，一般在 10 年左右。所以，我们更应看重的是**新车渗透率**，即每月卖出去的汽车中新能源汽车的比例。

根据乘联分会的数据（图 9-3），2022 年，新能源汽车的新车渗透率大多数时候保持在 20% 以上，并在 9 月之后基本稳定在 30% 以上；而进入 2023 年 2 月后，新车渗透率都稳定在 30% 以上，并且一路提升，到了 11 月甚至突破了 40%。

2021~2023年新能源汽车月度零售渗透率

图 9-3　2021~2023 年新能源汽车月度零售渗透率

▶ 数据来源：乘联分会

难道新能源汽车行业已经进入成熟期了？

我们可以结合销量的同比增速来分析这一问题。除了个别月份的波动，新能源汽车销量的同比增速基本保持在两位数。

首先，这么高的增速表明，新能源汽车的商业模式已经得到了验证。其次，基于新能源汽车销量的同比增速远超国家 GDP 的增速这一事实，应该说新能源汽车行业不能算是已经进入了成熟期。所以，我们可以得出这样一个结论：新能源汽车行业目前正处于从导入期向成长期过渡的阶段。因为汽车的使用寿命比较长，再加上燃油车的品牌护城河还在，所以新能源汽车的渗透率还没有一下子升至高点。

这提醒我们，在做分析时，千万不要刻舟求剑，而应该根据行业特点，具体问题具体分析。

下面，我们来看看新能源汽车行业的商业模式。

第 2 节　新能源汽车行业的商业模式

新能源汽车行业的主流商业模式就是平平无奇的卖货卖服务——上游卖给中游碳酸锂，中游卖给下游电池，下游卖给终端消费者整车。在下游销售整车时，还会卖车载服务软件等增值产品。

在对商业模式有了基本认知后，我们可以尝试判断这一商业模式的可行性，尽管这么做可能有点儿多此一举。燃油车兴盛了那么多年，对汽车的需求总不可能是伪需求。而新能源汽车作为燃油车的替代品，其发展增速一直稳定在两位数，而且上市公司都有好几家，所以其商业模式的可行性不言而喻。不过，为了保持分析的完整性，我们先按步骤，完成对商业模式可行性的分析。

首先，让我们回顾一下，要判断一个行业的商业模式靠不靠谱，可以分两步走——先评估销售的可行性，也就是卖不卖得出去（是否能顺利销售）；再评估盈利的可行性，也就是能不能赚得到钱（是否能实现利润）。

先来看看销售的可行性。还记得第 2 章提到的这句话吗？"成功的商业模式往往不是创造新的需求，而是用新的方式（新的解决方案）来满足旧有的需求。"我们从时间维度来考量，如果去看需求的底层，其实新能源汽车满足的就是安全出行的需求，它在本质上就是对燃油车的替代。所以经过评估，这个需求显然是真实存在的，并不是伪需求。

下面，我们再进行对盈利可行性的评估。我们从定性和定量两个角度来考量。

从定性角度分析，我们关注的是收入和成本。

收入主要取决于需求的弹性和频次。我们常说的衣食住行中，出行肯定是高频、刚需。但人们不一定选择开汽车出行，因为出行也可以选择公共交通或者打车。不过有个变量是，近几年，人们对具有私人空间的出行需求增加了，对开汽车出行的需求比以前"刚需"了不少。开汽车出行的频次也不低，比如有车一族，自己开车上班、带娃上学的频次都是很高的，周末时还会带家人出城玩，在经济拮据的时候还可以用私家车"跑滴滴"。所以通过整体分析，我们可以发现这个需求的弹性很大，频次也很高。

在成本方面，我们要看标准化程度。新能源汽车确实是标准品，生产的标准化程度较高，所以在定性分析方面新能源汽车行业是具备盈利可行性的。

从定量角度分析，很多新能源汽车公司已经上市了，就不需要自己去算UE模型了，而是可以直接参考这些公司的财报。

值得注意的是，我国的三大造车新势力——蔚来、小鹏和理想（合称"蔚小理"）在2022财年都是亏损的。2023财年理想扭亏为盈，而蔚来和小鹏仍在亏损。不过，老牌电动汽车制造商比亚迪近几年都是盈利的。此外，如果从空间维度去对标，特斯拉也实现了盈利。所以综合来看，新能源汽车行业的商业模式是可行的。

此外，我个人觉得在新能源汽车行业比较有意思的商业模式是**换电**。比如宁德时代等电池制造商，可以搞个换电站，在站内多放些电池。电动车车主可以到换电站直接把没电的电池卸下来，换上充好电的电池。几分钟内车主就可以重新上路了。这种速度和便捷性直接赶上传统加油了。更换下来的电池就放在换电站充电，等充好后再供其他车辆使用。在这种模式下，电动车车主不用买电池，平时通过换电站按需付费即可。

换电这种商业模式在某种程度上实现了多方共赢。

- **对换电站来说：** 换电站不用修得那么大，坪效要比直流快充和交流慢充都要好，毕竟不会有车趴在那里几小时不动，占用位置；换电站里的电池平时可以采用慢充方式，来延长电池的使用寿命。要知道，在现有技术条件下，快充是会影响电池寿命的，因为充电电压越高、电流越大，电池寿命缩短得越快。

- **对电网来说**：换电站所需的功率远远低于集中式充电站，因此对电网系统的冲击相对较小。
- **对车主来说**：电池在整车价值中所占比重较大，如果电池性能衰竭的速度比较快，就使得新能源汽车容易贬值。而在换电模式下，整车和电池可以分离，车主不用买电池，只需平时按需租用即可，这样一来车辆保值问题就可以得到比较好的解决；而且如果不用购买电池，购车成本还能降下来，这对车主来说是件好事。

如果换电模式将来真的能广泛推广，那么它将成为商业模式创新推动行业发展的一个经典案例。

下面，我们来测算一下新能源汽车行业的市场规模。

第 3 节　新能源汽车行业的市场规模

一般来说，评估市场规模主要是为了看看身处行业中的企业是否有上市的可能。目前，新能源汽车行业内已有多家上市公司，进行市场规模的分析可能看起来也多此一举。但是，通过测算市场规模我们至少可以了解该行业的利润量级，这可以辅助我们判断行业未来的增长空间。

虽然乘联分会和中汽协已经帮助我们统计了相应的数据，但是我们还是可以自行估算下 2030 年新能源汽车的市场规模。

新能源汽车（FCEV 除外）主要分为**乘用车**和**商用车**两大类。乘用车指包括驾驶员座位在内最多不超过 9 个座位的轿车、SUV 等，商用车可以进一步细分为商用客车和商用货车。

我们先看看乘用车市场。比较常见的算法是用乘用车总销量乘以新能源汽车渗透率，得出新能源乘用车的总销量：

新能源乘用车的总销量 = 乘用车总销量 × 新能源汽车渗透率

此公式基于一个简单的道理：无论是新能源汽车还是燃油车，人们对乘用车的整体需求是固定的，因此新能源汽车能卖多少（销量）就取决于在这一市场能分多大的蛋糕了（市场份额）。

于是，接下来的任务就变成预测乘用车的总销量和新能源汽车的渗透率。

1. 乘用车总销量

在估算乘用车总销量时，我们采取较为保守的方法，只估算存量替换需求或者更新需求。 这意味着我们需要关注乘用车的总保有量有多少，以及每年可能需要报废、购买新车的比例。

乘用车总销量 = 乘用车总保有量 × 年均存量替换率

我们逐一来算。首先估算乘用车总保有量。

因为乘用车绝大部分是卖给个人的，所以可以使用下面的公式来估算乘用车总保有量。

乘用车总保有量 = 总人口 ÷1000× 乘用车千人保有量

在**总人口**方面，根据国家的人口发展规划，**预计总人口会在 2030 年前后达到峰值，约为 14.5 亿人**。这一数据来自权威信源，可直接使用。

至于**乘用车千人保有量**，这是业内比较常见的一个统计指标，它主要与经济发展水平、消费习惯、人口密度、交通基础设施、相关政策法规等因素有关，其中最重要的因素是经济发展水平。

我们复盘中国、日本和韩国的乘用车消费情况后，发现**乘用车千人保有量与人均 GDP 有很强的正相关关系**（图 9-4）。相关系数越接近 1，说明正相关性越强。中日韩三国这两个变量的相关系数都接近 0.99。所以，要想预测**乘用车千人保有量**，关键在于分析人均 GDP 的情况。

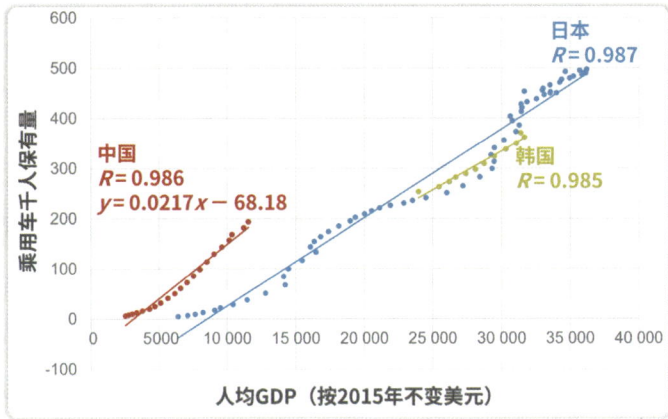

图 9-4　中日韩乘用车千人保有量与人均 GDP 的关系 [1]

▶ 数据来源：Choice、Wind

以 2015 年美元币值为基准，2023 年我国人均 GDP 为 12 174 美元。如果按每年 5% 的增速计算，到 2030 年我国人均 GDP 约为 17 130 美元；而如果按每年 5.5% 的增速计算，到 2030 年我国人均 GDP 约为 17 709 美元（图 9-5）。

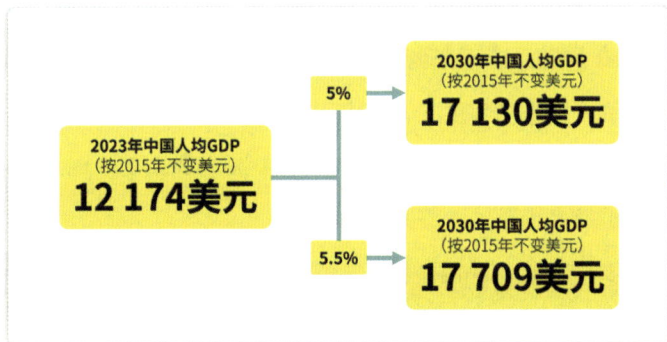

图 9-5　不同经济增速假设下的 2030 年中国人均 GDP 预测

▶ 数据来源：世界银行

----

[1] 由于数据可得性差异，该图统计的是 2002~2022 年的中国数据、1960~2022 年的日本数据以及 2000~2020 年的韩国数据。图中 R 为相关系数，y 为乘用车千人保有量，x 为人均 GDP（按 2015 年不变美元）。

这里涉及一些基础的统计学知识。我们可以用线性回归分析方法进行预测。

根据图 9-4 的公式（$y = 0.0217x - 68.18$），我们推算出乘用车千人保有量为 $0.0217 \times$ 人均 GDP（按 2015 年不变美元）-68.18。假设中国的经济增速保持在 5%，那么预计到 2030 年中国的乘用车千人保有量约为 303.54 辆，中国的乘用车保有量将超过 4.4 亿辆；如果经济增速保持在 5.5%，那么预计 2030 年中国的乘用车千人保有量约为 316.11 辆，中国的乘用车保有量将超过 4.58 亿辆。

如果担心中国乘用车销量的增长斜率会随着销量的增加而放缓，那么我们也可以对标日本、韩国的情况。但是日本、韩国的增长斜率比我国的平坦很多。换句话说，如果对标日本、韩国的情况来计算，这一中国乘用车保有量的预测数据其实是比较保守的。如果按人均 GDP 1.7 万美元计算，到 2030 年中国人均 GDP 与韩国 2001 年、日本 1977 年的水平大致相当，对应的乘用车千人保有量分别为 170.66 辆（韩国）和 174.11 辆（日本）。实际上，中国乘用车千人保有量在 2022 年就已经超过 190 辆了。

在后续的计算中，我们可以保守一点，采用 4.4 亿辆作为 2030 年中国的乘用车保有量的预测值。

有了总保有量后，接下来要计算**年均存量替换率**，也就是计算每年需要换掉的汽车比例。从平均角度看，这个比例等同于报废年限的倒数。

试想一下，如果汽车通常使用 10 年后报废，那么 100 辆新车在经过 10 年的使用后该更换多少辆呢？答案是 100 辆。

但是在现实中，这 100 辆存量汽车，不可能全是新的。有的可能已经开了 1 年，有的可能开了 2 年……如果假设车龄刚好在 0 年（新车）到 9 年（还有 1 年报废）之间均匀分布，那么每个车龄段的车辆各有 10 辆（新车 10 辆、车龄 1 年的 10 辆、车龄 9 年的 10 辆）。按照这样的车龄分布，每年刚好需要更换 10 辆车。这里的 10 辆就是基于 10 年报废期计算出来的年均替换量。

当然，这种车龄均匀分布的假设比较理想化，主要是为了便于计算，但实际情况可能会有所不同。

请注意，我之前提到的"10 年"并不是随便说的，现实中，国内汽车的报废年限确实是 10 年左右。

根据 2020 年前后的数据，每年乘用车报废数量与 10 年前的新车销量比较接近，而且国内二手车的使用年限也主要集中在 10 年以内，超过 10 年的仅占 9.9%，所以我们可以假设乘用车平均使用年限是 10 年。这意味着年均存量替换率为 10%，即每年更新 10% 的乘用车。

接下来，我们可以计算总销量了——将总保有量（4.4 亿辆）与年均存量替换率（10%）相乘，得出 2030 年国内乘用车销量预计约为 **4400 万辆**。

到这里离估算新能源乘用车的销量只差一步了。我们还需要估算新能源汽车的渗透率。

2. 新能源汽车渗透率

一个可以作为参考依据的是，美国设定的 2030 年新能源汽车的渗透率目标定为 50%，而美国目前新能源汽车的推广速度远远低于我国。在推广上更为积极的是欧洲，欧洲计划到 2035 年实现燃油车全面退出市场（包括油电混合动力类），届时仅保留完全零碳排的电动车和氢能车。所以，新能源汽车的渗透率预估为 50% 比较合理。

到这里，我们终于可以计算新能源乘用车的销量了：4400 万辆乘以 50%，结果等于 2200 万辆，即预计到 2030 年新能源乘用车的销量将达到 2200 万辆。

与 2023 年 730.5 万辆新能源乘用车的销量相比，到 2030 年新能源乘用车销量还有两倍的增长空间。

新能源商用车的总销量也遵循类似的计算方式。

新能源商用车的总销量 = 商用车总销量 × 新能源汽车渗透率

考虑到商用车市场的天花板比较低，本章就不详细展开了。

从历史经验来看，国内商用车的销量增速与 GDP 的增速比较接近，比如 2015~2020 年，商用车销量的复合年增长率为 8.2%，同期 GDP 的复合年增长率约为 8.0%——这并非巧合，它反映了经济越好，货运和客运的需求就越旺盛。

我们假设未来 10 年国内商用车的销量增速与 GDP 增速继续保持接近，根据东吴证券的测算，2030 年国内商用车的销量将达到 855 万辆。

在渗透率方面，根据罗兰贝格的预测，到 2030 年，国内新能源商用车的渗透率可能达到 20%，我们可以将其作为参考值。用新能源商用车的销量 855 万辆乘以 20%，可以推算出 2030 年国内新能源商用车的销量将达到 171 万辆。

顺带一提，有了新能源乘用车销量和商用车销量的预测，我们还可以进一步预测动力电池的总装机量。只需将单车的电池容量（每辆车所需电池数量）与两者的总销量相乘，即可得出结果。

如果你想进一步估算正极、负极这些材料，甚至锂资源的需求量，也可以采用相同的计算方法，此处不再赘述。

随着新能源汽车的需求持续增长，上下游至少在需求侧都不会太差。

接下来，我们来看看新能源汽车行业的护城河——防守性。

第 4 节   新能源汽车行业的护城河

在行业的成长期就考虑护城河似乎有些多虑。目前应优先看的是作为“进攻者”的新能源汽车如何突破燃油车现有的护城河。

前文提到，我们可以通过独占生产要素来构建资源垄断的护城河，也可以通过独占生产关系来构建网络效应的护城河，从而实现更高的营收和更低的成本。

现在，我们可以依照这个框架来分析新能源汽车行业是如何尝试替代燃油车的。

首先，我们看看燃油车之前是如何独占**生产要素**的。

燃油车在生产要素方面的护城河还是在于**资本优势**。

- **劳动力**：只要你花得起钱，就可以"挖到"明星企业家加入，因此这方面并没有明显的护城河。
- **土地**：如果车厂离供应商近，可以降低物流成本，形成优势。但是，在汽车行业中，通常都是供应商跟着车厂走，而不是反过来。
- **技术**：内燃机技术一度是难以逾越的门槛，它导致我国的汽车行业在一开始比较落后。当时想要弯道超车极为困难。我国的汽车发动机最早还需要采购其他国家的产品。而新能源汽车用的是电池，绕开了内燃机技术这个护城河。这也是为什么市场会认为，在这个赛道国内汽车厂商会有更多的机会。
- **数据**：从数据采集的角度，燃油车厂商可能不及新能源汽车厂商有商业直觉。此外，拥有最多数据的往往还是互联网平台企业，所以与它们合作也是一个不错的路径。比如，吉利就与百度合作造车。换句话说，在数据层面，燃油车的优势很容易被其他互联网平台企业绕过。

因此，如果非要说一个燃油车在生产要素方面的护城河，或许就只剩下"资本"了。毕竟造车确实是一个重资产行业，建立生产线需要投不少钱。

接下来，我们看看燃油车之前是如何独占**生产关系**的。生产关系主要有4组。

- **政府机构**：燃油车在这方面没有什么优势。从国家政策导向来看，发展新能源汽车，逐步淘汰燃油车已是大势所趋。
- **同行**：从目前来看，燃油车并没有形成价格联盟。

- **供应商**：从供应商的角度来看，新能源汽车是个势不可当的趋势。所以，它们更愿意先与新能源汽车厂商建立良好关系。例如，在2020~2021年全球芯片短缺时，汽车芯片也很缺乏。当时，供应商优先把芯片供应给新能源汽车厂商，而燃油车在这方面并无优势。

- **客户**：除非是高端车型会有自己的车友会等社群，否则普通车型很难有忠实的客户。毕竟汽车属于高价商品，大家不会仅凭品牌就冲动购买。客户更多地会去比较硬件性能、软件性能，等等。因此，从客户关系来看，燃油车算不上有护城河。

综上所述，我们不难得出结论：燃油车被替代是必然结果。

当然，新能源汽车的未来不一定就是一片坦途，它也有可能被其他技术所替代。我们在投资这个赛道时，需要警惕的是**小型航空器**。

一个很有意思的案例是关于美股上市公司亿航的。亿航的产品相当于大型无人机（无人驾驶载人航空器），可以载人。目前，它的产品被用于赛事救援等场合（图9-6）。如果未来得到广泛普及，它对新能源汽车将会是一个重大威胁，因为在天空上飞相当于大幅扩大了道路容量。

图9-6　小型航空器

▶ 图片来源：亿航官方网站

当然，不少新能源汽车企业也察觉到了这个趋势。例如小鹏投资的小鹏汇天就在积极开发分体式飞行汽车。在 2023 年 12 月举办的第五届浙江国际智慧交通产业博览会上，嘉兴南湖交科院就与小鹏汇天签下了一个大额订单，预订了 100 台"陆地航母"飞天汽车。这款分体式飞天汽车，既可以在地上跑，也可以分体出载人飞行器。

下面，我们来看看当前新能源汽车行业的竞争格局及其盈利性。

第 5 节 新能源汽车行业的竞争格局

第 5 章提到，竞争格局分为横向和纵向两个方面。

横向格局（同行的情况）相对简单。目前还是比亚迪独领风骚，且行业的 CR4 超过 50%（图 9-7）。

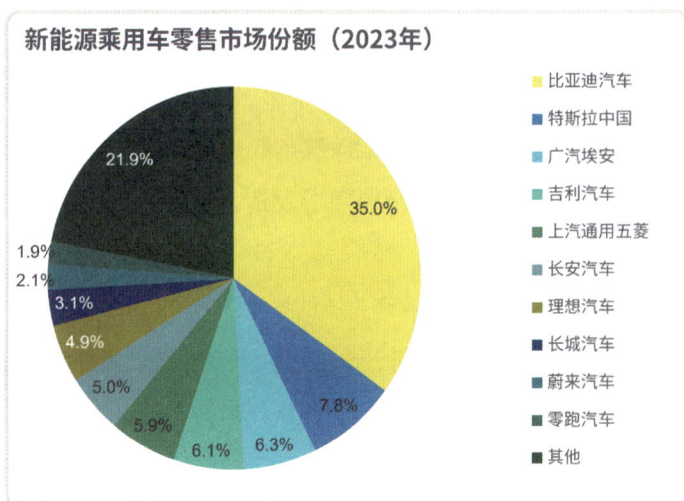

图 9-7 新能源乘用车零售市场份额（2023 年）

▶ 数据来源：乘联分会

不过，要留意的是，由于数据的可得性问题，图9-7中的市场份额数据主要是基于零售销量来估算的，没有考虑客单价的问题。

然而，毕竟新能源汽车市场还处于成长期早期，没有拿下的市场还很大，所以此时还不必去跟竞争对手抢市场份额。行业也还没有进入稳定市场周期化阶段，自然也没有明显的产能周期。因此，通常来说，在这一阶段我们不会在横向格局的分析上给予过高的权重。当然，这是一般情况下的分析，在后面的估值分析中，我们还会探讨新能源汽车行业的特殊性。

接下来我们重点看看**纵向格局**。

新能源汽车产业链有一个很有意思的现象：虽然国内在**整车制造**领域有不少相关上市公司，包括传统车企和造车新势力（比如前文提到的"蔚小理"），但整体而言，它们与特斯拉之间还有一定的差距；相反，**原材料和零部件厂商**却有着相当强的国际竞争力，这就使得最核心的投资标的，也就是最具投资价值和潜力的环节，并不在下游，而在中上游。仅关注整车制造可以说是挂一漏万。

不过，整个新能源汽车行业的产业链比较复杂，我们需要先花时间梳理一下上下游的情况。参考图9-8，新能源汽车行业的产业链大致可以划分为**上游的有色金属和化工原材料、中游的零部件制造，以及下游的整车制造、服务和软件应用**。

简单介绍一下新能源汽车行业产业链的各个环节。

新能源汽车主要由**电池、电机、电控三大系统组成**，其中电池有**正极材料、负极材料、隔膜、电解液四大材料**；正极材料需要用到锂，这就延伸出锂矿和盐湖提锂等上游环节。最上游的锂资源加工成电池级磷酸铁锂、锰酸锂等化合物，然后用于制作正极材料。它与中游其他环节，如负极材料、隔膜、电解液等一起组装成电池，成为电动车的核心零部件。

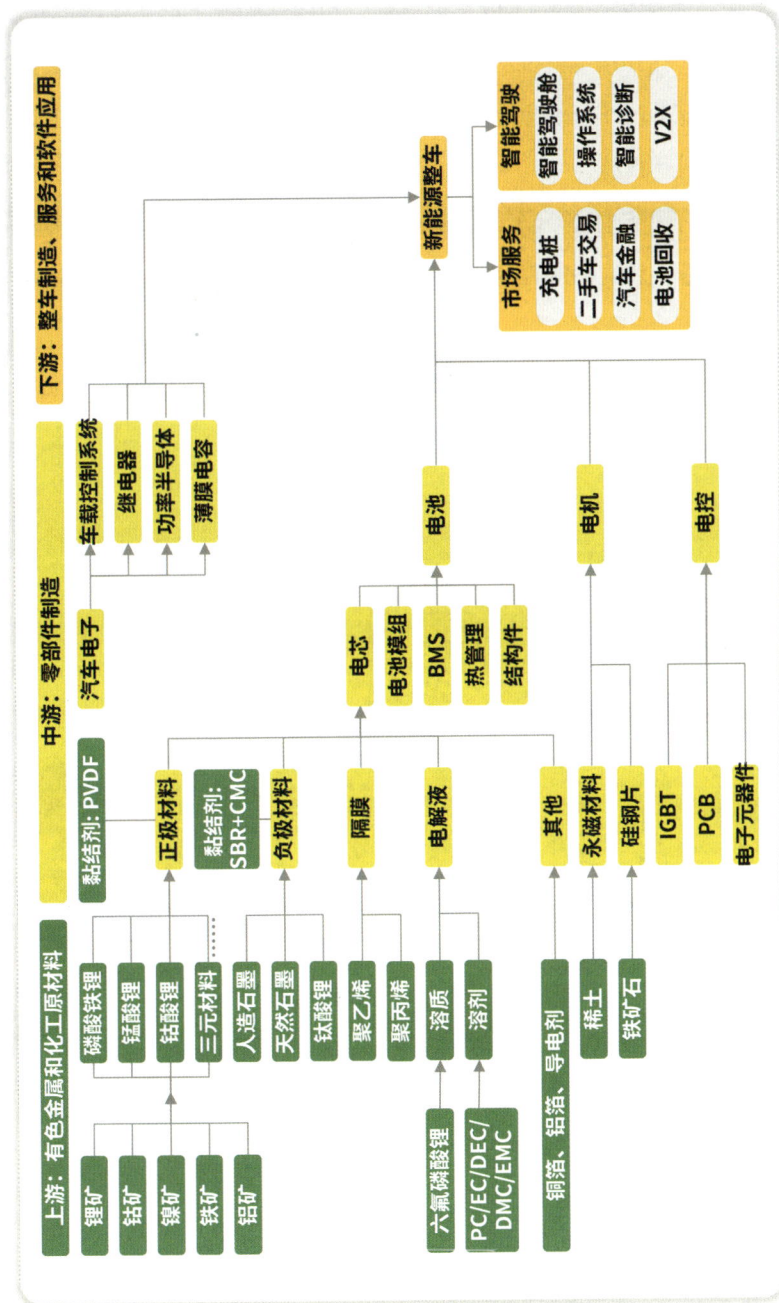

图 9-8　新能源车行业的产业链概览

▲ 数据来源：国泰君安

至于下游，**智能化**是电动车的发展方向，智能驾驶舱、操作系统都是衍生出的细分方向。比如华为就推出了自己的鸿蒙车载操作系统。此外，与传统燃油车一样，新能源汽车行业也有汽车金融、二手车交易等**市场服务**，以及类似加油站的充电桩等设施。

你可能发现了，新能源汽车行业的产业链串联了许多细分行业。学会分析新能源汽车行业，就能一通百通，在理解和分析其他行业时我们可以照葫芦画瓢。

当然，上述产业链有点儿复杂，**我们可以将其简化为采矿及回收、正负极、隔膜及电解液、电池制造、整车制造 5 个板块**（图 9-9）。

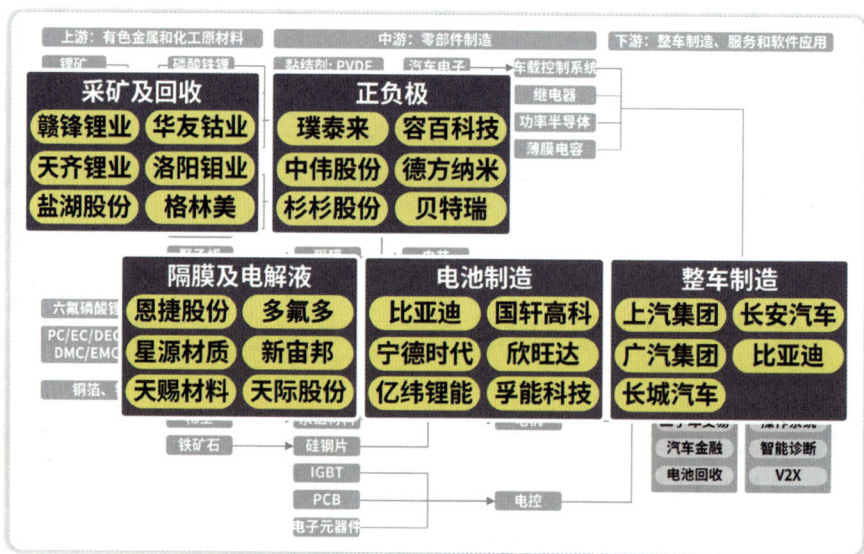

图 9-9 新能源汽车行业产业链概览（简化版）及其上市企业代表

▶ 数据来源：国泰君安、财经十一人

在梳理完产业链后，我们来看看**分配机制**。正如第 5 章所述，分配方式其实取决于**议价意愿和议价能力**。

在议价意愿方面，因为行业仍处于成长期，整车制造商还在抢市场，所以整体的议价意愿不算太强。但随着增速慢慢下降，部分企业在资本的压力下，会开始尝试与上下游讨价还价。

在议价能力方面，就不逐一分析各个环节的行业集中度和供需情况了。我们直接探讨下一个部分——**判断行业在产业链中地位的指标**，即各环节的**销售毛利率**（图 9-10）。

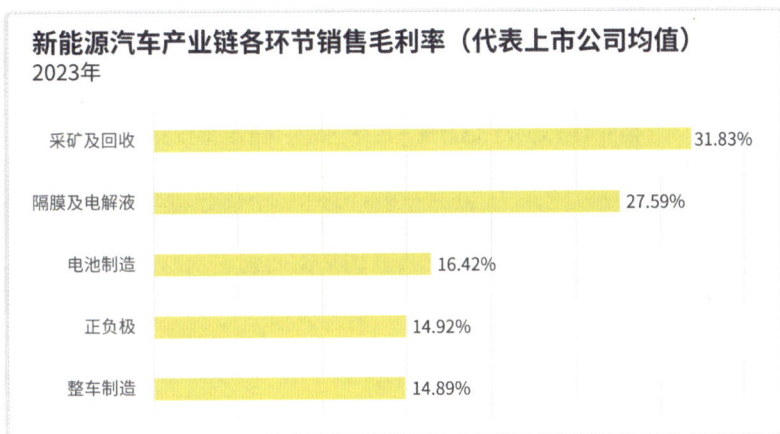

新能源汽车产业链各环节销售毛利率（代表上市公司均值）
2023年

环节	销售毛利率
采矿及回收	31.83%
隔膜及电解液	27.59%
电池制造	16.42%
正负极	14.92%
整车制造	14.89%

图 9-10　新能源汽车产业链各环节销售毛利率

▶ 数据来源：Choice

从板块来看，比较赚钱的是采矿及回收（销售毛利率为 31.83%）、隔膜及电解液（销售毛利率为 27.59%）。

令人意外的是，整车制造环节并不是很赚钱。原因也是我们前面提到的，此时行业还处在成长期，所以厂商都在争夺市场份额，这时候的议价意愿确实非常有限。

即使考虑在海外上市的造车新势力（"蔚小理"），其毛利率也表现平平（图 9-11）。

图 9-11 部分新能源汽车海外上市公司毛利率情况

▶ 数据来源：雪球

接下来，我们将研究新能源汽车行业的估值问题。

第 6 节　新能源汽车行业的估值

不少人之前错过了投资新能源汽车行业的机会，其原因是大多数人认为它的估值太高，下不去手。我在前文提过，这个行业整体处在成长期，估值偏高是正常现象——好东西往往就是比较贵。

在产业爆发的阶段，核心关注点其实是行业景不景气。

如果景气度低，该行业的上市公司很容易会因为基本面（盈利数据）表现不佳而遭遇"杀估值"（市场给出很低的价格），毕竟投资者也是普通人，他们很难不会线性外推——一旦行业的业绩持续不令人满意，悲观者就会认为较低的景气度会成为未来的常态。此外，新能源汽车这个市场原本就伴随着各种各样的担忧。

在景气度高的情况下，我们则要留意两个问题。

第一个需要留意的是**交易拥挤度**。

我们可以思考一下：假设此时新能源汽车板块的成交额占 A 股的比重达到历史高位，这说明该行业的交易非常活跃、市场关注度非常高。大多数看好的人已冲进市场，包括所谓"趋势追随者"（追涨杀跌的散户）。那么此时我们往往就面临较大风险了，因为没有其他人愿意接盘了。其实 2021 年年末和 2022 年年初新能源板块大幅度回调就与此有关。

关于交易拥挤度，各大券商都有自己的交易拥挤度指标，我们可以作为参考。以兴业证券策略团队为例，他们将成交额分位、换手率分位、30 日均线上个股占比分位、创 60 日新高数量分位、融资买入情绪分位、主力资金净流入分位、增持或买入评级研报数量分位这 7 项指标等权合成了拥挤度指标（7 个指标数据加起来的总和除以 7）。当指标超过均值 +1.5 倍标准差时，股价往往比较危险，基本上随后都会出现回调；相反，如果跌穿均值 −1.5 倍标准差以下，且行业景气度良好，则通常就是买点。比如 2021 年 8 月，交易拥挤度达到高位后，当年年底就出现了深度回调；到 2022 年 4 月前后，交易拥挤度已回落到低位，紧接着交易拥挤度就迎来了反弹。当然，该指标的样本量有限，未来如果失效也并不奇怪，仅供参考。

第二个需要留意的，是**龙头企业主动打价格战**的问题。这也是需要在行业成长期就关注新能源汽车行业的横向竞争格局的原因。

2022 年 10 月，特斯拉打响了新能源汽车价格战——全车型降价，最高降幅达到 3.7 万元。其他车企也纷纷跟上——东风汽车最高降 9 万元，宝马降 10 万元，丰田甚至推出了买一送一的优惠……就连比亚迪和长安这两家巨头也参与了价格战。根据《南方都市报》在 2023 年 3 月的不完全统计，已有超过 86 款车型降价。

这波汽车价格战与第 6 章提到的空调价格战颇为相似。当时，所有空调厂商都在卖力喊口号。最终只有格力、美的赚到了钱，而其他小空调企业逐渐退出市场。

这一波新能源汽车的价格战可能会与当年的空调行业一样，进入一轮淘汰赛，且可能会持续较长时间。在这场价格战中，**单车毛利率高**（降价承受力高）或者**资金实力强**的车企将会更有可能生存下来。

当年，在空调价格战时期，整个板块的相对估值受到了压制。如今，在新能源汽车价格战时期也不例外。

第7节　新能源汽车行业的外部因素

在外部因素方面，我们使用 PEST 分析法进行分析。

1. 经济

除了宏观经济波动的影响，经济层面的另一个关键外部因素是**油价**。

在油价上升的周期中，传统燃油车的车主可能会因为高昂的油价在每次加油时都不敢将油箱加满。此时，使用电力的新能源汽车自然成为更有吸引力的选择，并因此受益。不过一旦油价回落，新能源汽车的销售可能会受到负面影响。

2. 社会文化

在社会文化层面，我们需要注意两个重要趋势。

一是**实用主义的兴起**。

麦肯锡在 2019 年年底发布了《2020 年中国消费者调查报告》。该报告中有个调研数据可以参考：有 60% 的受访者表示，即使感觉富有，但仍希望把钱花在刀刃上。换句话说，中国新一代的消费者更重视性价比和实用性，而不是仅仅追求品牌。

所以，燃油车的品牌优势在消费者的决策过程中逐渐减弱，燃油车品牌反而会失去优势。

实际上，我们可以看到，各路造车新势力推出的新能源汽车车型，无论是在内饰还是配置上，都要比同等价位的传统燃油车更胜一筹。例如，售价三四十万元的电动车，配备了按摩座椅、高级音响、空气悬挂等高端配置，与BBA（奔驰、宝马、奥迪）等豪华车品牌的车型相比也毫不逊色。这主要是因为造车新势力在品牌积淀方面还相对较弱，所以，它们就会努力在别的地方弥补。它们在渠道方面没有历史包袱，大多数采用的是直营模式，不太需要与渠道分钱，这为"高配低价"创造了条件。而且，现在正处于抢市场的阶段，对利润的要求不是很高，因此它们更舍得投入。

事实上，消费者对这种策略非常买账。相比燃油车车主，新能源汽车的车主在年龄结构上更年轻化，他们普遍更认可自动驾驶、移动互联、加速性能等特性，以及直营直销的透明化定价模式。不断推出的新车型刺激了市场需求，每年新车型贡献的销量占比为 35%～47%，远高于燃油车新车型的 8%～10%。

大众对新能源汽车的认可也可以从消费结构上看出来。从 2021 年开始，新能源汽车在限牌城市中的销量占比大幅下降，到 2022 年上半年跌至 18.9%，与 2021 年上半年相比下降了 12.2 个百分点。与之相对应的是非一线城市的销量占比明显提升，尤其是二三线城市 2022 年上半年的销量占比已经达到 42.7%，相比 2021 年上半年上升了 12.4 个百分点。即使在不限牌的城市，消费者也愿意选择购买新能源汽车，这足以说明大众对新能源汽车的认可程度。

另一个值得关注的趋势是，随着人均 GDP 的上升，**消费者的环保意识也在提高**。

2024 年 11 月，中国社会科学院生态文明大数据实验室课题组发布了《中国公众如何看待气候变化？ 2024 中国公众气候变化认知报告》。报告显示，超过 75% 的受访民众对于低碳环保的行为高度认可；六成以上的受访民众愿意为减少碳足迹支付额外费用；受访民众对新品的发展方向和趋势表示认可期待和支持，超过 80% 受访者有购置电动汽车计划。

从这两个趋势来看，新能源汽车行业有着广阔的发展前景。

3. 技术

在早期技术尚不成熟时，新能源汽车存在电池能量密度过低的问题：电动车的续航能力远远比不上燃油车，不适合长途旅行。加上当时的充电技术比较落后，无法做到"快充"，所以电动车的渗透率提升缓慢。但随着电池和充电技术的进步，这些问题正在逐步解决。

此外，与燃油车相比，电动车有更大的电池容量、更多的传感器，理论上在影音娱乐、辅助驾驶等方面应该比燃油车表现得更好。而且电动机在加速性能和防止噪声方面也更有优势。这也是新能源汽车的渗透率上升得如此之快的底层原因之一。

第 8 节　新能源汽车行业的景气度指标

通过前面的分析，我们知道新能源汽车行业仍处于成长期，还有很大的成长空间。未来，在优质供给的推动下，投资人心中的美好愿景有望变为现实。

但是，仅凭这些还不够，我们还需要密切跟踪行业的发展动态，特别是对于处在成长期的新能源汽车行业更应如此。此时，我们需要关注行业的景气度指标。

在新能源汽车领域，最重要的景气度指标就是**新能源汽车的销量**，中汽协和乘联分会每月都会公布这一数据。实际上，每月公布数据后，各家卖方（券商）都会根据实际数据和之前预测的情况，对预测值进行修正。

这里分享一个常用的小技巧：在拿到每个月的销量数据后，可以看一下它在历史上在全年中的占比情况，通过这样的推算，就可以大致估算出全年销量。

2021 年新能源汽车指数之所以大涨特涨，最重要的原因就是销量持续超出预期。2021 年 4 月，乘联分会给出的全年新能源汽车预测销量是 200 万辆，而实际销量达到了 331.2 万辆左右。

当然，还有其他一些可跟踪的景气度指标。总的来说，它们可以分为"量"和"价"两个维度（表 9-1）。

表 9-1 新能源汽车景气度指标体系参考

维度	观测指标	频率
量	新能源汽车销量（批发 / 零售）	月
	动力电池销量和装车量	月
	充电桩保有量	月
价	碳酸锂（电池级）国内现货价	日
	国产氢氧化锂（56.5%）价格	日
	国产钴粉（200 目）价格	日
	国产氧化钴（≥72%）价格	日
	国产四氧化三钴（≥72%）价格	日
	前驱体电解钴（电池级，≥99.8%）价格	日
	国产正极材料三元镍 55 型价格	日
	国产正极材料磷酸铁锂价格	日
	国产负极材料人造石墨价格	日
	国产负极材料高端天然石墨价格	日
	六氟磷酸锂价格	日
	电解液磷酸铁锂价格	日
	电解液三元电池（圆柱 /2600mAh）价格	日
	隔膜（湿法，9μm）价格	日
	隔膜（干法，14μm）价格	日
	三元电池（方形 - 电池包）价格	日
	铁锂电池（方形 - 电池包）价格	日
	电池级铜箔（8μm）价格	日
	锂电池黏结剂 PVDF（华东）价格	日

▶ 数据来源：国泰君安证券

"量"主要观测终端需求。

具体来说，除了中汽协和乘联分会每月发布的新能源汽车销量数据，还可以关注中国汽车动力电池产业创新联盟每月发布的动力电池销量和装车量数据，以及中国充电联盟每月发布的充电桩保有量数据。

总的来说，这些数据如果超预期就说明终端需求是很强的。在某种程度上，数据越高说明终端需求越强。

"价"主要观测上游原材料和中游电池组件的价格。

具体来看，需要重点跟踪上游金属锂、钴化合物的价格；中游四大电池材料（正极材料、负极材料、隔膜、电解液）的价格，以及动力电池（三元电池/铁锂电池）的价格；此外，部分供给紧张的原材料价格同样值得关注，包括电池级铜箔、锂电池黏结剂PVDF，等等。

如果中上游价格上涨太快，下游面临的压力通常就会比较大。当然，如果投资中上游，那么价格上涨对你来说是好事，只要价格不涨到历史最高值，让人们觉得是不是即将到达拐点并马上回调即可。

比如，前几年锂价上涨得比较迅猛，价格直接翻倍，一度让市场担忧终端需求会受到影响。因为成本上涨迟早会传导到中下游，整车涨价可能会导致消费者不愿购买。但事后证明这种担忧是多余的——2022年新能源汽车的整体销量仍然不错；而到了2023年，锂价遭遇了大幅度调整，碳酸锂价格更是从顶部的60万元/吨直接跌破10万元/吨。

通过上述分析，我们建立起了对新能源汽车行业的基本认知，这为我们进一步研究新能源汽车行业奠定了基础。基于这些分析，我们得到了几个能够支持我们做出投资决策的结论。

本章小结

本章的内容要点如下。

- 新能源汽车目前处于高速增长的成长期阶段。
- 新能源汽车行业的商业模式的可行性已经得到验证，值得一提且比较有意思的商业模式是换电。
- 新能源汽车行业的市场规模未来仍有翻倍的增长空间。
- 传统燃油车无法构建针对新能源汽车的护城河。
  - ➢ **在生产要素**方面，燃油车的资本优势很容易被"绕过"，其他几个要素也无明显优势；
  - ➢ **在生产关系**方面，政府和供应商更看好新能源汽车的发展，消费者对传统燃油车的忠诚度并不高。
- 新能源汽车行业产业链的上游包括有色金属和化工原材料，中游是零部件制造，下游则包括整车制造、服务和软件应用。
- 新能源汽车板块因为处于成长期，在一年的时间维度下，最重要的仍是行业景气度。如果交易不拥挤、龙头企业不打价格战，只要行业足够景气，投资者就可以适当放宽对估值的要求。
- 新能源汽车行业的外部因素以往主要包括政策扶持和技术进步，目前已"升级"成市场导向，新能源汽车行业正在靠社会文化等因素拉动。
- 在新能源汽车行业的景气度指标体系中，最重要的是按月更新的销量数据。

图 9-12 呈现了本章的内容框架。

图 9-12 本章内容框架：新能源汽车研究框架

第三部分
研究方法篇

对于那些没有非常扎实的研究基础的读者来说，读完前面的内容后可能会好奇："我平时要找数据资料时，感觉就像是在大海捞针。作者的数据都是怎么找的呢？"

也有一些读者曾问我："我和你看到的都是一样的数据和新闻，为什么你提炼出来的信息比我更有深度？"

正如我在前文做过的类比：就算有向导提供了一张超级详细的徒步地图，也带着我们爬了一遍山，但实际爬山时还是有很多提升空间的。一方面，很多具体技巧需要靠经验去沉淀、总结。比如，不同地形的爬行方式、补充水分的频率、呼吸方式，等等。另一方面，选对适合自己的工具也很重要。比如，在不同地形、气候、海拔的条件下，该用什么样的登山杖、冲锋衣、登山鞋，等等。

这些问题将是接下来的研究方法篇和研究工具篇要具体解答的问题。掌握了分析框架，我们还要拥有系统的分析方法和高效的分析工具才行。在第 10 章和第 11 章，我将与读者分享研究分析的基本方法论。

第 10 章　研究基础：

关于研究本质的思考

本章将介绍研究方法论的基础知识。在此之前，我们可以思考一个问题：研究的本质是什么？

根据经济合作与发展组织（OECD）在《弗拉斯卡蒂手册（2015）》中的定义，"研究及开发活动包括为了增加知识储备而进行的创造性和系统性的工作"。按照这个定义，我们不一定要待在实验室里才能研究，毕竟是否具备创造力、系统性在很大程度上是靠主观判断的。这样看来，无论是在图书馆读书，还是到丛林里探险，其实都可以增加知识储备，因此也属于"研究"的范畴。这表明研究本身并不是一件高门槛的事情。

不少大学教科书提到，研究可以分为**"一手研究"**和**"二手研究"**。二者对应的分别是"行万里路"和"读万卷书"。后者主要是对已有知识（比如书籍、论文等）进行总结，往往是以新的形式呈现已有知识。而前者则是尝试搞出点儿新花样，比如进行实验（观察研究对象）、进行分析（算出一些新东西、想出一些解决问题的新方法）。

而无论是一手研究还是二手研究，你都少不了一个事物——**资讯**。

在进行实验时，你需要通过观察去收集数据或事实；在进行分析时，你也需要基于已有的一些数据或事实，对其进行加工和运算，得出进一步的结论；而当对已有知识进行总结时，无论是书籍还是论文，本身也是整理好的资讯。所以**研究这个事情本质上就是"输入－处理－输出"资讯的过程**。

理解了研究的本质后，接下来我们尝试回答两个问题。

第一个问题涉及**研究目的**。在前言部分，我提到了自己进行投资研究的目的主要还是"赚钱"。但我没有回答的一个问题是，从投资角度，**我们如何通过研究来持续地赚钱？**

第二个问题则针对研究的本质：既然研究是"输入－处理－输出"资讯的过程，那么**都有哪些类型的资讯呢？这些不同类型的资讯都具有什么价值呢？**

第 1 节   研究目的：如何通过研究持续创造财富

如果你已经阅读了第 2 章，你可能会发现，我通常会用时间和空间来对议题进行切割。这种倾向可能与我高中时在物理班的经历有关——我对马斯克推崇的"第一性原理"思考法深信不疑。

而要回答如何通过研究持续创造财富这个问题，我们可以采用同样的"套路"——在金融投资中，研究被用来创建 3 种信息差（图 10-1），从而帮助我们在市场中获得盈利的机会，这 3 种信息差分别为**时间差**、**广度差**和**深度差**（广度和深度都是空间概念）。

时间差	广度差	深度差
知道得更快	覆盖得更广	认知得更深

图 10-1   研究可以创建的 3 种信息差

时间差

首先，让我们探讨**时间差**，它涉及的是比他人更快地获取关键信息的能力。

财经资讯常常会影响市场情绪，重大事件甚至会长期影响基本面，所以只要比别人更快地获知重要资讯，就可以利用这个时间差来赚钱。

你可能听说过欧洲有个影响深远的家族，它就是罗斯柴尔德家族。当时这个家族不仅在银行、矿产等行业有所成就，还与多个欧洲王室和政府关系密切。因此，它经常成为各种阴谋论讨论的对象。

有个流传甚广但未经考证的故事：当年罗斯柴尔德家族曾通过其强大的情报网络，比官方信使早一天得知了拿破仑在滑铁卢战败的消息，并利用这一时间差在资本市场上赚取了高达 40% 的收益。

当然，在如今信息透明度极高的环境中，这一招已经不太好使了。你在微信群里获知的消息可能已经传了好几手，市场价格也早已因为这些资讯发生了变化，而且其中还混杂着不少假消息。一旦这些假消息被证伪，那么涨上去的那部分很快会跌下来，你可能就成了"接盘侠"。因此，**时间差带来的机会是非常稀缺的**——只有你掌握的资讯是准确无误的一手信息，并且仍未经过大规模传播，你才有获利的可能性。

近年来，很多机构开始涉足**"另类数据"**生意，尝试制造时间差。比如，**爬虫技术现已成为普遍应用的工具**。我有一个朋友在大学期间创立了一家公司，公司团队主要负责写爬虫程序，从各大电商平台抓取某些消费品（比如茅台）的实时销售数据，并将这些数据出售给投资机构。基于这些数据，投资机构会进行投资决策，券商也会根据这些数据进行分析、撰写研报。

此外，有些投资机构甚至建立了自己的爬虫技术团队，不仅抓取电商数据，还会抓取社区类产品的数据，以此来评估其真实的活跃度。

遥感技术的应用也有助于预测。我有一位师兄，他大学读的是遥感技术专业。他的团队会通过分析卫星图片来预测农作物产量，然后将数据出售给期货公司、基金和政府机构，其准确度相当高。

草根调研则是现在的投资机构掌握得比较熟练的预测方法。比如，日本有家公司叫作"媒体创造"（Media Create）。这家公司与 2000 多家游戏销售实体店保持着密切联系，它会定期收集这些实体店各种线下游戏机、线下游戏的销售数据。有一次，它通过对实时销售数据的分析发现，任天堂 Switch 游戏机的销量不及预期，于是建议其对冲基金客户抢在任天堂公布销售数据前将其做空，而它的客户因此大赚了一笔。

类似地，知名做空机构浑水公司在 2020 年做空瑞幸咖啡前，采用的方法也是在线下去数人头——浑水公司雇用了上千名兼职调查员，收集了 25 000 多张瑞幸开出的小票，得出了瑞幸咖啡虚报销量的结论。

上述这 3 种方式都可以通过采集"另类数据"，让使用者比市场其他参与方更快地获得某些特定资讯，进而制造时间差来赚钱。不过，这些方式的门槛比较高，并不适合普通的投资者。

除了时间差，还有空间差。空间差涵盖两个维度——广度差和深度差。

广度差

所谓**广度差**，指的是比别人覆盖的知识面更广。一个典型的例子就是巴菲特的合伙人查理·芒格提出的 Lollapalooza 效应。

Lollapalooza 是美国很有名的一个流行音乐节，以另类摇滚、重金属摇滚、朋克摇滚、嘻哈、电子舞曲为主，每次吸引几十万人参加。这个音乐节的核心理念是，将音乐与非音乐艺术（比如舞蹈、喜剧）相结合。通过这种艺术的叠加，可以产生更震撼的冲击力和协同效应。查理·芒格将这种理念应用到了投资上——他尝试利用历史、心理、生理、数学、工程、生物、物理、化学、统计、经济等学科中的 100 多种模型进行投资决策，由此建立了一个包罗万象的多元思维模型。

不过，**用好"广度差"并不是那么简单的事情**。

在这个信息爆炸的年代，追求广度差可以说是人们自然而然的追求。人们追求广度差的动力往往来自社交需求（在社交时有谈资），或不想落后于人的同侪压力。

不过，我建议不要轻易追求广度差，因为刻意地追求广度差会让我们患上"错失恐惧症"（Fear of Missing Out，FOMO）。错失恐惧症不仅会让我们焦虑，还可能影响我们对深度的探索。这时候，就算你的覆盖面再广，浅尝辄止的信息接收方式很难让我们沉淀下什么东西。所以，我们最好先在一个领域深耕并具备一定程度的深度差之后，再去追求广度差。

当然，对于一些特殊职业来说，追求广度差是必要的，比如在媒体行业或广告行业工作的人。他们只有见多识广，才能不断输出有意思的内容。

深度差

如前文所述，时间差可遇不可求，而广度差又不太适合所有人，因此，想要持续地通过"研究"获取信息差以创造财富，关键要靠**深度差**，即比其他人对市场有更深入的认知。

对市场的认知更深可以体现在两个方面：一是比别人更懂市场的**供给侧**，也就是更懂行业、更懂公司；二是比别人更懂市场的**需求侧**，也就是更懂用户、更懂市场。

在供给侧，不少人有一个最有可能赚到钱的投资机会，也可能是自己一直忽略了的机会——**投资与自己所处行业相关的股票**。毕竟与市场上绝大多数的投资者相比，你更懂自己的行业。因此，一些行业外的人看着无关痛痒的资讯，对你来说可能是莫大的投资机会。此外，"春江水暖鸭先知"，你可能在时间差上也会有比较优势。你可以利用好"业内人士"的身份，把握好其中的机会。除此之外，因为了解得足够深入，你自然也会比别人更有信心——即使此时遇到回撤，如果你依然看好，你也会比其他人更坚定，而不会轻易丢失筹码。

当然，这也并不意味着我们就不能投资所处行业之外的行业，只是这些行业可能需要我们花更多的时间去研究。

在需求侧，我们需要构建深度差，这要求我们比市场上的大多数人更懂用户的偏好和习惯。

XVC 的合伙人胡博予在《用 VC 的方法炒股票》一文中提到过，在 2013 年 5 月看完 Consumer Reports 发布的对特斯拉 Model S 的"完美车评"报告后，他做了两件事——第一，跑去特斯拉门店试了一下 Model S；第二，花了几小时把海外视频网站和社交网站上的各种车评、提车报告都"刷"了一遍。之后，他买了特斯拉的股票。结果在接下来不到一年的时间里，特斯拉的股票就"起飞"了，他赚了近 3 倍后离场。

"没有调查，就没有发言权。"在市场需求方面的深度差就是建立在对市场的细致观察之上的。我在 2017 年投资腾讯的经历便是一个例证：当时发生了两件事，让平时不玩游戏的我开始有研究腾讯的动力。一是，一个平时从不玩游戏的好友玩起了《王者荣耀》；二是，在我环游中国的旅行中，我路过许多城市，发现有不少人在街上或在餐馆等人的时候，会直接打开《王者荣耀》玩上几把。当然，对市场的观察只是投资研究的起点，要促成投资还需要更细致的研究。后来，在腾讯控股的股价位于 270~300 港元时，我买入不少腾讯的股票，后来在涨到 500~600 港元时我卖出了，获得了不少收益。环游中国的路费不就赚回来了吗？

总的来说，"深度差"可以说是资本市场中唯一能够确保我们持久盈利的前提。因此，**在进行研究时，我们应该将深度差作为目标。**

有了这个基础结论后，接下来我们来看看哪些类型的资讯具有更深的深度。

第 2 节　资讯类型：不同类型的资讯都有什么价值

资讯可以有不同的分类方式，常用的分类方式有两种：一种是**按深度分**，另一种是**按广度分**。

按深度分

如果按深度分，我们可以用 **DIKW 模型**来划分资讯（图 10-2）——资讯由浅入深可以划分为 Data（数据）、Information（信息）、Knowledge（知识）、Wisdom（智慧）4 个层级。

图 10-2 以我的上班时间为例说明了如何利用 DIKW 模型来划分资讯。

通过打卡等方式，我采集了一周的上班时间。这个深度还停留在数据层级。

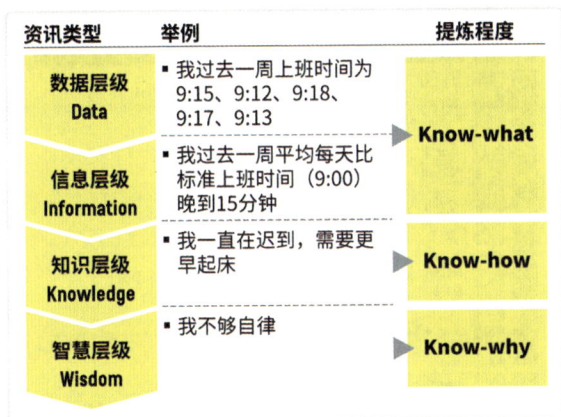

图 10-2　用 DIKW 模型来划分资讯

▶ 资料来源：Rowley（2007）

通过对数据进行分析，得出了一个简单结论——我过去一周平均每天比标准上班时间（9:00）晚到 15 分钟左右。资讯的深度更进一步，达到了信息层级。数据和信息都还停留在 Know-what（知道是什么）的程度。

如果进一步提炼，可以得出"我一直在迟到，需要更早起床"的结论。这就到了知识层级，也就是到了 Know-how（知道怎么办）层级。

如果更进一步，想到 Know-why（知道为什么）的层级，可以提炼出"我不够自律"这个结论。我们常说"知其然知其所以然"，所以 Know-why 就是智慧层级的资讯。

而落到财经资讯上，我们可以看到不同深度的资讯类型及其例子（图 10-3）。当然，这些例子可能只是一般情况，并无绝对，比如有些研究报告只罗列数据和信息，不给出观点，而一些足够深入的研究报告能够提供智慧层级的资讯。

虽说在做研究时需要优先追求深度差，但这并不代表"浅"的资讯就不重要——"浅"的资讯往往是"深"的资讯的基础。

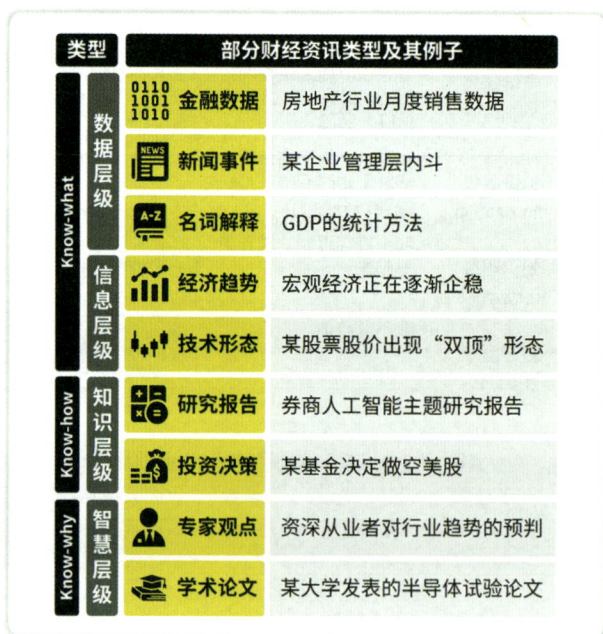

类型	部分财经资讯类型及其例子	
Know-what 数据层级	0110 1001 1010 金融数据	房地产行业月度销售数据
	NEWS 新闻事件	某企业管理层内斗
	A-Z 名词解释	GDP的统计方法
Know-what 信息层级	经济趋势	宏观经济正在逐渐企稳
	技术形态	某股票股价出现"双顶"形态
Know-how 知识层级	研究报告	券商人工智能主题研究报告
	投资决策	某基金决定做空美股
Know-why 智慧层级	专家观点	资深从业者对行业趋势的预判
	学术论文	某大学发表的半导体试验论文

图 10-3 部分财经资讯类型（按深度分）

从图 10-4 中可以引出两个新概念。根据哲学家大卫·休谟（David Hume）的分类，资讯可以分为"事实判断"和"价值判断"。

	描述	回答问题	举例
事实判断	我们对客观存在的过程、关系、事物、属性等的判断	是什么	A国的税负比B国高
价值判断	我们对人、事、物的好坏及有用与否等的判断	应该怎样	A国的税负太高了，应该降低些

图 10-4　事实判断与价值判断

事实判断是我们对客观存在着的过程、关系、事物、属性等的判断。它回答的是"是什么"的问题。比如，"A 国的税负比 B 国高"就是一个事实判断。

价值判断是我们对人、事、物的好坏及有用与否等的判断。它一般回答的是"应该怎样"的问题。比如，"A 国的税负太高了，应该降低些"就是一个价值判断。

通常，事实判断存在一个精确值，也就是唯一解（如果不考虑"薛定谔的猫"的复杂情况），而价值判断则无上下之分，只有"左右之别"。

这一点不难理解：你对这个世界的所有事实判断的总和构成了你的世界观；而你对这个世界的所有价值判断的总和则构成了你的价值观。真相往往只有一个，而价值观则因人而异，不存在"绝对正确"一说。随着外部环境和前提条件的变化，我们的价值观是在一直动态变化着的。例如，唐代以丰腴为美，而现代更推崇匀称有肌肉。

因此，我们在对人、事、物进行客观评价和预测时，应该尽可能地基于事实判断而不是价值判断。举个例子，比如有个媒人给你介绍对象。你和媒人对"帅"或者"美"的标准很有可能是不一样的。换言之，你们可能对于某个潜在对象到底好不好看的价值判断有分歧。所以，你不会仅凭媒人的评价就贸然决定要与相亲对象见面——你还是会选择先看看相亲对象的照片。

换句话说，**高质量的价值判断需要有事实判断的支撑**，否则就只是纯粹的情绪输出或主观臆断。这就是为什么我在前文提到，"浅"的资讯会作为"深"的资讯的基础，"浅"的资讯同样非常重要。

按广度分

按广度分，我们可以将财经资讯划分为 3 类，分别是**宏观**资讯、**中观**资讯和**微观**资讯。

宏观资讯主要涉及国家或地区层面的数据，包括人口统计学数据、经济数据、金融数据，等等。除了宏观部门，有些券商或研究机构还会设置策略部门。策略部门一般会关注赛道轮动、资金偏好变化，等等。我们姑且也将这些归入宏观资讯的范畴。中观资讯则聚焦行业层级的数据，而微观资讯则涵盖企业或产品层级的信息。

图 10-5 列举了这 3 类资讯在不同层面或层级的常见指标，供你参考。

	类型	举例
宏观	人口统计学数据	人口、性别比例、年龄……
	经济数据	GDP、CPI、社会消费品零售总额、固定投资、进出口、居民收入与支出、失业率……
	金融数据	社融、存贷款数据、货币供应、利率、汇率……
中观	行业资讯	市场规模、市场格局、用户画像、监管格局……
微观	企业资讯	主营业务、商业模式、市场份额、股东情况、管理成员、知识产权、融资情况、财报数据……
	产品资讯	某银行理财产品收益率、某基金收益率……

图 10-5　财经资讯类型（按广度分）

当然，我们还可以将深度和广度综合起来，构建一个深度和广度相结合的矩阵——横向代表深度，纵向代表广度。具体示例见图 10-6。

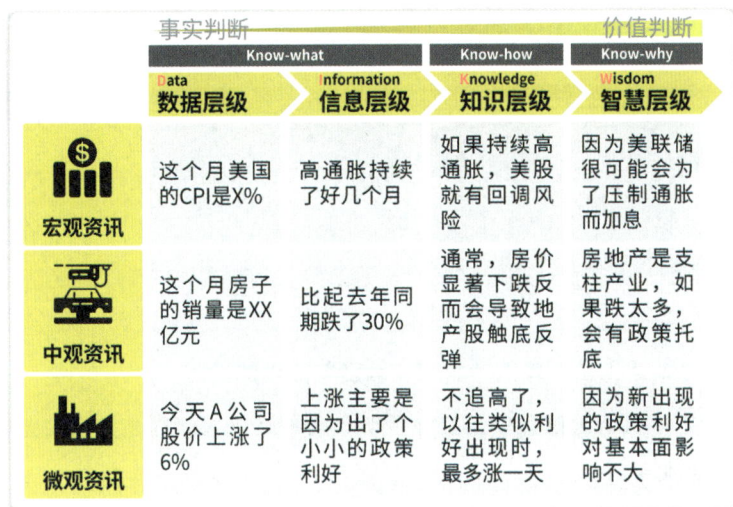

图 10-6　深度和广度相结合

以宏观资讯为例，假设我偶然看到一则新闻，说这个月美国的 CPI 是多少，这属于数据层级的资讯。但单看一个数据点往往很难得出有效结论，因此我们可能会翻看前几个月的时间序列，以观察趋势。假设我们发现最近几个月的通胀率明显高于以往的历史平均水平，那么这一发现属于信息层级的资讯。

紧接着，我们在金融数据库中查看了历史数据，发现在历史上，每次美国的高通胀持续了一段时间后，美股就有回调风险，那么我们就需要采取避险策略。这一发现可以指导我们的行为，因此属于 Know-how 层级，而在深度层面属于知识层级。

当然，最关键的还是 Know-why，也就是需要知道底层逻辑是什么。底层的原因是，每次高通胀持续一段时间后，美联储很可能会为了压制通胀而加息。美联储加息，本质上是对美元计价资产的"打折大甩卖"（导致美元计价的资产价值下降），进而引发美股回调。这就是智慧层级的资讯，也就是"知其所以然"。

通过图 10-6 中的若干例子，我们可以了解不同的资讯，以及相应的分类和层级。

本章小结

本章的内容要点如下。

- 研究本质上是**"输入－处理－输出"资讯的过程**。
- 研究可以创造**信息差**，从而帮助我们创造财富。信息差主要包括以下 3 种类型。
  - ➤ **时间差**：时间差往往可遇不可求；机构通过采集"另类数据"可以获得优势。
  - ➤ **广度差**：单纯地追求广度容易患上错失恐惧症；在某一领域深耕后再追求广度会更好。
  - ➤ **深度差**：拥有深度差是持续创造财富的保证。
- 资讯可以按深度和广度两个维度进行分类。
  - ➤ **深度**：按照 DIKW 模型，可以将资讯由浅入深地划分为数据、信息、知识、智慧 4 个层级。
  - ➤ **广度**：按广度分，可以将财经资讯划分为**宏观资讯**、**中观资讯**和**微观**资讯。

图 10-7 呈现了本章的内容框架。

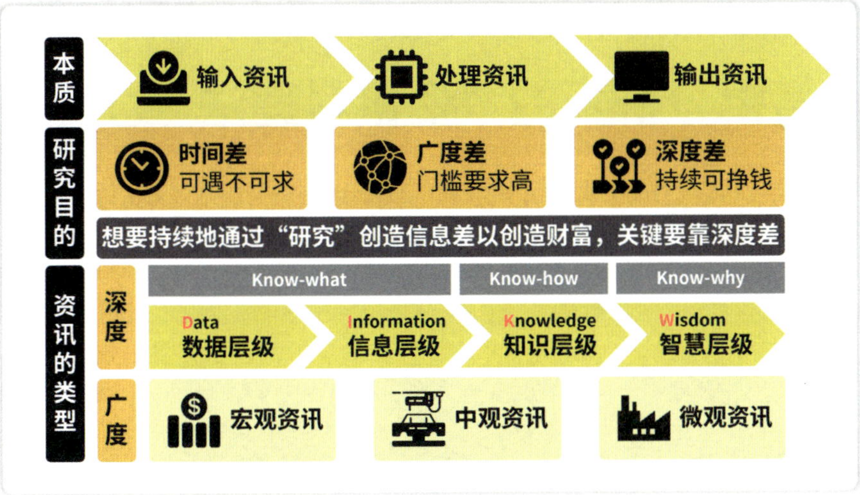

图 10-7 本章内容框架：关于研究本质的思考

第 11 章 研究进阶：

麦肯锡分析师的"资讯料理法"

我们在第 10 章探讨了可以通过研究创造信息差来帮助我们创造财富，其中深度差是可以持续为我们创造稳定财富的。那么问题来了——**我们该如何持续、稳定地找到深度差呢？** 本章将介绍研究方法论的进阶知识并系统地回答这个问题。

第 10 章提到，研究在本质上是"输入 – 处理 – 输出"资讯的过程。如果把研究比作做菜，那么整个研究过程可以拆解成 3 个步骤：**备菜、烹饪**和**摆盘**（图 11-1）。

图 11-1 麦肯锡分析师的"资讯料理法"

第一步是备菜，我们要做的是资讯的输入工作，并对搜集到的资讯进行筛选；第二步是烹饪，我们要从各种资讯"食材"中，提炼出我们的核心观点；第三步是摆盘，也就是把所有"烹饪"好的资讯、提炼好的观点有序地呈现出来，构建一个逻辑自洽的故事线。每个麦肯锡的分析师都会这一套"资讯料理法"。

第 1 节　备菜：如何输入资讯

根据韦伯词典中的词源解释，"研究"一词的英文"research"来自中世纪的法语"recerche"，本意为"四处寻找"。由此可见，资讯的搜集可以说是研究中最基础、最重要的一步。

各类资讯可以作为总结规律的素材，或做出论断的依据。如果搜集不到合适的资讯，那么做研究便是巧妇难为无米之炊。

在实操中，当我们在输入资讯时，往往会遇到两个难点——一是**数量上信息过载**；二是**质量上观点极化**。下面我们分别探讨两个难点问题的解决方案。

难点 1：数量上信息过载

我刚进麦肯锡咨询公司时，前辈们经常会强调说："Don't try to boil the ocean."直译过来的意思是"不要尝试把大海煮沸"，而用更符合中文表达的翻译是，"不要尝试大海捞针"。这是因为，在这个信息过载的时代，我们很容易陷入资讯的汪洋大海。

假设你正在研究新能源汽车行业的护城河，忽然跳出一个链接，这个链接可能含有与新能源汽车行业相关的关键词。此时，你很有可能会顺手点开这个链接，心想："反正也是与行业相关，说不定有用呢？"可是等你浏览完毕后才发现，这个链接的内容对解决手头的问题一点儿用处都没有。

这种情况与购物时的经历有些类似。当你去市场采购食材时，你看上了一个摊位的蔬菜，就驻足开始挑选。此时，左边的摊主吆喝说自己家的螃蟹和龙虾很新鲜，右边的摊主则夸赞自己家的牛肉是刚屠宰的，特别嫩。于是你把这些全都买了下来，回家后把它们都做了。结果是，你把自己给吃撑了，最后发现还剩了一大堆。

这种情况就像图 11-2 中的路线 A，我们像没头苍蝇一样不断地试错，这种方法其实非常低效。

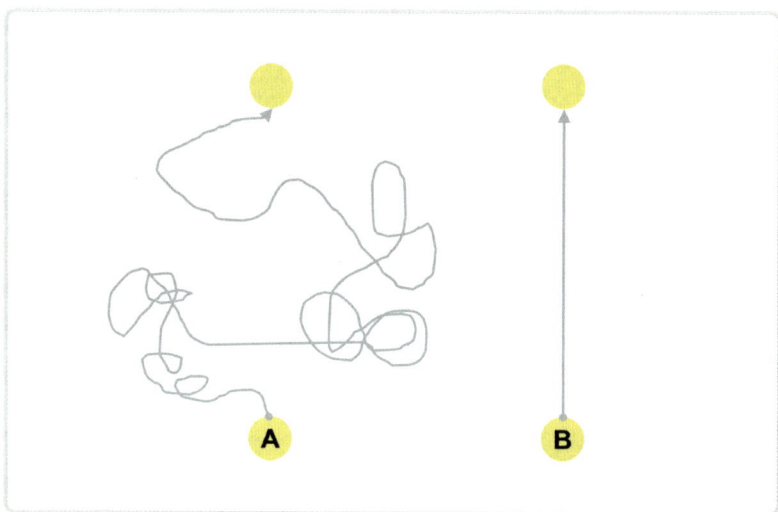

图 11-2　有的放矢才能事半功倍

因此，主动搜集资讯的关键在于**有的放矢**。这就像走进菜市场之前，你已经很清楚晚上要做什么菜、需要采购哪些食材了。有了明确的资讯搜集目标后，你就可以像图 11-2 中的路线 B 一样，几乎一步到位，不做无用功。

我们来看一个例子。假设我们想研究近几年一个备受关注的话题——**消费降级**。我们的任务是探究这个现象背后的核心原因是什么。

假设我们选择二手研究，也就是看看别人有没有已经研究好的成果。如果用"消费降级"作为关键词在搜索引擎中找材料，我们会找到大约 5500 万条结果。面对如此庞大的信息量，我们显然没有办法在有限的人生里阅读如此多的内容。缺乏规划的搜集和阅读，就像路线 A 所呈现的那样，会让人浪费大量的认知资源。

如果选择做一手研究，我们可以针对大量的消费者进行问卷调查，也可以通过观察、焦点访谈等方式来搜集消费者的具体情况。虽然这些方式都很有用，但是都相当费时费力——问卷调查需要有足够多的样本，从设计调查问卷，到找到人群发放，再到回收调查问卷，两三周的时间就过去了；如果使用观察法，我们也不可能只观察用户一两天，至少需要观察一两周才可能获得有价值的信息；焦点访谈从设计流程、招募愿意参加的人员、举行焦点访谈，到最终分析总结，也至少需要两三周的时间。

关键是，一手研究非常费钱——人手、物料、场地、招募等各个方面都需要资金。

与其耗费大量的时间和精力去搜集资讯、筛选资讯，我们不如采用更加高效的方法——**假设驱动**，这也是做研究的底层方法论。它可以分成以下 3 个步骤。

步骤 1：做出假设

我们继续以研究"消费降级"为例。通俗地说，所谓"消费降级"，就是消费者购买的东西掉了一个价位，消费者开始买更便宜的东西了。

基于逻辑和常识，我们可以对这种转变进行合理的推断：人们之所以买更便宜的东西，要么是因为**能力层面**上不允许，也就是钱不够花了；要么是因为**意愿层面**上有转变，也就是更注重性价比，不愿意支付没有附加值的溢价了。

我们可以先假设消费降级的原因是前者，也就是"消费降级是因为钱不够花了"。带着这个假设，我们可以想方设法地证明它，也可以尝试推翻它（证伪）。即使我们的假设被证伪，也不意味着我们做了无用功，毕竟它可以帮助我们得到有用的结论——消费降级很有可能是由意愿层面上的转变导致的。

步骤 2：拆解假设

为了证明我们提出的假设，我们可以将所有的情况逐一拆解，构建所有的可能情景，并列出几个"子假设"。

钱不够花了，要么是因为赚得少了，要么是其他需要花钱的地方花得多了。

赚来的钱（收入）一般可以分成两种类型：一种是**主动收入**，也就是通过打工或创业得到的钱；另一种是**被动收入**，也就是不用工作也可以得到的钱，比如通过投资拿到的收益，或者通过继承或接受捐赠等方式获得的钱（继承或接受捐赠的情况比例很小，本着"二八法则"可不考虑）。

而有关花掉的钱（支出），熟悉财务报表分析的人知道，企业的现金流有3 种，分别是营运现金流、融资现金流和投资现金流。对个人而言，营运现金流的流出对应的就是**消费**，融资现金流的流出对应的主要是**应付本金和利息**（信用卡分期、消费贷款、按揭贷款等须偿还的本金和利息），投资现金流的流出对应的是**投资**（包括理财和储蓄）。既然消费降级了，那么有可能是因为应付本金和利息以及投资增加了。

基于上面的分析，我们可以容易地列出图 11-3 中的 4 个子假设。

- **子假设 1**：主动收入（打工或创业）变少了
- **子假设 2**：被动收入（投资收益）变少了
- **子假设 3**：应付本金和利息变多了
- **子假设 4**：投资（包括理财和储蓄）变多了

需要注意的是，在将假设进一步拆解成子假设的时候，需要遵循 MECE 原则。MECE 的全称是 "Mutually Exclusive, Collectively Exhaustive"，直译过来就是 "相互独立、完全穷尽"。它是一个集合论中的概念。我更倾向的翻译是"不重不漏"：同一层级的分项之间不互相重叠，且分项总和是上一个层级的全部，没有任何遗漏。

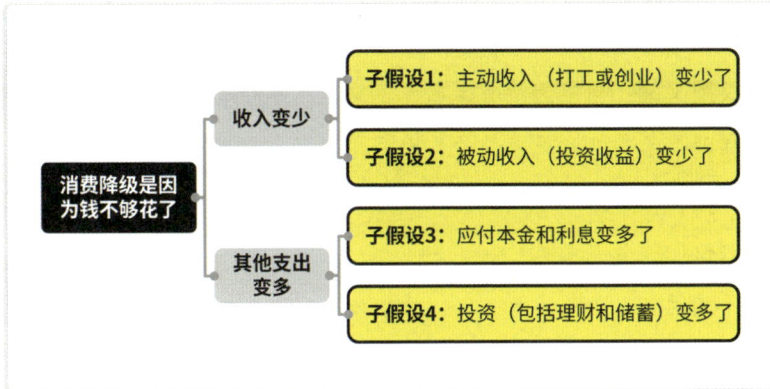

图 11-3　对假设的拆解

我们可以看看图 11-4 中的一些例子，了解一下什么样的情况是符合 MECE 原则的。

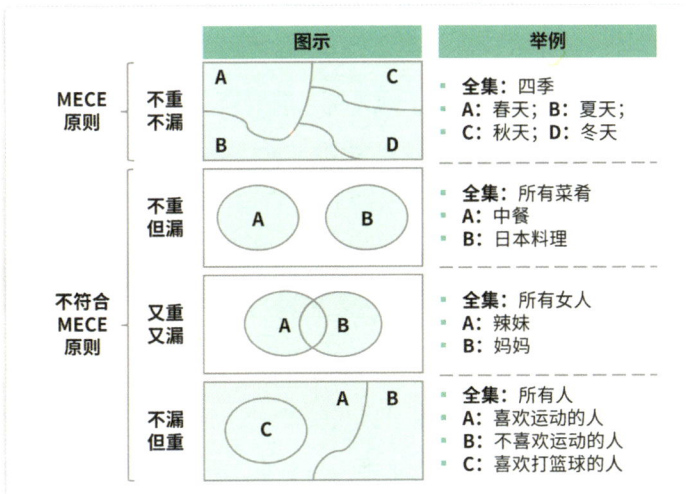

图 11-4　MECE 原则示意图

- **不重不漏**：全集为一年四季，子集为春天、夏天、秋天、冬天。这 4 个子集互相不重叠，并且加起来构成全集，因此符合 MECE 原则。
- **不重但漏**：全集为所有菜肴，子集仅列出了中餐和日本料理。这种分类遗漏了其他菜肴风格，比如西餐、韩餐，等等。
- **又重又漏**：全集为所有女人，子集为辣妹和妈妈。首先，辣妹和妈妈这两个子集本身是重叠的，因为我们有"辣妈"这群人。同时，也忽略了不属于这两类的女性，即有很多非辣妹、非妈妈的女性，因此这种情况属于"又重又漏"。
- **不漏但重**：全集为所有人，子集为喜欢运动的人、不喜欢运动的人以及喜欢打篮球的人。喜欢运动的人里包含喜欢打篮球的人，所以这两个子集重叠了。不过，喜欢运动的人和不喜欢运动的人可以构成全集，因此这种情况属于"不漏但重"。

在拆解假设时，最好遵循上述的 MECE 原则，即不重不漏。这是因为，不重不漏有 3 个好处。第一，因为子集不重叠，所以这样拆解后，可以将任务分配给不同的团队或个人，避免重复工作、做无用功；第二，因为不遗漏，所以只要所有的子假设得到了论证，那么最大的假设也就被论证了；第三，拆解假设可以降低解决问题的门槛。比如你可能会觉得准备 CFA（特许金融分析师）考试很难，但如果将考试准备工作拆解成不同的任务（今天只复习经济学部分的第 1 章），那么启动复习计划的心理障碍会小很多。

步骤 3：验证子假设

在拆解出的 4 个子假设基础上，我们可以快速地找到用于论证它们的一些指标（图 11-5）。这些指标通常可以从国家统计局、央行、数据终端等渠道轻松获得。此外，"研究工具篇"将进一步分享一些常见的资讯来源，告诉你应该在哪些地方找到你需要的资讯。

子假设	对应指标
子假设 1 主动收入（打工或创业）变少了	• 城镇居民收入增速
子假设 2 被动收入（投资收益）变少了	• 银行理财产品利率； • 股市指数
子假设 3 应付本金和利息变多了	• 居民杠杆率； • 居民贷款增速； • 按揭贷款利率
子假设 4 投资（包括理财和储蓄）变多了	• 居民存款增速

图 11-5　用于论证子假设的指标

至此，只要部分指标的变化与我们的子假设相符合，我们就更有把握地认为"消费降级是因为钱不够花了"这一假设是合理的。有时不同的子假设得出的结论可能是相互冲突或矛盾的，毕竟这个世界是个复杂系统。在这种情况下，我们应该采用更量化的方式去衡量每个子假设对更高层级假设的影响，以判断从整体角度来看，其影响是偏正向的还是偏负向的。

此外，如果我们本身对所研究的话题缺乏基本了解，那么在拆解假设时可能不会那么顺畅。此时，我们可以先与业内人士交流，或通过搜索引擎查找高质量的综述性材料，并进行重点研读。这样做可以快速建立对问题的框架性认知、搞清楚相关的重要概念，从而在后续做出假设、拆解假设的过程中更加顺畅。

随着项目经验、人生阅历越来越丰富，你会越来越擅长提出合理假设。

难点 2：质量上观点极化

在资讯输入阶段，我们还面临一个问题——目前网络上的观点类资讯（体现前文提到的"价值判断"的资讯）有时比较偏激。只要观点略有不同，网友就可能立刻把你推向对立面，动不动就会把你拉黑。

自媒体圈里有个段子——如果你做个内容"理性、客观、中立"的号，你可能不会引起关注，因为站在不同立场的读者都会觉得你是站在他们的对立面。但是，如果你把你的观点拆分成正反两方，并各建一个号，那么你可能会收获两个粉丝数百万的"大 V"账号。学术界把这种现象叫作**"网络观点极化"**（cyber polarization）。

这种现象很容易导致一种典型的谬误——**确认偏误**（confirmation bias）。这意味着我们在看资讯时，倾向于只关注符合自己价值观的资讯。这对投资来说并不是一件好事——如果投资观点固化，我们很容易无法及时识别反对的声音并回避风险；投资观点固化也可能会让我们固执己见，从而错失下手的好机会。

这种现象非常普遍。如果你关注美国政治就会知道，共和党和民主党之间的对立一直都很严重——共和党偏保守（白人至上主义者较多），而民主党偏自由（支持群体多元化、支持全民医保等社会福利制度）。有意思的是，如图 11-6 所示，其实历史上两党之间的分歧并没有那么大，不如今天这样严重，但是近年来双方的观点变得越来越极端。这种极端化趋势导致支持不同政党的人往往会在网络上激烈争论，甚至在线下爆发冲突。

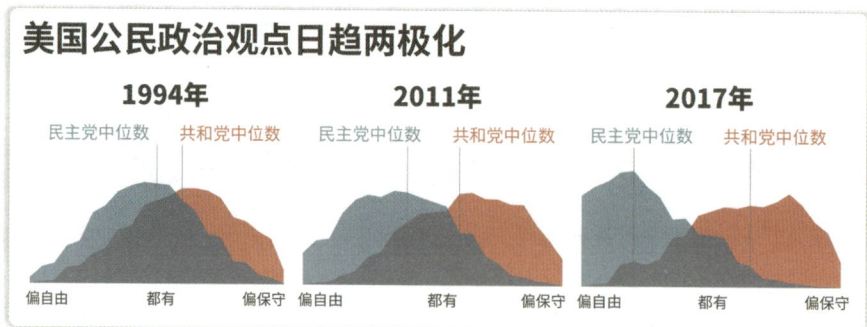

图 11-6　美国公民政治观点日趋两极化

▶ 资料来源：皮尤研究中心

这种现象的形成有 3 个主要原因。

1. 宏观层面：经济下行激化矛盾

在过去几年中，全球经济增长持续承压。当经济没有增量，自然只能针对存量进行再分配。因此，有不少群体的收入增长甚至还追不上通胀的步伐。

收入增长停滞甚至下降会强化阶级矛盾。比如美国近些年的"黑人的命也是命"运动，就是这种矛盾的体现。

欧美政客们为了转移国内矛盾，会把锅甩给其他国家，这会激化国际矛盾。

2. 中观层面：算法导致信息茧房

加剧观点极化现象的还有内容平台的算法机制。所有的平台会根据用户的行为和偏好打上各种标签，然后向用户推送符合其偏好的内容。这会导致用户接收到的都是同质化、极端化的观点，用户被限制在一个巨大的"信息茧房"里。

以一个类比来说明。假设你和一些爱好相同的人被关在一个小区里。你们都无法出去，只能跟同一小区的人交流。因为大家兴趣相投，可以聊到一起，所以你会跟这个小区里的居民越来越要好，你们的思想和行为也会越来越相似。然而，持有不同意见的人可能就会被算法赶出这个小区。有时，因为担心自己会被赶出去，所以你会强调自己特别热爱这个小区，和其他人的观点一致，而这会进一步加剧观点表达的极端化。

这种情况又会引出下面要讲的一个问题。

3. 微观层面：内容极端收割流量

内容从业者都知道一个流量密码：**通过极端观点来引发矛盾**。矛盾就是焦点。例如，在综艺节目中，你经常会看到各种矛盾——评委对表演者吐槽后，表演者一般会呛回来；表演类的综艺节目刻意分成两队进行对决；就连《梦想改造家》这样的家装改造节目，每集也必须有个莫名其妙的搅局者……

在算法的推动下，观点极化的内容往往更容易收获流量——平台为了增加用户黏性，会优先推送那些可以激发用户互动（如点赞、评论或转发）的内容；为了获得用户的互动，内容提供方也会倾向于输出极端观点，这样才能吸引观点相同的用户点赞和转发，或激起观点相悖的用户评论和吐槽。

针对这一难点问题，我们可以采取以下几个步骤解决。

步骤 1：拓宽输入渠道

在网络观点极化的当下，你就像处在一个只卖肉不卖蔬果的菜市场里。本来想荤素搭配，各种食材都买一点儿，结果这个菜市场只卖肉，不卖蔬果。我们无法改变大环境，只能尽力在自己的层面做好——**多跑几个菜市场**。我们不能故步自封，而是应该主动寻找多元化的信息来源，学会"兼听则明"，避免让自己的观点极端化。

在实操上，一个最简单有效的方法是关闭**算法推荐服务（个性化推荐服务）**。前文提到过，平台会给用户打标签，然后向用户推送与对应标签相关的内容。2022 年 3 月《互联网信息服务算法推荐管理规定》开始实施，该管理规定要求，算法推荐服务提供者要让用户有算法推荐服务的知情权和选择权。关闭算法推荐服务可以较好地跳出由算法打造的信息茧房。

此外，我会主动关注一些与我观点不一致的媒体，并尝试给它们的观点**"挑刺"**，也就是尝试针对它们的结论证伪。即使证伪失败，但是证伪过程有助于修正和迭代我的价值判断。

步骤 2：做好资讯拣选

在备菜的过程中，除了多跑几个菜市场，我们还需要**对买来的食材进行拣选**。所以下一步是要学会**区分事实判断和价值判断**。第 10 章介绍过这两个概念。

我们可以做下类比（图 11-7），事实判断类似于新鲜食材，比如从菜市场买回来的肉；价值判断则像是经过加工的食品，比如午餐肉。

	描述	回答问题	类比
事实判断（FACT）	我们对客观存在的过程、关系、事物、属性等的判断	是什么	**新鲜食材**
价值判断	我们对人、事、物的好坏及有用与否等的判断	应该怎样	**加工食品**（SPAM）

图 11-7 事实判断与价值判断的类比

在投资圈，有一部分人认为，应该基于事实判断来得出结论，因为事实胜于雄辩。所以当他们面对别人的价值判断时，第一反应往往是**直接无视或否定**。

比如我的同学开了一家私募基金公司，有一次他跟我说，平时总有一些基金经理喜欢给他提建议，也有不少投资者对他的投资决策指指点点。他说他通常会直接无视这些人的意见："你也在做投资，其实你肯定知道，一直听别人的，很容易让自己的交易体系混乱。"他还说："交易体系不自洽，前后的交易会出现矛盾，这很容易亏钱。"他的观点不无道理，但是也有不少投资大佬会告诫你——平时要多读书、保持开放心态、兼听则明、多听听不同的观点，这样才不会让自己陷入信息茧房、不断做观点的自我强化。

这就引出了一个问题——如何在"独立思考"和"兼听则明"之间找到平衡呢？实际上，两者并不矛盾。以事实判断作为决策依据是合理的，但是我们也要意识到：别人的价值判断并非只会带来"认知污染"的洪水猛兽，很多时候它们能够提供新鲜的视角，弥补我们认知上的不足。

就像午餐肉一样，虽然经过了加工，但并不是就不能用来做饭。比如，在港式茶餐厅中，午餐肉是美味的餐蛋面的关键食材。只不过我们**需要提前确认所用的午餐肉的原材料是优质肉**。换句话说，我们在参考别人的价值判断时，需要先确认它的背后是否有足够的事实判断和逻辑作为支撑。比如，我要是直接告诉我那位从事私募基金业务的朋友，他的重仓股该卖了，他可能不会搭理我。但是如果我告诉他我判断的依据是那只股票有严重的财务风险，并把财务报表上的风险点都摆在他面前，我相信他会仔细考虑我的建议。这才体现了真正的辩证思考，而不是把别人的观点全部拒之门外。

需要强调的一点是，并**不是说只要是事实判断，就一定体现了事实或者就一定正确**。在投资领域，几乎每天都有大量的"小作文"（未经证实的谣言）在各大社群流传，因此对其进行事实验证同样至关重要。

步骤 3：理性赋权资讯

假设你知道晚上的一道菜需要用到的食材包括牛肉、香菜、辣椒、盐、油、蒜头、姜，于是你把这些食材都采购回来了。但是，每样食材不可能都用相同的分量，这样做不仅不符合实际，还会影响菜品的口感。同样地，在我们搜集了大量资讯后，你不大可能对每一个数据、每一条资讯都做到等权重赋权或"一视同仁"。你总会"厚此薄彼"，总会有一些资讯对你的决策产生更大的影响。

同样都是事实，但不同的事实可能会指向不同的结论，甚至结论互相矛盾。比如一家公司可能在毛利率上领先同行，是所有友商心目中最可怕的竞争对手；但同时，其主营业务所处的行业市场规模正在不断萎缩，甚至还面临政策限制。如果你是一家私募基金的投资决策委员会的成员，你会如何评估这家企业的投资价值？它到底值不值得投资呢？从竞争力的角度看，这家公司无疑非常优秀；而从行业空间角度看，这家公司似乎又前途暗淡。如果仅从这两方面考虑，那么这家公司是否值得投资，主要取决于这两方面在你心中分别占多大权重。

然而，不同人对同一资讯赋予的权重往往会相差很大。因此，有时即使用同样的事实判断作为支撑，不同的人也可能得出不一样的结论。这是因为，

在接收这个事实判断之前，我们的价值观已经存在差异，这导致我们对每个事实判断赋予不一样的权重。

以择偶为例，有些人很看重"颜值"，也就是对方长得好不好看。原因是他们认为（或他们的基因使其本能地相信）外貌特征会随着基因遗传给后代，跟颜值高的对象结婚，后代的外貌更有可能好看。不过，也有人觉得"颜值"并不是择偶的重要条件，他们更在意对方的性格是否温柔。

这种择偶观念上的差异与人们**接受特定资讯的频次**有关。相信你也听过这样一个说法：原生家庭对价值观的塑造有很大的影响。这是因为原生家庭的经历是我们最早的资讯源，而且与原生家庭成员的高频交互使得我们会对一些资讯给予更高的权重。比如，有的女士之所以在择偶时不看重颜值，可能是因为她有一个不算帅的爸爸，但是他对她的妈妈特别温柔。如果用炒菜做类比，当你多次看到妈妈烹饪香菜炒牛肉后，你可能会完全按照她的食材配比来炒这个菜。

此外，赋权的差异也跟**自身利益**有关。还是以择偶为例，有人不重视颜值，也可能只是因为他自己相貌平平。如果他身处于"颜值至上"的世界，是无法占据优势的。如果类比炒菜，假设你比较喜欢辣味，你可能希望所有的香菜炒牛肉里都加入更多的辣椒。落到投资上，当持有某只股票时，大部分投资者会倾向于为其利好消息赋予更多的权重，为其利空消息赋予更少的权重。

总之，由于资讯频次、自身利益等因素，我们往往只能看到我们希望看到的。这很容易让我们陷入**"确认偏误"**的逻辑错误。

那么我们该如何规避这类逻辑错误呢？

对于大部分人来说，我们对资讯的赋权是基于**"系统 1"**的。"系统 1"是行为经济学家丹尼尔·卡尼曼在其著作《思考，快与慢》中提出的（图 11-8），它可以被简单地诠释为一种直觉或快速反应。与之相对应的是**"系统 2"**，可以被诠释为理性思考或深度推理。

人类的两种思考系统

系统	内涵	举例
系统 1	直觉或快速反应	• 打乒乓球时迅速反击； • 快速识别他人情绪
系统 2	理性思考或深度推理	• 解决复杂的数学题； • 判断是否换新工作

图 11-8　人类的两种思考系统

▶ 资料来源：《思考，快与慢》

在使用系统 1（直觉）对资讯进行赋权时，我们的底层价值观往往会对这一过程产生很大的干扰。这很容易导致确认偏误，即倾向于只选择自己所相信的资讯。

为了减少这种偏误，我建议在资讯赋权阶段使用系统 2，即更为理性的思考方式。比如互联网大厂通常推崇的“数据驱动”的决策方式，或者投资决策过程中习惯使用的金融建模。

这里做个类比。关于择偶时是否应该考虑颜值，我们可以通过**查询文献**、**问卷调查**等方式来采集数据，看看颜值与婚姻幸福程度的关系（假设创造幸福是你所追求的），从而判断它在择偶中应该占据的权重。类似地，在炒菜过程中配置食材的比例时，我们可以参考多份菜谱，或者尝试用不同的比例炒出菜后邀请他人来品尝，以获得反馈。

当我们可以做到理性地赋权所有资讯后，自然不会忘记搜集那些重要（但可能与我们的预设不符）的资讯。

图 11-9 总结了避免观点极化的 3 个步骤。

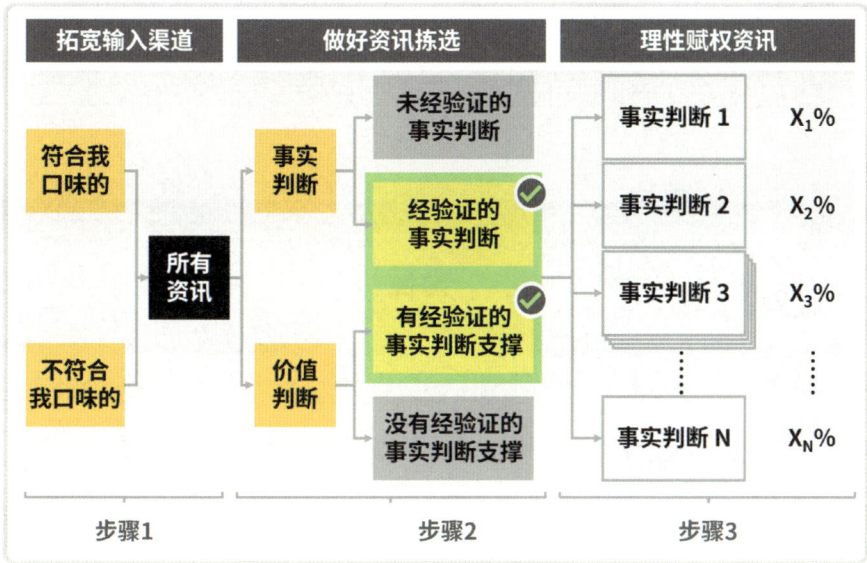

图 11-9　三步避免观点极化

在接收了大量高质量的资讯后，下一步是确保我们能够合理地处理和运用它们。第 2 节将探讨这个话题。

第 2 节　烹饪：如何处理资讯

完成备菜阶段的工作后，我们得到了大量有用的食材，接下来就是下锅烹饪的环节——我们需要处理这些资讯，从中提炼有用的核心观点。这些观点有可能可以论证之前做出的假设，也有可能是在证伪之前的假设后重新提出的观点。这要求我们对输入的资讯进行提炼。

麦肯锡的分析师习惯使用**"金字塔原理"**去做这个提炼工作。所谓"金字塔原理"，是一种系统组织并呈现资讯的方式。我们可以通过一个有意思的测试来领略金字塔原理的魅力——请尝试在 30 秒内记住图 11-10 中的商品名称。然后遮住该图，看看自己能记住多少个。

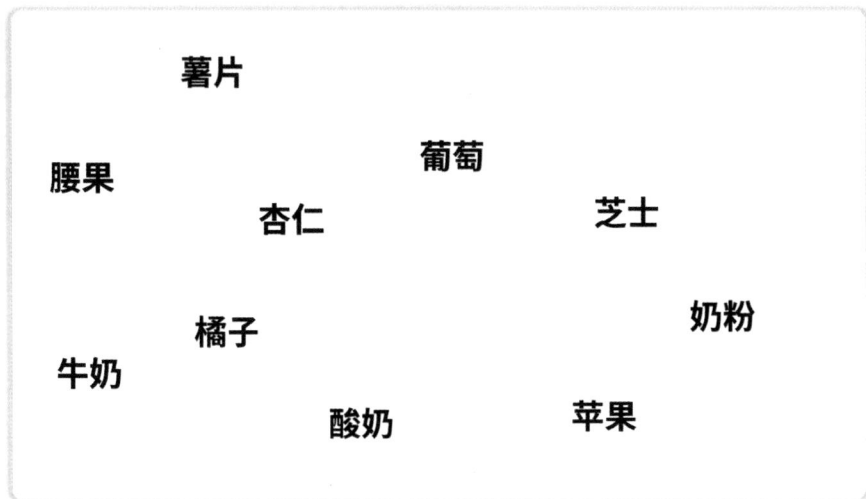

薯片

葡萄

腰果

芝士

杏仁

奶粉

橘子

牛奶

苹果

酸奶

图 11-10　记忆力测试

　　根据我的经验，除非记忆力超群，否则大多数人都会漏掉一两个商品名称。根据美国心理学家乔治·米勒（George A. Miller）的研究，人的短时记忆通常只能记住 7±2（也就是 5~9）个信息单位。而图 11-10 一共列出了 10 个商品名称，所以记住所有商品名称超过普通人大脑的"缓存"了。

　　那么这时候要怎么办呢？相比死记硬背，一个更好的方法是对信息进行分层和分类。如图 11-11，我们可以将这 10 个商品分为 3 类：水果、零食和奶制品，其中水果包括葡萄、苹果和橘子，零食包括薯片、杏仁和腰果，奶制品包括牛奶、酸奶、芝士和奶粉。这样一来，最底层的每个分类只有 3~4 个品类，中间一层的分类只有 3 个，它们都在人脑的处理范围之内。这种处理方式不仅便于记忆，而且有助于我们吸收和提炼关键信息。

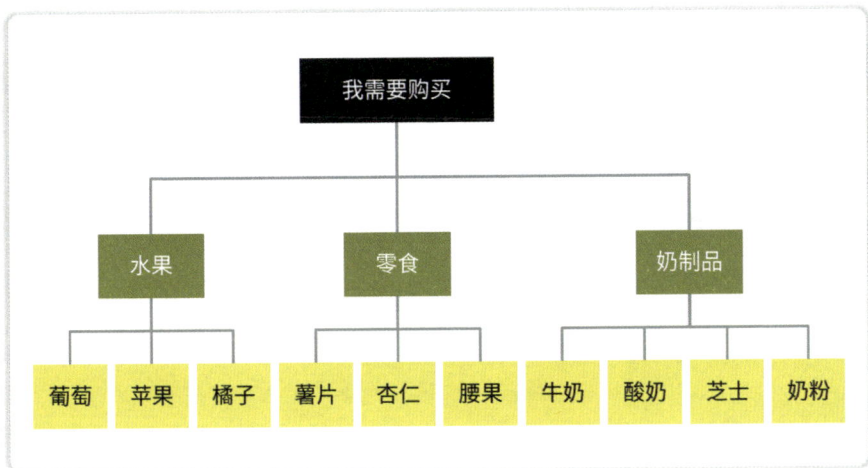

图 11-11　用金字塔原理呈现信息（资讯）

　　金字塔原理或许是麦肯锡最广为人知的方法论。它可以指导我们更好地提炼资讯，提高思考、表达和解决问题的逻辑性。金字塔原理是麦肯锡第一位女性咨询顾问芭芭拉·明托（Barbara Minto）提出的，她所著的《金字塔原理》一书也成了经典之作。

　　这个原理并不复杂。我们可以看看图 11-12，金字塔顶层通常是一个**核心观点**[①]，它回答了如何做到某件事情（Know-how），或者为什么会是这样（Know-why）的问题。核心观点是我们希望表达的主要内容，也是我们通过研究和分析提炼出来的最终成果。通常，核心观点由几个**关键论述**作为支撑，这些论述会给出更细致的叙述。比如在回答 Know-how 时，给出具体步骤；在回答 Know-why 的时候，列出多个理由。而每个关键论述又由多个**支持内容**作为支撑。这类似于我们之前说的，价值判断需要有事实判断作为支撑。只不过这里我们用的是金字塔这样更加形象的方式呈现的。

---

① 本节有关金字塔原理的一些措辞和《金字塔原理》（南海出版公司，2010 年）一书中的译文不尽一致，但在表达该原理的含义上是准确的。——编者注

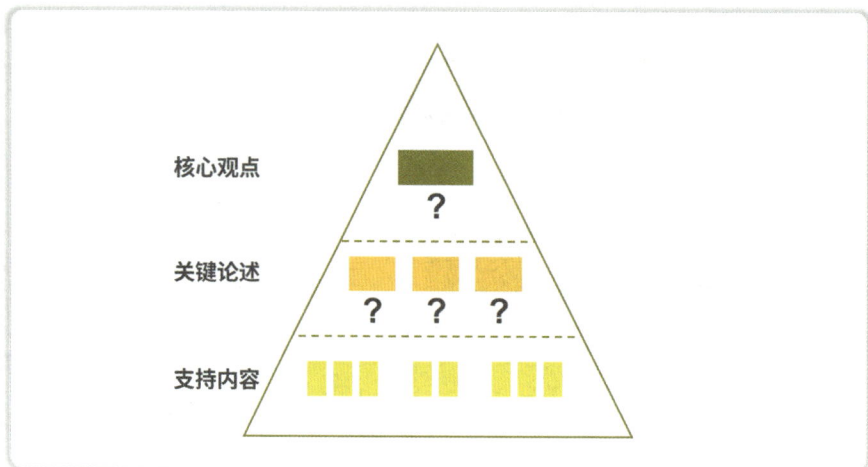

图 11-12　用金字塔原理呈现研究和分析结果

▶ 资料来源:《金字塔原理》

　　那么我们到底如何构建这个金字塔呢? 实操上,我们可以遵循 4 个步骤 (图 11-13)。

- **罗列资讯**:将所有重要资讯写在便笺纸上,然后在桌子上或墙上一一罗列。如果资讯实在是太多了,也可以将它们整理在 Excel 文档中。最好写出完整的语句,而不是仅仅简单地列出几个关键词。
- **寻找规律**:尝试提炼不同资讯的共性,并对资讯进行整理、分组;也可以运用逻辑将一些相关事实串联在一起。
- **提炼要点**:分组后,分别为每个组提炼一个要点。
- **归纳核心**:思考每个组的要点对于问题到底意味着什么、对下一步有什么用。思考后,提炼出一个最高层级的核心观点。

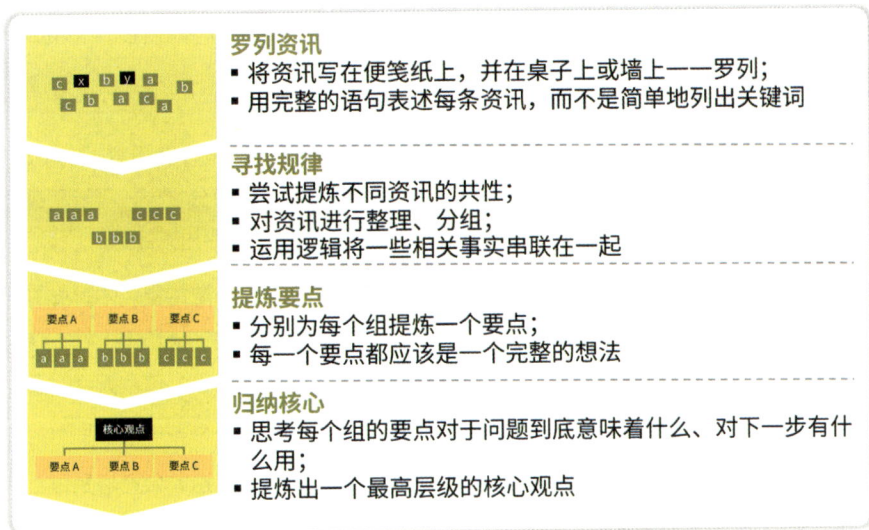

罗列资讯
- 将资讯写在便笺纸上，并在桌子上或墙上——罗列；
- 用完整的语句表述每条资讯，而不是简单地列出关键词

寻找规律
- 尝试提炼不同资讯的共性；
- 对资讯进行整理、分组；
- 运用逻辑将一些相关事实串联在一起

提炼要点
- 分别为每个组提炼一个要点；
- 每一个要点都应该是一个完整的想法

归纳核心
- 思考每个组的要点对于问题到底意味着什么、对下一步有什么用；
- 提炼出一个最高层级的核心观点

图 11-13　构建金字塔的"四步法"

下面通过一个实际案例阐述这一过程。

我的前同事 H 买了某房企（后称"ABC 房企"）的票据（相当于把钱借给了 ABC 房企）。那时，我刚好在研究房地产行业。我注意到 ABC 房企有流动性紧张、还不上钱的迹象。于是我搜集了大量资讯后，给 H 写了封邮件。我一共写了两个版本的邮件，我们逐一看看。

第一个邮件版本罗列了我挖到的不少资讯，但在结构上没有花什么心思，可以说是"想到哪儿写到哪儿"。这封邮件中的信息点非常密集，但我估计大多数人看后，可能什么都记不住，最多只能有一个印象：这家房企存在很多问题。

H：

你好！

前几天你不是跟我说 ABC 房企欠了你一笔钱一直没偿还吗？我研究了一下，有一些发现：它家账上的现金还不到 1 年内到期债务的四分之一，再搞不来钱，别说之后没钱买地会影响明年销售，连现金流随时也会出大问题。

而且国家现在不让它借更多钱了，要求把房企的负债率给降下来。不过就算它想借，估计也挺难借到的，据说它前几天在香港发的美元债还不上钱，违约了。所以，之前的金主之一信托公司也不愿意借钱给它了。前几天我听圈里的朋友说，有个信托公司原来给它的 60 亿元额度已经被降到 20 亿元了。

我搜新闻的时候才发现，它把参股公司 XYZ 的股份卖了，这家公司可是跟互联网大厂 RST 合资的。朋友说它还有几家参股公司，像 ABC 汽车和 ABC 物业，也都在找买家接盘，还不知道卖不卖得出去。不过就算卖出去了，估计也是贱卖，大家看它这么缺钱肯定会压价。

听说它之前想借壳上市也失败了。这也难怪，毕竟 A 股很久都不给房地产公司上市了。

负面新闻这么多，很多买房者都不敢买 ABC 房企的房子了，担心它之后交不了房。你还是赶紧想想后续怎么催收吧。

肖璟

接下来，我们用金字塔原理重新组织下这封邮件的内容，也就是按照前文提到的 4 个步骤重构内容。

第 1 步：罗列资讯

我从邮件中提取了一些关键资讯，罗列如下：

- *ABC 房企没钱拿地，之后能卖的房子会变少；*

- 国家严控房企融资，不让其增加负债率，且严控房企上市；
- ABC 房企违约导致借钱困难，海外借不到，境内信托给的借款额度也降了；
- ABC 房企卖掉了跟 RST 合资的 XYZ 公司的股份；
- ABC 汽车和 ABC 物业估计卖不出好价格；
- 买房者担心交不了房，房子没那么好卖了。

第 2 步：寻找规律

在这一步，我们将前述资讯分组。正如本书前文所说，企业的现金流可以分成 3 种：**融资现金流**（企业通过借款或上市来融资、拿到钱）、**投资现金流**（企业通过对外投资获得回报）、**营运现金流**（企业通过销售产品或服务获得收入）。我们可以将前述资讯归类到这 3 个现金流中。

融资现金流

- 国家严控房企融资，不让其增加负债率，且严控房企上市；
- ABC 房企违约导致借钱困难，海外借不到，境内信托给的借款额度也降了。

投资现金流

- ABC 房企卖掉了跟 RST 合资的 XYZ 公司的股份；
- ABC 汽车和 ABC 物业估计卖不出好价格。

营运现金流

- ABC 房企没钱拿地，之后能卖的房子会变少；
- 买房者担心交不了房，房子没那么好卖了。

第 3 步：提炼要点

基于第二步中的资讯分组，我们发现 ABC 房企的现金流在 3 个方面都有问题。我们可以分别提炼成一句话，也就是关键论述。

- **融资现金流**：融资不好融。
- **投资现金流**：资产不够卖。
- **营运现金流**：房子不好卖。

第 4 步：归纳核心

我们可以基于前面 3 个关键论述提炼出核心观点：**H 需要及时催款，因为 ABC 房企的现金流问题很大**。

经过这 4 步，一个完整的金字塔就构建好了（图 11-14）。

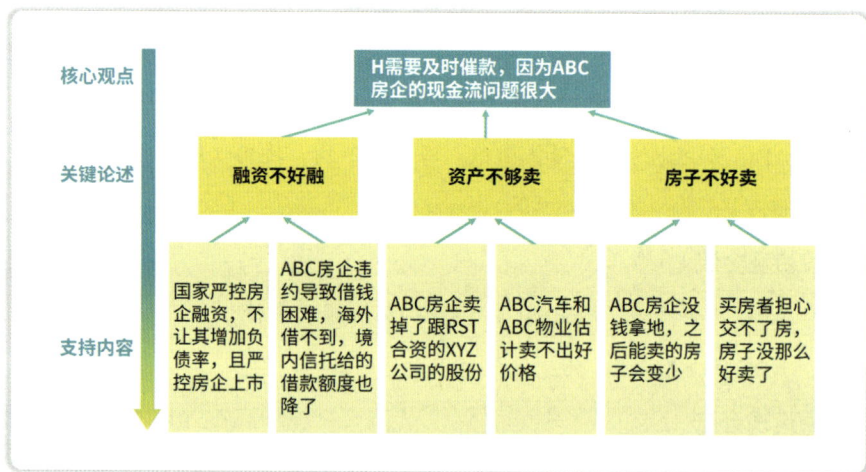

图 11-14　用金字塔原理梳理给 H 的邮件内容

基于构建好的金字塔，我们可以重新编排给 H 的邮件内容。第 2 个版本的邮件内容更加简洁，资讯传达也更加直接、高效。

H:

你需要及时向 ABC 房企催款，因为它的现金流面临以下问题。

问题 1：融资不好融

- 国家严控房企融资，不让其增加负债率，且严控房企上市；
- ABC 房企违约导致借钱困难，海外借不到，境内信托给的借款额度也降了。

问题 2：资产不够卖

- ABC 房企卖掉了跟 RST 合资的 XYZ 公司的股份；
- ABC 汽车和 ABC 物业估计卖不出好价格。

问题 3：房子不好卖

- ABC 房企没钱拿地，之后能卖的房子会变少；
- 买房者担心交不了房，房子没那么好卖了。

肖璟

　　邮件一开头直截了当地提出了核心结论："你需要及时向 ABC 房企催款，因为它的现金流面临以下问题。"然后开始罗列关键论述和支持内容。在第一个关键论述（融资不好融）后，列出了两个支撑该论述的事实；在第二个关键论述（资产不够卖）后，列出了两个支撑该论述的事实；在第三个关键论述（房子不好卖）后，列出了两个支撑该论述的事实。

　　经过这样一轮处理，虽然内容和第一封邮件的内容基本相同，但是整个表述的逻辑变得清晰很多。这就是我们运用金字塔原理的好处——它可以让我们更有逻辑、更高效地表达自己的观点，让我们的观点更加简洁明了。

　　很多人可能会认为产出这样的金字塔并不难，甚至觉得这与思维导图差不多。但实际上，金字塔原理与主要依赖联想和发散的思维导图还是不太一样的。除了要符合 MECE 原则，它还需要满足另外两个要求。

要求 1：有深度

金字塔原理要求我们从信息中提炼具有洞见性的核心观点或核心结论，也就是**产生新的认知**，这需要我们得出的结论具有一定深度，能够体现分析价值。在这一过程中，我们需要理解"总结"与"提炼"的区别，往往很多人没有搞清楚两者的区别。

举个例子。我们看看以下 3 个未经加工与排序的资讯。

- 我不知道把钥匙放哪里了。
- 我以为身份证在柜子里，但没有找到。
- 迟了两个月，我还是没有完成纳税申报。

以往，我让一些学员尝试从以上信息中提炼结论时，很多人会得出类似这样的结论："我找不到钥匙和身份证，而且延误了报税。"但是这不算是"提炼"，充其量只能算是"总结"，因为这个结论并没有任何信息增量，而是小学生都能熟练掌握的"缩句"。想要提升到"提炼"层级是需要有深度的。一般来说，我们可以问自己一个问题——"So what?"（那又怎样？）"我找不到钥匙和身份证，而且延误了报税，那又怎样？"通过进一步提问，我们可能可以提炼出"我最近什么事情都没做好"的结论。当然，这个结论的深度可能还不够，我们还可以进一步问自己"So what？"，然后可能可以得出"我需要好好休息"这样具备可操作性的核心观点。这才是真正有价值、有深度的提炼（图 11-15）。

在公司内部培训中，我经常使用这个案例向团队里的分析师强调说："我希望你们写出来的内容，不是简单的同义互换，也不是简单的归纳总结。显而易见、没有深度的结论本身没有创造额外的价值。如果只是缩句，那么中小学生都做得到。作为分析师，必须体现分析的核心价值，能够提炼出具有足够深度的观点。"

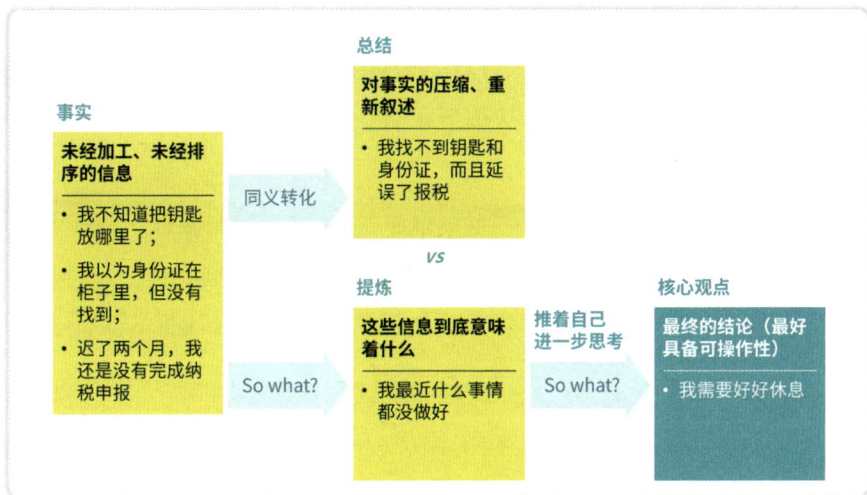

图 11-15 总结与提炼的区别

下面，我们以一个假设中的 3 条资讯为例来提炼核心观点。这 3 条资讯分别是：

1. PMI 连续 4 个月低于荣枯线；

2. 出口同比增速连续 3 个月下滑；

3. 当季 GDP 同比增速已经跌破当年经济增速预期目标。

从以上 3 条资讯中我们能提炼出什么结论呢？"宏观经济不太景气"可能是一个结论。然而，这一提炼还停留在 Know-what（知道是什么）的层面。我们还可以进一步问自己"So what？"，也就是"知道了宏观经济不太景气，那又怎样？"我们继续推着自己深入思考，可能会提炼出一个更有价值和深度的核心观点："或许应当出台稳增长政策了。"这才是真正的有价值、有深度的提炼。

要求 2：有逻辑

逻辑性是金字塔原理的一大特点。我们在基础教育阶段已经系统学习了很多逻辑推理的方法，但是很多人因为缺少机会，在逻辑推理的练习和应用上并不充分。

推理有两个基本形式。一个是**归纳推理**，另一个是**演绎推理**。

归纳推理，顾名思义，就是从一大堆具体的事实中找出共性，提炼出一般性的规律。在找出共性、提炼规律时，我们可以参考以下常见的维度。

- **性质**：是事实（What）、成因（Why）还是做法（How）?
- **影响**：是正面还是负面?
- **时间**：是过去、现在还是未来?
- **空间**：是外部还是内部?
- **特定类别**：通常与具体话题有关，比如前文提到的 3 种现金流。一般我们可以借鉴具体话题的理论框架进行推理。

演绎推理则是从已知的前提出发，通过一些一般性规律和逻辑推演得出结论。以下是一些常见的演绎推理逻辑。

- 需做到 X 才能成功→你无法做到 X →因此，你需要建立做 X 的能力；
- 需要 X 才能成功→你的重心不在 X →因此，你需要转移重心到 X；
- 你正朝 X 发展→但 Y 比较有利→因此，你需要转向 Y 发展；
- 你认为 X 是问题→但调查显示 Y 才是问题→因此，你需要转移重心到 Y；
- 绩效不如预期→问题出在 X →因此，你需要设法解决 X。

无论是归纳推理还是演绎推理，都可被用来构建金字塔（图 11-16）。

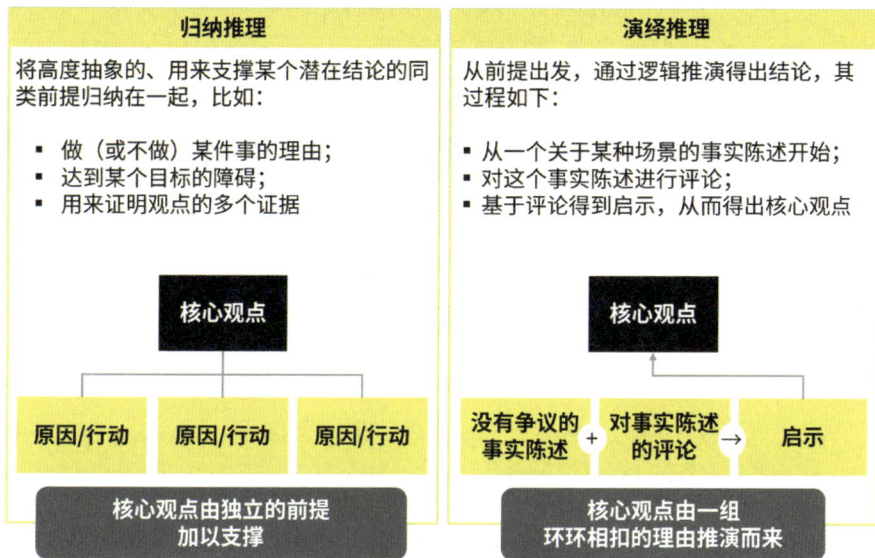

归纳推理	演绎推理
将高度抽象的、用来支撑某个潜在结论的同类前提归纳在一起，比如： ▪ 做（或不做）某件事的理由； ▪ 达到某个目标的障碍； ▪ 用来证明观点的多个证据	从前提出发，通过逻辑推演得出结论，其过程如下： ▪ 从一个关于某种场景的事实陈述开始； ▪ 对这个事实陈述进行评论； ▪ 基于评论得到启示，从而得出核心观点

核心观点

原因/行动　　原因/行动　　原因/行动

核心观点由独立的前提加以支撑

核心观点

没有争议的事实陈述　＋　对事实陈述的评论　→　启示

核心观点由一组环环相扣的理由推演而来

图 11-16　归纳推理与演绎推理

此外，除了合理的分组，**排序**也很重要。一旦想法被分组（归类）后，它们必须按照规整、清晰、有条理的次序进行排列，比如按以下次序排列。

- **时间次序**：首先、其次、再次……
- **等级次序**：比如按大小、重要程度、紧急程度……
- **传统次序**：金、木、水、火、土……

这样的呈现方式不仅让内容更有秩序感，还能体现其内在的逻辑性。做到这一点的关键是，让内容遵循人们的认知习惯和逻辑顺序，避免内容杂乱无章。

我们来看一个反例。"交通方式对全球变暖的影响与它们的马力有关：汽车的影响中等、飞机的影响很大、自行车的影响很小。"在这句话中，"中等"
"很大""很小"这样的乱序会影响我们顺畅思考，也会影响受众对资讯的接收
效率。

在处理搜集来的资讯后，我们得到了所需要的核心观点。接下来，我们
需要输出这些观点。在商业社会中，人们彼此间的合作至关重要，让相关方在
资讯层面得以同步同样关键。

第 3 节　摆盘：如何输出资讯

在完成烹饪阶段的工作后，下一步就该出锅摆盘了。类似地，在有了核
心观点后，我们就该想想如何讲好故事，把核心观点以更吸引人的方式传达给
受众。否则辛辛苦苦得到了一个有用的结论，但潜在受众（比如老板或客户）
听都不听，那么我们的研究工作也就白费了。抓住人们的注意力并不是一件容
易的事情，在信息爆炸的移动互联网时代，人们已经习惯了短视频所带来的
"即时满足"，人们的注意力极易分散。因此，我们必须在受众的注意力转移
之前，迅速抓住受众的注意力，并把观点传递出去。

如果大家经常参加券商的路演就会发现，有经验的"资深老法师"懂得
照顾听众的感受，并通过巧妙的结构设计使内容更加生动有趣，让人能够听得
下去；而初出茅庐的分析师在路演时往往照本宣科，缺乏这种吸引力，整个路
演冗长乏味、内容零碎。可能路演的文本内容还不错，但听者缺乏兴致，觉得
乏味无趣。东吴证券首席经济学家陈李就在其发表的《证券工作手册》一文中
提到："很多时候，听众迷失在讲演者的套话里，打开本本，却无法下笔，因
为找不到讲演的要点。……相反，如果表达中前后语言似乎丝丝入扣，但需要
延展想象和逻辑推导才能完成这种连续性，不熟悉内容的听众来不及做反应，
乍一听，便产生抗拒感，反而会认为表达内容是一团糨糊，矛盾百出。"

顺序很重要

关于如何组织故事线的顺序，我想先分享一个亲身经历。

当年我还在谷歌"搬砖"的时候，有一个项目是研究团队的核心客户画像。经过深入分析并得到一个方案后，我召集了整个团队，进行 PPT 演示。演示的一开始，我先介绍研究方式，说明了样本选取方法；然后说明中间做了哪些工作，包括用户访谈、数据分析，等等；接着呈现得出的结论；最后，我给出了一个具体方案。

然而当演示进行到一半时，我发现下面坐着的人已经开始干自己手头上的其他事情了，几乎没什么人在认真听我说话。虽然我的方案后来被证明能给团队带来很大的帮助（后来，该方案甚至还得到了国外团队的夸赞），但是当时没有人愿意认真地听完。

当时我自然很沮丧，直到同部门负责指导我的一个导师跑过来给了我一个反馈我才明白这是为什么。他说："肖璟，其实你刚刚演示的方案做得很好，但是你讲故事的能力还比较欠缺。打个比方，你讲故事的时候就像厨师在做饭，一上来先把很多东西洗好、切好，然后堆到一边；接着又上来一堆食材，又洗好、切好，堆到一边；最后才开始起锅烧菜。整个准备过程实在是太冗长了。等到你上菜的时候，顾客已经不耐烦了。你这是站在厨师的角度去诠释整个故事的，但大部分顾客更在意的并不是这道菜具体的制作过程。他们在意的是这道菜是不是色香味俱全。他们不需要知道你做饭的过程有多烦琐、多认真、多努力、多不容易，你只要很快地为他们呈现一道色香味俱全的菜就 OK 了。你需要站在顾客的立场去思考怎么讲述这个故事。"

这番话犹如醍醐灌顶，让我瞬间领悟了讲故事的方法。研究的过程是先建立起初步认知并提出关键假设，然后围绕假设进一步搜集资讯以验证假设，并根据情况判断是否迭代原先的框架，最后给出相应的解决方案。上述顺序其实是厨师讲故事的思路；而在与顾客沟通的时候，顺序应该是反过来的，应该直接向对方呈现核心观点，然后再给出支撑的依据。"解题归解题，沟通归沟通"，讲故事（沟通）的思路和解题（解决问题）的思路所涉及的顺序是不一样的（图 11-17）。

图 11-17　解题（解决问题）与沟通（讲故事）的不同顺序

顺带一提，这位给了我很大启发的导师就是著名科幻小说家、星云奖得主陈楸帆。这足以证明，在表达这件事上，其底层逻辑都是相通的。

基于这一经验，我开始注重资讯输出的顺序。不过我还是有些困惑："一上来就直接给建议方案真的合适吗？如果受众一开始不知道背景知识怎么办？而且有的顾客确实喜欢问大厨某道菜制作的详细过程，像我就很喜欢在 B 站上看一些美食博主的视频。面对这类受众，我们也要采用图 11-17 的沟通顺序吗？"加入麦肯锡后，公司教会了我一套系统的输出方法，解决了我的这些困惑。

SCQR 框架

一个好的故事线一定是从受众的角度出发的。只有通过换位思考来优化表达方式，才能让一个故事更容易被听懂、被记住。SCQR 框架就是这样一套故事线框架。S、C、Q、R 这 4 个字母分别代表：情景（Situation）、冲突（Complication）、问题（Question）、解答（Resolution）。

中文世界也有与 SCQR 框架对应的**"空雨湿伞"模型**。

- **空**：对应情景，即描述所处的情景，比如天空飘来一朵云。
- **雨**：对应冲突，即解释这时候发生了什么变化，比如很可能要下雨。
- **湿**：对应问题，即带来了什么问题，比如可能会被雨淋湿而感冒。
- **伞**：对应解答，即给出解决方案，比如带上一把伞。

有时，问题比较明显，我们可以省略"湿"（问题）这部分。所以，这个模型经常被简化为"空雨伞"模型。

我们可以参考图 11-18，看看具体的例子。

图 11-18　SCQR 框架和"空雨湿伞"模型

　　情景、冲突和问题这 3 部分，可以说是故事线的开场部分，可将其统称为"引入"部分。比如在一个商业案例中，"过去 10 年，我们几乎垄断了我们所在的关键市场""现在随着监管的放开，我们要重新面对其他对手的竞争""我们该如何回应？"，这些都是铺垫，它们最终指向的是解决方案："我们应该启动一个新的营销策略以及顾客忠诚度计划"。而这个解决方案，就是我们运用金字塔原理提炼出来的核心观点。我们将核心观点和后续的论述呈现在了这个地方。前面的"引入"部分是为了让受众能够更好地理解后面的核心观点，同时也是为了让人们更有兴趣听下去。

　　一段引人入胜的引入能够抓住人们的注意力，并水到渠成地带出后面的核心观点。历史上就有一个经典的引入案例——亚伯拉罕·林肯的《葛底斯堡演说》。这个演说可以说是美国所有政治家都会主动背诵全文的。演说的引入部分非常吸引人（图 11-19）。

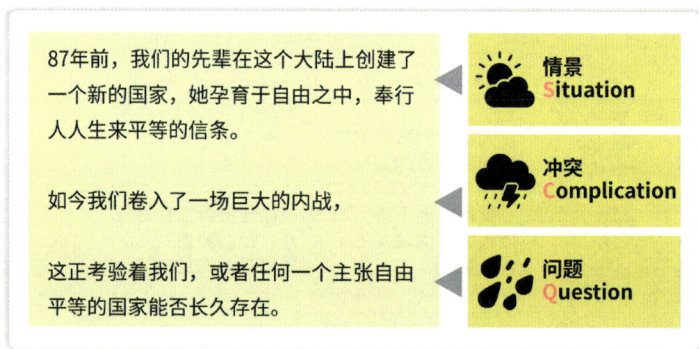

87年前，我们的先辈在这个大陆上创建了一个新的国家，她孕育于自由之中，奉行人人生来平等的信条。　情景 Situation

如今我们卷入了一场巨大的内战，　冲突 Complication

这正考验着我们，或者任何一个主张自由平等的国家能否长久存在。　问题 Question

图 11-19　林肯的《葛底斯堡演说》的引入部分

　　这是非常经典的 SCQ 结构。接下来就要给出核心观点，也就是解答部分。这部分最关键的就是要"快准狠"，不要加那么多拖泥带水的条件状语和补充说明，尽可能地让观点清晰、明确。

既然 SCQR 框架如此好用，那是否意味着每次沟通（演示）套一下模板就可以了呢？并非如此。

根据受众调整也很重要

我们每天输出资讯的机会有很多，而每个场景和受众都会有所不同。比如，我们需要与家人沟通生活琐事、与同事沟通工作、向客户汇报项目进度……这些受众的**角色和立场**、对沟通话题的**感兴趣程度**、**了解程度**都不一样，所以他们最乐于接受的叙事结构也会有所不同。而我每次写文章时，都会先思考这篇文章到底写给谁看，目标读者是否掌握了相关概念和背景知识。如果读者不具备必要的知识，那么很多内容就需要从基础开始科普一遍。不过，如果选择这么做，还得照顾那些已经了解这些内容的人，因为很少有人愿意再看一遍自己早已熟知的东西。总之，我需要考虑读者的方方面面，从而选择最合适的故事线。

因此，虽然 SCQR 框架非常经典，但我们也不能生搬硬套，而是应该根据用户特性和需求进行调整。我们可以参考下面几个输出资讯的预设对象。

角色 1：路人

如果你在沿街叫卖，或者在拍短视频，那么你面对的是大量路人（或网站、App 的访客）。这些路人可能完全不认识你，对你想要传达的资讯可能也一无所知。换句话说，他们可能根本就没有意识到问题的存在，也**毫无紧迫感**。

面对这类受众时，我们更适合把"冲突"和"问题"放在最前面——我们可以通过冲突吸引其眼球，再把问题挑明，告诉他们为什么需要关注。在说明冲突和问题后，再描述场景并给出解决方案。这采用的是 CQSR 的顺序。

实际上，很多**短视频**的内容采用的就是这种顺序的故事线。

我有一个朋友运营着一家 MCN 机构，他分享说，员工在做视频时有个常见套路：在前半段的二十几秒内唤起观众的需求——可能是引发观众的恐惧，也可能是唤起观众的欲望；而后半段的内容再满足观众的需求，给观众一个答案。在需求不断被唤起和满足的过程中，观众就会对这类视频"上瘾"。

所以，在你刷短视频时，你往往会发现最精彩的镜头、最激烈的冲突会被剪辑到视频的开头。虽然你知道这都是套路，但你还是会深陷其中、无法自拔。

角色 2：观众

如果你输出资讯的对象对你有一定的了解，比如之前了解过你，或者清楚你这次分享的话题，那么这时候的沟通会比面对路人简单一些，因为至少他们对你有一定的兴趣。但是，这些受众可能对话题背景或场景不太熟悉，或者没有亲身体验过你所讨论的话题。尽管如此，由于这是他们感兴趣的话题，因此他们对解决方案比较敏感。

面对这种受众时，用最经典的 SCQR 框架进行沟通比较合适，就像林肯的《葛底斯堡演说》这一经典案例。

这种叙事方式很适合**电影**。如果你熟悉电影，应该知道好莱坞有一个被称为"英雄之旅"的剧本模式。"英雄之旅"这个概念来自神话学大师约瑟夫·坎贝尔的《千面英雄》一书。他认为世界各地的神话或故事都遵循着一个基本模式（图 11-20）。实际上，这一模式对应着 SCQR 的叙事方式，也被《星球大战》《狮子王》《指环王》《白日梦想家》等电影广泛采用。

如果你经常观看**网络视频**，你会发现一些知名博主也习惯用这个叙事方式。他们会在某个契机下启动一个项目（可能是制作一个产品或烹饪一道菜肴），然后会遇到各种困难或挑战，想办法一一克服和应对。最终他们经受住了考验。在展示自己的成果后，他们还会分享从整个过程中得到的精神层面的启发。

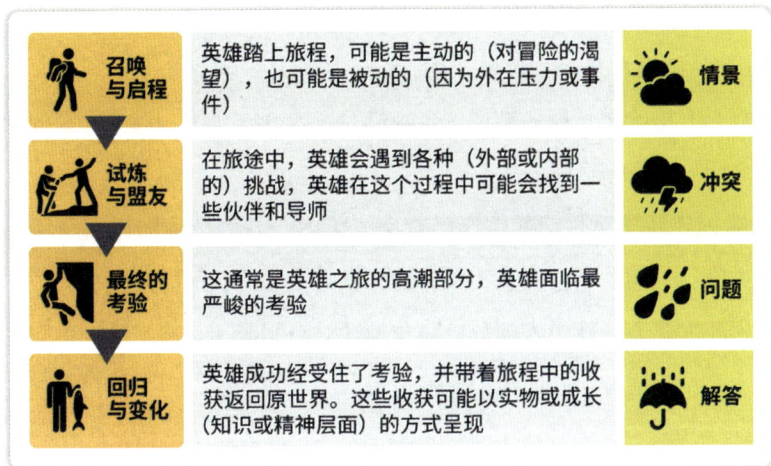

图 11-20　"英雄之旅"的基本模式

▶ 资料来源：《千面英雄》

角色 3：大老板

大老板也是一类特别的受众——他们对场景和冲突有所了解，但不太清楚细节；他们的时间宝贵，所以他们也没什么耐心；**他们比较重视行动，希望可以直接听结果。**

面对这种受众时，我们可以选择把整个解决方案放在最前面，直接用"解答"部分开场。在很多老板看来，最好一开始就给他们一个直截了当的、可以为决策和行动提供参考的结论，而不是绕弯子吊他们的胃口。在呈现解答部分后，再补充情景、冲突和问题的细节也来得及。于是，沟通顺序就变成了 RSCQ。

这种沟通方式同样适用于**客户的管理层**。在麦肯锡，很多时候咨询顾问都是直接跟客户的 CEO 或董事长进行沟通，所以麦肯锡的咨询顾问非常习惯使用这种沟通方式。

在麦肯锡的一次内部培训上，有人分享过这样一幅讽刺漫画：在某公司的董事会上，汇报人一上来就通过 PPT 文档的第一页给出了结论："我们破产了。"

其中一位参会者很满意地评价道："这就是我喜欢他的原因，他的演讲总是直击重点。"虽然这只是一个笑话，但我们依然能从中学到一个道理：面向管理层，就算是直接给出负面的结论，也好过吞吞吐吐绕弯子，浪费大家的时间。

角色 4：直属领导

直属领导通常对目前的情况已有深入了解，并清楚地知道问题所在。由于解决方案与他们的利益息息相关，他们会高度关注，所以我们在有了解决方案后不用花太多心思在引入部分。除非是针对新问题的首次沟通，否则我们不必耗费太多精力去铺垫。向他们重述情景、冲突和问题，很可能只会消耗他们的耐心。

面对这种受众时，我们可以直接给出一个解答，即**只叙述核心观点**。比如前文提到的我在谷歌时的那个研究核心客户画像的项目，我在演示时"直接上菜"便是更好的选择。

这种沟通方式也适用于一起紧密合作的同事或客户。

我们可以用图 11-21 总结一下上述 4 种角色。

角色与立场	适合框架	描述	兴趣	了解程度
路人	CQSR	• 通过强调问题来提高受众的紧迫感； • 直接通过冲突引出问题	低	低
观众	SCQR	• 一种经典结构； • 对观众来说是比较适合的沟通顺序		
大老板	RSCQ	• 先说解决方案，再补充细节； • 直击重点，不绕弯子		
直属领导	R	• 只叙述核心观点； • 一般用在对方了解问题所在的情况下	高	高

图 11-21　根据用户特性和需求调整 SCQR 框架

当然，我们千万不能刻舟求剑，只套同一模板。具体的沟通方式还要针对受众的具体情况进行灵活调整。比如，如果你的大老板已经非常清楚情景和问题的细节，那么你只跟他沟通"解答"部分是完全可以的。

本章小结

本章的内容要点如下。

- 研究在本质上是**"输入 – 处理 – 输出"资讯的过程**。如果把研究比作做菜，那么它包括 3 个步骤：**备菜、烹饪和摆盘**。
- 在**备菜（资讯输入）环节**，我们往往面临两个难点。
  - **数量上信息过载**：这个难点问题可以分 3 步解决，分别是**做出假设**（不要尝试大海捞针）、**拆解假设**（需要遵循 MECE 原则）、**验证子假设**（找到用于论证的指标）。
  - **质量上观点极化**：这个难点问题可以分 3 步解决，分别是**拓宽输入渠道**（关闭算法推荐服务）、**做好资讯拣选**（事实判断需验证，价值判断需要有经过验证的事实判断作为支撑）、**理性赋权资讯**（用系统 2 而不是系统 1）。
- 在**烹饪（资讯处理）环节**，我们可以利用**金字塔原理**来提炼核心观点，除了符合 MECE 原则，还需要满足两个要求。
  - **有深度**：学会区分"总结"与"提炼"，多问自己"那又怎样？"。
  - **有逻辑**：学会运用**归纳推理**和**演绎推理**两种推理形式，并重视**排序**。
- 在**摆盘（资讯输出）环节**，组织故事线的顺序很重要。
  - 一般情形下，我们会使用 SCQR 框架（**"空雨湿伞"**模型）进行沟通。

➢ 我们也需要根据受众的**角色和立场**、对沟通话题的**感兴趣程度**、**了解程度**等对资讯输出进行个性化调整。

图 11-22 呈现了本章的内容框架。

图 11-22 本章内容框架：麦肯锡分析师的"资讯料理法"

第四部分

研究工具篇

如果说研究方法就像登山的技巧和策略，那么研究工具则是我们在攀登过程中的装备和辅助品。一件合适的工具就像一双合脚的登山鞋或一根坚固的登山杖，能让我们的旅程更加顺畅。

"工欲善其事，必先利其器。"我们在研究的道路上也需要依靠各种工具。在第12~13章中，我将与你分享一些常用的资讯源以及一系列实用且高效的研究工具。后文提到的各种工具都将是我们探索未知领域的强大助手。通过这些工具，我们不仅能更快地找到所需信息、提升效率，而且能够深入洞察，获得更深层次的洞见。

有一些读者有着丰富的研究经验，他们可能会有这样的疑问："我其实已经知道很多研究工具了，也知道不少资讯源，是否还有必要阅读第四部分？"我的建议是，不妨读一读。

举个例子。比如搜索引擎，几乎所有人都会用。但我和一些同事聊了聊，发现他们并没有真正掌握一些有用的使用方法。市面上还有一些课程以提高"搜商"作为卖点进行销售。这也说明高效使用搜索引擎的人群比例可能没有我们想象的那么高。

此外，在信息爆炸时代，我们对资讯的筛选需求非常强烈，而需求会推动供给侧的发展。所以，当今，**研究工具的迭代也是非常迅速的**。而生成式AI的出现对数据分析师、行业研究分析师的工作方式和工作流程产生了巨大的影响。我们会在本部分探讨 ChatGPT 等生成式 AI 工具在行业研究过程中的具体应用。

接下来，让我们一起学习如何借助这些工具，使我们的研究之旅更加高效、富有成果吧。

第 12 章 研究工具箱：

常用的研究资讯源

第 11 章提到，资讯搜集是研究中最重要、最基础的一步。此外，利用"假设驱动"的方式来搜集资讯有助于我们事半功倍。

不过，有时即便知道要找哪些数据或材料，确定准确的资讯源仍是一大挑战。本章将分享我获取资讯的主要渠道，并和你一起探索部分资讯源的深度使用方法。

需要强调的一点是，很多行业会有自己的独有数据源，比如债券的数据可在中证信用旗下的 DM 平台（寰擎信息）上查询；白酒行业的数据可以关注"今日酒价"公众号；影视行业的数据可参考猫眼专业版和海外的 Box Office Mojo；医药行业的数据可以浏览药智网和米内网；信托行业的数据可以查询用益信托网；房地产行业的数据可以关注克而瑞；大宗商品的数据可以查看中国金属网、上海有色网、找钢网、我的钢铁网，等等。这些资源是需要你在业内长期积累后，才能挖掘出来并慢慢熟悉的。

本章不会针对各个行业给出详尽的资讯源清单。一是因为个人能力有限，无法覆盖且熟悉所有行业的资讯源；二是因为即使列出了，也可能因信息过载或信息对你并无帮助而增加资讯筛选的工作量和难度。在本章中，我将列出我的团队经常使用且适用于各行业的主要资讯源，并分享一些使用技巧。

第 1 节　统计机构：搞清楚定义与立场

统计机构可分为两大类：官方机构和非官方的调研机构。

官方机构

官方机构通常会在其官网的"统计数据""信息公开""研究报告"等栏目公布相应的统计数据。因为这些统计数据是官方统计并发布的，所以被广泛采用。官方统计的数据大多是宏观数据或中观数据。

在此，为你列出我的团队比较常用的国内官方机构资讯源（按照中国政府网的内容排序）。

国务院组成部门

- **国家发展和改革委员会**：提供分省份／地区经济数据、煤电油气运行数据、物流仓储数据、重要商品价格、粮食收购进度等。
- **教育部**：提供教育相关数据，比如学校数量、教师数量、学生数量、专业招生情况等。
- **工业和信息化部**：提供各行业统计数据，涵盖原材料工业、装备工业、消费品工业、通信业、电子信息制造业、软件业、互联网、网络安全等。
- **财政部**：提供财政收支数据（包括财政预算结算、税收、土地出让金、央国企运营情况、彩票销售等）。
- **人力资源和社会保障部**：提供就业数据、社保数据等。
- **自然资源部**：提供土地数据、矿产数据、海洋统计报告、测绘、地质数据等。
- **生态环境部**：提供生态环境统计年报等。
- **住房和城乡建设部**：提供城乡建设统计年鉴、建筑业数据等。

- **交通运输部**：提供各种交通数据，包括水运、公路、铁路、民航、邮政、城市客运、港口、投资、运价指数等。
- **农业农村部**：提供农产品价格、农产品进出口数据等。
- **商务部**：提供国际投资数据、国际业务数据、国际贸易简况等。
- **国家卫生健康委员会**：提供国家基本药物目录、医卫机构名单等。
- **中国人民银行**：发布社会融资规模、货币供给等金融数据、金融业数据、金融市场统计数据、银行家及企业家调查问卷、货币政策等。

国务院直属机构

- **国家金融监督管理总局**：涉及银行业、保险业等数据。
- **中国证监会**：提供证券市场数据、期货市场数据、合法机构名录等。
- **国家体育总局**：提供国民体质监测数据等。
- **国家统计局**：提供各类宏观数据。
- **国家医疗保障局**：提供医疗保险和生育保险数据等。

国务院部委管理的国家局

- **国家铁路局**：提供铁路发送量数据等。
- **中国民用航空局**：提供中国民航主要生产指标统计数据等。
- **国家邮政局**：提供邮政行业运行数据等。
- **国家外汇管理局**：提供国际收支平衡表、结售汇数据、官方储备资产数据等。

其他协会或机构

- **中国外汇交易中心（全国银行间同业拆借中心）**：提供货币市场报价利率、债券市场价格、外汇市场价格等。
- **中国证券投资基金业协会**：提供基金资产管理规模数据、基金规模排名、基金类型分布等。
- **中国债券信息网**：提供债券收益率、债券指数等债券数据。

- **中国互联网络信息中心**：提供中国互联网络发展状况统计数据等。
- **上海证券交易所**：提供证券市场数据、公司披露数据等。
- **深圳证券交易所**：提供证券市场数据、公司披露数据等。
- **中国汽车工业协会**：提供汽车行业数据。
- **中国汽车流通协会乘用车市场信息联席分会**：提供汽车行业数据。

有时候，我们也需要对比其他国家的数据。以下是一些常用的**国际官方机构资讯源**。

- **世界银行**：提供各类宏观数据。
- **国际货币基金组织**：主要提供经济数据。
- **经济合作与发展组织**：提供各类宏观数据。
- **国际清算银行**：主要提供经济数据。
- **国际能源署**：提供与能源相关的数据，包括供需、出入口、价格、排放等。
- **联合国粮食及农业组织**：提供超过 245 个国家和地区的粮食与农业相关数据，包括农作物、畜牧业、林业等数据。

调研机构

除了官方机构，也有一些调研机构通过自己的渠道统计数据。

这类机构有多种方式可以获取数据。最简单的是通过**问卷调查**的方式。比如一些媒体针对消费者进行消费习惯调研，或者从合作企业、商户采集数据（比如第 10 章介绍"另类数据"时提到的媒体创造公司）。

还有一些调研机构会通过有偿招募的方式，让用户主动安装其**监控软件**。这类软件每隔几秒就会刷新用户的内存列表，从而监控用户使用计算机时的各种行为。

此外，它们还可能使用一些技术手段。除了第 10 章提到的**爬虫技术**，像谷歌广告等**广告网络**会通过合作的网站和 App 采集用户的行为数据（当然，这样做的前提是符合法律法规、不过度采集）。

比较常见的调研机构有以下这些。

- **艾瑞**：一家致力于中国新经济与产业数字化洞察研究咨询服务的企业，专注于提供行业分析、数据洞察、市场研究报告等，已累计发布超过 3000 份行业研究报告。

- **艾媒集团**：一家全球新经济产业第三方数据挖掘和分析机构，聚焦新经济产业数据。

- **克而瑞**：一家不动产垂直领域数字化服务平台，提供月度房地产销售数据、日度房价成交指数等房地产行业数据。

- **七麦数据**：一家专业的移动应用数据分析平台，包含各类 App 排名查询、竞品对比、App 下载或收入预估等功能。

- **窄门餐眼（微信小程序）**：一个餐饮数据查询平台，覆盖全国 3 万多个餐饮品牌。

- **今日酒价（微信公众号）**：依托百万酒商用户，提供国内酒类报价等酒业数据。

- **猫眼专业版（App）**：提供电影票房、电视剧和网络剧热度、电视收视率等数据。

- **奥维云网**：一家专注于智慧家庭领域的大数据综合解决方案服务商，主要提供家电销售数据。
- **上海有色网**：一个有色金属行业综合服务门户，提供有色金属和采矿行业数据。
- **益普索（Ipsos）**：一家全球市场研究集团，提供消费者洞察数据、广告研究和媒介研究等服务，可委托其进行问卷调查、焦点访谈以获得高质量的数据和可行性解决方案。
- **欧睿（Euromonitor）**：全球知名的市场资讯供应商，擅长提供各行业的消费市场调研数据。
- **埃信华迈（IHS Markit）**：专注信息处理、研究咨询领域，以编制各国PMI（采购经理人指数）闻名，已被标普全球（S&P Global）收购。我国的财新PMI是由财新网联合埃信华迈编制并发布的。
- **睿勤（Preqin）**：一家提供另类资产行业数据、市场分析和洞见的专业服务商，旨在通过全面的另类资产数据和工具赋能行业。

在使用调研机构提供的数据时，有两点值得我们注意。

首先，我们要注意数据的**定义**。尽管不同机构可能使用有着相似名称的数据，但这些数据的实际含义可能大相径庭。因此，在使用它们之前，一定要先明确数据是如何定义和收集的。

即使来自同一资讯源的不同指标，有时也很容易引起误解。这里举个常见的例子。比如，社会融资规模中的分项里有一个"人民币贷款增加量"。央行也会在月度金融统计数据报告中公布人民币贷款增加量。但是，你会发现这两个数据总是不一致的。这是因为，社会融资规模只统计了金融机构对实体经济发放的人民币贷款，而央行公布的人民币贷款增加量还包括了对非银行业金融机构发放的人民币贷款，比如银行借给保险公司或证券公司的钱。

当然，确认定义往往并不复杂。比如国家统计局在其"数据"栏目中提供了"指标解释"专栏，详细介绍了每个指标的统计方式。当对数据定义有疑问时，用户还可以通过"互动"栏目留言咨询，一般几天后可以得到回复。

此外，我们还可以通过了解机构的数据收集方式来判断数据质量。大部分数据报告会专门安排一章或一个部分解释数据样本是如何被收集的。如果数据提供方对自己的数据收集方式语焉不详，那我们就要对其数据质量打个问号了。

其次，我们要注意数据提供方的**立场**。地方官方机构在统计过程中，可能会出于维护地方政府政绩的目的而虚报数据。因此，国家统计局自 2023 年 2 月启动了专门针对统计造假的治理行动。

那些容错率较低的投资者往往会对宏观数据的准确性有疑虑。因此，他们更习惯使用社会融资规模这一宏观指标作为主要参考数据。社会融资规模这一指标涵盖的股票融资和债券融资（包括政府债券）数据都源自对公开交易的统计汇总，因此这个指标很难弄虚作假，其准确性比较高。

除了地方官方机构，非官方的调研机构也有在数据上弄虚作假的可能性。毕竟数据的采集是有成本的，所以一些缺乏商业道德的数据供应商可能会在数据上**"无中生有"**。

举个例子，因为工作缘故，我曾接触过不少发布报告的调研机构。它们的营利方式之一，就是和企业联名发布主题报告，也就是调研机构制作报告，企业支付报告的冠名费用。因为调研报告具有传播价值，所以通过冠名，企业可以增加品牌的曝光度。

有一次，我代表企业方和一家调研机构沟通报告发布事宜。企业方希望出版一份全行业的用户画像报告。当我询问调研机构的数据源时，对方回答说："回头把你们公司的用户画像数据给我们，我们以它为基础进行合理加工就可以了。"要知道，一个企业的数据是无法代表一个行业的数据的。当时我所代表的企业方的商业模式有自己的护城河，因此其用户画像非常特殊，在整个行业中都很难找到类似的。如果真的按照这家调研机构说的去操作，那么最终出来的报告自然是一点儿参考价值都没有。

因此，我们千万不要盲目相信单一资讯源。当需要获取重要数据时，我们应该从不同的数据源获取数据并进行交叉验证。

第 2 节　信息检索工具：颠覆了人类的研究方式

以往的研究通常会基于输入的资讯在大脑中建立起一套**核心知识体系**。这个体系类似于一个通用的公式。不同的人的核心知识体系基础会很不一样。比如，我的核心知识体系是以投资学、经济学为基础的，还有些人会以历史学、物理学等其他学科为基础来看待这个世界。

而一个人的核心知识体系形成了其他知识体系的基础，所有学到的新知识都可以用某种方式被纳入核心知识体系中。这个核心知识体系的概念有点儿类似查理·芒格提出的多元思维模型，芒格认为："长久以来，我坚信存在某个系统——几乎所有聪明人都能掌握的系统，它比绝大多数人用的系统管用。你需要做的是在你的头脑里形成一种思维模型的复式框架。有了那个系统之后，你就能逐渐提高对事物的认识。你必须知道重要学科的重要理论，并经常使用它们——要全部都用上，而不是只用几种。"

你可以将这个体系想象成一棵树的主干（图 12-1），各个重要学科的知识经过提炼后会被"内化"为树干上的一个树枝，变成整个系统的一部分。在内化新知识的过程中，你可能会遇到一个令人纠结的问题——新学到的知识可能与你现有的核心知识体系有所冲突。此时，你需要辩证地内化新知识：你要重新审视自己的核心知识体系，判断与新知识矛盾的部分是否"更胜一筹"。如果想保留原来的树枝，那就需要找出新知识的逻辑漏洞；如果打算用新知识替代原来的树枝，那就需要确认主干或其他树枝会不会受到影响，弄明白整个系统逻辑该如何自洽。

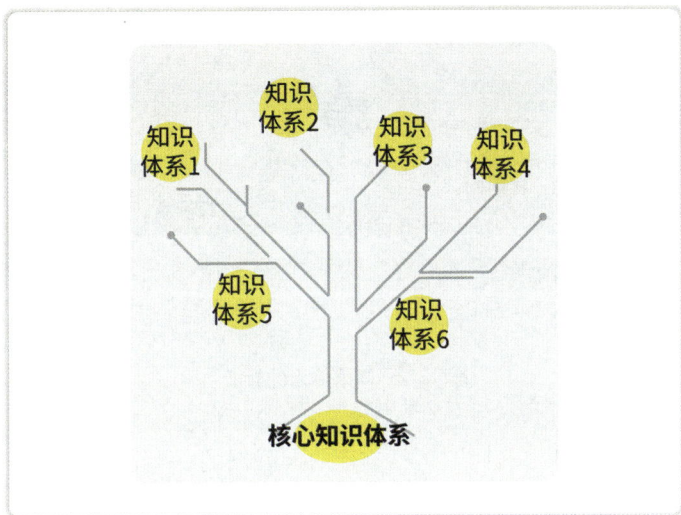

图 12-1　核心知识体系

自从搜索引擎和维基百科等信息检索工具出现后，我们的学习模式开始发生改变。在看书学习时，我们越来越少地迈出"内化"的那一步，因为我们逐渐习惯于碎片化阅读、速读略读，而不是边读边思考。有了信息检索工具后，我们意识到：既然认知资源和时间都是有限的，而我现在学习的这个知识之后不一定用得到，那么为什么要现在去内化它呢？我只要记住关键词即可，因为有了信息检索工具，等我要用到这部分知识时，我用信息检索工具搜索这些关键词，现学搜索出来的内容也不迟。

于是，我们的认知方式开始转变，大多数人不再内化知识。同时，这也意味着大多数人并没有形成自己的核心知识体系，而只是形成了一堆零散的知识体系，甚至只是记住了孤立的知识点。知识体系的组织方式由树状变成了云状，即由原来的树状知识体系转变成了云状知识体系（图 12-2 ）。

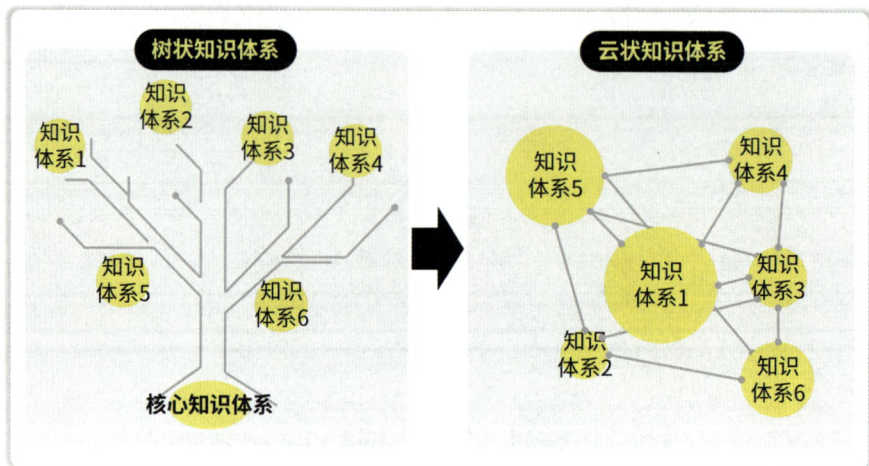

图 12-2 知识体系的转变

要知道，不同的"云团"是很难建立起联系的。换句话说，不同的知识点之间是割裂的。这种变化也自然而然地影响了我们的研究方式。

过去我们会把读过的书和材料在书架上或计算机中分门别类地规整、存放好；而现在我们只需要添加到收藏夹，再在脑海里记住一些关键词即可。大部分人使用信息检索工具进行搜索的技能也已经炉火纯青。

这种趋势从咨询公司的人才需求变化中也可见一斑：麦肯锡研究部门的金融机构组领导曾和我分享说，当年她就读的是图书馆学专业，毕业后任职于其母校的图书馆。这段经历对她后来在麦肯锡从事的研究工作极为宝贵，因为在 20 世纪 90 年代，麦肯锡的分析师在做研究时需要查阅大量的纸质材料，而她对各种资讯分布在公司书架的哪些位置如数家珍。但是，随着各种数据和资讯电子化以及搜索引擎的出现，现在研究团队更看重的是对信息检索工具的掌握水平。

常见的信息检索工具有两种——搜索引擎和百科工具。

搜索引擎

一般想到搜索引擎，大家可能会马上联想到百度搜索。然而，进入移动互联网时代后，公开网页已经不再是内容的主要载体。有越来越多的内容被发布在各大 App 或社交媒体账号中，而这些内容，往往很难通过百度搜索直接搜索到。因此，我们的研究也越来越依赖其他搜索工具。

我们国内外团队比较常用的搜索工具有以下这些。

- **百度**：中文搜索领域排名第一的搜索引擎。
- **搜狗**：具有微信文章搜索功能。
- Bing：引入了 ChatGPT 辅助搜索功能。
- i 问财：智能的金融垂直搜索引擎，支持条件搜索，比如搜索"最近三年累计现金分红金额低于最近三年年均净利润 30%"，该搜索引擎会直接给出符合条件的股票列表。
- Perplexity：一个人工智能驱动的搜索引擎。我们直接输入问题后，它将爬取相关网页，并用大语言模型总结网页中与问题相关的内容。国内也有类似的产品——**"秘塔 AI 搜索"**。
- Wolfram|Alpha：老牌的语义搜索引擎。比如搜索"China GDP"（中国国内生产总值）时，除了直接展示历史图表（百度也能做到），还能进行货币转换，展示人均 GDP、实际 GDP、名义 GDP 等多种相关数据，甚至还能展示 GDP 的分项。但美中不足是它不支持中文（如果直接输入中文，它将自动翻译，并输出英文结果）。
- **百度学术**：可以直接搜索学术论文。如果需要海外论文，可以使用谷歌学术搜索。

此外，掌握一些搜索引擎的使用技巧可以提高我们的研究效率。

技巧 1：指定站点

我们可以用"site:"指令把搜索范围限定在特定网站。具体操作是，在搜索引擎中输入关键词后加一个空格，然后输入"site:"并将网址放在其后。比如，输入"房地产税 site:gov.cn"就可以搜索政府官网上有关房地产税的相关内容。需要注意的是，输入网址时，不需要在网址前添加"http://"。

技巧 2：指定文件类型

我们可以用"filetype:"指令搜索特定类型的文件。比如，在关键词的后面添加"filetype:pdf"，你搜到的结果就都是 pdf 格式的文件了。

技巧 3：使用双引号精准搜索

如果在关键词的前后加上双引号，搜索引擎可以精准匹配搜索内容，排除模糊搜索带来的不相关的结果。比如搜索"新能源汽车"时，如果在搜索引擎中输入"新能源汽车"（前后不带双引号），返回的搜索结果可能会是与"新能源"和"汽车"相关的所有结果，这两个词在搜索结果中不一定是连在一起的。而如果在关键词的前后加上双引号，则搜索结果中，这两个词是连在一起的。

技巧 4：使用减号排除特定内容

在一些搜索引擎中，加号可以用于确保搜索结果同时包含两个关键词，而减号则用于排除含有特定关键词的搜索结果。比如，用"三体 −动画"（注意减号前空一格，减号后不空格）作为关键词，通常可以过滤掉"三体"的搜索结果中与动画相关的内容。

技巧 5：使用通配符

通配符指的是星号"*"。当你想搜索某项内容，但又记不起它的全称时可以使用。举个例子。比如你想搜索我写过的一本书《风口上的猪》，但只想起"风口"这两个字。此时，你可以在搜索框中输入"风口 * 肖璟图书"来搜索相关信息。

技巧 6：指定时间范围

现在，大部分搜索引擎支持搜索在特定时间段发布的内容。以百度搜索为例，在输入关键词并按回车键之后，在搜索结果的右上方会出现"搜索工具" 4 个小字。单击"搜索工具"后，可以在最左边选择时间范围。如果需要搜索较新的信息，可以在下拉菜单中选择"一周内"或"一月内"，这样就能够排除过时的信息。

百科工具

在研究新课题和新行业时，我们往往会遇到大量的专有名词。这时，百科工具就显得非常重要，它可以解释这些专有名词，帮助我们深入理解。

以下是我的团队经常使用的百科工具。

- **百度百科**：百度公司开发的内容开放的网络百科全书。
- **维基百科**：由维基媒体基金会负责运营的多语言网络百科全书。
- **MBA 智库百科**：商业类垂直百科全书，专注于经济管理领域知识的创建和分享，涵盖商业、金融、经济、投资等领域的词条。
- **Investopedia**：全球知名的投资百科全书，提供金融术语词典。近年来，开始转型做交易平台和课程平台。

理论上，网络百科为我们提供了不少知识资源，但是，这类网络百科是所有人都可以编辑的，因此内容的准确性需要经过专业团队的审核才能得到保障。国内的百度百科、搜狗百科等在早期发展阶段并没有很严格的内容审核机制，导致词条质量良莠不齐，甚至存在错误，其参考价值有限。

虽然百度等公司已经开始邀请专业机构审核部分词条，但审核的工作量巨大，一时还难以确保所有词条都准确无误。因此在使用百科资源时，无论是国内百科还是国外百科，我们都不会把它们作为可靠资讯源直接引用。

一般来说，编辑质量较高的百科词条在底部有内容来源。在实操中，我们更倾向于查看词条底部的这些来源，以寻找可以直接引用的可靠资讯源，而不是直接引用百科词条的内容。

近年来随着中国经济的转型，投资人越来越热衷于研究硬核科技。有关硬核科技的专有名词和技术原理相对复杂，仅依靠百度百科已经不足以满足需求。有意思的是，不少券商分析师在研究硬核科技时，第一个动作一般是到B站上搜索相关主题，先看几个科普视频再继续研究。B站提供了大量免费的科普视频，覆盖了多个领域。当你想了解一个新领域时，B站确实是一个很好的入门知识来源。

第3节　社交网络：从专业人士处获取知识

在互联网时代，越来越多的专业人士会在社交网络上主动分享免费资讯，或提供付费课程。出于研究目的，我们一般可以使用两种社交网络来获取资讯。

社交媒体

大量具有投资研究能力的专业人士会在**微信公众号、百家号、头条号、微博**等渠道分享自己的研究结果。同时，很多股民会在**雪球社区、股吧**等社交媒体上阅读别人的观点。

不过，这是一个人人都可以发声的时代，所以筛选资讯并非易事。来自上述这些渠道的信息质量良莠不齐，要"淘"到优质的研究分析结果或观点，难度较大。有时候可能会因为资讯过载而引发焦虑。因此，我们可以定期对订阅的内容进行筛选、清理。本书的前面部分提及过，由于网络观点极化现象的存在，我们在筛选资讯时应该采取的原则有两点——一是要更加包容，多听听不同的观点；二是要摒弃那些只输出价值判断（观点和情绪）、缺乏事实判断作为支撑的内容。

部分社交媒体因其特殊的定位，其内容质量较有保障，比如以下这些社交媒体。

- **经管之家**：原人大经济论坛，是大多数在读大学生搜寻资料和数据的地方。
- **丁香园论坛**：医疗行业社区，为医学、药学、生命科学等领域提供学术交流的地方。
- **各类技术社区**：包括 GitHub、CSDN、StackOverflow、V2EX、稀土掘金等，是大部分程序员、工程师交流和分享的地方。
- **各类量化社区**：包括聚宽、掘金量化、BigQuant 等，它们各具特色，为量化投资者提供专业的量化数据、投研工具、学习资源以及在线交流平台。

此外，知乎等问答社区在发展早期也有不错的内容沉淀，我们可以从中筛选出有用的内容。但是，凡是非垂直类社区（没有任何发言门槛的社区），如果肩负着资本压力，在资本推动下追求用户增长，那么当发展到一定阶段时，它们可能会面临内容下沉的局面。比如豆瓣、B 站、知乎等，在从百万用户增长到千万用户的过程中，社区氛围的变化是不可避免的。因此，想要更高效地获取专业人士的知识和智慧，可能要采取下面将要介绍的"专家网络"。

专家网络

虽然"专家"一词有时因为被滥用而显得不那么"专业"了，但不可否认的是，在做研究时，我们往往需要寻求资深人士的专业经验。

你可能会问："我不太爱社交，也不认识几个专家，那我该怎么找到他们呢？"除了靠朋友推荐，最常见的办法是通过**凯盛融英**（Capvision）、**商霖华通**（BCC）、**格理集团**（GLG）、**高临**（Third Bridge）等专家网络。它们会根据你的要求，帮助你联络相关行业的专家进行访谈。实际上，很多券商的电话会议就是这些专家网络协助安排的。我以前在咨询公司任职时也经常使用专家网络的服务。不过，这类服务的费用一般比较昂贵，一小时的服务费用可达数千元（其中包含付给专家的费用）。

对于预算有限的个人投资者，可以考虑使用果壳旗下的**"在行"App**。有时仅需几百元就可以通过"在行"App 预约到专家。

此外，我们也可以选择在领英之类的**职场社交网络**中，或在你所在的各大微信群里，直接联系业内专业人士。这样做可以绕过中间商，没有中间商赚差价，可以节省咨询费用。

如果通过专家网络来组织一次专家访谈是为了获取科普知识或公开信息，那么这么做的性价比不高。**专家网络更适合用来挖掘非公开信息以及进行信息的交叉验证**。因此，在进行专家访谈之前，我们最好先通过公开渠道获取并掌握基本知识。比如，向一个半导体领域的专家询问"芯片是怎么工作的"这种问题实属浪费资源。我们应该提前在 B 站上搜索科普视频，或者在知乎上查阅相关科普帖子。专家的真正价值在于提供专业见解。比如，你应该询问专家，A 股"热炒"的 Chiplet 技术，在产业层面（而不是仅仅停留在理论层面）14 nm 芯片到底能不能通过堆叠达到 7 nm 芯片的性能。当你需要一些关键数据来做市场规模和公司市场份额等测算时，也可以咨询业内专家，他们心中往往已有答案。

掌握基本知识后，我们可以大致确定专家访谈的方向，并据此找到合适的专家。确定专家后，**我们应先看一下专家的履历，判断对方擅长什么、不擅长什么**。比如，管理者通常更善于把握行业发展的大趋势，但未必熟悉业务细节。

反过来，一线人员可能更清楚具体业务，但在宏观视野上可能有所欠缺。专家往往只专精于特定领域，不能指望他们解决跨专业的问题。比如，向现制茶饮（奶茶）领域的专家询问低温奶市场未来的增长前景，就属于"超纲"了。虽然"奶茶"里也带个"奶"字，二者都属于饮品，但它们属于两个不同的赛道。很多专家有"偶像包袱"，即使对某些问题不太了解，但很少直接回绝说"自己不清楚"，而是把问题引向自己熟悉的领域。所以判断专家的认知边界很有必要。如果仅看专家的履历还不太好把握专家的"能力圈"，也可以在访谈中问清楚专家擅长的领域。

在完成上述前期工作后，我们可以拟定一个**提问大纲**。如果访谈时间为1 小时左右，那么问题最好在 10 个左右，最多 15 个问题。如果问题再多，恐怕得到的回答会蜻蜓点水、不深入。此外，我们还要留一点儿机动时间供双方临场发挥、即兴互动。

访谈开始后的前一两个问题可以针对对方最擅长的领域，用以评估专家的专业水平。如果对方的回答完全不靠谱，那么后面的问题也就不用问了。此外，我们还要提前确定最重要的问题，确保在访谈中这些重要问题可以得到充分的讨论和交流。

在现实中，专家访谈以线上电话会议为主。如果恰巧与专家同处一个城市，安排面对面的线下访谈效果会更好。在这种情况下，为了尽可能获取高质量的信息，我们**在访谈场地的选择上可以花点儿心思**。选在咖啡厅进行访谈无功无过，但选在对方非常熟悉、与访谈话题相关的场景可能会有奇效。比如，探讨高端现制茶饮话题可以找一家喜茶或者奈雪的门店进行访谈。在业绩好的门店可以围绕坪效高的原因、客户类型、客户的消费心理进行讨论；在业绩差的门店可以围绕选址问题、类似门店的占比、公司的扩张计划是否过于激进等进行交流。面对门店中的菜单，专家或许能讲出一些你原先根本没有想到的幕后故事。有些事情如果不到实地，是很难聊出来的。

在访谈一开始的破冰环节，不妨恭维一下专家，肯定一下对方的"江湖地位"，尽可能博得一些好感，拉近与专家的关系。然后，快速介绍访谈的目的和核心内容，让对方心中有数，不至于让访谈内容偏离话题。有时，专家还是难免跑题，但别太担心打断对方显得不礼貌，毕竟访谈中的每一分钟都很重要，特别是对于付费访谈来说。适时引导对话回归正轨是必要的，该打断时就打断。

在访谈中，我们也可以运用一些**谈话技巧**以达到更好的效果。比如，专家受限于保密协议，往往不能透露自己的工作单位或者前东家的核心信息，这时候不妨变换一下问法。

一般无效的问法："贵公司 XX 业务的地推激励方案是怎样的？"

可能有效的问法："如果让您来设计一个针对 XX 业务的激励机制，您会有哪些考虑？"

再如，对于专家自己还没有梳理清楚、仅有初步认知的问题，我们可以采用启发式的提问方式，比如下面的对话。

问题："您认为 XX 行业中哪些公司比较有竞争力？"

回答："A、B、C 三家公司都挺不错的，各有所长。"

追问："这 3 家加在一起，市占率能有 70% 吗？"

回答："我估计还要高一点儿。这 3 家（的市场份额）可能占了 80%。"

追问："我看到有一组数据说，A 公司的营收是最好的，是这么回事吗？"

回答："A 公司的（营收）情况确实比较好，营收可能要比 B 和 C 高 20%，B 公司和 C 公司的营收水平差不多。"

如果专家的回答靠谱，那么我们就可以据此推算 A、B、C 3 家公司的市场份额了，分别是 30%、25% 和 25%。A 的营收正是 B 和 C 的 1.2 倍。

不过，对专家给出的结论，我们不能简单地、无条件地全盘接受，而是**要追问专家给出这种结论的事实依据**。比如，假设专家在现制茶饮行业中最看好某公司未来的发展前景，那么我们就要追问其判断依据是什么。是这家公司的品牌力最强、产品力突出、在供应链管理上有优势，还是别的原因？如果专家给出的原因是产品力突出，那么可以继续追问其产品是否容易被友商复刻，等等。总之，**事实和逻辑远比结论更重要**。

有时，我们也**不要过于相信专家对未来趋势的判断**。2015 年前后，我曾请教过新能源汽车领域的资深专家。对方对该行业非常悲观，认为整个行业都很浮躁，还有违规的现象。他观察到，很多人根本不是抱着真正做实业的心态，而是想捞一笔就走。如果是这样，是做不成事的。但后面发生的实际情况证明，新能源汽车行业一跃成为中国制造业的"明星"。实际上，这不能完全怪专家预测不准确，他们能看到很多我们看不到的角度，但也正是因为如此，他们的视角可能过于狭窄。从微观视角看，全行业 5% 的浪费对任何一名从业者来说都是天文数字，但从宏观视角看，如果从全局算总账，这可能正是为了快速发展而必须承受的代价。身处行业中的人有时会在自己的视野内盲人摸象、只见树木不见森林，即过于关注细节而忽视大局。

在专家访谈结束后，应及时整理成会议纪要。如果允许录音，我一般会使用剪映等软件将语音转为文字，再结合 ChatGPT 等大语言模型对录音文字进行整理，这可以达到事半功倍的效果。关于生成式 AI 的更多应用，第 13 章将做进一步介绍。

这里也要提醒一句：每个公司都有关于专家访谈的规定和要求，需要员工遵守。比如，麦肯锡要求员工在进行专家访谈时，要明确表明自己的身份。此外，对于尖端科技等涉密行业，需要避免通过专家网络获取资讯。

举个反例，某些早期投资机构（风险投资基金或天使投资人）可能会借"有投资意向"之名，邀请有融资需求的公司接受电话访谈，并让已接受该机构投资的同行业公司暗中参与，试图诱导受访公司泄露商业机密。没有经验的企业家很容易因此栽跟头，透露了商业机密。投资机构的这种做法不仅不道德，而且可能会惹上官司。

第 4 节　研究机构：研究报告并没那么难读懂

一些研究机构的报告还是挺有价值的。如果我们此前从来没有涉足过要研究的课题，那么可以查找一些主题报告、深度报告并直接学习它们的**分析框架**；如果在市场规模测算方面，我们欠缺专业知识，或者没有那么多的时间去搭建自己的测算模型，那么也可以直接**借鉴其他研究机构的测算值**；如果我们刚开始研究某个新领域，根本不知道到哪里找数据，那么我们可以去翻看该领域的专业报告，而专业报告的图表下面一般都会标注其数据源，从而帮助我们**拓宽资讯源**；此外，我们还可以通过阅读研究报告来了解**机构的预期**——我们在第 6 章提到过，市场交易总是围绕着"预期差"进行的，所以了解机构预期至关重要。

总体来看，生产报告的研究机构可以细分为五大类。

官方研究部门

不少官方研究部门会不定期发布相关报告，比如以下报告。

- **央行**：发布《中国金融稳定报告》《中国货币政策执行报告》等。
- **商务部**：发布《中国对外投资合作发展报告》《中国电子商务报告》《中国服务贸易发展报告》等。

- **美联储**：发布《褐皮书》（The Beige Book）《货币政策报告》等。

这类报告的更新频率相对较低，我们主要可以从中挖掘一些数据。

学术研究机构

除了学术论文，各大高校或一些非营利性研究机构（比如美国国家经济研究局等）也会发布主题报告，比如以下报告。

- **西南财经大学**：不定期发布《中国家庭金融调查报告》。
- **密歇根大学**：定期发布《密歇根消费者信心指数报告》。
- **斯坦福大学**：发布《2023 年人工智能指数报告》。
- **美国国家经济研究局**：发表《人工智能的简单宏观经济学》工作论文。

咨询公司

许多咨询公司也会不定期发布主题报告。这类报告对于咨询公司来说有两个层面的用处。

对外层面

一是有助于**获客**。咨询公司发布报告时，一般会请各大媒体参加报告发布会，同时邀请行业高管参加圆桌会议。即使业内人士没有打算仔细阅读这份报告，也会有公关效果。此外，如果报告内容比较扎实，也可以用它展示公司能力（"秀肌肉"）。大多数企业的战略部门在做研究时会参考咨询公司的行业报告。如果咨询公司的观点独到、犀利，或者数据可靠、扎实，那么咨询公司的报告内容会被频繁引用。如果企业中有决策权的人认可咨询公司的观点，可能会产生一起做项目的合作意向。

二是有助于**维护客户关系**。每次发布新报告，咨询公司会将报告赠送给相关客户，以维护和加强客户关系。

对内层面

一是**平衡生产力**。咨询公司可以被看作劳动密集型行业，因为"人"是公司最重要的资产。但是，业务的拓展同时也会受限于人——人手太少，业务无法迅速展开，而人手太多、业务量少的情况下又会有很多人没事情干。而且对成熟企业来说，咨询服务本身不是一个刚需——通常只有在预算富余的情况下，成熟企业才会考虑聘请咨询公司。因此，每次经济下滑的时候，咨询公司的业务量都面临着下降的趋势。

然而，当业务量下降时，咨询公司也不能马上裁员。于是，这些闲置的劳动力需要被利用起来。除了撰写项目建议书以吸引客户，编写相关报告或出版物也是有效安置劳动力的方式。

二是**提升团队能力**。做研究、写报告可以让相关员工有深度了解一个行业的机会。在撰写报告的过程中，员工需要联系、采访很多行业专家，这些人脉将会成为未来做项目时可以二度利用的资源。当然，这些报告也将成为公司其他员工的学习材料。

基于上述理由，咨询公司发布的报告通常都是由其团队精心准备的，所以不少头部机构发布的报告是值得一读的，比如麦肯锡、波士顿咨询公司、贝恩公司、罗兰贝格等知名咨询公司发布的报告，都具有较高的参考价值。

买方机构

这里先解释一下什么是买方机构和卖方机构。买方机构通常是指手上拿着钱的资产管理机构，比如基金，包括公募基金和私募基金；而卖方机构，一般是指证券公司，或者投资银行。

买方机构的研究成果大部分只提供给自己机构的有限合伙人（机构的投资人），外界很难从公开渠道获得它们的真实观点。

为了"秀肌肉"，也有部分资产管理机构的基金经理会通过媒体等渠道分享投资观点。但是，我们很难判断基金经理所分享的观点是否是真心话，因为他们对市场的观点往往会直接影响市场。市场上有不少买方机构的拥趸，比如，当听说巴菲特或段永平增持了某只股票时，他们的追随者往往会跟风投资。然而，这群人最终会帮助这些资产管理机构"抬轿子"（推高股价），而部分资产管理机构很可能趁此机会套现离场了。

卖方机构

在投资研究领域，卖方机构，即证券公司（券商）或投资银行的报告是我们最常阅读的，也是我们研究的重点。

大部分卖方机构发布的研究报告可以通过专业数据库下载。如果你是某个卖方机构的客户，还可以登录该机构的研究中心后台下载相关报告。

按照研究对象来分，券商研报主要分为以下几类（图 12-3 ）。

- **宏观研报：** 主要通过分析各种经济指标（比如 PMI、工业增加值、进出口数据、CPI、PPI 等）以及跟踪宏观经济政策（货币政策、财政政策等），来把握当前宏观经济运行的周期阶段（处于复苏期还是衰退期）和未来发展的方向（是向上还是向下），判断宏观流动性是松还是紧，并据此提出大类资产配置的建议（买股、买债还是持币）。此外，宏观研究团队也会发布各种各样的专题报告，从宏观视角对资本市场关注的热点做出解读。

- **策略研报：** 主要从偏中观视角提供大势研判、行业比较和主题投资建议等内容，研报可看作宏观研究和行业研究之间的桥梁。大势研判是指判断指数的走势和空间以及市场占优风格等、探讨大盘的胜率和赔率；行业比较是指对各个行业的基本面和估值情况等做横向对比，看看哪个（些）行业最有性价比；主题投资则跟踪市场上热炒的概念和主题，探索各种细分的投资方向。策略研报提出的投资建议通常在具体的产业链或者受益于同一逻辑的多个行业上落地。

- **行业研报**：主要关注某个行业的情况，包括其商业模式、产业链上下游、所处的竞争格局、未来的发展空间以及投资价值。这类报告还会深入分析行业内上市公司的特点以及哪些公司更有优势，等等。

- **公司研报**：聚焦于单一公司，主要研究和分析某家公司的历史背景、治理结构、商业模式、核心优势、盈利状况，等等。

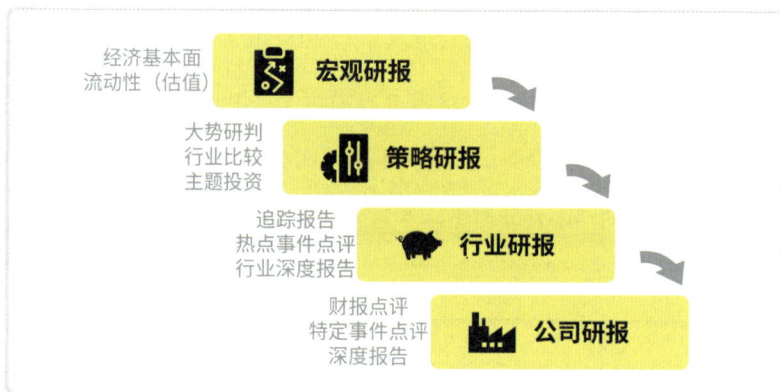

图 12-3　券商研报的 4 种类型

此外，还有专注于债券市场的**固收研报**、基于量化方法挖掘有效投资因子的**金融工程研报**，等等。

尽管券商研报的覆盖面广，但质量参差不齐，甚至有实习生撰写的质量很低的"灌水"研报。这就要求我们必须学会筛选优质研报的方法，否则每天面对那么多的研报，根本看不过来，而随便找份研报阅读不仅浪费时间，还可能会被误导。在筛选研报方面，我想分享以下 4 个思路。

思路 1：看热度

这种方法最"简单粗暴"，即直接看研报平台上"近一周热门研报"和"近一月热门研报"，要相信"群众的眼睛是雪亮的"。之所以不选择"24 小时热门研报"是因为时间周期太短，去芜存菁的效果可能还不明显。

当然，即使拉长时间周期，"热度"也还是不可避免地受到选题的重大影响。热门并不意味着高质量。可能仅仅因标题吸引眼球或者蹭到了热点话题，它才成了"热门研报"。所以我们最好搭配其他筛选方法一起使用。

思路 2：看团队

如果从研报作者的可靠性角度考虑，建议关注荣誉傍身、享有盛誉的分析师团队。这类团队往往拥有更好的研究资源，也更珍惜自己的"羽毛"，其发布的研报质量一般较为可靠。此外，这类团队的观点更容易获得投资机构的重视，有更大的市场影响力。

想找到这样的团队也很简单：参考各种**券商分析师的奖项评选结果**就可以了。在 A 股市场中，最有影响力的评选要数号称"券商界奥斯卡"的新财富最佳分析师评选。作为中国本土第一个市场化分析师奖项，它主要由公募基金、保险资管、银行及银行理财子公司、大中型私募基金、海外投资机构等机构为自己认可的研究团队和分析师投票，最后选出宏观、固收、策略、行业各个领域的前 5 名团队以及最佳分析师。不过，新财富最佳分析师评选也有论资排辈和资源交换的成分，并不是所有获奖的研究团队都以研究见长，所以也不要完全迷信排名。

除了新财富最佳分析师评选，中国基金业金牛奖、《证券市场周刊》水晶球奖、新浪财经金麒麟最佳分析师的评选结果，也可以适当参考。

需要说明的是，有一些头部券商是不参与国内这些评选的。为了避免漏掉其中研究能力卓越的佼佼者，我们可以采用**公募分仓收入排名**作为另一个判断依据。目前，国内券商研究所最重要的收入模式是，研究员为投资机构提供服务，投资机构支付较高的交易佣金为研究付费，而公募基金作为券商研究所最大的收入来源，也是券商研究所最重视的客户。所以，一般来说，公募分仓收入越高就意味着券商研究所的研究能力越受市场认可。财经媒体会定期报道公募分仓收入排名。

此外，筛选比较靠谱的分析师的另一方法是查看他们**过往推荐股票的成功率**，这可以参考搜狐"金罗盘券商研究能力评测"。这是搜狐开发的研报系统，采用数据挖掘分析算法揭示券商研报的准确率。

当然，分析师的**勤奋度**也是衡量其可靠性的重要指标。华创证券首席宏观分析师张瑜曾说，一年中路演次数少于400场的卖方宏观研究团队是很难及时把握市场交易矛盾的。

虽然很多内部路演并不对外公开，但是我们至少可以通过"进门财经"这个券商分析师常用的路演平台搜索一下分析师做过的路演数量，将其作为衡量分析师的勤奋度的一个指标。

思路3：看推荐

通常来说，分析师所推荐的研报质量都不会太差。那么如何知道分析师有没有推荐呢？有两条途径：一是看分析师是否专门为该研报做过相关的路演，二是看分析师的个人微信公众号中的推荐合集是否收录了该研报。

思路4：看内容

说一千道一万，内容本身才是最重要的判断依据。拿到研报后，我们可以先读一读研报的摘要。一般来说，摘要会涵盖研报的核心论点、底层假设和重要依据。我们可以据此来大致判断研报的质量。一份优秀的研报应当是假设合理、论据扎实、观点明确、可以证伪的，且论证过程环环相扣、逻辑严密。

也就是说，高质量的研究在做底层假设时，一定是有充分依据的，并在此基础上进行推演。如果底层假设都不可靠，那么这份研报也就不值得一读。

除了通过多轮筛选尽可能排除"灌水"的研报，在阅读券商研报时还需要注意一些常见问题。大部分研报往往报喜不报忧，明明很重要的地方研报根本没有提，这往往暗示着这个地方可能有点儿问题。如果一份研报只强调市场空间很大，但绝口不提竞争格局，那么可能是因为竞争格局比较糟糕。此时，我们需要多花点儿心思研究一下竞争格局到底有多糟糕。类似地，如果一个分析师过去一直强烈推荐某个细分行业或公司，但突然就停止推荐了，或者在表述上变得模糊不清了，那么这可能意味着基本面出现了恶化或者估值变得过高。

第 5 节　专业数据库：家中常备利器

对于专业的分析师来说，无论是要查找数据还是想下载研报，他们的第一反应通常是到专业数据库下载所需信息，因为专业数据库基本包含了他们需要的所有内容。你会发现，大部分券商研报中的图表下方给出的数据源不是万得（Wind）就是彭博（Bloomberg）。

唯一能阻止分析师使用专业数据库的，往往是公司的预算不够了——动辄每人每年数万元到数十万元的数据库终端许可费用，确实不是所有机构都负担得起的。

具体来看，专业数据库可以分成两大类：金融数据库和学术数据库。

金融数据库

在投研方面，我们常用的金融数据库有以下几个。

- **万得**：万得可能是国内最常用的数据终端，提供的数据比较全面。
- **Choice**：东方财富旗下的 Choice 金融终端适合普通投资者使用，价格相对便宜。国外数据相对有限。

- **iFinD**：同花顺旗下的 iFinD 对于普通投资者来说够用，价格相对便宜。国外数据相对有限。

- **CEIC（香港环亚经济数据）**：提供全面的宏观经济数据，受到经济学家的青睐。

- **慧博投研**：国内做得比较早的研报下载平台，已开始转型做数据终端。

- **萝卜投研**：通联数据旗下的萝卜投研提供海量行业数据库。使用它搜索研报中的图表非常方便。每天有一定的免费下载额度。

- **天眼查 / 企查查**：非常实用的工具，用于查询企业的工商信息、知识产权信息、司法风险等。

- **IT 桔子 / 36 氪创投平台**：用于查询企业的融资信息。

- **彭博**：海外知名的数据终端之一，价格昂贵，一般企业难以负担，需要配备彭博终端硬件后才可以使用。

- **Capital IQ**：标普全球旗下的数据终端，提供金融数据和分析工具，涵盖全球上市公司、非上市公司、资产管理机构、固收产品等信息。

- **Factiva**：道琼斯旗下的商业新闻与市场情报数据库，主要用于搜索各种财经新闻和文章。

　　需要注意的是，我们在使用这些数据库时，需要保持谨慎，因为其中的数据有时会有错误。比如，我在使用彭博的数据终端找数据时，找到过错得离谱的数据。

　　此外，有些数据的统计口径可能会不断地修改。比如，在过去 10 年中，社会融资规模的口径被央行调整了数次。在这种情况下，我们不能直接使用数据终端提供的数据，因为数据终端并不会帮你调整口径。我们需要查找原始的数据源，在了解口径变化后，再对以前的数据做适当的调整。

学术数据库

学术数据库通常用于搜索学术论文。比较知名的学术数据库包括知网、维普、万方、掌桥、JSTOR、ResearchGate、Elsevier 等。这类数据库用起来可能并不是很方便，我建议直接在谷歌学术或百度学术上搜索，单击搜索结果会跳转到相应的学术数据库网站。

最后想补充几句。有时候光靠单一渠道搜集资讯是不够的，我们要学会通过多方渠道做交叉验证。当然，这样做可能难免会出现从不同渠道获取的数据相互"打架"的尴尬局面。比如，几份研报对同一个行业的市场规模测算可能是不一样的。这可能是由不同的统计口径、测算框架、基本假设等导致的。如果统计口径不同，可以做好备注。而关于测算框架和基本假设的因素，在针对同一个数据指标时一般测算结果不会有太大的差异，我们可以交叉验证后取一个区间值。

此外，我们也不必过于追求"标准答案"——投研本身就是要做大量假设的，很多时候数据分析只需追求一种"模糊的正确"足矣，投研有一定的容错空间。

本章小结

本章的内容要点如下。

- **统计机构**分为**官方机构**和非官方的**调研机构**，使用它们的数据时需要注意两点。
  - ➢ 第一，搞清楚数据的定义；
  - ➢ 第二，搞清楚数据提供方的立场，尝试从不同的数据源获取数据并进行交叉验证。

- **信息检索工具**的出现将人类知识体系的组织方式由树状变成了云状，这种变化影响了我们的研究方式。研究中经常使用的工具主要包括以下两种。

  ➢ **搜索引擎**：可以借助指定站点、指定文件类型、使用双引号、减号和通配符，以及指定时间范围等技巧提高搜索效率。

  ➢ **百科工具**：百科工具一般难以完全确保所有词条内容的准确性。可以通过查看词条底部的来源找到更加可靠的资讯源。

- **社交网络**可分为以下两种。

  ➢ **社交媒体**：内容质量良莠不齐，应更关注垂直类社交媒体。

  ➢ **专家网络**：更适合用来挖掘非公开信息以及进行信息的交叉验证，在做专家访谈时应注意符合法律法规。

- **研究机构**可分为以下几种。

  ➢ **官方研究部门**：研究报告的更新频率相对较低，可从报告中挖掘数据。

  ➢ **学术研究机构**：各大高校或非营利性研究机构会不定期发布主题报告。

  ➢ **咨询公司**：头部咨询公司发布的报告大多质量不错，值得一读。

  ➢ **买方机构**：研究成果主要提供给机构内部人士，一般不对外公开。

  ➢ **卖方机构**：卖方机构的报告是投资研究的阅读重点，主要分为宏观研报、策略研报、行业研报、公司研报4类。

- **专业数据库**基本上包含了投研所需的所有内容，可分为两大类。

  ➢ **金融数据库**：投资研究时应优先使用金融数据库。

  ➢ **学术数据库**：主要用于搜索论文，可优先使用谷歌学术和百度学术。

图 12-4 呈现了本章的内容框架。

深度	类型	部分例子
数据	统计机构	• **官方机构**：财政部、商务部、中国人民银行、中国证监会、国家统计局、国家外汇管理局、中国证券投资基金业协会等 • **调研机构**：艾瑞、艾媒集团、Data.ai、窄门餐眼、益普索、睿勤等
信息	信息检索工具	• **搜索引擎**：百度、搜狗、Bing、i问财、Wolfram|Alpha、百度学术、谷歌学术等 • **百科工具**：百度百科、维基百科、MBA智库百科、Investopedia等
知识	社交网络	• **社交媒体**：经管之家、丁香园论坛、稀土掘金、聚宽等 • **专家网络**：凯盛融英、商霖华通、格理集团、高临、在行App等
智慧	研究机构	• **官方研究部门**　　　　　• **买方机构**：公募基 • **学术研究机构**　　　　　　金、私募基金 • **咨询公司**：麦肯　　• **卖方机构**：证券公 锡、波士顿咨询公　　　司、投资银行 司、贝恩公司等
综合	专业数据库	• **金融数据库**：万得、Choice、iFinD、慧博投研、萝卜投研、天眼查、企查查、IT桔子、彭博、Capital IQ、Factiva等 • **学术数据库**：知网、维普、万方、掌桥、JSTOR、ResearchGate、Elsevier等

图 12-4　本章内容框架：常用的研究资讯源

第 13 章　研究的新时代：

如何借助生成式 AI 进行研究

2022 年 11 月，一款名为 ChatGPT 的生成式 AI 产品横空出世。这款产品的出现改变了众多内容工作者的工作模式和工作流程。

随后，ChatGPT 的缔造者 OpenAI 发布了升级后的 GPT-4 模型，并在其基础上新增了网页浏览功能和数据分析功能。数据分析功能是通过代码解释器（Code Interpreter）实现的，后更名为"高级数据分析"（Advanced Data Analysis）。2025 年 2 月，OpenAI 又发布了深度研究（Deep Research）功能，可以根据用户的需求进行桌面研究，直接生成深度报告。这一系列变化，无疑对数据分析师、行业研究分析师的工作方式和工作流程产生了颠覆性的影响。不夸张地说，我们正在迈入"研究新时代"。

ChatGPT 系列产品的背后是**大语言模型**（Large Language Model，LLM）。大语言模型是经过海量的文本数据训练的深度学习模型，它能够模拟人类的沟通方式，顺畅地进行对话。在内容生产领域，它能够极大地提高我们的工作效率。我们可以让它帮助我们优化措辞、撰写营销文案、翻译、编写代码、搜索资料、绘制图表，甚至搭建金融模型。原来需要好几天干的活儿，如今在生成式 AI 的辅助下，可能仅需要十几分钟就完成了。

ChatGPT 等产品的出现也加速了全球大语言模型的开发进程。截至 2023 年 7 月，全球累计发布了 268 个大模型，其中中国发布了 130 个，其他国家和地区发布了 138 个（数据来源：赛迪顾问）。

那么问题就来了——面对如此多的大语言模型，我们该如何选择？在投资研究工作中，我们又该如何应用它们？

本章我将与大家系统地分享如何借助生成式 AI 进行研究，同时介绍一些常见的生成式 AI 工具。

需要注意的是，生成式 AI 产品的更新和迭代速度极快，所以我们不必过于纠结本书中提及的工具及具体用法。我们更应该关注的是生成式 AI 在研究过程中的角色以及使用思路。

第 1 节　生成式 AI 对各大行业的冲击

生成式 AI 因其可以大幅提高效率受到了各行各业的重视。

除了 ChatGPT 等大语言模型可用于生成文本内容外，其他可用来生成图像和视频的扩散模型（比如 Stable Diffusion、Midjourney、Pika 等）以及音乐生成模型（比如 Suno 等）也受到了市场的关注。此外，不断迭代的大语言模型也开始支持**多模态**——它们不但可以进行文本对话，还可以读取图像、视频和各类文档。OpenAI 于 2024 年 5 月发布的 GPT-4o 模型更是革命性地增添了语音生成功能，其响应时间缩短到了数百毫秒——这与人类的响应时间相当，且用户可以随时打断它。2024 年 9 月 OpenAI 发布的 o1 预览模型可以比人类更快地回答更复杂的问题，其在物理学、生物学和化学问题上的准确度超过了博士生。

然而，生成式 AI 的普及也令人焦虑和不安，因为效率的提高会拉高供给，而如果需求暂时跟不上，从短期来看，公司裁员是不可避免的。

生成式 AI 引发的裁员潮

根据 Sortlist Data Hub 在 2022 年 12 月 27 日至 2023 年 1 月 9 日进行的一项调查，26% 的欧洲软件和科技公司受 ChatGPT 的影响而计划裁员，51% 的雇主计划将 ChatGPT 引入企业的营销部门和公关部门，以节省人力。

2023 年 1 月，"美国版今日头条"BuzzFeed 宣布跟 OpenAI 合作，使用 ChatGPT 进行内容创作。此前，BuzzFeed 宣布裁员 12%。合作消息发布当天 BuzzFeed 股价上涨了近 120%。

许多程序员写代码时遇到问题，就会跑到开发人员社区 Stack Overflow 上寻求答案。他们或是提问，或是直接搜索答案，而 ChatGPT 的出现改变了他们的习惯。程序员能够直接向 AI 咨询问题，这导致 Stack Overflow 的浏览量下降了约五成。2023 年 7 月，马斯克称"大语言模型扼杀了该平台"。到了 10 月，Stack Overflow 不出意料地宣布裁员 28%。

而全球最大的语言学习平台多邻国在应用了 ChatGPT 后，于 2024 年 1 月裁减了数千名翻译人员（外部合同工）。一位被裁人员透露，他们 4 个人的团队中有两个人被解雇了，留下的人员主要负责审核 AI 生成的内容。

同时，游戏行业也在大量引入生成式 AI 来创作游戏原画。例如，心动游戏在 2023 年就已经砍掉了部分游戏团队的原画外包团队。某游戏外包公司的技术总监透露，在引入 AI 后，公司的原画师被裁掉过半。

根据投资银行高盛的预测，生成式 AI 可能将取代 3 亿个全职工作岗位。麦肯锡更是预测，到 2045 年将有一半的工作被 AI 接管。不过，与此同时，AI 也会创造新的岗位。根据经济学家大卫·奥特尔（David Autor）的估算，在 2018 年的所有工作岗位中，有 60% 在 1940 年还不存在。类似情况也正在发生——近几年已经涌现出了 AI 模型安全专家、AI 转型顾问、AI 绘画师等新兴岗位。

在新技术的普及中，我们自然会联想到第 1 章提到的创新扩散理论（图 13-1）。

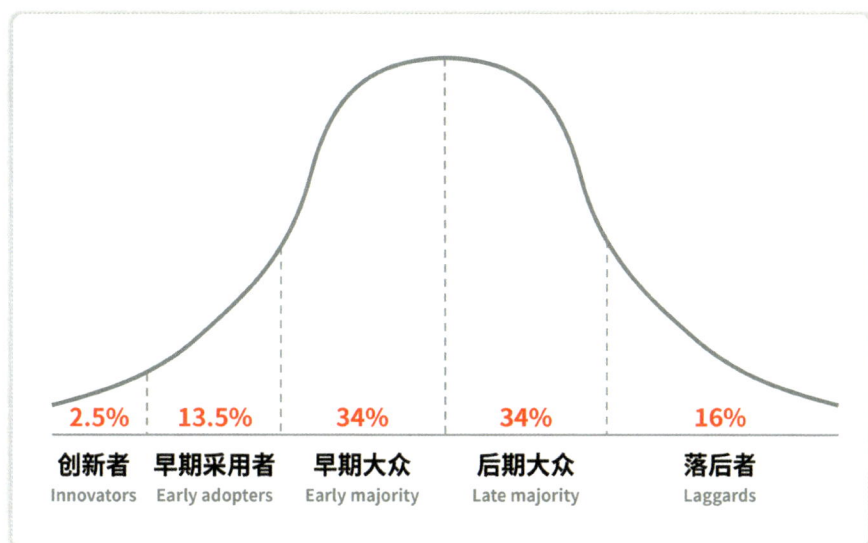

图 13-1　创新扩散理论

▶ 资料来源：《创新的扩散（原书第 5 版）》

一部分人作为创新者、早期采用者已经开始在日常工作中熟练使用生成式 AI 技术了。这就像计算机刚开始普及时的情况一样，那些迟迟不采用新技术的后期大众、落后者，面临的是更快地被行业淘汰的风险。

当然，我并不想增加你的焦虑——毕竟会翻开本书的人一定有着很强的学习意愿和能力。我们也不必患上错失恐惧症，因为在创新扩散的过程中，创新者还在逐步优化产品，让它们变得越来越好用。举个例子。最早的计算机连图形（可视化）界面都没有，用户只能在 DOS 模式下输入命令行。直到苹果公司的 Lisa 计算机出现后，个人计算机才有了鼠标和图形界面。

所以，如果你这阵子确实没有时间和精力去学习这些工具，那么推迟一两个月再学习也无妨。说不定那时会有更容易上手的工具出现。此外，当你身边有足够多的人用上这些工具时，你也会被推着往前走的。

不过要记住一点：千万不要抱着"明日复明日"的心态，把自己拖成了一个"落后者"。我们应该拥抱变化、持续学习。

专业机构也在拥抱生成式 AI

除了新闻媒体、语言学习平台和游戏公司，金融机构和咨询公司也开始拥抱生成式 AI。

咨询公司贝恩在 2023 年 2 月宣布与 OpenAI 成立全球服务联盟，帮助它的客户挖掘并实现生成式 AI 的价值。

2023 年 9 月，摩根士丹利推出了一款和 OpenAI 共同研发的 AI 聊天机器人。摩根士丹利以 10 万份财务报告、内部资料、金融文献等数据文档作为训练语料库，对 AI 聊天机器人进行了微调。这一 AI 助手可以用于查询专业金融数据、总结金融顾问与客户的对话内容、起草电子邮件等。

2023 年 8 月，麦肯锡也宣布推出其首款 AI 聊天应用、类 ChatGPT 产品 Lilli。这一聊天应用是基于超 10 万份文件和访谈记录训练而成的，目前主要在公司内部使用。

我自己的团队也已经在投资研究领域开始应用生成式 AI 了。比如本书第 3 章提到的市场规模测算问题，我尝试使用 ChatGPT（GPT-4 模型）帮我估算北京一年的地毯销售面积，它在短短 1 分钟内给出了答案（图 13-2）。

ChatGPT 的回答有一点出乎我的意料：生成式 AI 可以意识到地毯满足的需求是以家庭为单位的，而不是以个体为单位的。所以它一开始就估算了北京的家庭数量，而不是按人口数量进行估算。

ChatGPT

要估算北京一年的地毯销售面积，我们需要采用一些合理的假设并分步推导。下面是一个简化的估算过程。

1. **确定地毯使用场景**
   - 家庭（住宅）；
   - 办公场所；
   - 商业场所（例如酒店、商场）。
2. **估算各场景的地毯需求量**
   - 家庭：假设北京有 2000 万居民，平均每户 3 人，约有 666 万户。假设其中 30% 的家庭使用地毯，每户平均地毯面积为 10 平方米。
   - 办公场所：假设北京有 100 万间办公室，每间平均使用 20 平方米的地毯。
   - 商业场所：假设北京有 5000 个商业场所，每个平均使用 1000 平方米的地毯。
3. **计算总销售面积**
   - 家庭地毯销售面积 =666 万户 ×30%×10 平方米 / 户
   - 办公场所地毯销售面积 =100 万间 ×20 平方米 / 间
   - 商业场所地毯销售面积 =5000 个 ×1000 平方米 / 个
4. **加总计算**
   - 总地毯销售面积 = 家庭地毯销售面积 + 办公场所地毯销售面积 + 商业场所地毯销售面积

接下来，我们可以进行具体的计算。

✅ Finished analyzing ⌄

根据上述估算，北京一年的地毯销售面积大约为 4500 万平方米。这个数字是基于一系列假设得出的，实际情况可能会有所不同。[>-]

图 13-2 ChatGPT 对北京地毯年销售面积的估算

不过，它在估算过程中错把年度销售面积（增量）理解为地毯总面积（存量），于是，我做出了提示："你估算的只是地毯存量面积，我想要的是每年的销售面积。"在我的提示下，ChatGPT 很快得出了正确的结果（图 13-3）。

ChatGPT

了解了。要估算每年的地毯销售面积，我们需要考虑以下几点。

1. **存量面积与销售面积的关系**：存量面积是目前已经存在的地毯总面积，而销售面积是指每年新增的地毯面积。因此，我们需要估计的是地毯的更换率或者新购买率。
2. **地毯的使用寿命**：通常地毯的使用寿命会影响更换频率。假设家庭、办公场所和商业场所的地毯平均使用寿命分别为 5 年、3 年和 2 年。
3. **新建筑增加的地毯需求**：新建筑（住宅、办公楼、商业设施）也会增加地毯的销售。

基于这些考虑，我们可以按以下方式估算。

1. **家庭地毯年销售面积**
   - 假设家庭地毯每 5 年更换一次，则每年需要更换的比例为 20%。
   - 年销售面积 = 存量面积 × 更换比例
2. **办公场所地毯年销售面积**
   - 假设办公室地毯每 3 年更换一次，则每年需要更换的比例为 33.3%。
3. **商业场所地毯年销售面积**
   - 假设商业场所地毯每 2 年更换一次，则每年需要更换的比例为 50%。
4. **新建筑的地毯需求**
   - 这个数据可能需要根据北京的年度建筑增长率来估算。假设每年有 2% 的新建筑需要地毯。

现在，我们可以根据这些假设进行计算。

✔ Finished analyzing ∨

根据估算，北京每年的地毯销售面积大约为 1406 万平方米。这个估算基于对家庭、办公场所和商业场所地毯更换率的假设，以及北京新建筑的地毯需求。实际销售面积可能会因为多种因素有所差异。 [>-]

图 13-3　ChatGPT 对北京地毯年销售面积估算的补充

不得不说，如果带着这样的市场规模估算能力到麦肯锡参加面试，作为面试官的我会让应聘者通过面试。可以说，在市场规模测算方面，生成式 AI 已经不输给那些到麦肯锡面试的应届生了。如果能够接入数据库或互联网，我们甚至可以让它直接构建测算模型。

在经过前述提问尝试后，我决定在以后的研究分析工作中尽可能地利用生成式 AI。后续我又做了很多尝试，逐渐梳理了生成式 AI 在各个研究环节中是如何发挥作用的。我将在后文中与你分享。

第 2 节　大语言模型的类型、原理与局限

现在，我们对生成式 AI 能够做到什么有了一个初步的了解，但是它能做到的事情远不止这些。在真正开始使用之前，我们最好先了解一下市面上有哪些大语言模型，以及它们都有哪些特点。同时，我们也需要了解大语言模型的原理及其局限性，否则很容易被它"背刺"。

大语言模型的类型

大语言模型通常可分为**开源大模型**和**闭源大模型**。

开源大模型意味着"开放源代码"，即允许任何人查看、使用甚至修改这一模型。对公司来说，开源通常意味着商业价值的减少。不过开源也有它的好处——因为它对所有人开放，所以通常会有其他企业或程序员基于这个开源大模型进行二次开发，逐渐形成以这个模型为中心的开源社区。换句话说，全世界的程序员都可以为这个模型添砖加瓦，推动其发展。而闭源大模型正好相反，它的源代码不对外公开，一般只有拥有该模型的企业对其进行开发。

两者的具体区别可参考图 13-4。

	门槛	模型案例
开源大模型	• **知识储备：**需要略懂技术及提示词技巧 • **硬件要求：**对显卡等硬件有一定要求	• **国内：**通义千问、DeepSeek、百川等 • **海外：**Llama、Mistral等
闭源大模型	• **知识储备：**需要学习提示词技巧 • **硬件要求：**暂无	• **国内：**ChatGLM、豆包、ERNIE、Moonshot、混元、星火等 • **海外：**ChatGPT、Gemini、Claude等

图 13-4　开源大模型与闭源大模型

因为开源大模型主要面向的是开发者，所以使用它们通常需要用户有一定的技术基础和学习能力。此外，如果是在自己的计算机上运行，则对硬件有一定的要求，比如，需要比较好的显卡。闭源大模型则是在提供模型的企业的服务器上运行的，使用它们无需太高的门槛，对硬件也没什么要求。

截至 2025 年 5 月，比较好用的国内开源大语言模型包括阿里的**通义千问**系列模型、深度求索的 **DeepSeek**、百川智能的**百川大模型**，等等；海外的开源大模型则首推 Meta（脸书的母公司）的 **Llama** 系列模型，因为它的生态构建得比较完善。

至于闭源大模型，国内常用的包括智谱 AI 的 **ChatGLM**（智谱清言接入的模型）、百度的 **ERNIE**（**文心一言**接入的模型）、月之暗面的 **Moonshot**（Kimi 接入的模型）、科大讯飞的**讯飞星火认知大模型**等。海外首选 OpenAI 的 **ChatGPT**（包括 GPT 以及 o 系列模型）。此外，初创公司 Anthropic 旗下的 **Claude** 大模型被认为是 OpenAI 的头号竞争对手，它前后获得谷歌、亚马逊数十亿美元的投资。谷歌也拥有自己的大模型 PaLM 2，之前已应用于其聊天机器人 Bard。2023 年 12 月，谷歌又推出了新的大语言模型 **Gemini**。

大语言模型的原理与局限

我们先来了解一下 ChatGPT 等大语言模型的工作原理。

假设我就是一个大语言模型，当我被问到"你是谁"这个问题时，基于我之前接受的训练，我对答案的第一个字的判断是：出现"我"的概率是 100%。

在确定了"我"之后，接下来出现的字可能有 3 个，分别是"是""叫""的"，假设它们的出现概率分别为 60%、35%、5%。而基于"我是""我叫""我的"3 种情况，后续又会各自衍生出更多可能的字，而每种可能性都对应一个概率。最后，对于这个问题，我们可能会得到 N 种答案的可能性（图 13-5），而每一种回答都对应着一个出现概率（将前面每一次预测的概率相乘）。

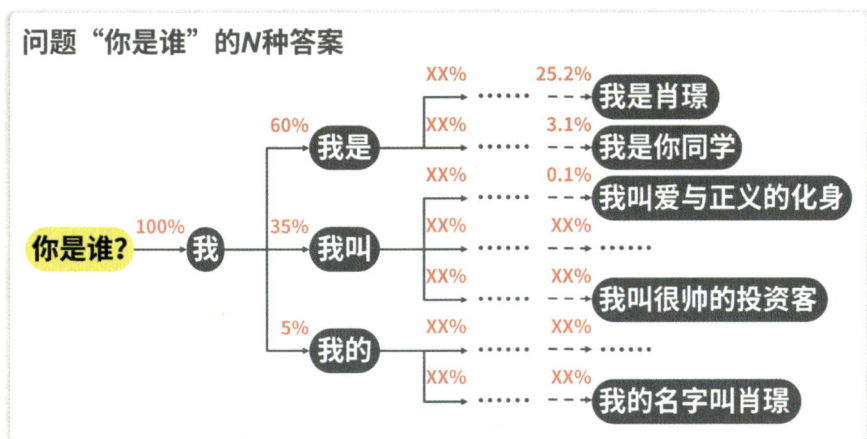

图 13-5 问题"你是谁"的 N 种答案

包括 ChatGPT 在内的生成式 AI 通过对大量的历史语料（包括文本、数据等）的学习来建立自己的概率分布模型。这些经过预先训练的大语言模型会根据上下文判断接下来最可能出现的文字，并根据出现概率生成文本。

基于上述工作原理，目前的大语言模型存在 3 个局限。

局限 1：回答不具备稳定性

当你多次向 ChatGPT 等大语言模型提出同一个问题时，每次得到的答案很可能各不相同。

你可能会觉得奇怪——既然模型已经建立了自己的概率分布，那么为什么不总是选择概率最大的字词来回答，从而产生一致的答案呢？难道答案不是唯一的吗？

事实上，追求标准答案的 AI 会让人觉得无趣。比如图 13-5 中，如果每次都选择出现概率最大的文字，最后都会得到"我是肖璟"这个答案（假设其出现概率为 25.2%，是所有答案中最大的）。这个答案虽然稳定，但是平淡无奇，很难让人眼前一亮，因为它没有超出预期。如果一直用这个答案去回答问题，AI 聊天机器人很容易被认为是一个没有创意、无聊的 AI 工具。因此，虽然某个答案出现的概率很小（比如 0.1%），但是有时候 AI 聊天机器人可能会给出"我叫爱与正义的化身"这个答案。

对于大语言模型来说，面对需要创意的任务时，一个标准答案往往是不够的。比如"请帮我为以下文章起标题"这样的任务，一个标准答案肯定无法满足需求。因此，为了解决这个问题，大部分大语言模型会设定一个**温度值**。以 ChatGPT 为例，它的温度值可以在 0 ~ 2 之间调整。温度值越接近 0，它产生的答案就越确定和聚焦；而温度值越接近 2，它产生的答案就越随机、越具创造性。

这就是为什么当我们向大模型提问时，得到的答案可能不一致、不具备稳定性。比如前文提到的市场规模测算问题（估算北京地毯年销售面积），我提问了 10 次，而每次得到的答案都不一样（有一些答案甚至有错）。

为了规避这一局限，当提出的问题需要较高精确度的答案时，我们可以在调用大模型接口时，将温度值设置得比较低，比如 0.1。这样做会让它的答案不那么发散。类似地，在使用微软的搜索引擎 New Bing（其底层调用了

GPT-4 的模型接口）时，New Bing 会询问用户是选择"更有创造力""更平衡"还是"更精确"的搜索模式（对话样式）。这 3 个选项的背后实际上就对应着不同的温度值（图 13-6）。

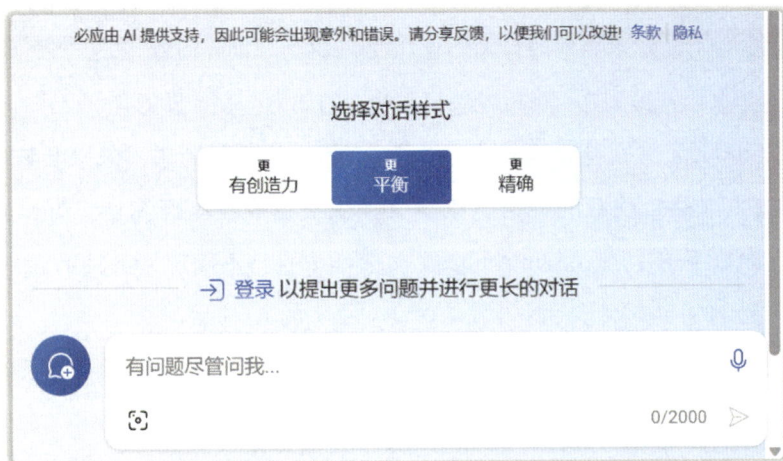

图 13-6　New Bing 的 3 种搜索模式（对话样式）

▶ 资料来源：New Bing

局限 2：不具备深度推理能力

在第 11 章中，我们探讨了人类的两种思考方式——系统 1 和系统 2。系统 1 体现的是直觉或快速反应，系统 2 体现的是理性思考或深度推理。

当前的生成式 AI，包括 ChatGPT 在内，其工作原理更接近系统 1。

华盛顿大学的语言学家艾米丽·M. 本德（Emily M. Bender）甚至在一篇论文中将大语言模型比喻为"随机鹦鹉"（stochastic parrot）——她认为大语言模型并不理解这个世界，只是统计每个字出现的概率，然后像鹦鹉一样随机生成看似合理的文字。

也正是因为目前的生成式 AI 用的是系统 1，所以它在理论上无法像人类那样用系统 2 进行深度推理。看似严谨的"推理"其实也只是基于概率分布。

因此，网络上才会流行大量有关 ChatGPT "一本正经地胡说八道" 的笑话，即业内常常提到的**"AI 幻觉"现象**。

而人工智能领域的目标一直是发展出所谓"通用人工智能"（AGI）。AGI 不仅需要"描述这个世界"，还要"理解这个世界"。换句话说，它需要具备系统 2 的能力。学术界把拥有这个能力的 AI 称为"世界模型"。

对于大语言模型是否可以发展出系统 2 的能力，学术界仍有争议。

比如 Meta 首席科学家杨立昆在 2023 年 6 月就预测说，**未来 5 年内像 ChatGPT 这种自回归的大语言模型会很快被世界模型所淘汰**。OpenAI 的 CEO 山姆·阿尔特曼（Sam Altman）也表示说自己不确定 AGI 何时会到来，但他觉得 10 年内可能会迎来（比 GPT）更强大的 AI 系统。

不过在 2023 年 10 月，美国麻省理工学院的研究者基于 Llama 2 模型论证了大语言模型可以学习并使用空间和时间特征。这意味着大语言模型已经发展出了系统 2 的能力，或者**大语言模型本身就是世界模型**。早在 2023 年 2 月，美国哈佛大学和麻省理工学院的研究人员进行的一项名为"Othello-GPT"的研究也认为，语言模型在其内部确实建立了一个世界模型，而非仅仅依赖记忆或统计（但其能力来源仍不清楚）。

而在 2024 年 9 月，OpenAI 发布的新系列模型 o1 更是让我们看到了大语言模型发展出系统 2 的可能性——o1 系列模型虽然在文章写作和编辑方面不如 GPT-4o 等模型，但在逻辑推理能力上有了极大的提高。OpenAI 将 o1 模型应用于 GPQA diamond 测试（一个极具挑战性的测试化学、物理和生物学专业知识的基准测试），测试结果显示 o1 的表现全面超越了拥有博士学位的人类专家，成为首个在该基准测试中击败人类专家的 AI 模型。

如果"大语言模型本身就是世界模型"的观点是正确的，那么假以时日，大语言模型可能会发展出系统 2 的能力（真正的深度推理能力），从而彻底消除"AI 幻觉"现象。然而，即便如此，它还存在另一个局限……

局限 3：不可避免地"变笨"

从 2023 年 4 月下旬开始，网络上有越来越多的用户吐槽 GPT-4"变笨"了——生成的代码出错增多，给出的答案的深度下降、分析变少……不过对此，OpenAI 回应说，模型本身是固定的，并没有调整任何参数。

2023 年 11 月，也有越来越多的网友吐槽 GPT-4"变懒"了——在生成的代码中留下大量的"待办事项"和"占位符"，甚至在一段时间内干脆"拒绝说话"。OpenAI 也在同年 12 月对此现象做了回应，说 OpenAI 团队确实注意到了这个现象，不过团队并没有更新这个模型。

OpenAI 进一步解释说，一些提问可能会触发这类问题，当在提问中改变一两个字时这类问题又不会出现。用户和开发者可能需要使用很长一段时间后才会发现这些问题（意思是模型并没有忽然"摸鱼"，而是之前也会偶尔"摸鱼"，只是用户没有发现）。

不过，如果从大语言模型的工作原理来看，似乎"变笨"是不可避免的。因为大语言模型是基于过去的数据与语料进行训练的，所以它的知识库停留在了过去的某一时间点。比如，第 1 版的 ChatGPT（基于 GPT-3.5）是无法获取 2021 年 9 月之后的数据的。而每次更新知识库，都需要对模型重新训练一次。重新训练模型的成本非常高昂。根据国盛证券的估算，GPT-3 单次训练成本约为 140 万美元，而像谷歌的 PaLM 模型，单次训练成本可能高达 1100 万美元。根据媒体 semianalysis 的爆料，GPT-4 单次训练成本约为 6300 万美元。

高昂的训练成本意味着这些大模型不会被高频训练，从而导致我们得到的结果逐渐与最新信息脱节，落后数月之久。

就像一个生活在 100 年前的人突然穿越到了现在，你可能会觉得他不太聪明——因为许多对我们来说是常识的事物（比如智能手机），在他的那个时代根本不存在。

虽然 AI 的"变笨"程度没有大到 100 年之久，但从辅助研究的角度来看，训练时间的差距无疑会带来影响。假设一个大语言模型是 2024 年以前训练的，我们想利用它分析巴黎奥运会的比赛结果，那么成功率肯定高不到哪儿去。

当然，对于第 2 个局限（不具备深度推理能力）和第 3 个局限（不可避免地"变笨"），我们并不是没有优化的方法。

除了成本极高的**模型训练**，我们还可以通过对模型进行**微调**（fine-tuning）来提高模型的性能。微调对硬件和技术都有要求，一般由 B 端用户（企业）来进行。企业会将自己拥有的特殊场景数据"喂"给现有的大语言模型，从而提升大语言模型在特定场景中的准确度和时效性。目前有不少闭源大模型也支持微调。以 OpenAI 的 GPT-4.1-mini-2025-04-14 模型为例，2025 年 5 月的微调成本为每百万词元（token）5 美元。

除此之外，我们还可以通过**检索增强生成**（Retrieval-augmented Generation，RAG）技术（搭建本地知识库，允许大模型访问本地文件），或者通过大模型**联网**为模型提供更多具备时效性的背景信息，从而降低"AI 幻觉"现象出现的概率。例如，假设某个大语言模型的训练数据截至 2021 年。当我直接问大语言模型"2023 年中国的 GDP 是多少"时，它肯定无法准确回答。但是如果我在本地知识库中添加了该数据，RAG 程序会在本地知识库中找到这个数据，并将它连同我的问题一起发送给大语言模型："已知：中国 2023 年的 GDP 为126.06 万亿元。用户的问题是：2023 年中国的 GDP 是多少。请回答。"此时，大语言模型就能够准确回答这个问题了。

RAG 技术的使用有一定技术门槛。部分 AI 产品（比如 ChatGPT、智谱清言、扣子等）允许用户通过 AI 智能体（AI agent）的方式创建知识库，但这种方式对上传文件数量和大小有限制，并且存在敏感数据泄露的风险。

此外，目前大部分面向 C 端的大语言模型产品允许用户上传文档，或让大模型主动联网以获取更多实时资讯。不过，这些实时资讯的数据量相对有限，产出的内容仍然无法与重新训练一遍模型所得到的结果相比。

因此，我们千万不要幻想目前的大语言模型可以帮助我们解决所有问题。

此外，用来训练 AI 的数据本身也不一定百分之百正确，所以对 AI 生成的内容进行查证非常重要，特别是当我们想利用 AI 进行投资研究时，更是如此，毕竟投资涉及的都是真金白银。

第 3 节　生成式 AI 在研究中的应用

在第 11 章，我们梳理了研究过程，即"输入 – 处理 – 输出"资讯的过程。在本节，我们将探讨如何把生成式 AI 应用于这 3 个环节。

资讯输入

第 11 章提到，在资讯输入环节，我们会面临两个难点：一是**数量上信息过载**，二是**质量上观点极化**（图 13-7）。

图 13-7　资讯输入环节需要应对的两个难点

难点 1：数量上信息过载

在应对信息过载的难点时，生成式 AI 可以帮助我们节省大量处理信息或资讯的时间。比如，市面上有不少工具可以帮助我们把音频转换为文字；此外，大多数大语言模型可以读取 txt、pdf 等格式的文档，协助我们对文本内容进行总结。本章的第 4 节将介绍更多好用的信息整理工具。

当然，要想真正解决信息过载问题，更高效的做法还是第 11 章提到的"三步走"策略，即先**做出假设**，再**拆解假设**，最后**验证子假设**。在这个过程中，生成式 AI 可以为每一步提供帮助。

要做出合理的假设并拆解假设，需要我们对研究的话题有基本了解。我们以往的做法是，先找几篇扎实的概览式研报，好好读一读，或者找到认识的专家，请他们帮忙梳理。但现在，生成式 AI 可以直接代劳。

举个例子。比如我向 ChatGPT 提出下面的问题。

我想了解碳酸锂价格下跌的原因，请帮我做出初始假设，并把该假设拆解成议题树。

要求 1：请一步步思考，答案需符合 MECE 原则。

要求 2：所拆解的假设层级请达到可以被搜索到的数据或相关新闻验证的程度。

随后，ChatGPT 给出了答案（图 13-8）。[①]

ChatGPT 提出了 5 个可能导致碳酸锂价格下跌的初始假设，并对每个初始假设进行了拆解。目前，它对假设的拆解还不太到位，因此我针对"需求减少"这个初始假设，要求它进一步拆解。

我想暂时采用"需求减少"这个假设，不过目前你对这个假设的拆解不够细致。请帮我进一步细化这个假设，看看具体都有哪些可能的原因。

要求 1：拆解过程需符合 MECE 原则。

要求 2：拆解层级不少于 3 层。

要求 3：所拆解的假设层级请达到可以被搜索到的数据或相关新闻验证的程度。

---

① 在本节的例子中，作者使用的是 GPT-4o 模型。——编者注

随后，ChatGPT 根据这些要求给出了答案，如图 13-9 所示。

ChatGPT

为了理解"碳酸锂价格下跌"的原因，我们可以构建一个基于 MECE 原则的议题树。碳酸锂是锂电池制造的关键材料，其价格波动可能受到多种因素的影响。以下是可能导致碳酸锂价格下跌的主要原因，以及进一步的细分。

1. **供应增加**
   - **生产能力扩张**：新的开采项目投入使用或现有项目产能提升。
   - **生产效率提高**：技术创新或工艺改进降低生产成本。
   - **供应链改善**：物流和分销效率提高，减少了成本和时间。
2. **需求减少**
   - **市场需求下降**：锂电池市场增长放缓。
   - **替代技术出现**：如新型电池技术减少了对碳酸锂的依赖。
   - **政策影响**：政府对电动车等主要应用领域的补贴减少。
3. **宏观经济影响**
   - **经济衰退**：全球或主要市场经济放缓，影响整体商品价格。
   - **汇率波动**：汇率变动可能影响进出口成本，从而影响价格。
4. **市场竞争和战略**
   - **市场竞争加剧**：新进入者增多，市场竞争导致价格下降。
   - **战略性定价**：为了抢占市场份额，一些生产商可能采取低价策略。
5. **投机和市场情绪**
   - **市场预期变化**：投资者对未来市场的预期改变。
   - **投机行为**：短期内市场投机行为可能导致价格波动。

每个类别下的原因都可以通过市场报告、行业新闻、经济数据等途径来验证。例如，可以通过行业报告了解新的开采项目、产能变化；通过市场分析报告了解需求趋势和技术发展；通过宏观经济数据了解整体经济状况。这样的分析有助于深入理解影响碳酸锂价格变动的复杂因素。

图 13-8　ChatGPT 做出假设并进行拆解

ChatGPT

基于"需求减少"这个假设，我们可以进一步细化分析碳酸锂需求减少的原因。以下是按照 MECE 原则进行的更细致的拆解。

1. **需求减少**
- **主要应用行业需求变化**
  - **电动汽车行业**
    - **市场增长放缓**：电动汽车销售增速下降。
    - **政策支持减少**：政府补贴削减或政策调整。
    - **技术创新**：新电池技术减少对碳酸锂的依赖。
  - **电子产品行业**
    - **市场饱和**：如智能手机、便携式计算机等成熟市场的需求稳定或减少。
    - **新技术替代**：出现新的电池技术，减少对碳酸锂的需求。
- **宏观经济因素**
  - **经济衰退**：全球经济放缓影响整体消费能力。
  - **消费者信心下降**：经济不确定性导致消费者和企业投资谨慎。
- **行业特定因素**
  - **回收技术进步**：提高电池回收效率，减少对新碳酸锂的需求。
  - **存量电池充足**：市场上已有电池库存充足，减少新电池制造。

这种层级化的分析可以通过各种数据和新闻来验证。例如，可以通过汽车行业销售数据、政府政策文件、技术研究报告来了解电动汽车行业的变化；通过宏观经济数据和市场研究报告来了解经济状况和消费者信心；通过行业特定的分析和技术报告来了解电池回收和存量情况。这样的方法有助于深入了解需求减少的具体原因，从而更好地理解碳酸锂价格下跌的背景。

图 13-9　ChatGPT 对"需求减少"这一假设进行重新拆解

可以看到，尽管 ChatGPT 在对 MECE 原则的掌握上并不完美，但其给出的答案确实可以作为参考。在实操中，如果遇到我比较熟悉的话题，我会先自己做出假设并拆解假设，然后让 ChatGPT 帮助我**查漏补缺、完善思路**。它时不时地会给出一些我以前没有考虑到的角度。

此外，在第 3 步"**验证子假设**"的过程中，我们也可以求助 ChatGPT。

我想验证"市场增长放缓：电动汽车销售增速下降"这个假设，请帮我找到相关数据 / 指标，并标注好具体的信息来源。我要研究的是中国市场。

ChatGPT 通过查询网络数据很快给出了答案（图 13-10）。

ChatGPT

对于中国电动汽车市场的销售增长情况，我们可以比较 2022 年和 2023 年的数据来验证"市场增长放缓：电动汽车销售增速下降"的假设。

2022 年的数据显示：

- 根据中汽协的数据，2022 年新能源汽车销量为 688.7 万辆，同比增长 93.4%。

2023 年的数据显示：

- 乘联会报告称，2023 年新能源汽车零售销量为 773.6 万辆，同比增长 36.2%。

从这些数据中可以看出，虽然 2023 年中国新能源汽车的销量继续增长，但同比增长率从 2022 年的 93.4% 下降到了 2023 年的 36.2%。这表明虽然市场仍在增长，但增速确实有所放缓。因此，"市场增长放缓：电动汽车销售增速下降"这一假设在 2023 年的中国市场是成立的。

图 13-10　ChatGPT 对"市场增长放缓：电动汽车销售增速下降"这一子假设进行验证

通过 ChatGPT 的回答，我们不仅可以验证子假设，还发现了两个电动汽车销售数据的数据源——中汽协和乘联分会[①]。需要注意的是，每次都要让生成式 AI 标注好数据来源链接，这样便于我们查验它提供的数据是否可靠。

---

① ChatGPT 给出的答案仍使用的是"乘联会"这一旧名。——编者注

难点 2：质量上观点极化

在解决**观点极化**问题上，生成式 AI 拥有得天独厚的优势，因为 ChatGPT 等生成式 AI 一般被设计为在处理敏感话题时要保持中立。你会发现，在讨论众多争议性话题时，它们会完整地阐述双方观点。这有助于我们从多个角度看问题，避免钻牛角尖。

我们在第 11 章探讨过，这个难点问题也分 3 步（3 个环节）解决，分别是拓宽输入渠道、做好资讯拣选、理性赋权资讯。我们分别看下。

在"**拓宽输入渠道**"环节，我们可以利用 ChatGPT 拓宽资讯源。比如，我向 ChatGPT 询问下面这样一个问题。

我想研究美国的互联网行业，可以分享一些业界常用的资讯来源网站吗？

随后，ChatGPT 给出了答案，如图 13-11 所示。

ChatGPT

研究美国互联网行业时，以下是一些业界常用的资讯来源网站。

1. **TechCrunch**：专注于科技创业公司和硅谷新闻的网站。
2. **The Verge**：提供科技新闻、产品评测，涵盖互联网、游戏、科技创新等领域。
3. **Wired**：报道新科技、新媒体、文化趋势，以及它们如何影响世界。
4. **Recode**：专注于科技和商业领域的深度报道。
5. **Bloomberg Technology**：Bloomberg 提供的科技行业新闻，包括市场动态、趋势分析。
6. **CNET**：提供科技产品评测、新闻、价格比较服务。
7. **VentureBeat**：关注科技创业、创新趋势、人工智能、游戏和新兴科技。
8. **Ars Technica**：深度报道科技趋势、硬件、软件、政策相关新闻。

这些网站提供了关于美国互联网行业的最新动态、分析评论和深度报道，是研究该领域时的重要信息源。

图 13-11　ChatGPT 辅助拓宽输入渠道

在"**做好资讯拣选**"环节，我们仍可以采用类似前面验证子假设的方法，利用生成式 AI 进行事实验证。针对"**理性赋权资讯**"环节，我将在本章第 4 节通过数据分析案例来具体展示生成式 AI 的用处。

资讯处理

第 11 章提到，完成资讯输入后我们需要对资讯进行处理，从中提炼出有用的核心观点。麦肯锡的分析师习惯使用**金字塔原理**去做这项提炼工作。

第 11 章总结了构建金字塔的"四步法"，分别是"**罗列资讯**""**寻找规律**""**提炼要点**"和"**归纳核心**"。我们分别看下。

罗列资讯

我们可以借助 ChatGPT 整理第 11 章提到的我写给 H 的邮件内容。

请提炼以下邮件内容的主要事实。

你好！

前几天你不是跟我说 ABC 房企欠了你一笔钱一直没回款吗？我研究了一下，有一些发现：它家账上的现金还不到 1 年内到期债务的四分之一，再搞不来钱，别说之后没钱买地会影响明年销售，连现金流随时也会出大问题。

而且国家现在不让它借更多钱了，要求把房企的负债率给降下来。不过就算它想借，估计也挺难借到的，据说它前几天在香港发的美元债还不上钱，违约了。所以，之前的金主之一信托公司也不愿意借钱给它了。前几天就听圈里的朋友说，有个信托公司原来给它的 60 亿元额度已经被降到 20 亿元了。

我搜新闻的时候才发现，它把参股公司 XYZ 的股份卖了，这家公司可是跟互联网大佬 RST 合资的。朋友说它还有几个参股公司，像是 ABC 汽车和 ABC 物业，也都在找买家接盘，还不知道卖不卖得出去。不过就算卖出去了，估计也是贱卖，大家看它这么缺钱肯定会压价。

听说它之前想借壳上市也失败了。这也难怪，毕竟 A 股很久都不给房地产公司上市了。

负面新闻这么多，很多房客都不敢买 ABC 的房子了，担心之后交不了房。你还是赶紧想想后续怎么催收吧。

肖璟

ChatGPT 对邮件中的事实进行了罗列，并对每个事实做了简要总结（图 13-12）。

ⓢ ChatGPT

这封邮件的主要事实内容包括以下几点。

1. **ABC 房企欠款**：邮件提到 ABC 房企欠了收件人一笔钱，一直未归还。
2. **财务状况**：ABC 房企的现金不足以覆盖一年内到期的债务的四分之一，存在现金流问题。
3. **借款限制**：国家政策禁止 ABC 房企进一步增加债务，要求降低负债率。
4. **债务违约**：ABC 房企近期在香港发行的美元债券违约。
5. **信托公司减少贷款**：一家信托公司将对 ABC 房企的信贷额度从 60 亿元降至 20 亿元。
6. **出售资产**：ABC 房企出售了其参股的 XYZ 公司股份，以及可能正在寻求出售其在 ABC 汽车和 ABC 物业的股份。
7. **资产贬值**：由于资金紧张，可能会低价出售这些资产。
8. **上市失败**：ABC 房企尝试通过借壳上市但失败了。
9. **消费者信心下降**：由于负面新闻，许多潜在客户对购买 ABC 房企的房产持谨慎态度。

图 13-12　ChatGPT 辅助罗列事实

寻找规律和提炼要点

接下来，我让生成式 AI 辅助我对上述事实进行归类，并从中提炼每个类别的核心结论。

请帮我对上述事实进行归类，并提炼每个类别的核心结论。归类请符合 MECE 原则。

从 ChatGPT 提供的答案来看，ChatGPT 在逻辑推理能力方面确实有所欠缺（图 13-13）。

ChatGPT

对邮件中的事实进行归类，并遵循 MECE 原则，我们可以将其分为以下几个类别，并提炼出每个类别的核心结论。

1. **财务状况**
   - **结论**：ABC 房企面临严重的财务困境，其现金流不足以覆盖短期债务，导致整体财务状况不稳定。
2. **债务和融资问题**
   - **结论**：ABC 房企受限于新的国家政策，无法增加债务，且已有的债务存在违约情况，信托公司也减少了对其的贷款额度。
3. **资产处置**
   - **结论**：为了缓解财务压力，ABC 房企正在出售部分资产，包括参股公司的股份，但这可能以低于市价的价格进行。
4. **市场表现与消费者信心**
   - **结论**：由于财务问题和负面新闻，ABC 房企的市场表现不佳，消费者信心下降，影响了其房产的销售。
5. **上市尝试**
   - **结论**：ABC 房企尝试通过借壳上市来改善状况，但未能成功。

这些归类和结论覆盖了邮件中提到的所有主要事实，且每个类别之间相互独立，确保了信息的完整性和排他性。

图 13-13　ChatGPT 辅助寻找规律、提炼要点

从答案中可以看到，债务和融资问题、资产处置、上市尝试都属于财务问题，因此，ChatGPT 给出的答案并不符合 MECE 原则。

不过我发现，如果对归类类别进行限制，ChatGPT 给出的答案会好很多（图 13-14）。

请将前述事实按"营运现金流问题""投资现金流问题""融资现金流问题"归类。

ChatGPT

根据提供的邮件内容，我们可以将 ABC 房企的主要问题按照"营运现金流问题""投资现金流问题"和"融资现金流问题"进行分类。

1. **营运现金流问题**
   - ABC 房企的现金不足以覆盖一年内到期的债务的四分之一，表明其日常营运资金管理存在问题。
   - 由于负面新闻，潜在客户对购买 ABC 房企的房产持谨慎态度，可能会影响其销售收入。

2. **投资现金流问题**
   - ABC 房企出售了其参股的 XYZ 公司股份以及可能正在寻求出售其在 ABC 汽车和 ABC 物业的股份，这反映了其在投资方面的资金回流问题。
   - 由于资金紧张，这些资产可能会以低于市价的价格出售，表明投资资产的价值贬损。

3. **融资现金流问题**
   - 国家政策禁止 ABC 房企进一步增加债务，意味着其通过债务融资的能力受限。
   - ABC 房企近期在香港发行的美元债券违约，进一步表明其融资能力的问题。
   - 一家信托公司将对 ABC 房企的信贷额度从 60 亿元降至 20 亿元，说明融资渠道受阻。
   - ABC 房企尝试通过借壳上市但失败了，这也反映了其在股权融资方面遇到了挑战。

图 13-14 ChatGPT 协助对事实进行归类

归纳核心

最后，我让生成式 AI 帮助我提炼核心观点。

如果我是 ABC 房企的债权人，可以根据以上事实为我提供一句建议吗？

坦白地说，一开始我对生成式 AI 在这一步中能做到什么程度是持怀疑态度的。正如我在第 11 章提到的，一个合格的"提炼"需要**产生新的认知**，这就需要得出的结论要有一定深度，能够体现分析价值，而不仅仅是简单的缩句或概括。

然而，生成式 AI 的表现大大超出了我的预期（图 13-15）。

> 🟣 **ChatGPT**
>
> 作为 ABC 房企的债权人，您应该尽快采取措施催收欠款，并考虑与专业法律顾问合作，以保护您的财务利益，尤其是在 ABC 房企面临严重的财务困境和潜在违约风险的情况下。

图 13-15　ChatGPT 辅助归纳核心观点

ChatGPT 给出的结论确实提供了超出原文内容的新认知。

当然，在资讯处理的整个过程中，ChatGPT 也存在一些不足，比如逻辑推理能力有限导致分析结果并不符合 MECE 原则、遗漏了"没钱买地会影响明年销售"这个事实……然而瑕不掩瑜，在可接受的容错率范围内，生成式 AI 确实可以大幅提高我们对资讯的处理效率。

资讯输出

在最后的输出环节，写作可以说是 ChatGPT 最擅长的任务了。

延续之前的邮件案例，我让它帮助我重新总结邮件内容。

请你帮我重新组织前面的邮件内容。

要求 1：请以你刚才给出的建议为开头。

要求 2：请罗列所有事实，事实需要按照"营运现金流问题""投资现金流问题"和"融资现金流问题"归类。

要求 3：语言尽可能简明扼要，可以使用点列方式，但每个点应该是完整句子。

ChatGPT 输出的内容很符合我的预期（图 13-16）。

---

⑤ ChatGPT

H:

你好！鉴于 ABC 房企目前面临的财务困境，建议您尽快采取措施催收欠款，并与专业法律顾问合作，以保护您的财务利益。以下是对 ABC 房企状况的详细分析。

营运现金流问题
- ABC 房企的现金不足以覆盖一年内到期的四分之一债务。
- 负面新闻影响了客户信心，可能导致销售收入下降。

投资现金流问题
- ABC 房企出售了其在 XYZ 公司的股份。
- ABC 房企可能正在寻求出售其在 ABC 汽车和 ABC 物业的股份。
- 由于资金紧张，这些资产可能以低价出售。

融资现金流问题
- 国家政策限制了 ABC 房企进一步增加债务。
- ABC 房企的美元债券在香港违约。
- 一家信托公司将对 ABC 房企的贷款额度从 60 亿元降至 20 亿元。
- ABC 房企尝试借壳上市但失败。

考虑到这些情况，请您密切关注 ABC 房企的进展，并及时采取行动。

肖璟

图 13-16　ChatGPT 辅助输出资讯

我们还可以要求生成式 AI 按照 SCQR 结构（或其他结构）组织邮件内容。
ChatGPT 也给出了一个可用的邮件版本（图 13-17）。

ChatGPT

H：

你好！

空（情景 Situation）

我们讨论的 ABC 房企目前正处于一个挑战时期。该公司欠您一笔钱，一直未
能归还。

雨（冲突 Complication）

ABC 房企面临严重的财务问题。具体来说，有三个主要方面：营运现金流、
投资现金流和融资现金流。它们的现金储备不足以覆盖短期债务，正在出售
资产以筹集资金，并且由于新的政策限制和债券违约，其融资渠道受到严重
影响。

湿（疑问 Question）

在这种情况下，我们面临的主要问题是：您应该如何保护自己作为债权人的
利益，尤其是在 ABC 房企面临如此严峻的财务困境时？

伞（解答 Resolution）

鉴于当前情况，建议您尽快采取措施催收欠款，并考虑与专业法律顾问合作。
这一措施将帮助您在 ABC 房企可能进一步恶化之前保护自己的财务利益。

最好及时行动。

肖璟

图 13-17　ChatGPT 辅助讲故事

看完以上案例，你可能已经跃跃欲试，想使用生成式 AI 进行研究了。
下面，我将分享更多的生成式 AI 工具并介绍它们的用法。

在此，我想再次强调，AI 领域的发展日新月异，每天都可能有大量新工具诞生，且我分享的工具也在快速迭代。因此，我们应该关注的，是生成式 AI 在研究过程中的角色以及具体的使用思路。只有这样，我们才有办法做到，无论用哪个 AI 工具都能得心应手。

第 4 节　生成式 AI 工具及其用法

本节中，我将同样按照资讯"输入 – 处理 – 输出"的顺序介绍生成式 AI 工具及其用法。

资讯输入

刚入职麦肯锡时，在资讯输入的初期阶段，作为年轻的分析师，我们经常需要在一两周内快速了解一个新行业。除了阅读大量的内部资料，我还有一个习惯——我会先约一个行业专家，让其帮我罗列一下**"了解这个行业需要了解的 20 个专业术语"**，然后再一个个词搜索学习。这么学习下来，至少可以跟业内专家聊得到一块儿去，不怕有术语听不懂。

而现在，我把这个工作交给了生成式 AI，甚至让它把专业术语都梳理成知识图谱。比如，我一直没搞懂各个 AI 专业术语的具体含义，于是让 ChatGPT 的 o4-mini-high 模型帮我画了张关系图。

我想搞懂人工智能、机器学习、深度学习、强化学习等 AI 领域的专业术语及相关关系，请制作一个知识图谱网页，为我罗列 AI 领域的 20 个常见专业术语，提供简单易懂的解释，并展示其关系（请使用我所提供的附件的字体）。需要可拖曳可互动。

随后 ChatGPT 使用了代码解释器，帮我快速生成了一个互动网页。

因为这个场景很常见，所以我也用 AI 开发了一个网页应用 TermsAI（访问网址为 https://termsai.shuaifox.com，见图 13-18 ），只要输入感兴趣的行业以及希望生成的专业术语数量，TermsAI 就会调用 DeepSeek 或通义千问模型，在数分钟内生成知识关系图谱，并为每个专业术语提供简单易懂的解释。快速了解某个行业也因此变得更容易了。

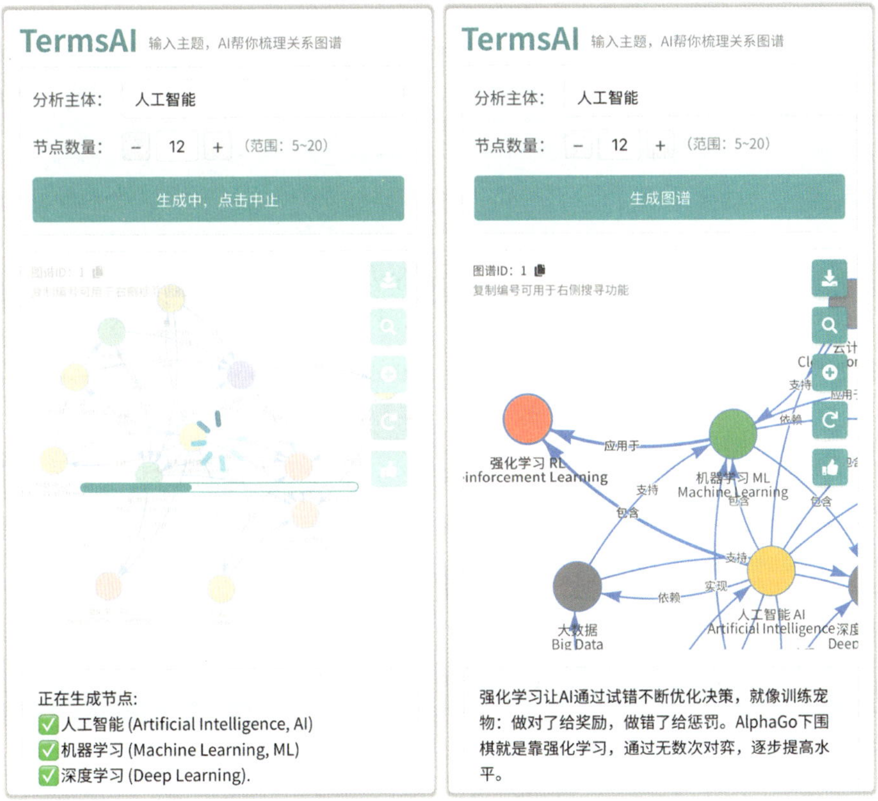

图 13-18　利用 TermsAI 快速熟悉行业术语

在研究新时代，我们接触的资讯类型已经不再局限于纯文本了。正如第12章提到的，我们也会通过报告、音频（比如专家访谈录音、播客等）、视频（比如 B 站上的科普视频、纪录片等）等来获取资讯。

不过，音频和视频有两个主要局限。

第一，**速度限制**。普通人的平均语速大约是每分钟 200 字，而根据《全日制普通高级中学语文教学大纲》的要求，高中生阅读一般现代文的速度每分钟不少于 600 字。换言之，要想赶上纯文本的阅读效率，你的音频或视频需要以 3 倍速播放。视频可以通过画面辅助理解，所以有些人也愿意牺牲信息密度、选择视频的方式接收资讯。相比之下，音频能提供的额外信息较少。因此，我个人更习惯将播客内容转化为文字，然后进行阅读。

第二，**格式限制**。我们需要的文件通常以文本为主，因此，我们通常需要先将音频和视频素材转化为文字，方便后续加工。即使需要以音频或视频形式作为输出，我们也需要先准备文字，比如提词卡上的文字或逐字稿。

对于音频或视频转换成文字，以下软件或应用是常见的选择。

- **剪映专业版**：这是一款计算机应用。将音频或视频素材导入主轨道后，通过"文本"—"智能字幕"功能添加，稍等片刻即可将音频或视频转为文字。导出时选择"字幕导出"便可以得到一个纯文本文档。
- **飞书妙记**：这款应用可以区分不同的发言人，支持处理音频和视频，目前是免费的（图 13-19）。

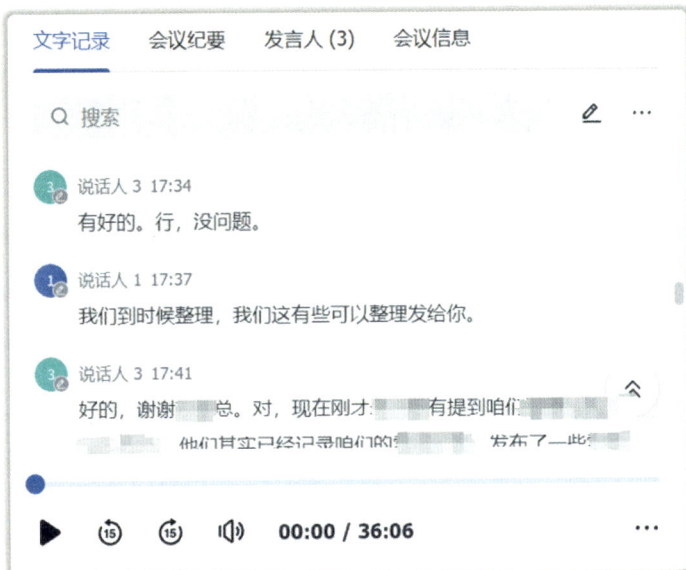

图 13-19　飞书妙记可以区分不同的发言人

- **BibiGPT**：这款应用由独立开发者开发，专门用于快速提取音视频内容中的关键信息。在用户复制粘贴 B 站或抖音等视频平台的视频链接后，BibiGPT 可以直接根据视频内容快速提取文本，给出视频内容概要，还能创建详尽的思维导图。每个账号有一定的免费体验额度。

- **讯飞听见**：这款应用是由科大讯飞推出的语音转文字的老牌产品。它擅长将会议语音实时转为文本，并形成会议纪要。如果对输出质量有高要求，可以使用其"人工精转"服务。

- **腾讯会议**：这款应用支持实时转写功能，可以导出会议内容，提供一定的免费时长。

- ChatAudio：除了可以区分不同的发言人，这款应用通过接入 OpenAI 的 API，可以对每个发言人的发言内容进行总结和提炼，也可以让用户针对对话内容向发言人提问（图 13-20）。

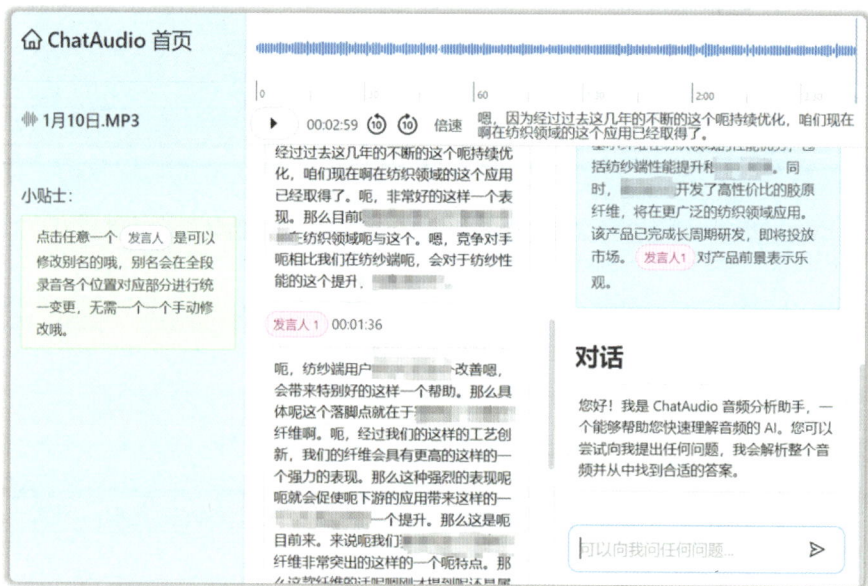

图 13-20　ChatAudio 可以对每个发言人的发言进行总结

除了将音频和视频内容转为文字，生成式 AI 还可以帮助我们高效地**总结网页和文档内容**。比如，在号称"文档界的扛把子"ChatPDF 和 ChatDoc 平台上上传 PDF 等文档后，我们可以向其提出问题，获取有关文档的关键信息。目前，智谱清言、Kimi、文心一言（需选择"览卷文档"插件）、讯飞星火（需选择"文档问答"插件）、ChatGPT 和 Bing 都支持这一功能。这一功能可以大幅缩短我们在长篇大论中寻找关键信息或精华内容的时间（图 13-21）。

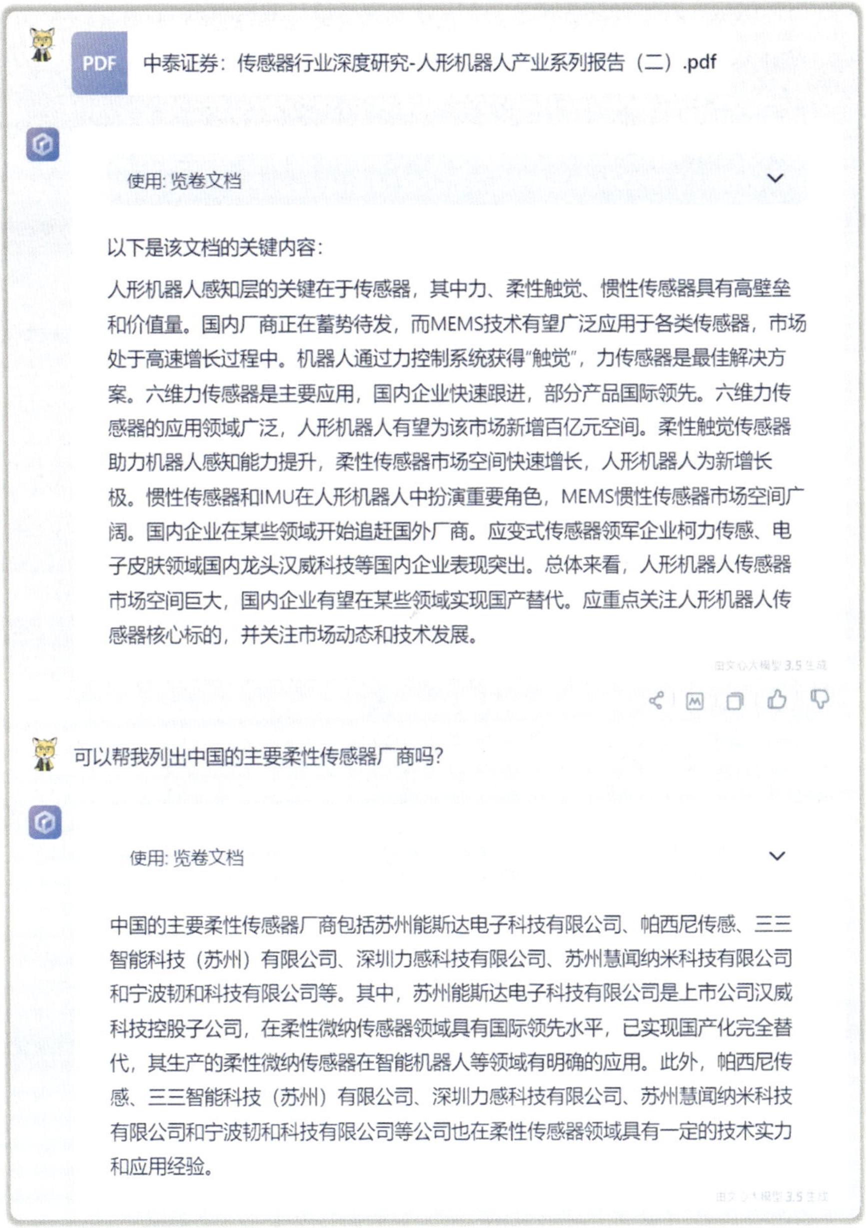

图 13-21　利用文心一言的"览卷文档"插件提炼 PDF 文档的关键内容和相关信息

在资讯输入环节使用生成式 AI 的另一个场景是**数据录入**。

有时，分析师需要从外部机构或统计部门的报告中的图表或统计图鉴中搜集数据，但这些机构或统计部门不会主动将你需要的原始数据打包好给你，因此我们通常需要手动地将数据一个个录入 Excel 文件中，以便进行进一步的分析。

如果图表或统计图鉴中的数据不多，微信桌面版的 OCR（光学字符识别）功能已足以满足日常需求了（图 13-22）。我们可以直接选中并复制图表或统计图鉴中的数据，并粘贴到 Excel 文件中。

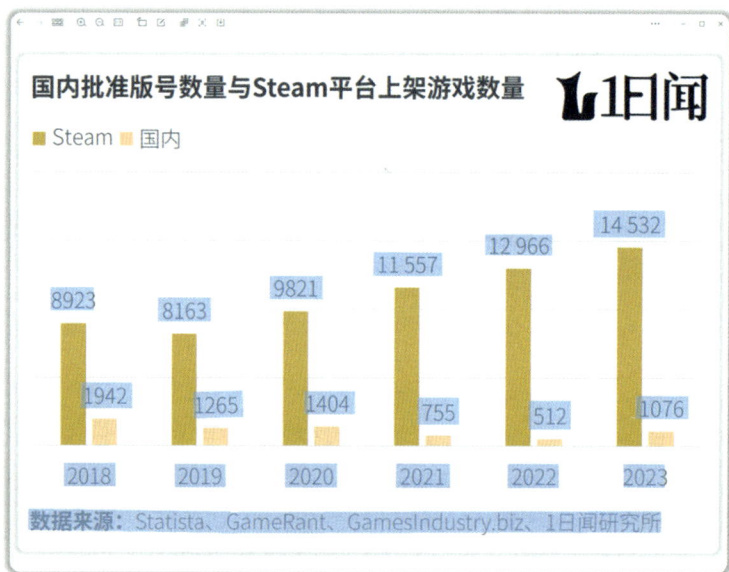

图 13-22 利用微信桌面版的 OCR 功能复制数据

然而，如果面对大量数据或手写数据，那么手动录入就是体力活了。我在麦肯锡担任分析师时，一般会让实习生逐一录入这些原始数据。当年，甚至还有一家外包公司（Evalueserve）专门处理这类事情。但现在，这一切都可以交给生成式 AI 完成了。

用微信桌面版的 OCR 功能一个个去复制粘贴图 13-22 中的图表数据还是相当麻烦的。我可以将该图表发送给生成式 AI，让它直接整理图表数据（图 13-23）。

图 13-23　利用生成式 AI（ChatGLM）整理图表数据

　　以前我把这类图表数据录入任务布置给实习生后，他们通常至少需要5~10分钟才能完成。而现在，生成式 AI 在不到 1 分钟的时间内就搞定了。如果数据量更大，生成式 AI 的时间优势就更明显了。

　　我们还可以将生成式 AI 应用于手写体识别。比如，前段时间我打算将育婴师为我女儿定制的食谱电子化。我将手写体内容拍照后发送给智谱清言（ChatGLM），它很快就完成了识别（图 13-24）。虽然由于字迹潦草，仍有个别错误需要手动修改，但这比我从头开始录入要快得多。

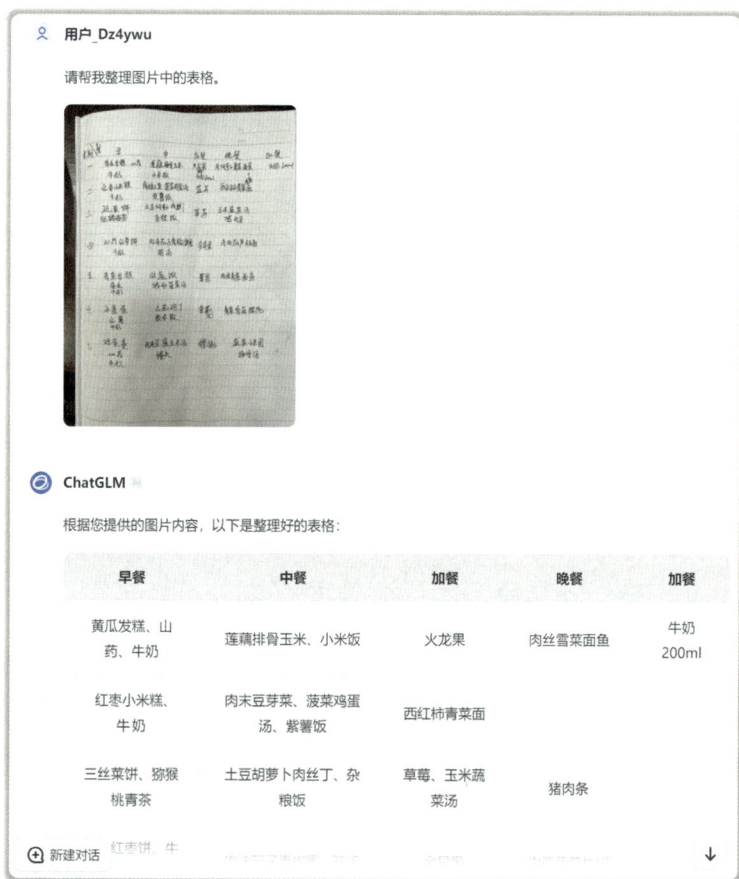

图 13-24　利用智谱清言整理手写体内容

当然，生成式 AI 有时会出现识别错误的情况，所以，我们使用其整理的数据进行分析之前，务必进行仔细的检查。

资讯处理

生成式 AI 在数据分析领域的应用可以大幅提高工作效率。最典型的是前文提到的 ChatGPT 在 2023 年 7 月推出的**代码解释器**功能，现在叫作**“高级数据分析”**功能。

这个功能是让生成式 AI 帮助你编写代码，从而更简单便捷地完成原本需要使用 Python 等编程语言进行的数据分析任务。为了更直观地理解这一功能，这里举个例子。

我先在 GitHub（微软旗下的开源社区）上找了一份由用户 sushantag9 分享的超市销售数据集（图 13-25）。

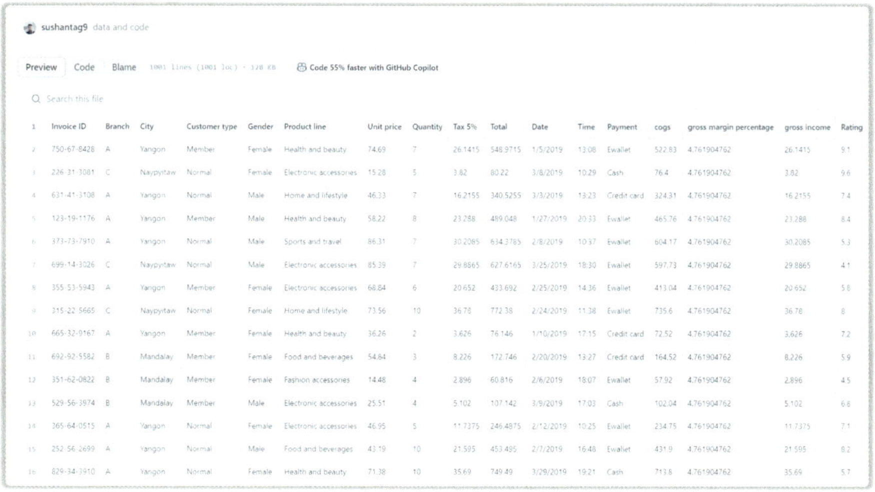
sushantag9 data and code

Preview　Code　Blame　1001 lines (1001 loc) · 128 KB　Code 55% faster with GitHub Copilot

Search this file

1	Invoice ID	Branch	City	Customer type	Gender	Product line	Unit price	Quantity	Tax 5%	Total	Date	Time	Payment	cogs	gross margin percentage	gross income	Rating
2	750-67-8428	A	Yangon	Member	Female	Health and beauty	74.69	7	26.1415	548.9715	1/5/2019	13:08	Ewallet	522.83	4.761904762	26.1415	9.1
3	226-31-3081	C	Naypyitaw	Normal	Female	Electronic accessories	15.28	5	3.82	80.22	3/8/2019	10:29	Cash	76.4	4.761904762	3.82	9.6
4	631-41-3108	A	Yangon	Normal	Male	Home and lifestyle	46.33	7	16.2155	340.5255	3/3/2019	13:23	Credit card	324.31	4.761904762	16.2155	7.4
5	123-19-1176	A	Yangon	Member	Male	Health and beauty	58.22	8	23.288	489.048	1/27/2019	20:33	Ewallet	465.76	4.761904762	23.288	8.4
6	373-73-7910	A	Yangon	Normal	Male	Sports and travel	86.31	7	30.2085	634.3785	2/8/2019	10:37	Ewallet	604.17	4.761904762	30.2085	5.3
7	699-14-3026	C	Naypyitaw	Normal	Male	Electronic accessories	85.39	7	29.8865	627.6165	3/25/2019	18:30	Ewallet	597.73	4.761904762	29.8865	4.1
8	355-53-5943	A	Yangon	Member	Female	Electronic accessories	68.84	6	20.652	433.692	2/25/2019	14:36	Ewallet	413.04	4.761904762	20.652	5.8
9	315-22-5665	C	Naypyitaw	Normal	Female	Home and lifestyle	73.56	10	36.78	772.38	2/24/2019	11:38	Ewallet	735.6	4.761904762	36.78	8
10	665-32-9167	A	Yangon	Member	Female	Health and beauty	36.26	2	3.626	76.146	1/10/2019	17:15	Credit card	72.52	4.761904762	3.626	7.2
11	692-92-5582	B	Mandalay	Member	Female	Food and beverages	54.84	3	8.226	172.746	2/20/2019	13:27	Credit card	164.52	4.761904762	8.226	5.9
12	351-62-0822	B	Mandalay	Member	Female	Fashion accessories	14.48	4	2.896	60.816	2/6/2019	18:07	Ewallet	57.92	4.761904762	2.896	4.5
13	529-56-3974	B	Mandalay	Member	Male	Electronic accessories	25.51	4	5.102	107.142	3/9/2019	17:03	Cash	102.04	4.761904762	5.102	6.8
14	365-64-0515	A	Yangon	Normal	Female	Electronic accessories	46.95	5	11.7375	246.4875	2/12/2019	10:25	Ewallet	234.75	4.761904762	11.7375	7.1
15	252-56-2699	A	Yangon	Normal	Male	Food and beverages	43.19	10	21.595	453.495	2/7/2019	16:48	Ewallet	431.9	4.761904762	21.595	8.2
16	829-34-3910	A	Yangon	Normal	Female	Health and beauty	71.38	10	35.69	749.49	3/29/2019	19:21	Cash	713.8	4.761904762	35.69	5.7

图 13-25　超市销售数据集

　　然后我将数据集直接发送给 ChatGPT 的"数据分析师"（Data Analyst）应用（自带高级数据分析功能的 GPT 应用）。我让它帮助我分析数据集中的内容。它很快读懂了数据集中每一列数据的含义（图 13-26）。

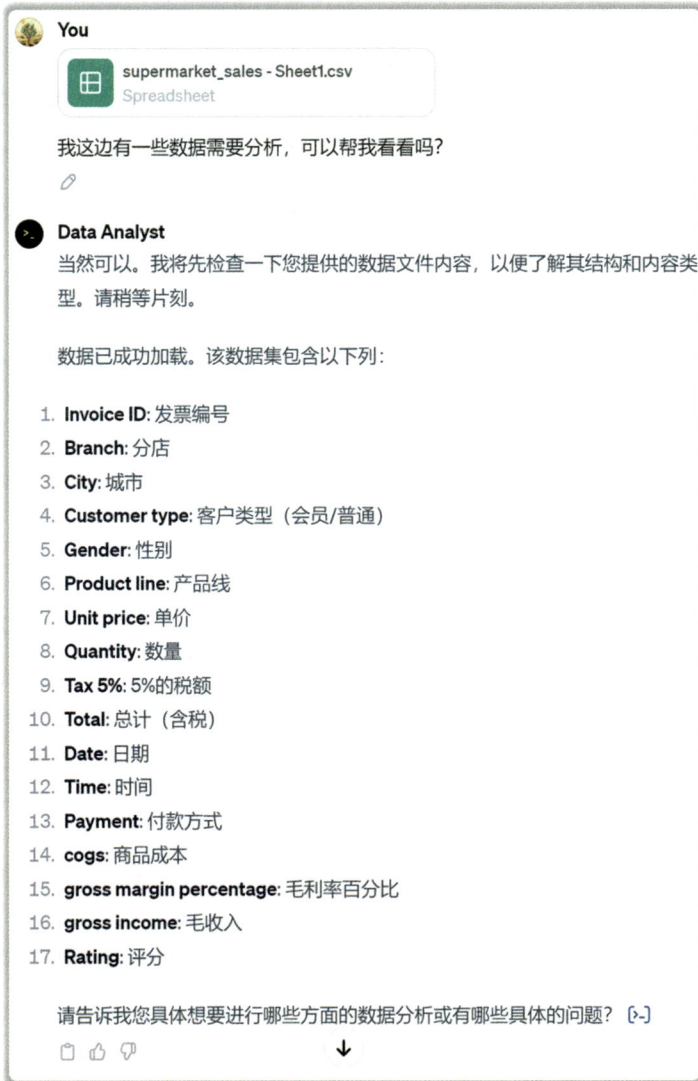

图 13-26　利用 ChatGPT 的高级数据分析功能读取数据集

接着，我给了它足够的自由度——我直接问它这些数据能用来做哪些分析。"数据分析师"应用给出了还不错的分析方向（图 13-27）。

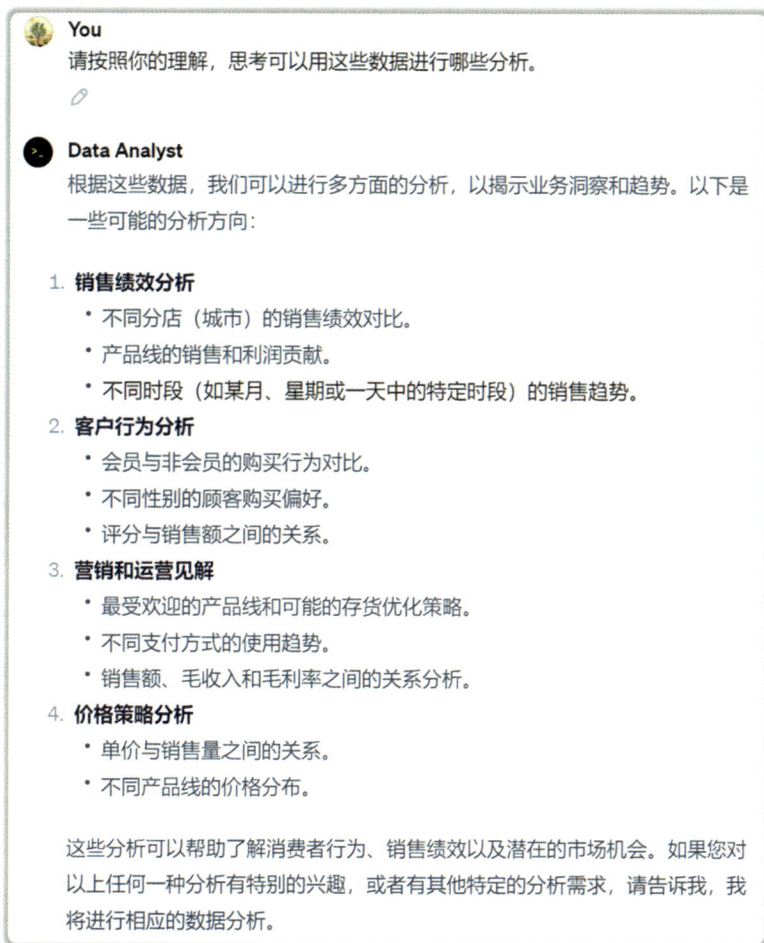

You
请按照你的理解，思考可以用这些数据进行哪些分析。

Data Analyst
根据这些数据，我们可以进行多方面的分析，以揭示业务洞察和趋势。以下是一些可能的分析方向：

1. **销售绩效分析**
   * 不同分店（城市）的销售绩效对比。
   * 产品线的销售和利润贡献。
   * 不同时段（如某月、星期或一天中的特定时段）的销售趋势。
2. **客户行为分析**
   * 会员与非会员的购买行为对比。
   * 不同性别的顾客购买偏好。
   * 评分与销售额之间的关系。
3. **营销和运营见解**
   * 最受欢迎的产品线和可能的存货优化策略。
   * 不同支付方式的使用趋势。
   * 销售额、毛收入和毛利率之间的关系分析。
4. **价格策略分析**
   * 单价与销售量之间的关系。
   * 不同产品线的价格分布。

这些分析可以帮助了解消费者行为、销售绩效以及潜在的市场机会。如果您对以上任何一种分析有特别的兴趣，或者有其他特定的分析需求，请告诉我，我将进行相应的数据分析。

图 13-27 "数据分析师"应用给出了数据分析建议

接着，我让它提供有关营销和运营的分析和见解。

可以帮助我进行价格策略分析，用图表展示分析结果并给出具体结论吗？

"数据分析师"应用从几个维度给出了结论（图 13-28）。

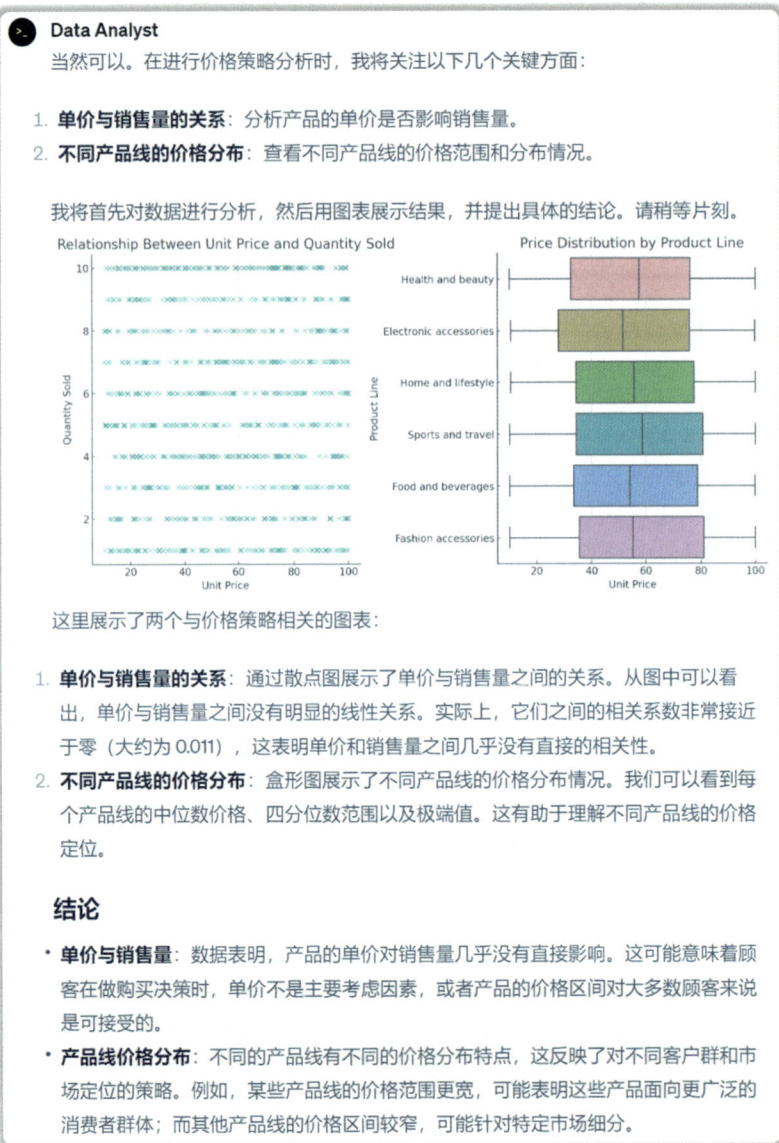

>_ **Data Analyst**

当然可以。在进行价格策略分析时，我将关注以下几个关键方面：

1. **单价与销售量的关系**：分析产品的单价是否影响销售量。
2. **不同产品线的价格分布**：查看不同产品线的价格范围和分布情况。

我将首先对数据进行分析，然后用图表展示结果，并提出具体的结论。请稍等片刻。

这里展示了两个与价格策略相关的图表：

1. **单价与销售量的关系**：通过散点图展示了单价与销售量之间的关系。从图中可以看出，单价与销售量之间没有明显的线性关系。实际上，它们之间的相关系数非常接近于零（大约为 0.011），这表明单价和销售量之间几乎没有直接的相关性。
2. **不同产品线的价格分布**：盒形图展示了不同产品线的价格分布情况。我们可以看到每个产品线的中位数价格、四分位数范围以及极端值。这有助于理解不同产品线的价格定位。

结论

- **单价与销售量**：数据表明，产品的单价对销售量几乎没有直接影响。这可能意味着顾客在做购买决策时，单价不是主要考虑因素，或者产品的价格区间对大多数顾客来说是可接受的。
- **产品线价格分布**：不同的产品线有不同的价格分布特点，这反映了对不同客户群和市场定位的策略。例如，某些产品线的价格范围更宽，可能表明这些产品面向更广泛的消费者群体；而其他产品线的价格区间较窄，可能针对特定市场细分。

图 13-28 "数据分析师"应用对价格策略进行分析

美中不足的是，图表中的文字是英文。我让它翻译成中文。但是，显示出来的文字是乱码，如图 13-29 所示。

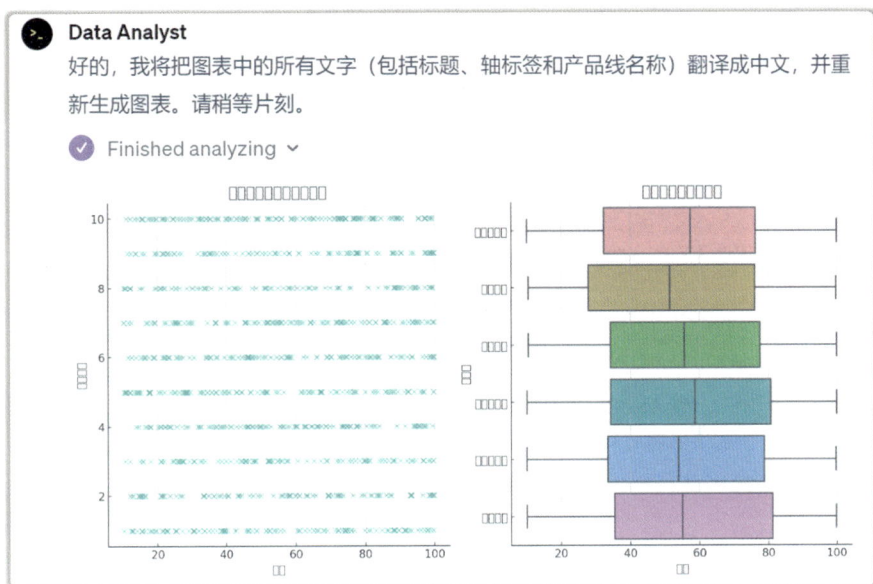

图 13-29　"数据分析师"应用不支持中文图表

我猜测可能是编码问题，或者运行环境的字体缺失问题导致中文字符无法正确显示。于是，我让它帮助我生成一段代码，以便我直接在本地环境中运行并查看结果。

所有的中文字符都无法正确显示。可否直接提供一段 Python 代码，让我在本地运行？

请用 utf-8 编码，字体选用思源黑体 (Noto Sans S Chinese)。

它迅速响应了我的请求，提供了完整的代码（图 13-30）。

Data Analyst

当然可以。我将提供一段Python代码，您可以在本地环境中运行。这段代码会使用"思源黑体"（Noto Sans S Chinese）字体来确保中文字符的正确显示。在运行此代码之前，请确保您经经安装了这种字体。

```python
import matplotlib.pyplot as plt
import seaborn as sns
import pandas as pd

# 确保matplotlib支持中文，使用思源黑体
plt.rcParams['font.sans-serif'] = ['Noto Sans S Chinese']
plt.rcParams['axes.unicode_minus'] = False

# 加载数据
file_path = '您的数据文件路径'  # 请替换为您的文件路径
sales_data = pd.read_csv(file_path)
```

图 13-30 "数据分析师"应用提供了可运行的代码

随后，我在计算机中打开了 Visual Studio Code（微软的源代码编辑器），安装了相关程序（包括代码提到的 matplotlib、seaborn 和 pandas 等），并将代码复制到编辑器中，修改了文件路径。运行代码后，中文图表便生成了（图 13-31）。

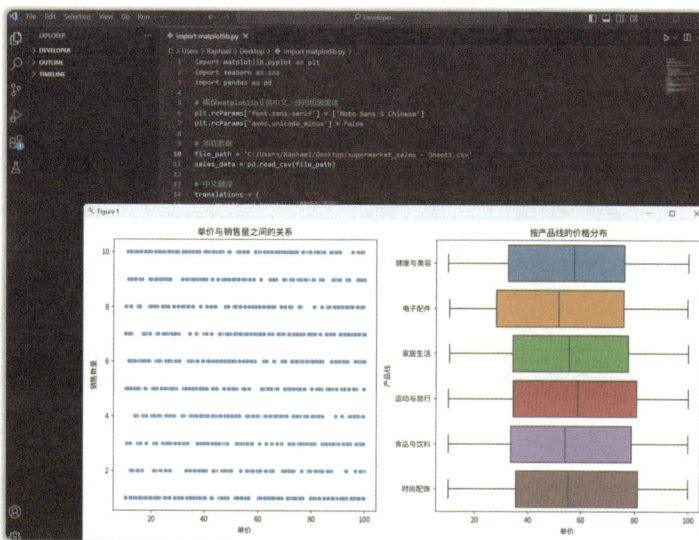

图 13-31 在本地环境中运行代码后得到了中文图表

上述的数据处理工作都发生在 5 分钟之内。

接着，我尝试将这个功能应用在**搭建金融模型**上。我向它提供了一套贷款审核结果的数据集，它很快完成了数据的预处理工作，然后将数据集分为训练集和测试集，并建立了一个随机森林模型。"高级数据分析"功能还顺便对此模型进行了评估，使用该模型来预测贷款审核结果的准确率可达到 78%。

值得一提的是，除了 ChatGPT，智谱清言也支持类似的数据分析功能。此外，具备开发能力的用户还可以尝试使用开源程序 Open Interpreter（开放解释器），通过接入各个大语言模型的接口来使用数据分析功能。

不得不说，在金融数据分析乃至建模方面，这种数据分析功能对效率的提高作用非常显著。

资讯输出

最后，我分享一些资讯输出时可能会用到的 AI 工具。

大语言模型可以生成我们需要的文稿，但还有一个输出形式也是我们经常需要的——PPT 演示文稿。

目前的生成式 AI 同样可以迅速地帮助我们做好 PPT。常用到的 AI 工具包括以下这些。

- Gamma.ai：可以向 Gamma.ai 提供 PPT 大纲（可用 ChatGPT 等大语言模型应用生成），或者只用一句提示词（Gamma.ai 也能够帮助你写好 PPT 大纲），它就能在几分钟之内生成完整的 PPT。Gamma.ai 提供一定的免费额度。
- WPS AI：金山办公旗下的 AI 应用。它可以让用户输入相关提示词后，一键生成 PPT。生成后，还可以迅速更换风格方案。目前该功能仅向付费会员提供。

- **讯飞星火**：使用其"智能 PPT 生成"插件，在输入相关提示词后可一键生成 PPT。

- **AiPPT.cn**：其功能与 Gamma.ai 类似。输入主题内容后，可要求其生成 PPT 大纲、创建 PPT，并可挑选或更换合适的 PPT 模板。AiPPT.cn 也可以在 Kimi 的 PPT 助手功能中直接使用。

当然，由生成式 AI 生成的 PPT 与我们用心制作的 PPT 相比还存在一定差距，毕竟它本质上只是在套模板。但是，如果只是用于内部汇报，生成式 AI 生成的 PPT 的质量已经很高。

此外，还有一些有意思的事情，我想和你分享一下。

根据皮尤研究中心在 2023 年 3 月发布的一项调查，美国对 ChatGPT 有了解的主要是高收入群体和"卷得不行"的亚裔群体（图 13-32）。德银旗下的调查公司 dbDIG 在 2023 年 5 月对 10 000 个家庭进行的调研也发现，高收入群体和学生是使用 ChatGPT 的主要群体。2023 年 6 月，软银集团的创始人孙正义（阿里巴巴的早期投资人）表示，他每天都会使用 ChatGPT。

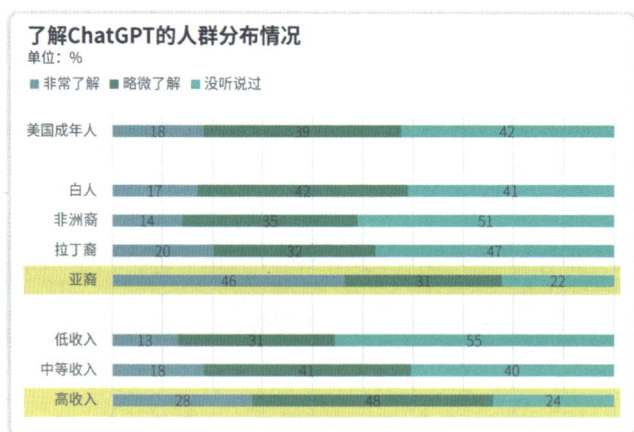

图 13-32　了解 ChatGPT 的人群分布情况

▶ 数据来源：皮尤研究中心

这个现象背后的道理不难理解。我们可以用手机的使用来类比。

虽然手机和计算机人人都会用，但是要想用得好还是有门槛的。要跨过这道门槛，用户需要大量的时间去学习和研究。而在学习和研究的过程中，用户会经历一段只有成本、没有回报的时期。这与极客和普通人在处理重复性工作时的区别有些相似（图 13-33）。面对重复性工作，极客会花大量时间写自动化脚本，而在完成脚本之前是无法产生任何成果的。但是，一旦自动化脚本完成了，后续极客就无须额外耗时，但普通人要继续进行重复性工作。

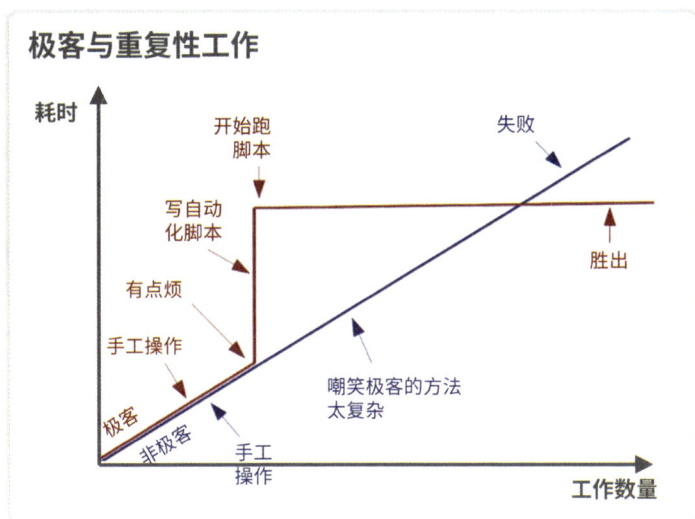

图 13-33　极客与重复性工作

▶ 资料来源：Bruno Oliveira

大部分普通人在技术爆发初期其实并不愿意花时间（也确实没有足够的时间）来学习和研究。这有点儿类似《富爸爸，穷爸爸》一书中提到的"老鼠赛跑"的陷阱——普通人一直在为"活下去"疲于奔命，根本没时间去思考或学习新事物，自然也无法赚到信息差带来的收益。所以，第一批可以把 AI 用好的人通常是那些时间相对自由的高收入人群和暂时没有生存压力的学生。

此外，从目前生成式 AI 的工作原理来看，**拥有管理能力的企业老板往往更擅长利用它们**。

之前有朋友跟我分享过一个很有意思的观点：很多人觉得 AI 很难用，是因为他们仅仅将 AI 当成了工具。作为工具，早期阶段的大部分生成式 AI 还没有经过细致的产品化、场景化，所以导致用户体验不太好。然而，AI 本身是具备智能的，你可以把它当作一个刚毕业的优秀大学生——具有较强的学习能力和一定的知识储备，但是对于要做的事情毫无头绪。那么此时你可以问问自己：**你可以当好一批优秀大学生的领导吗？** 如果你能够给他们明确、清晰的指令，他们就能顺畅地辅助你的工作。此外，正如前文提到的，AI 产品本身也在持续迭代，它们将变得越来越易于使用。

不过我还想提醒一句：要记得控制期望——**AI 并不能帮你解决所有问题**。

截至目前，你可能会发现，我在前面的例子中输入的 AI 提示词还是有一定技巧性的。不过本书的主题是"行业研究"而不是"如何使用生成式 AI"，所以我就不展开讨论了。如果你对如何高效组织 AI 提示词感兴趣，可以在我的个人公众号"很帅的投资客"（shuai_investor）中输入**"人工智能"** 或 **"AI"**，以获取**提问模板**以及 ChatGPT 等 AI 工具的使用方法。

本章小结

本章的内容要点如下。

- 各行各业（包括专业机构）都在拥抱生成式 AI，许多企业在提高效率的同时，面对生成式 AI 带来的冲击不得不进行人员裁减。因此，了解并掌握生成式 AI 的使用方法变得非常重要。

- 生成式 AI 中的大语言模型可分为以下两类。

  ➤ **开源大模型**：允许所有人查看、使用和修改，以及为模型的改进做贡献。对普通用户来说，使用技术门槛较高。

  ➤ **闭源大模型**：不对外公开的模型，只有企业内部可以对其修改。对普通用户来说，使用技术门槛较低。

- 大语言模型的工作原理是靠对大量历史语料进行预先学习，从而构建可预测下一个字出现的概率分布模型，并据此生成语义连贯的文字。它主要存在 3 个局限。

  ➤ **回答不具备稳定性**：生成式 AI 并不总是生成出现概率最大的字，因此每次的回答可能都会不一样；可通过调整温度值来控制答案的随机程度。

  ➤ **不具备深度推理能力**：生成式 AI 的工作原理更接近系统 1 而不是系统 2，因此会出现 "AI 幻觉" 现象。

  ➤ **不可避免地 "变笨"**：因为大模型用的训练数据和语料都是过去的，再加上单次训练成本极高，所以数据的时效性、准确性不能得到保障。

  针对第 2 个和第 3 个局限，可通过微调、RAG、联网等技术或方式提升生成式 AI 的推理能力，让其获取时效性更强的数据。

- 生成式 AI 的使用可以贯穿整个研究过程，即覆盖资讯的 "输入 – 处理 – 输出" 各个环节。在各个环节，我们都可以使用一些能够提高效率的 AI 工具。

  ➤ **资讯输入**：可以使用 TermsAI 快速熟悉行业术语；使用剪映专业版、飞书妙记、BibiGPT 等将音频和视频转为文字；可以使用 ChatPDF、ChatDOC、文心一言等总结网页和文档内容；还可以使用智谱清言等快速录入数据。

➤ **资讯处理**：可以使用 ChatGPT 的高级数据分析功能、智谱清言的数据分析功能进行数据分析或搭建金融模型。

➤ **资讯输出**：除了生成文本外，可以使用 Gamma.ai、WPS AI 等 AI 工具快速生成 PPT。

- 由于**可投入时间的不同**和**技能上的差异**，高收入群体和暂时没有生存压力的学生成了生成式 AI 的早期采用者。

- 最后想提醒一句：要记得控制期望，AI 并不能帮你解决所有问题。

图 13-34 呈现了本章的内容框架。

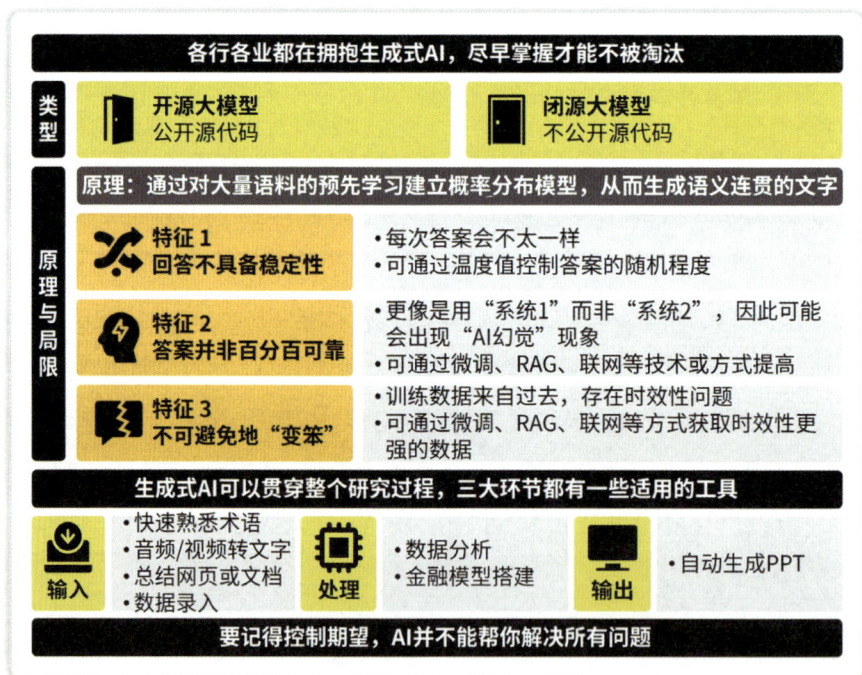

图 13-34　本章内容框架：如何借助生成式 AI 进行研究

结语

一切仍没有结束

我自己读书时很少会读完一本书的结语。读到这里时，大多数人已经累了。

但要给一本书收个尾、画上个句号，总归得写点儿什么的。

当你读完本书的主要内容后，我相信你对行业研究和研究的基础方法论已有了基本认知。如果比较用心地进行了内化，本书的分析框架可能已经内嵌到你的核心知识体系之中了（当然，前提是你认可这个分析框架）。

不过一本书并不是读完就这么过去了的。

要让这个框架真的成为你的一部分，还得靠大量的案例练习。只有**高频次的练习**，才能形成肌肉记忆，在遇到研究议题时才能做出第一反应、知道该从哪个角度着手分析。

其实，无论是咨询公司还是投资银行的分析师，并不是一开始就非常懂得如何研究、如何分析的。只不过是因为大家的工作时长特别长（咨询公司的员工通常一周要工作80小时左右，投资银行的员工通常要工作100小时左右），有着高强度的工作，所以分析师有足够的练习时间，其成长速度才会那么快。

除了练习，更重要的还是**持续学习**。

正如第 13 章所说，我们现在正处于一个研究新时代。科技日新月异，技术对研究流程和方法论的重塑每时每刻都在发生（比如在本书编辑过程中，OpenAI 的深度研究功能以及中国企业推出的 AI 智能体工具 Manus，都进一步优化了投资研究的效率和体验）。

只有一直站在技术的前沿，我们才能找到办法一直让自己不掉队。

所以，一切仍没有结束。

致谢

这是我写的第三本书，也是我写得最认真的一本。

本书不只收录了麦肯锡教给我的各种方法论，也总结了我离开麦肯锡后9年创业历程中的所有经验。从它的构思到完稿，足足用了近两年的时间。所以，当我终于完成书稿时，我还是挺兴奋的。

除了要感谢教给我研究分析基础的麦肯锡前辈们，最想感谢的是一直以来支持我的老读者。正是有了读者的支持，我才有持续写作的动力。

此外，我还要特别感谢团队分析师**茅晓杰**，他为本书提供了研究支持。书中许多行研框架的案例研究工作是在他的协助下完成的。

附录

名词解释

本附录对本书中涉及的重要名词或概念做了归纳、小结和解读，以方便读者学习和查阅（以在本书中出现的先后为序）。

行业分类　按照用途不同，行业分类标准可分为管理型和投资型两种。在我国，前者的典型代表是作为国家标准的《国民经济行业分类》和中国证监会制定的《上市公司行业分类指引》，后者的典型代表是申万宏源研究发布的《申万行业分类标准》。

三大产业　第一产业是指农、林、牧、渔业，第二产业包括采矿业、制造业和建筑业等，其他都属于第三产业。

创新扩散理论　反映的是新概念、新产品、新技术等在人群中的传播过程和接受过程。这一理论认为，创新的扩散总是一开始比较慢，但当采用者达到一定数量后，扩散过程突然加速；等创新在潜在受众中实现较高的普及率并达到饱和点后，扩散速度又逐渐放慢。

产业生命周期　产业从出现到衰退的演变过程，一般将这一过程分为 4 个阶段：导入期、成长期、成熟期、衰退期。

稳定市场周期化　进入成熟期后，行业虽然整体稳定，但是需求会随着宏观经济起起落落，供给则随着库存周期、产能周期、金融周期等出现周期化波动。

第二增长曲线　进入成熟期后，行业或企业通过成功开发出新品类，或迭代出新技术，或开拓出新市场重新进入导入期，开启第二次增长阶段。

市值　可将其简单理解为按目前的市场价，要花多少钱才可以买下一家公司。

市盈率　计算市盈率是最为广泛使用的估值方法，计算方法是公司市值 ÷ 净利润（或每股股价 ÷ 每股收益）。

商业模式　商业模式没有统一的定义，它体现的是经济活动中的生产力三要素和生产关系三要素的排列组合。

调头能力　当意识到自己的商业模式走不通时快速转型的能力。

时间对标　一种通过回顾历史，看过往有没有类似的需求来定性评估商业模式可行性的方法。

空间对标　一种通过对标成熟市场，看有没有类似的成功案例以判断商业模式是否可行的方法。这种方法的底层假设是：人类的底层需求是相通的，曾经发生的事情未来大概率会在新兴市场重演，所以成熟市场的经验可以作为参考。

赛道投资　红杉资本创始人、"硅谷风险投资之父"唐·瓦伦丁有句经典名言："下注于赛道，而非赛手。"这句话的意思是**要投就投靠谱的行业，而不是去挑公司**。

单位经济模型　简称"UE 模型"，它能够反映在关键业务活动、可以被批量复制的最小运作（交易/经营）单位中收入和成本的结构关系。

创新层级金字塔　一个划分创新类型的框架。它将创新分为三层，分别是基础层（基础设施）、中间层（硬件设备和操作系统）、应用层（应用程序和生态参与者）。不同层级的创新在时间上往往有先后顺序：先出现基础层创新，再出现中间层创新，最后出现应用层创新。

市场规模　在一段时间内（一般是一年）某一行业/产品在某个范围内能够创造的收入，通常用"销售额"来衡量。

潜在市场（TAM）　某个市场的潜在需求有多大。

可服务市场（SAM）　现在有多少需求已经被满足了。

可获得市场（SOM）　某家公司现在拿下了多少市场。

护城河　　"护城河"是巴菲特对竞争优势的形象比喻。根据他的观点，投资就像购买一座被护城河环绕的城堡，投资者需要了解什么样的护城河可以给城堡提供最好的保护。

生产要素　　进行生产经营活动时所需的各种资源，包括劳动力、土地、资本、技术和数据。

网络效应　　随着用户数量和用户间连接数量的增加，产品或服务的价值随之提高的现象。网络效应构成了强大的护城河，使得用户转向其他产品或服务的迁移成本变得很高。

马太效应　　强者愈强、弱者愈弱的现象。它可以概括为"任何个体、群体或地区如果在某一个方面获得成功和进步，就会产生一种积累优势，有更多的机会取得更大的成功和进步"。从经济学角度分析，资源的初始分配状态和规模经济是马太效应产生的重要来源。

规模经济　　在一定的产量范围内，随着产品和服务的数量增加，平均成本不断下降的现象。

转换成本　　用户改选其他企业的产品或服务时需要付出的成本。这种成本有时不仅是金钱，可能还包括时间的代价、遇到的困难，或承担的风险等。一般来说，资产专用化程度越高、培训需求越大、转换适应时间越长、转换行为对用户的影响越大，用户的转换成本就越高。即使竞争者能够提供更低的价格或性能更好的产品或服务，但如果用户面临着高昂的转换成本，那么他们也未必愿意更换现有的产品或服务。所以，转换成本是重要的护城河之一。

行业集中度　　一个行业中市场份额（评估标准包括产值、产量、销售额、销售量等）排在前 n 名的企业的市占率之和，即"CRn"。它常被用于分析行业的竞争格局。CRn 中的 n 到底取几并没有硬性规定，需要根据行业的实际情况调整，常见的有 CR3、CR4、CR5 和 CR8。

产能　　在一定的技术条件下，资本和劳动力被充分利用后能达到的最高产出，即在现有的条件下企业能够实现的最大产量。

产能利用率　　被用来反映有多少产能得到了实际利用，它的计算公式为：实际产量 ÷ 最大产能。

产业链　各个产业部门基于技术和经济层面的内在联系形成的链条式的上下游结构。

股票收益　股票收益来自股利所得和资本利得，其中股利所得包括股息和红利，资本利得可以分解为盈利增长和估值变化。

赔率与概率　赔率是衡量盈利空间与亏损空间比率的指标，反映了投资者在投资中可能获得的回报与承担的风险之间的关系。概率是指某件事情发生的可能性。在投资中更关注胜率，即投资取得正收益的概率。

估值　通过各种分析计算某一资产现在值多少钱的过程。估值结果一般用于预测市场参与者愿意花多少钱来买下这一资产。如果某一资产目前的价值比估值结果低（低估），那么这往往表明存在投资机会。

分部估值法　对公司各项业务分别进行估值，最后进行加总。

宏观调控　政府实施的经济干预措施，一般用来"熨平经济周期"，避免出现大起大落的经济周期波动，即在经济低谷时拉一把，在经济过热时压一压。

货币价格　货币有 3 种价格，分别是货币购买力、利率、汇率。央行把钱印出来后，主要会有 3 批人需要——有的人想通过卖东西拿到这些钱，有的人想通过贷款拿到这些钱，还有的人想用外币来兑换这些钱。这 3 个需求形成了 3 个市场，即商品市场、利率市场和外汇市场。

交易拥挤度　衡量某类资产的交易活跃程度的指标，它可以作为评估市场风险的预警指标。当某个市场板块拥挤度过高时，这往往意味着多方基本都已入局，投资者普遍过于乐观，甚至使用杠杆进行交易，从而导致投机行为加剧、市场风险增加。一旦市场流动性突然降低或出现利空，可能会引发股价大幅震荡或下跌。

PEST 分析法　用于分析行业或企业外部宏观环境的常用方法，它包括政治、经济、社会文化和技术 4 个分析维度。

景气度　宏观经济或某一行业的繁荣程度，可以用一篮子指标（行业景气度指标体系）来刻画。

另类数据	在投研中使用的非传统来源的新型数据。它不同于传统数据，即那些广为人知、格式统一、易于获取并已广泛应用的数据，如财务报表数据等。
草根调研	一种深入一线实地走访以获取有价值的一手信息的调研方法。虽然草根调研主要应用于行业研究和公司研究，但同样适用于宏观研究和策略研究。
错失恐惧症（FOMO）	由于担心错过或失去什么而产生的持续性焦虑情绪。
DIKW 模型	DIKW 模型将资讯划分为 4 个层级：数据（未经加工的原始材料）层级、信息（经处理且具有逻辑关系的数据）层级、知识（经过滤、提炼、整合和分析，能帮助形成结论、解决问题的产物）层级、智慧（能挖掘有用信息、做出正确判断的方法论）层级。
事实判断 & 价值判断	事实判断是对客观存在的过程、关系、事物、属性等的判断，可通过论据证实或证伪。价值判断是对人、事、物的好坏及有用与否等的判断，因人而异。高质量的价值判断需要有事实判断的支撑。
假设驱动	针对问题大胆做出相对合理的假设，并将其作为分析的起点。先搭建一个初步的分析框架，然后通过寻找论据来证实或者证伪，并不断改进和完善分析框架。
MECE 原则	结构化思维的重要组成部分，意思是"相互独立、完全穷尽"。"相互独立"是指同一层级的分项之间不互相重叠；"完全穷尽"是指分项总和是上一个层级的全部，没有任何遗漏。
信息茧房	由美国学者凯斯·R. 桑斯坦在其著作《信息乌托邦》中提出。它描述了受众只关注自己选择的内容和乐于接受的信息的现象，如同"作茧自缚的蚕"一样。信息茧房的根源是选择性心理——人们倾向于接触那些与自己原有立场和态度一致或接近的内容。尽管这并不是在算法时代才出现的新现象，但个性化推荐算法强化了这种心理。
系统 1 & 系统 2	由行为经济学家丹尼尔·卡尼曼在其著作《思考，快与慢》中提出，系统 1 可以被简单地诠释为直觉或快速反应。与之相对应的是系统 2，可以被诠释为理性思考或深度推理。

金字塔原理	经典的高效思考和表达的思维模式，由麦肯锡第一位女性咨询顾问芭芭拉·明托提出。金字塔顶层通常是一个核心观点，回答如何做到某件事情（Know-how），或者为什么会是这样（Know-why）。核心观点由几个关键论述作为支撑，这些论述会给出更细致的叙述。而每个关键论述又是由多个支持性内容作为支撑的。这三者形成了一个稳固的金字塔。
SCQR 框架	SCQR 框架是一种结构化表达工具，包括情景（Situation）、冲突（Complication）、问题（Question）、解答（Resolution）4 个部分。中文世界也有与之对应的"空雨湿伞"模型。
专家网络	专家网络会根据客户的要求帮助约见特定行业的专家进行访谈。它们是咨询公司和投资银行等专业机构常用的服务供应商。
研报	投资机构、咨询公司、智库、高校等机构发布的研究报告。对于投资机构的研究员来说，研报是极其重要的研究成果，旨在向投资经理推荐投资标的（投资对象）。通过研报，我们可以了解投资的分析框架、背景知识、最新动态以及市场观点等。
大语言模型（LLM）	基于海量的文本数据训练的深度学习模型，能够模拟人类的沟通方式，顺畅地进行对话。在内容生产领域，它能够极大地提高人们的工作效率。
开源大模型	源代码公开的 AI 模型，允许所有人查看、使用、修改，且所有人都可以为其做贡献。
闭源大模型	源代码不对外公开的 AI 模型，只有企业内部可以对其修改。
AI 幻觉	生成式 AI 生成的内容与可验证的现实世界事实不一致的现象，也被称为 AI 在"一本正经地胡说八道"。

版权声明

本书中文简体版由北京行距文化传媒有限公司授权人民邮电出版社有限公司在中华人民共和国境内（不包括香港特别行政区、澳门特别行政区、台湾地区）独家出版、发行。